기독교문서선교회 (Christian Literature Center: 약칭 CLC)는 1941년 영국 콜체스터에서 켄 아담스에 의해 시작되었으며 국제 본부는 미국 필라델피아에 있습니다.
국제 CLC는 59개 나라에서 180개의 본부를 두고, 약 650여 명의 선교사들이 이동 도서차량 40대를 이용하여 문서 보급에 힘쓰고 있으며 이메일 주문을 통해 130여 국으로 책을 공급하고 있습니다. 한국 CLC는 청교도적 복음주의 신학과 신앙 서적을 출판하는 문서선교기관으로서, 한 영혼이라도 구원되길 소망하면서 주님이 오시는 그날까지 최선을 다할 것입니다.

주님은 나의 최고봉

My Utmost for His Highest

지극히 높으신 하나님께
나의 최선을 드립니다
(365일 오늘의 말씀)

나의 목적은 하나님입니다.

기쁨도 화평도

축복도 아닌

나의 하나님 한 분뿐입니다.

_____ 님께 드립니다.

목차

"매월 첫째 날의 제목에 따른 것"

서문 / 4

재번역 판에 붙여 / 5

1월 오직 주님만을 위해 삽시다 / 6

2월 하나님의 부르심 / 38

3월 정곡을 찌르는 질문 / 68

4월 타인을 향한 온정과 무정 / 100

5월 감정 아닌 통찰력 / 131

6월 당혹스러운 질문 / 163

7월 당연한 형벌 / 194

8월 더 깊이 알아야 할 주님의 방식 / 226

9월 거룩의 목적 / 258

10월 높아진 곳에서 / 289

11월 당신은 당신의 것이 아닙니다 / 321

12월 율법과 복음 / 352

서문

거트루드 홉스 챔버스
(챔버스 부인)

 매일 날짜별로 한쪽씩 읽게 되어 있는 본서의 이 글들은 제 남편인 오스왈드 챔버스 목사의 여러 자료에서 선별되었습니다. 주로 1911-1915년 기간 동안, 잉글랜드의 클래펌성경훈련대학(Bible Training College, Clapham)에서 가르친 강의들과 그다음 1915년 10월부터 1917년 11월까지 이집트 자이툰에 있는 YMCA 막사에서 군목으로 재직 중 밤마다 했던 설교들입니다.

 1917년 11월 제 남편은 이 세상을 떠나 하늘에서 하나님의 품에 안겼습니다. 그 이후로 많은 짤막한 설교가 책으로 출간되었습니다. 그리고 본서의 자료들로 선별되지 않은 다른 설교들도 적당한 시기에 출간될 것입니다.

 본서에 실린 대부분의 설교는 성경훈련대학의 경건회 시간에 전해진 설교들 가운데서 선별되었습니다. 그 경건회 시간은 많은 신학생에게 하나님과 함께하는 그들의 인생에서 전환점을 이루었습니다.

> 사람들은 영적 비밀을 깨달은 소수의 신령한 사람들에게 거듭 거듭해서 찾아 갑니다. 이 소수의 신령한 사람들의 생명은 그리스도와 함께 하나님 안에 감추어져 있었습니다. 이 사람들은 그리스도를 십자가에 박은 세 개의 못들에 감추인 바 전통적인 복음을 믿었던 자들입니다 (로버트 M. 맥체인).

 본서를 출판하고자 준비한 이유는, 저자인 챔버스 목사가 많은 사람이 찾는 가르침을 준 신령한 그리스도인 중 한 분이라고 생각되었기 때문입니다. 본서를 출간하면서, 매일 매일 독자들이 읽게 될 메시지를 통해서 성령께서 지속해서 생명을 살려내고 영감을 주게 되기를 기도합니다.

1927년

재번역 판에 붙여

나 용 화 박사

전 개신대학원대학교 총장

　오스왈드 챔버스의 『주님은 나의 최고봉』은 여러 번역으로 그동안 많은 그리스도인 사이에 최고의 영적 경건 서적으로 애독되어 왔습니다. 참으로 감사한 일입니다.

　그러나, 여러 번역본에 다소간 번역상 미흡한 곳이 있을 뿐 아니라, 의미상 보완되어야 할 곳이 있어서 재번역을 하게 되었습니다. 재번역함에서 월별 목차뿐 아니라 날짜별 제목과 본문상의 소제목을 새롭게 바꾸었고, 문장도 많이 다듬었습니다. 독자들이 읽으면 쉽게 알 수 있게 노력했습니다.

　본서에 인용된 성경 구절들은 역자 개인의 번역이 조금씩 더해졌고, 특별히 예수님의 말씀이나 누가복음과 사도행전과 서신들의 경우 높임말로 번역했습니다. 예수님이 섬기는 자로 와서 일하셨고, 서신들은 교회들에 보내진 것들이기 때문입니다. 표준새번역 성경과 박창환 목사의 「신약성경」의 번역을 참고하되, 한국성경공회의 「바른 성경」을 많이 활용했습니다.

　본서는 저자인 오스왈드 챔버스 목사님의 죽음을 기억하고, 저자가 클래펌성경훈련대학에서 젊은이들에게 경건회 시간에 설교한 것들을 모아 놓은 것입니다. 이에 역자는 본서의 번역이 마무리 되어가던 2022년 1월 15일에 하나님의 부르심을 받은 고(故) 김갑숙 권사님을 기억하고 싶습니다. 김 권사님은 1980년대 광주동명교회 대학부의 지도위원으로서 어머니처럼, 누나처럼, 언니처럼 젊은 대학생들을 번역자인 저와 함께 지도하여 그들 가운데서 많은 선교사와 목회자 그리고 교회 중직자들이 배출되게 하였습니다. 이에 본 번역서를 고 김갑숙 권사님께 바쳐 드립니다

　재번역 판이 독자들의 경건 생활을 더욱 깊이 있게 하는 데 크게 도움이 될 수 있기를 소원합니다. 재번역을 기꺼이 허락해주신 기독교문서선교회(CLC) 대표 박영호 박사님과 직원 여러분께 진심으로 감사드립니다.

2022년 11월 15일

1월

오직 주님만을 위해 삽시다

하나님의 뜻을 분별하기 힘들 때
하나님보다 앞서지 마십시오.

오직 주님만을 위해 삽시다!

1월 1일

> 나의 간절한 기대와 소망을 따라 내가 아무 일에도 부끄러워하지 않고, 항상 그러하듯이 지금도 온전히 담대하여 원하는 것은 살든지 죽든지 내 몸에서 그리스도께서 존귀하게 되시는 것입니다 (빌 1:20).

지극히 높으신 최고의 주님께 나의 최선을 드립니다

"나의 간절한 기대와 소망을 따라 내가 아무 일에도 부끄러워하지 않고." 예수님께서 우리에게 복종하기를 요구하신 그 순간에 우리가 복종하지 않는다면 이는 아주 부끄러운 일이 될 것입니다. 바울은 말합니다. "나의 결심은 지극히 높으신 최고의 주님께 나의 최선을 드리는 것입니다."

이 같은 결심을 하게 되는 것은 의지의 문제입니다. 논쟁하거나 앞뒤를 따지는 그러한 문제가 아닙니다. 한순간에 결단해야 하는 의지의 항복, 곧 절대적이고 결코 번복할 수 없는 복종이어야 합니다. 우리가 말로는 다른 사람들을 고려한다고 하면서도, 실제는 우리 자신을 지나치게 생각하게 되면 그 같은 결심을 할 수 없게 됩니다.

우리가 예수님의 부르심에 순종하게 되면, 그로 말미암아 다른 사람들에게 손해를 끼치게 될 것으로 미리 생각한 나머지, 우리의 순종이 얼마나 무모한지를 하나님이 미처 모르고 계신다고 불평합니다. 그러나 사실은 그렇지 않습니다.

하나님은 확실히 알고 계십니다. 그러기에 일체 다른 쓸데없는 생각들은 접어 두고 하나님 앞에서 이 한 가지만을 생각하십시오. '지극히 높으신 최고의 주님께 나의 최선을 드립니다.' 전적으로 주님을 위하여, 오직 주님만을 위하여 살기로 나는 확고하게 결심합니다.

주님의 거룩하심을 위해 나는 결코 아무것도 주저하지 않습니다

"살든지 죽든지 괜찮습니다"(빌 1:21). 바울은 확고합니다. 하나님이 원하시는 대로 정확하게 행하는 것을 그 어떤 것도 결코 가로막지 못하게 하겠노라고 그는 결심합니다. 하나님께서 우리를 좀 더 부드럽게 대하시면 우리가 주의를 게을리하기 쉬우므로, 하나님은 작정하고서 우리의 삶 속에서 위기를 맞게 하십니다. 하나님은 우리가 그분께 우리의 최선을 다하게끔 요구하십니다.

1월 2일

갈 바를 알지 못한 채 나아가겠습니까?

믿음으로 아브라함은 … 어디로 가는지를 알지 못하고 나아갔으며 (히 11:8).

갈 바를 알지 못한 채 '나아간' 적이 있습니까?
그때 누군가 당신에게 "무엇을 하려 하느냐"고 묻는다면, 당신은 논리적인 답변을 할 수 없었을 것입니다.

그리스도인이 하는 일과 관련하여 가장 어려운 질문들 가운데 하나는, "당신은 지금 무엇을 하려고 합니까?"와 같은 질문입니다. 이는 당신은 당신이 무엇을 하려고 하는지를 사실상 모르고 있기 때문입니다. 당신이 아는 것이라고는 고작, 하나님께서 자기가 하시려는 일을 스스로 알고 계신다는 것뿐입니다. 계속해서 하나님에 관한 당신의 태도를 바꾸십시오. 그리고 모든 일을 해 나감에 있어서 하나님을 전적으로 신뢰하고 있는지를 살피십시오. 이 같은 태도를 지키게 되면 하나님께서 다음에 하시려는 일에 대해 당신이 모르기 때문에 계속해서 궁금해하게 됩니다.

그러나 매일 아침잠에서 깨어나면, 갈 바를 알지 못한 채 '나아가게' 되지만, 하나님에 대한 신뢰가 두터워집니다. 그러기에, "당신의 삶에 대하여 염려하지 마십시오… 몸에 대해도 결코 염려하지 마십시오." 당신이 '나아가기' 전에 크게 염려했던 것들에 대하여 전혀 염려할 것이 없습니다.

당신은 하나님께 그가 무엇을 하시려는지 물어본 일이 있습니까?
하나님은 당신에게 자기가 하시려는 일을 절대 말해주시지 않을 것입니다. 대신, 자기가 누구이신가를 당신에게 계시해 주실 것입니다.
당신은 기적을 행하시는 하나님을 믿으십니까?
그렇다면, 하나님께서 하시는 것이라면 어떤 것을 보고서도 조금도 놀라지 않을 때까지, 하나님께 순복하며 나아가겠습니까?
당신이 하나님과 가장 가까이 있을 때 당신이 느끼고 알게 된 그 하나님이 당신의 하나님이시라면, 당신이 하는 걱정은 얼마나 무례하고 부적절합니까?
당신이 살아가면서 항상 지녀야 할 태도는 하나님을 의지하고서 지속해서 '나아가는 것'이어야 합니다. 그렇게 되면, 당신의 삶은 형언할 수 없는 향기를 풍기고 예수님께 기쁨이 될 것입니다. 당신은 갈 바를 알지 못한 채 나아감에 있어서 신념이나 신조나 경험을 뛰어넘는 것을 배워야 합니다. 그리하여 당신의 신앙에 관한 한, 당신 자신과 하나님 사이에는 어떤 것도 끼어들어서는 안 됩니다.

구름과 흑암

1월 3일

구름과 흑암이 그분을 두르고 있으며 (시 97:2).

　구름과 흑암이 예수님을 두르고 있습니다
　하나님의 성령으로 나지 아니한 사람에게는 예수님의 가르침들이 단순하고 쉬워 보입니다. 그러나 당신이 성령으로 세례를 받게 되는 때, "구름과 흑암이 그분을 두르고 있다"는 것을 당신은 발견하게 됩니다. 우리가 예수 그리스도의 가르침들을 깊이 접하게 되면, 먼저 이 같은 사실을 알게 됩니다. 즉, 구름과 흑암으로 둘러싸여 있음을 보게 됩니다.
　예수님의 가르침을 제대로 이해할 수 있는 유일한 방법은 우리 안에 계시는 하나님의 성령 빛으로만 가능합니다. 만일 우리가 구태의연한 종교적 습관과 태도를 벗어내 버리지 못했거나 하나님을 대수롭지 않게 대하던 악습을 버리지 않았다고 하면, 하나님 앞에서 우리가 바르게 살았다고 말할 수 없을 것입니다.
　하나님과 친밀한 척하지만 변덕스러운 사람들은 사실상 아직껏 예수 그리스도를 제대로 만나 본 적이 없는 자들입니다. 예수 그리스도께서 하시는 일을 깨달음으로 놀라운 기쁨과 자유를 얻고 나면, 그분이 누구신지를 아는 데 있어서 짙은 흑암이 몰려옵니다. 예수 그리스도가 누구이신지 헤아릴 수 없게 됩니다(참고, 그리스도는 하나님의 비밀이십니다. 골 2:2).

　예수님께서 하시는 말씀은 영이요 생명입니다(요 6:63).
　예수님이 말씀하시기를, '내가 일러준 말'이 아니라, '내가 일러주고 있는 말'은 '영이요, 생명이다.'라고 하셨습니다. 우리가 읽는 성경의 많은 말씀이 처음에는 구름과 흑암으로 둘러있습니다.
　그러다가 어느 순간 갑작스럽게 어떤 특별한 상황을 통해서 예수님이 다시 우리에게 성령의 빛으로 말씀해 주시는 때 그 말씀들이 영과 생명이 됩니다. 그것이 바로 하나님께서 우리에게 말씀하시는 방식입니다. 하나님은 환상이나 꿈보다는 말씀으로 계시하십니다. 우리가 하나님께 가까이 나아가는 데 가장 단순한 방식은 성경의 말씀을 통해서입니다.

1월 4일

내가 왜 지금 당신을 따를 수 없습니까?

베드로가 또 말하기를,
'주님, 왜 내가 지금 당신을 따를 수 없습니까?'… 하니 (요 13:37).

당신이 하고 싶은 일을 왜 할 수 없는지 이해할 수 없을 때가 가끔 있습니다. 하나님께서 당신의 머리를 혼미해지게 하실 때, 텅 빈 머리를 채우려 하지 말고, 조용히 기다리십시오. 그렇게 머리가 혼미하여 텅 비게 되는 때, 거룩함에 이르게 된다는 것이 무엇을 의미하는지를 알게 될 수도 있습니다. 아니면, 거룩함에 이른 후에 하나님을 섬긴다는 것이 무엇을 의미하는지를 배우게 될 수도 있습니다. 하나님의 인도하심보다 앞서 달리지 마십시오. 조금이라도 의심이 생긴다면, 그것은 하나님께서 인도하시는 것이 아닙니다. 의심이 생기는 때에는 언제라도 멈추십시오. 하나님보다 앞서지 마십시오.

처음에는 하나님의 뜻이 무엇인지 분명하게 알 수 있는 것처럼 보입니다. 그래서 친구 관계도 단호하게 끊어내고, 사업 관계도 포기합니다. 하나님 앞에서 분명하게 생각되는 이 같은 일이 당신이 해야 할 하나님의 뜻으로 보일 것입니다. 그렇지만 결코 충동적인 감정을 따라 행하지 마십시오. 그렇게 하다 보면, 그 일을 바로잡는데 수년이 걸릴 만큼 결국은 큰 어려움에 직면할 수 있습니다.

당신은 하나님께서 그것을 회복시키실 때를 기다려야 합니다. 가슴 아픈 일이나 실망하는 일 없이 하나님이 그것을 하실 것입니다. 하나님의 섭리와 뜻에 대해 의문이 있을 때는 하나님께서 친히 행하시기까지 기다리십시오.

베드로는 하나님을 뒤따르지 않았습니다. 그는 시험이 어디서 올 것인가를 그의 마음에 예측했습니다. 그러나 그가 예상하지 못했던 곳에서 시험이 왔습니다.

베드로의 장담은 정직하였으나 사실은 무지하였습니다. 이에 예수님은 대답하셨습니다. "닭이 울기 전에 네가 나를 세 번 부인할 것이다"(요 13:38).

이렇게 예수님이 말씀하신 것은, 베드로가 자신에 대하여 아는 것보다 예수님이 그를 더 깊이 아셨기 때문입니다. 베드로는 자신을 몰랐습니다. 아니, 그가 할 수 있는 것이 무엇인지를 몰랐습니다. 그래서 그는 예수님을 따를 수가 없었습니다. 본성적 충동적 헌신은 예수님께 우리가 매혹될 수 있게 하고, 예수님에 대한 환상에 사로잡히게 할 수 있습니다. 그러나 결코 제자가 되게 할 수는 없습니다. 본성적 충동적 헌신은 언젠가는 반드시 예수님을 부인하게 할 것이기 때문입니다.

능력 있는 삶에 뒤따르는 것들

1월 5일

당신은 지금은 내가 가는 곳으로 나를 따라올 수 없으나,
나중에는 따라올 것입니다 (요 13:36).

베드로가 처음에는 아주 쉽게 예수님을 따랐습니다

"이 말씀을 하신 후에 예수께서 베드로에게 '나를 따르라.' 하고 말씀하셨다"(요 21:19).

3년 전에도, 예수님은 "나를 따르라." 하고 베드로에게 말씀하셨습니다. 그때 베드로는 아주 쉽게 예수님을 따랐는데, 이는 그가 예수님에 대한 환상에 사로잡혀 있었기 때문이었습니다. 그는 예수님을 따르는 데 있어서 하등에 성령을 필요로 하지 않았습니다. 그래서 3년이 지난 후 그는 예수님을 부인하는 자리에까지 이르렀고, 그의 가슴은 찢어지게 아팠습니다. 그런 후에, 그는 성령을 받았습니다. 그래서 이제 예수님이 다시 말씀하시기를, "나를 따르라."고 합니다.

이제 베드로 앞에는 주 예수 그리스도 외에는 아무도 없습니다. 예수님이 처음 "나를 따르라."고 하신 말씀에는 전혀 신비한 것이 없었습니다. 단순히 껍데기로만 그가 따른 것이었습니다. 그러나 이제는 마음으로 순교를 각오하고 따른 것입니다(참고, 요 21:18).

베드로는 모든 자만심을 다 버리게 되었습니다

이 두 부르심 사이에는 베드로가 맹세하고 저주하며 예수님을 부인했던 사건이 있었습니다. 그는 자기 자신뿐 아니라 모든 자만심을 다 버려야 했습니다. 자신에게는 의지할 수 있는 것이 아무것도 전혀 없었습니다. 그가 이처럼 철저하게 자신의 궁핍을 알게 되었을 때, 그는 부활하신 주님으로부터 성령을 받을 수 있는 적합한 상태에 있게 된 것입니다.

"이 말씀을 하신 후에, 그들에게 숨을 내쉬며 말씀하시기를 '성령을 받으라.'라고 하셨습니다"(요 20:22). 하나님께서 당신 안에서 어떠한 변화를 일으키셨다 할지라도, 결코 그 변화들을 의지하지 말고, 한 분 주 예수 그리스도와 그가 보내신 성령님 위에서만 오직 자신을 세워야 합니다(참조, 유 1:20).

우리의 모든 맹세와 결심들은 우리가 그것들을 실행에 옮길 능력이 없으므로 결국 실패하게 됩니다. 우리가 머리로가 아니라 실제로 우리 자신을 철저하게 부인하는 자리에 이르게 되었을 때, 성령을 받을 수 있습니다. "성령을 받으시오." 이 말씀에는 성령님이 외부로부터 우리에게 침투해 들어온다는 뜻이 담겨 있습니다. 이제 우리의 삶에 유일한 샛별은 주 예수 그리스도뿐입니다.

1월 6일

예배

> 그가 거기에서 베델 동쪽 산지로 옮겨 장막을 쳤는데, 서쪽은 베델이고 동쪽은 아이였다. 그가 거기에 여호와를 위하여 제단을 쌓고 여호와의 이름을 불렀다 (창 12:8).

예배란 하나님께서 베풀어 주신 최상의 것을 하나님께 드리는 것입니다. 하나님께서 당신에게 주신 최상의 것을 가지고 무엇을 하겠습니까?

주의하십시오. 하나님께서 당신에게 복을 주실 때마다, 그것을 사랑의 선물로 하나님께 되돌려 드리십시오. 하나님 앞에서 시간을 가지고 그 복을 헤아려 감사하고, 속 깊은 예배 행위를 통해 하나님께 그 복을 되돌려 드리십시오. 만일 하나님께서 주신 어떤 복을 당신 자신을 위해 쌓아놓게 되면, 그것은 영적으로 말라 빠져 썩게 될 것입니다.

광야에서 이스라엘 백성들이 만나를 거두어 쌓아두었을 때 썩었던 것과도 같습니다. 하나님께서 영적인 복을 당신이 자신만을 위하여 묵혀 두는 것을 결코, 기뻐하지 않으십니다. 그것을 가지고 하나님이 다른 사람들에게 복이 되게 하실 수 있도록 하나님께 당신이 돌려 드려야 합니다.

베델은 하나님과 교제의 상징인 데 반하여, 아이는 세상을 상징합니다. 아브라함은 베델과 아이 사이에 그의 장막을 쳤습니다. 하나님을 위한 우리의 공적인 활동의 가치에 대한 평가는 하나님과 우리가 맺는 개인적인 깊은 소통에 달려 있습니다. 조급하게 서두르게 되면 매번 일을 그르치게 되기 마련입니다. 하나님을 예배할 때는 항상 충분한 시간을 가지고 여유 있게 드려야 합니다. 하나님과 함께 조용한 시간을 갖는다 해도 그것이 어떤 때는 덫이 될 수 있습니다.

우리는 항상 하나님과 함께 조용한 시간을 가질 때마다 우리의 장막을 세워야 합니다. 세상과 함께하는 시간이 아무리 시끄럽더라도 장막을 세우고 하나님과 함께하는 경건의 시간을 가져야 합니다. 영적인 삶에 예배, 기다림, 사역 등 세 단계가 있는 것이 아닙니다.

어떤 사람들은 개구리처럼 뜀뛰기를 좋아합니다. 예배에서 기다림의 단계로, 기다림에서 사역의 다음 단계로 뛰어 넘어갑니다. 그러나 하나님이 원하시는 것은, 이 셋이 함께하는 것입니다. 우리 주님의 삶을 보면, 항상 이 셋이 함께했습니다. 우리 주님께서는 서두르지 않으시고 조급해하시지도 않으셨습니다. 이 셋을 함께 할 수 있으려면 훈련이 필요합니다. 단번에 해낼 수는 없습니다.

예수님과 친밀 하십시오

1월 7일

내가 이렇게 오랫동안 당신들과 함께 있었는데,
당신은 나를 알지 못합니까?(요 14:9)

당신은 예수님을 참으로 알고 있습니까?

예수님이 빌립에게 하신 이 말씀은 책망이 아닙니다. 놀라서 하신 말씀도 아닙니다. 예수님은 빌립과 대화를 이끌어 가고 계십니다. 사실, 예수님은 우리가 친밀해지기 가장 어려운 분입니다. 오순절 전 제자들이 알았던 예수님은 악령들을 정복하게 하고 신나게 하는 능력을 주신 그런 분이었습니다(참고, 눅 10:18-20). 이만큼 예수님을 아는 것도 꽤 친밀한 것이었습니다. 그러나 더 깊은 친밀한 관계로 들어가야 했습니다. 예수님은 제자들을 친구로 부르셔서 사귐을 갖고자 하셨습니다. "나는 너희를 친구로 알고 불렀다"(요 15:15).

우정은 이 땅에서 흔하지 않습니다. 진정한 우정은 생각과 마음과 정신이 같다는 것을 뜻합니다. 우리는 예수님의 제자로서 우리의 삶에서 온전하게 훈련을 받아 예수 그리스도와 이같이 가장 친밀한 친구 관계를 맺을 수 있어야 합니다. 우리는 예수님에게서 많은 복을 받았고 그분의 말씀도 알고 있지만, 진정으로 그분을 알고 있습니까?

당신은 예수님 안에서 깊은 평안을 누리고 있습니까?

예수님이 말씀하시기를, "내가 떠나가는 것이 너희에게 유익하느니라"(요 16:7)고 하였습니다. 이렇게 해서, 그는 제자들을 자기에게 더 가까이 이끌고 싶었습니다. 예수님의 기쁨은 자기의 제자가 시간을 내어 더 가까이 자기에게로 다가오는 것입니다. 포도나무 열매 맺는 비유는 예수 그리스도와의 친밀한 연합을 나타내고자 말씀하신 것입니다(요 15:1-4).

예수님과 우리가 한 번 친밀하게 되면, 우리는 결코 외롭지 않습니다. 결코, 동정받을 필요도 없습니다. 애처로움도 없이 항상 마음을 쏟아놓을 수 있습니다. 예수님과 친밀해진 성도라면 자기 자신의 모습을 드러내 보이는 대신, 자기의 몸에서 오직 예수님의 모습만을 밝히 드러나게 합니다. 왜냐하면, 예수님이 친히 자기의 가장 깊은 본성을 그 성도를 통해서 드러내 보여 주셨기 때문입니다. 우리 주님과 친밀한 성도들에게 그는 내면적으로 깊은 고요함과 평안함을 주시고, 그러한 가운데서 자기의 모습을 자연스럽게 드러내게 하십니다.

1월 8일

나의 희생 제물은 살아있습니까?

아브라함이 그곳에 제단을 쌓고 나무를 벌려 놓고, 그의 아들 이삭을 묶어서 제단 나무 위에 올려놓았다 (창 22:9).

하나님께서 원하시는 희생 제물

아브라함이 자기 아들 이삭을 제물로 드리는 이 사건과 관련하여, 하나님이 우리에게 최종적으로 원하시는 것은 죽은 희생 제물이라고 우리가 크게 오해합니다. 그러나 하나님께서 원하시는 것은 죽은 희생 제물이 아니고, 죽음을 통한 희생 제물입니다. 이로써 예수님께서 십자가에서 자기의 생명을 내어놓으셨던 대로, 우리의 생명을 희생 제물로 내어놓을 수 있게 하나님이 하시는 것입니다.

'내가 주님과 함께 기쁨으로 죽는 데까지 가겠습니다.' 하는 것이 아니라, '내가 나의 생명을 하나님께 희생 제물로 드릴 수 있도록, 주님의 죽으심을 기쁨으로 나누겠습니다.' 하는 것입니다. 우리는 하나님께서 우리의 모든 것을 포기하기를 원하시는 것처럼 오해하기 쉽습니다. 하나님은 아브라함이 이 같은 오해를 하지 않게 해 주셨습니다. 이 같은 훈련이 우리의 삶에서도 진행되고 있습니다.

하나님께서 원하시는 산 제물

하나님께서는 포기를 위한 포기를 하라고 어디에서도 말씀하시지 않습니다. 그분이 말씀하시는 것은, 가장 가치 있는 것, 곧 하나님과 함께하는 삶을 위해서만 포기하라고 하십니다. 그 삶을 방해하는 사슬들을 풀어버리라고 하십니다. 그 사슬들은 예수님의 죽음을 우리가 함께 나눔으로써 즉시 풀리게 됩니다. 우리가 하나님과 친밀한 관계를 맺음으로써 우리의 생명을 하나님께 드릴 수 있게 되는 것입니다.

당신의 생명을 죽음을 위해 하나님께 드리는 것은 그분께 아무런 가치가 없습니다. 하나님이 당신에게 원하시는 것은 당신이 '산 희생 제물'이 되는 것입니다. 이로써 예수님을 통해서 구원받고 거룩해진 당신의 모든 능력을 하나님이 사용하게 하십시오. 이 같은 당신의 산 희생 제물을 하나님이 기쁘게 받으십니다.

깊은 내면의 자기 성찰

1월 9일

우리 주 예수 그리스도께서 오실 때에
당신들의 온 영과 혼과 몸이 흠 없이 보존되기를 원합니다 (살전 5:23).

성령님의 신비한 사역

"당신들의 온 영과 …" 성령의 위대하고 신비한 사역은 우리가 닿을 수 없는 우리의 인격체의 깊은 곳에서 이루어집니다. 시편 139편을 읽어보면 시편 기자는 다음과 같은 뜻으로 말합니다.

주님은 이른 새벽에도 깨어 계시고, 늦은 밤에도 주무시지 않는 하나님이십니다. 산봉우리에도 계시고, 바다 깊은 곳에도 계시는 하나님이십니다. 그러나 나의 하나님이시여! 나의 영혼은 이른 새벽보다 더 빠른 시간대에 깨어있는가 하면, 어떤 밤보다 더 짙게 어둡습니다. 어떤 산봉우리들보다 더 높은 봉우리이고, 본질상 어떤 바다보다 더 깊습니다. 이 모든 것들의 하나님이신 주님께서 나의 하나님이 되어주십시오. 나는 그 높은 곳들이나 그 깊은 곳들에 올라갈 수도 없고, 내려갈 수도 없습니다. 내가 헤아릴 수 없는 동기들과 내가 알 수 없는 꿈들이 거기에는 있습니다. 나의 하나님이시여! 나를 살피시옵소서(시 139편).

성령님께서 우리의 영을 채워 주십니다

하나님께서는 우리가 닿을 수 있는 곳보다 더 훨씬 초월하는 상상의 세계를 보유하고 계신다는 것을 믿습니까? "예수 그리스도의 피가 우리를 모든 죄에서 깨끗하게 합니다"(요일 1:7). 이 말씀에서 하나님이 생각하고 계시는 뜻을 상상해 보십시오. 만일 이 말씀이 우리가 알고 있는 죄만을 가리키고 있다고 생각한다면, 하나님께서는 우리를 한심하게 여기실 것입니다. 죄로 말미암아 의식 세계가 둔감해진 사람은 자기의 죄를 의식하지 못하게 됩니다. 죄를 깨끗이 씻는다는 것은, 하나님이 빛 가운데 계시는 것처럼 우리도 빛 가운데 있게 되는 때, 우리의 영의 아주 높은 곳뿐 아니라 아주 깊은 곳 구석구석까지 우리가 미처 알지 못하는 죄까지도 씻어 준다는 것을 의미합니다.

예수 그리스도의 생명을 채우셨던 바로 그 성령님께서 우리의 영의 생명도 채워 주실 것입니다. 하나님이 성령으로 우리를 한없이 거룩하게 지켜 주실 때만이, 우리의 영과 혼과 몸이 흠 없이 순결하게 보존되어, 예수님이 오시는 때까지, 하나님 보시기에 책망할 것이 없게 됩니다. 우리는 이같이 대단한 하나님의 진리들을 놓치지 말고 마음에 깊이 간직해야 할 것입니다.

1월 10일

눈을 뜨게 되다

> 그들의 눈을 뜨게 하여, 어둠에서 빛으로, 사탄의 권세에서 하나님께 돌아오게 하고, 그들이 죄 용서를 받고 … 유업을 얻게 하려는 것입니다 (행 26:18).

하나님 은혜의 첫 번째 주권적 사역

"그들이 죄 용서를 받도록"이라는 이 말씀에 요약되어 있습니다. 어떤 사람이 그리스도인으로서 개인적으로 영적 체험을 하지 못하고 있다면, 그것은 영적으로 아무것도 받아보지 못했기 때문일 것입니다. 어떤 사람이 구원을 받았음을 보여 주는 유일한 증거는 그가 예수 그리스도로부터 영적으로 어떤 것을 받았다는 사실입니다. 하나님의 사역자로서 우리가 할 역할은 사람들이 어둠에서 빛으로 돌아오게 그들의 눈을 뜨게 하는 것입니다. 그러나 그것은 구원이 아니고 회심입니다.

즉, 자극을 받은 인간의 노력입니다. 대부분의 명목상 그리스도인들은 이 회심의 단계에 있다고 해도 과언이 아닙니다. 그들의 눈은 떠져 있으나, 아무것도 영적으로 받은 것이 없습니다. 회심은 중생이 아닙니다. 오늘날 우리들이 하는 설교에서 간과되고 있는 요소들 가운데 하나가 바로 이 점입니다.

어떤 사람이 거듭나게 되면, 그것은 그 자신의 결단 때문이 아니라, 전능하신 하나님에게서 선물로 어떤 것을 받았기 때문이라는 것을 그가 압니다. 사람은 맹세하거나 약정서에 서명도 하고, 그것들을 이행하려고 애씁니다. 그러나 이러한 것은 결코 구원이 아닙니다. 구원은 예수 그리스도의 권위에 근거하여 하나님에게서 우리가 어떤 것을 받을 수 있는 그 자리에까지 인도되는 것을 뜻합니다. 즉, 죄 용서를 받는 것이 구원입니다.

하나님 은혜의 두 번째 능력의 사역

예수를 믿어 "거룩하게 된 자들 가운데서 유업"을 얻게 하는 것입니다. 예수님을 믿어 성령으로 거룩하게 되는 때에, 중생한 영혼은 자신에게 속한 권리를 예수 그리스도에게 의도적으로 기쁘게 넘겨 드리고, 하나님께서 다른 성도들에 대해서 가지고 계시는 관심에 자신도 전적으로 동참합니다. 다른 성도들의 형편을 살피고 적극적으로 관심을 끌게 되는 것입니다. 이로써 함께 하나님의 나라를 누립니다.

하나님께 대한 나의 순종에 따르는 제3자의 희생

1월 11일

그들이 예수님을 끌고 가는 중에 시골에서 오는 길이던 시몬이라는 한 구레네 사람을 붙들어, 그에게 십자가를 지우고 예수님의 뒤에서 따라가게 하였습니다 (눅 23:26).

나의 순종이 다른 사람에게 희생을 요구할 수 있습니다

우리가 하나님께 순종하는 때에, 우리가 치루는 희생보다 다른 사람들이 더 큰 희생을 치르게 될 수 있어서, 그로 인하여 가슴이 가시로 찌르듯이 아프게 됩니다. 우리 주님과 우리가 사랑에 깊이 빠지게 되면, 순종은 우리에게 아무런 부담이 되지 않습니다. 오히려 큰 기쁨입니다. 그러나 주님을 사랑하지 않는 자들에게는 엄청난 희생이 따르게 됩니다.

우리가 하나님께 순종하는 것이 다른 사람들의 계획을 무산시키는 것이 될 수 있습니다. 그렇게 되면, 그들은 우리를 책잡아 우롱하기를, "너희들이 지껄여대는 기독교가 이런 거냐?"라고 말할 것입니다. 우리는 이 같은 고통을 미리 막을 수도 있습니다. 그러나 우리가 하나님께 제대로 순종하려고 하면, 이러한 고통을 회피해서는 안 되고, 마음이 아프지만, 희생이 치러지게 해야 합니다.

우리의 인간적인 자존심은 이 점에 관해 버티려고 안간힘을 씁니다.

나는 절대로 누구에게도 희생을 치르게 하지 않을 거야 합니다. 그렇게 되면, 우리는 어쩔 수 없이 하나님께 불순종하게 됩니다. 우리는 우리 주님과 맺은 관계보다 다른 사람과 맺는 관계를 더 무게 있게 고려해서는 안 됩니다(참조. 눅 8:2-3).

다른 사람의 희생을 각오하십시오

영적 생활의 침체는 아무에게도 폐를 끼치지 않고서 모든 일을 스스로 다 짊어지려 할 때 찾아옵니다. 그러나 그렇게는 우리가 할 수 없습니다. 우리가 하나님께 즉각 순종하여 하나님의 우주적인 계획들에 관여하게 되면, 다른 사람들이 관련되게 마련입니다.

하나님께 충성스럽게 순종함으로 다른 사람들에게 피해를 주지 않으려는 조바심을 내려놓겠습니까?

아니면, 다른 사람들에게 고통을 주지 않으려고 다른 길을 택하겠습니까?

그렇게 하면, 하나님께 불순종할 수 있게 됩니다. 다른 사람에게 폐를 끼치는 상황은 즉시 면할 수 있어도, 우리가 우리 주님께 슬픔이 될 것입니다. 하지만, 우리가 하나님께 순종하면, 우리의 순종의 결과 때문에 부담을 안게 되는 자들을 하나님이 돌보실 것입니다. 우리는 단지 순종하고 모든 결과를 하나님께 맡기면 됩니다. 당신이 순종하는 때에 생겨나는 다른 사람이 볼 피해에 관해 하나님께 그런 일이 생기지 않도록 지시하려는 마음을 삼가십시오.

1월 12일

하나님과 홀로 있어 보았습니까? (1)

자기의 제자들이 홀로 따로 있던 때, 그는 그들에게 모든 것을 설명해 주셨다 (막 4:34, King James Version).

하나님께 쓸모 있게 되는 유일한 길

예수님은 우리만을 따로 택하여 모든 것을 항상 설명해 주시는 것이 아닙니다. 우리가 이해할 수 있을 때 설명해 주십니다. 지금까지 우리의 삶들은 하나님이 아직 설명해 주지 않으신 비유들일 뿐입니다. 하나님은 우리 자신의 영혼을 꿰뚫어 우리가 이해할 수 있게 하고자 하십니다. 그런데 이 일은 아주 더딥니다. 너무나 더디어서 남자이든 여자이든 어떤 사람을 하나님 자신의 목적에 맞게 만드는 데는 하나님에게 장구한 시간이 걸립니다.

하나님은 단시간에 그 일을 해내지 않으십니다. 우리가 하나님께 쓸모 있게 될 수 있는 유일한 길은, 우리 자신의 구부러지고 깨진 성격들을 하나님께서 만져 주시도록 하는 것입니다. 놀랍게도, 우리는 우리 자신에 대해서 너무 무지합니다. 우리는 시기와 게으름과 교만을 눈으로 보고서도 알지 못합니다. 예수님께서는 그의 은혜를 베푸시기 전에 먼저, 우리 몸 안에 깊이 자리 잡은 이 모든 쓴 뿌리들을 우리에게 밝히 보여 주십니다. 우리 가운데 몇 사람이나 용기 있게 우리 자신을 들여다보는 것을 배운 적이 있습니까?

우리가 버려야 할 자기기만

우리는 우리가 우리 자신을 잘 알고 있다는 생각을 버려야 합니다. 이것은 우리가 끝까지 버리지 못하는 자기기만입니다. 우리를 유일하게 잘 알고 계시는 분은 하나님뿐이십니다. 영적 생활에서 가장 끔찍한 저주는 자기기만입니다. 하나님의 불꽃 같은 눈앞에서 우리가 어떤 모습을 하고 있는가를 곁눈질로 보았다고만 해도, '오, 나는 쓸모없는 사람이야!'라는 말조차 못 할 것입니다. 왜냐하면, 우리가 그런 말조차 할 수 없는 자라는 것을 알기 때문입니다.

우리가 하나님 앞에서 전혀 가치가 없다는 사실을 확실하게 알지 못하면, 하나님은 우리를 계속 궁지로 몰아넣어, 결국 하나님 앞에 홀로 서게 할 것입니다. 우리에게 조금이라도 교만이나 자기기만이 남아 있는 한, 예수님께서는 아무것도 설명해 주실 리 없습니다. 주님은 우리가 전혀 생각해 보지 못했던 우리 자신에 대한 과도한 애착심을 드러내 보이심으로써, 우리를 홀로 있게 하실 것입니다. 우리는 교실에서 많은 것을 들으나, 그것들의 뜻을 전혀 깨닫지 못합니다. 하나님께서 우리를 홀로 있게 하시는 때에라야 그것들을 이해하는 귀가 열립니다.

하나님과 홀로 있어 보았습니까? (2)

1월 13일

예수께서 홀로 계실 때에 주위에 있는 자들이 열두 제자와 함께 그 비유들에 관하여 그분께 물었다 (막 4:10).

언제 예수님은 설명해 주시는가?
하나님께서 우리를 홀로 있게 하시는 때에, 재난, 가슴 아픈 일, 유혹, 좌절, 질병, 불안한 감정, 깨진 우정 또는 새로운 우정 등에 의하여서 하십니다. 그분이 우리를 전적으로 따로 홀로 있게 하시면, 우리는 너무나 당혹스러워 한마디 질문도 할 수 없게 됩니다. 그때 그분이 우리에게 설명해 주기 시작하십니다.

예수 그리스도께서 열두 제자를 훈련하신 것을 주의해 보십시오. 밖에 있는 무리가 아니라 제자들이 당혹스러워했습니다. 그래서 그들은 예수님에게 꾸준하게 질문을 하게 되었고, 예수님은 그들에게 꾸준하게 설명해 주셨습니다. 그러나 그들이 이해하게 된 것은 성령을 받은 이후에야 가능했습니다(참조, 요 14:26).

설명하시기 전 어떻게 다루시는가?
만일 당신이 계속해서 하나님과 함께하게 되면, 당신이 분명하게 알게 되는 것, 곧 하나님께서 당신에게 분명하게 알게 하고자 하시는 단 한 가지는 그가 당신의 영혼을 다루는 방식입니다. 당신의 형제가 당하는 슬픔과 황당한 일들은 분명히 당신에게 큰 혼란을 줄 것입니다. 우리는 다른 사람이 처한 입장을 이해한다고 착각하지만, 하나님께서 우리의 가슴에 많은 재앙 같은 아픔을 느끼게 하실 때까지는, 사실상 다른 사람의 처지를 이해하고 있는 것이 아닙니다.

우리 각 사람에게는 성령님에 따라 밝히 드러나야만 하는 아집과 무지가 가득 차 있습니다. 예수님께서 우리를 홀로 있게 만드실 때야 그것들이 드러나게 되는 것입니다.

지금 예수님과 따로 홀로 있습니까? 아니면, 아직도 여전히 쓸데없는 자질구레한 생각들로 머리가 시끌벅적합니까? 하나님을 예배하는 데 방해되는 복잡한 동료 관계, 그리고 우리 몸에 대한 부질없는 염려들로 심란해하고 있습니까?

우리가 이 같은 시끌벅적한 질문들을 미리 속에서 걷어치우고 예수님과 따로 홀로 있게 되기까지는, 그분은 아무것도 우리에게 설명해 주실 리가 없습니다.

1월 14일

하나님의 부르심

내가 누구를 보내며, 누가 우리를 위하여 갈까? 그때 내가 대답하기를, 내가 여기 있습니다. 나를 보내 주소서 라고 하였다 (사 6:8).

하나님은 직접 부르시지 않습니다

하나님께서는 이사야에게 직접 음성을 들려주어 부르신 것이 아니었습니다. "누가 우리를 위하여 갈까?" 하나님이 말씀하시는 것을 어깨너머로 들었습니다. 하나님의 부르심은 특정한 몇 사람에게가 아니라, 모든 사람에게 향해 있습니다. 하나님의 부르심을 듣고 못 듣고 하는 것은 듣는 사람의 귀의 상태에 달린 것입니다.

"많은 사람이 부름을 받으나, 소수만이 택함을 받습니다"(마 22:14). 다시 말해서, 소수의 사람만이 스스로 택함을 받은 자들임을 드러내 보이는 것입니다. 이렇듯 택함을 받은 자들은 예수 그리스도를 통해서 하나님과 깊은 관계를 맺은 자들입니다. 그들은 하나님과 맺은 관계를 통해서 그들의 마음을 열었고 그들의 귀도 열어 두었습니다.

"누가 우리를 위하여 갈까?" 하나님의 세미한 음성을 그들은 듣는 것입니다. 하나님께서 어떤 사람을 특정하여, "이제 너가 가라"고 말씀하는 것이 아닙니다. 하나님께서는 이사야 선지자에게 권위로 강요하지 않으셨습니다. 이사야는 하나님의 면전에 있었고, 하나님의 부르심을 어깨너머로 들었으며, 그는 자발적으로 "제가 여기 있습니다. 저를 보내주십시오."라고 말할 수밖에 없다는 것을 깨달았습니다.

하나님은 강압적으로 부르시지 않습니다

하나님께서 당신을 찾아와 강압적으로 부탁하실 것이라는 생각은 버리십시오. 우리 주 예수 그리스도께서 자기의 제자들을 부르시던 때, 그들이 저항할 수 없는 외부적인 압박은 없었습니다. "나를 따르라"(마 4:19)라고 한 그의 조용하면서도 진심 어린 부르심은 힘써 깨어있는 사람들에게 하신 것이었습니다. 성령으로 말미암아 우리가 하나님과 대면하게 된다면, 우리도 이사야가 어깨너머로 들었던 하나님의 아주 세미한 그 음성과 유사한 어떤 것을 듣게 될 것입니다. 그리고 완전한 자유함 가운데서 "제가 여기 있습니다. 저를 보내주십시오."라고 말하게 될 것입니다.

옛사람의 장례식

1월 15일

우리는 그분과 함께 장사되었으니…
우리도 또한 새 생명을 덧입고서 행하도록 하려는 것입니다 (롬 6:4).

옛사람을 장례 치르시오

옛사람을 묻어 버리는 장례식을 치르지 않고서는 아무도 온전하게 거룩해지는 경험을 할 수가 없습니다. 이 같은 죽음의 순간이 결코 없었다고 하면, 거룩하게 되는 것은 단지 환상일 뿐입니다. '하얀 수의를 입는 장례식', 곧 부활로 이어지는 죽음이 있어야 합니다. 예수 그리스도의 생명과 연합되는 부활로 이어지는 장례식을 치러야 합니다. 아무것도 이러한 삶을 흔들 수 없습니다. 이 한 가지 목표를 위해 하나님과 하나가 되면 하나님의 증인이 됩니다.

당신은 진실로 당신의 삶의 마지막 날들에 이른 적이 있습니까? 흔히 감성적으로 우울하게 그 같은 날들을 맞은 것이 아니라, 진실로 그날들을 맞닥뜨린 적이 있습니까? 당신은 들뜬 감정으로 당신의 장례식에 임하거나, 들뜬 감정으로 죽을 리 없습니다. 죽음이란 당신의 존재가 멈추는 것을 의미합니다. 당신은 당신이 지금까지 살아온바 진지하게 애써 온 그리스도인의 삶을 멈추는 데 하나님께 동의합니까? 우리는 공동묘지를 빙빙 돌면서도 죽음의 자리에 나아가는 것을 항상 거부합니다. 죽는 것은 노력으로 되는 것이 아니고, "그리스도 예수님과 연합하여 세례를 받음으로 말미암아"(롬 6:3) 죽는 것입니다.

당신의 '장례식'을 치렀습니까?

아니면, 당신의 영혼과 성스럽게 광대노름을 하고 있습니까? 당신의 생애에서 마지막 날로 기록된 때도 있습니까? 고통스럽지만 특별히 감사가 넘치는 기억으로 추억되는 바로 그날, 곧 장례식에서 내가 하나님께 동의했던 그날이 있습니까?

"하나님의 뜻은 이것이니, 당신들의 거룩함입니다"(살전 4:3). 하나님의 뜻이 무엇인지를 깨닫게 되는 때, 당신은 아주 자연스럽게 거룩함에 이르게 될 것입니다. 지금 당신은 기꺼이 장례식을 치르겠습니까? 이날이 이 땅에서의 당신의 마지막 날임을 하나님께 동의하겠습니까?

동의하는 계기를 마련하는 것은 당신에게 달려 있습니다.

1월 16일

하나님의 본성의 목소리

내가 누구를 보낼까?
하고 말씀하시는 주님의 음성을 내가 들었다 (사 6:8).

하나님의 본성을 드러내는 목소리를 들으십시오

하나님이 부르시는 소리에 대해 우리가 말할 때, 가장 중요한 요소, 곧 부르시는 분의 본성을 잊기 쉽습니다. 바다의 소리, 산의 소리, 거대한 빙산의 소리가 있으나, 이 소리는 소수의 사람에게만 들립니다. 그 부르는 소리는 부르는 자의 본성의 표현입니다. 바로 그 본성이 우리 안에 실제로 있을 때만이 우리가 부름의 소리를 들을 수 있습니다. 하나님의 부르심은 우리의 본성이 아니라, 하나님의 본성 표현입니다.

우리를 위해서 하나님이 섭리로 부르시는 하나님의 부르심에는 우리만이 인식하고 다른 사람은 알지 못하는 요소가 있습니다. 그것은 어떤 특별한 일에서 우리에게 하나씩 읊어주시는 하나님의 목소리입니다. 이 목소리에 대해서 다른 사람에게 그 의미를 물어보아도 아무 소용이 없습니다. 우리가 해야 할 일은, 우리의 영혼과 하나님 사이에 깊은 관계를 잘 유지하는 것입니다.

부르시는 분과 깊은 관계를 맺으십시오

하나님이 부르시는 소리는 나의 본성의 메아리가 아닙니다. 내가 좋아하는 취미나 개인적인 성격은 고려되지 않습니다. 내가 나의 성격이나 적성 또는 취미를 고려하는 한, 하나님이 부르시는 소리를 결코 듣지 못하게 될 것입니다. 그러나 내가 하나님과 깊은 관계에 들어가게 되는 때, 이사야가 있었던 바로 그 상태에 나도 있게 됩니다. 이사야의 영혼은 그가 겪었던 엄청난 위기로 말미암아 하나님께 잘 조율되어 있었던 까닭에, 그의 놀란 영혼이 하나님이 부르시는 소리를 잘 새겨들었던 것입니다.

우리 대부분은 우리 자신의 소리 외에는 어떤 것도 들을 귀가 없습니다. 하나님이 말씀하시는 어떤 것도 들을 수가 없습니다. 하나님의 부르시는 소리의 영역대로 들어가기 위해서 근본적으로 깊은 변화가 우리에게 있어야 합니다.

내 속에 들려진 하나님의 부르시는 소리

1월 17일

은혜로 나를 부르신 하나님께서 자기 아들을 …
내 안에 나타내기를 기뻐하셨을 때 (갈 1:15-16).

하나님의 부르심은 어떤 특별한 봉사를 위한 것이 아닙니다

내가 이같이 생각하게 된 것은, 하나님의 본성에 접하게 된 때에 내가 하나님을 위해서 하고자 한 것이 무엇인가를 깨달았기 때문입니다. 하나님이 부르시는 소리는 본질적으로 그분의 본성을 표현하고 있습니다. 봉사는 나의 본성에 잘 맞는 것이 밖으로 드러난 결과물입니다. 내면의 삶 속에 들려진 하나님이 부르시는 소리를 사도 바울은 다음과 같이 말합니다.

"하나님께서 자기 아들을 이방인들 가운데 전하게 하시려고(즉, 성례전적으로 나타내게 하시려고) 그분을 내 안에 나타내시기를 기뻐하셨을 때"(갈 1:16).

봉사는 차고 넘치는 헌신에서 나옵니다

좀 더 엄밀하게 말하자면, 봉사를 위한 부르심은 없습니다. 봉사는 내 자신의 아주 작은 삶, 곧 하나님의 본성에 내가 일치된 데서 결과된 나의 작은 헌신입니다. 봉사는 내 삶에서 자연스럽게 행하여진 한 부분입니다. 하나님은 나를 그 자신과 깊은 관계를 맺게 하시고, 이로써 내가 그분의 부르심을 알게 되는 것입니다. 그리고 그분에 대한 순수한 사랑에서 비롯되어 내게 있는 것으로 봉사하게 됩니다.

하나님께 드리는 봉사는 하나님의 부르심을 듣고서 내 본성에서 감사하여 드리는 사랑의 선물입니다. 봉사는 내 본성이 표현된 것이요, 하나님의 부르심은 그분의 본성의 표현입니다.

결과적으로 말하자면, 내가 하나님의 본성을 본받고 그분의 부르심을 듣게 되는 때에, 하나님의 본성의 목소리가 그분의 본성과 그분의 부르심 둘 다 들리게 되고, 이 둘이 함께하는 것입니다. 하나님의 아들이 내 속에서 자신을 밝히 나타내시는 때, 나는 그분을 향한 사랑의 헌신에서 비롯되어 일상적인 생활의 방식으로 그분을 섬기게 됩니다.

1월 18일

주님이시다!

도마가 예수님께 대답하시기를 '나의 주님, 나의 하나님' 하고 말하였다 (요 20:28).

주님을 만족시키십시오

"물 좀 마시게 주세요"(요 4:7).

예수 그리스도를 만족하게 해 드려야 하는 때, 오히려 우리 대부분은 우리의 갈증을 해소해 달라고 주님께 졸라대지 않습니까?

우리는 젖 먹던 힘까지 주님을 위해 쏟아부어야 하고, 주님이 우리를 만족케 해 주시도록 그분의 발목을 우리가 잡아당겨서는 안 됩니다.

"당신들은 나의 증인이 될 것입니다"(행 1:8). 이 말씀은 투정하거나 다른 것과 타협하지 않고 순수한 마음으로 주 예수님께 헌신하는 삶을 의미합니다. 예수님이 우리를 어떤 상황에 부닥치게 하든 우리는 그분을 만족하게 해 드려야 합니다.

주님으로 만족하십시오

그 무엇도 예수 그리스도에 대한 충성과 비교할 수 있는 것이 없다는 것을 유의하십시오. 예수 그리스도에 대한 헌신을 가로막는 가장 큰 걸림돌은 그분을 위하여 드린다고 하는 '봉사'입니다. 온전하게 마음으로 헌신하는 것보다 몸으로 봉사하기가 더 쉽습니다.

하나님이 우리를 부르신 유일한 목표는 하나님으로 만족하는 것입니다. 하나님을 위해 어떤 일을 행하라는 부르심이 아닙니다. 우리는 하나님을 위해 싸우라고 세상에 보내진 것이 아니고, 하나님이 싸우시는 싸움에서 하나님께 쓰임을 받도록 보내진 것입니다.

우리는 예수 그리스도에게 헌신 되어 있습니까? 아니면, 봉사를 위해 더 헌신 되어 있습니까?

환상과 어둠

1월 19일

해 질 무렵 아브람이 깊은 잠에 빠졌는데, 보아라, 큰 어둠의 공포가 그에게 임하였다 (창 15:2).

어둠 속에서 환상을 주신다

하나님은 성도에게 환상(비전)을 주실 때마다, 성도를 자기 손의 어두운 그늘 속에 있게 하십니다. 그때 성도의 의무는 잠잠히 듣는 것입니다. 빛이 강하면 그로 인하여 어두운 그늘이 생깁니다. 그때는 성도가 들어야 하는 시간입니다.

창세기 16장에서 아브람이 하갈에게 이스마엘을 낳은 사건은 어둠이 있을 때 하나님이 빛을 비춰주기를 기다리는 대신에, 사라의 인간적인 그럴듯한 부탁을 들은 경우입니다.

하나님이 환상을 주시고 어둠이 뒤따르는 때에는, 기다리십시오. 만일 당신이 하나님의 시간을 기다리게 되면, 하나님은 자기가 주신 환상에 합당하게 당신을 인도하실 것입니다. 하나님을 도와 자기의 말씀을 성취하게 하려고 절대 하지 마십시오.

아브람은 13년의 침묵의 시간을 보내는 그 기간에 자만심이 철저하게 망가졌습니다. 이로써 상식적인 방식을 의존할 생각을 전혀 가질 수 없게 되었습니다. 그 침묵의 13년은 불쾌한 시간이 아니라, 연단의 시간이었습니다. 절대로 기쁨과 확신으로 들뜨지 말고, 가만히 하나님을 신뢰하고 기다리십시오(참조, 사 50:10-11).

우리가 연단 받아야 할 한 가지

아직도 육체를 나는 신뢰하고 있습니까?

아니면, 나 자신이나, 하나님의 사람들(남녀 모두)이나, 경건 서적과 기도와 황홀한 체험들을 신뢰하던 것을 완전히 극복하였습니까?

나는 하나님을 신뢰하고 있습니까?

아니면, 하나님이 주신 복들을 신뢰하고 있습니까?

"나는 전능한 하나님이다"(창 17:1). 전능한 하나님(히브리어, 엘 샤다이)은 어버이 되신 하나님이십니다. 즉, 아버지이시면서 또한 어머니이신 하나님으로서 우리를 품으시고, 업으시고, 안아 주시는 하나님이십니다(참고, 사 64:4; 역자 주: 히브리어 '샤다이'는 어근이 어머니의 '젖가슴'과도 같다. 참고, 창 49:25.).

우리가 철저하게 연단 받아야 하는 한 가지는 하나님이 실제로 살아 계시다는 것을 아는 것입니다. 하나님이 실제로 살아 계심을 아는 순간, 다른 사람들은 우리에게 모두 그림자에 불과하다는 것을 깨닫게 됩니다. 하나님을 굳게 신뢰하는 성도는 다른 사람의 행동이나 말에 의해 절대 요동하지 않습니다.

1월 20일

모든 일에 항상 마음이 새롭습니까?

누구든지 위로부터 나지 않으면
하나님 나라를 볼 수 없습니다 (요 3:3).

성령으로 거듭났습니까?

가끔 우리는 기도 모임을 위해서는 마음을 새롭게 하지만, 구두 닦는 일을 위해서는 전혀 그렇지 않습니다.

성령으로 거듭나는 것은 하나님의 틀림없는 사역입니다. 이 사역은 바람처럼 신비롭기도 하고, 하나님 자신처럼 놀랍습니다. 우리는 거듭남이 어떻게 시작되는지 알지 못합니다. 그것은 우리가 내면 깊은 곳에 숨겨져 있습니다. 위로부터 거듭난다는 것은 영구적이고 영원한 시작입니다. 생각하는 것과 말하는 것과 살아가는 것에서 항상 새롭습니다. 하나님의 생명이 지속하는 기적입니다. 그러기에 생기가 없는 진부한 삶은 하나님과의 관계가 어긋난 데서 비롯되는 것입니다.

"이 일을 내가 꼭 해야 해. 그렇지 않으면 이 일은 절대로 될 수가 없어."

이것이 바로 생기 없는 진부한 삶의 첫 증상입니다.

지금 이 순간 새롭게 태어났습니까?

아니면, 진부한 상태로 있어, 마음속으로 무엇인가를 해내려 머릿속이 많은 생각들로 복잡합니까?

마음이 새롭게 되는 것은 순종이 아니라 성령으로 말미암습니다. 순종은 하나님이 빛 가운데 계시는 것처럼, 우리가 빛 가운데 머물게 해 줍니다.

열심히 하나님과 관계를 지키십시오

예수님은 기도하시기를, "우리가 하나인 것 같이, 그들도 하나가 되게 해 주소서"(요 17:22)라고 하셨습니다. 둘 사이에는 아무것도 끼어서는 안 됩니다. 평생토록 지속해서 예수 그리스도에게 마음을 열어놓으십시오. 예수님께 마음을 열어놓고 있는 척하지 마십시오.

당신은 하나님 외에 다른 데서 생수를 긷고 있지는 않습니까?

당신이 하나님 외에 다른 것을 의지하고 있다면, 당신은 하나님이 당신 곁을 떠나시더라도 알지 못할 것입니다. 성령으로 거듭난다는 것은 일반적으로 우리가 생각하는 것보다 훨씬 더 많은 것을 뜻합니다. 그것은 우리에게 새로운 환상(비전)을 주고, 하나님이 생명을 지속적으로 공급해 주심으로 말미암아 모든 일에 항상 우리를 생기발랄하게 해 줍니다.

하나님께서 기억하는 것을 회상하십시오

1월 21일

여호와가 이같이 말한다. 내가 네 청년 시절의 친절과
네 약혼 시절의 사랑을 기억하고 있다 (렘 2:2).

하나님께 여전히 친절합니까?
전에 했던 것처럼 여전히 꾸밈없이 하나님께 친절합니까?
아니면, 하나님이 내게 친절을 베풀어 주기만을 기대하고 있습니까?
나를 향한 하나님의 마음을 기쁘게 할 생각들로 가득 차 있습니까?
하는 일들이 잘 해결되지 않아서 투덜대고 있습니까?
하나님이 베푸신 복을 잊어버린 사람의 영혼은 전혀 기쁨이 없습니다. "마실 물을 주십시오"(요 4:7). 이러한 경우처럼, 예수님께서 내가 필요하다고 생각할 수 있는 것은 대단한 일입니다.
지난 한 주간 얼마나 많은 친절을 예수님께 베풀었습니까?
나의 삶에서 예수님의 이름을 얼마나 존귀케 했습니까?

하나님께서는 기억하십니다
내가 처음에 했던 것처럼 예수 그리스도에 대한 화끈한 사랑으로 충만해 있습니까? 그때는 그분께 대한 나의 헌신을 증명해 보이려고 전심으로 힘썼습니다.
내가 그분 외에는 아무것도 마음에 두지 않았던 때를 내가 회상하고 있다는 것을 그분이 알고 계실까요?
지금도 그때와 같습니까?
아니면, 지혜롭게 되어 그분을 과도하게 사랑하고 있습니까?
어디로 행하든지 상관없을 만큼 그분과 깊은 사랑에 빠져 있습니까?
아니면, 내가 받아 마땅한 존경을 바라고, 얼마만큼 봉사해야 할 것인가를 저울질하고 있습니까?
하나님께서 내게 대하여 기억하고 있는 것을 내가 회상하는 때, 만일 하나님이 예전의 그분이 아니라는 것을 발견한다면, 부끄러움과 모멸감을 느껴야 할 것입니다. 왜냐하면, 그 부끄러움 때문에 회개에 이르게 하는 거룩한 슬픔을 맛보게 될 것이기 때문입니다.

1월 22일

나는 무엇을 바라보고 있습니까?

> 땅끝의 모든 사람들아, 나를 보라.
> 그리고 구원을 얻어라 (사 45:22. King James Version).

하나님께 집중하십시오

하나님이 우리에게 오셔서 복을 베풀고 구원해주시기를 기대하고 있습니까?

하나님은 말씀하십니다. "나를 보라. 그리고 구원을 얻으라." 영적으로 가장 어려운 일은 하나님께 집중하는 것입니다. 그런데 이같이 집중하는 것을 어렵게 만드는 것이 하나님이 베풀어 주신 그 복들입니다. 하나님의 복들이 집중하는 것을 어렵게 만드는 것입니다. 고난은 거의 항상 우리가 하나님을 바라보게 하는 데 반하여, 하나님의 복들은 다른 곳을 바라보게 합니다. 산상설교가 가르치는 것은 사실상, 모든 관심을 줄이고 마음과 뜻과 몸가짐이 예수 그리스도에게 집중되게 하라는 것입니다. 전심전력하여 예수 그리스도만 바라보라고 가르칩니다.

지금 구원을 받습니다

우리들 대부분은 그리스도인이라면 어떤 사람이어야 하는가에 대해 개념적으로는 어느 정도 알고 있습니다. 그런데 성도들의 실제 삶들은 하나님께 집중하는데 거침돌이 되고 있습니다. 이런 방식으로는 결코 구원이 없습니다. 구원은 간단하지 않습니다.

"나를 보라." 그리하면, "구원을 앞으로 얻게 될 것이다"가 아니라, "구원을 현재 받는다"입니다. 우리가 바라는 것이 바로 그것입니다. 우리가 하나님께 집중하면 구원을 받습니다. 그런데 우리는 하나님께 대해 잘못된 선입견을 품고 있어서 심술을 부립니다.

그러나 항상 줄곧 하나님은 말씀하시길, "나를 바라보라! 그리고 구원을 받으라"고 하십니다. 우리가 하나님을 바라볼 때, 우리에게 닥치는 고난과 시련들, 내일에 대한 염려들이 모두 사라집니다.

자리를 박차고 일어나 하나님을 바라보십시오. 하나님께 희망을 두십시오. 수많은 일이 당신을 압박한다 할지라도, 단호하게 밀쳐 내버리고 오직 하나님만을 바라보십시오.

"나를 보라."

그리하면, 바라보는 그 순간 구원이 있습니다. 하나님을 바라보는 순간, 당신을 압박하는 고난과 시련과 많은 염려가 있다 할지라도, 당신은 구원을 얻게 됩니다.

주님의 영광을 봄으로 변화를 받으십시오

1월 23일

우리가 다 수건을 벗은 얼굴로 거울을 보는 것 같이 주님의 영광을 보면서
주님과 같은 형상으로 변화되어 영광에서 영광에 이르니,
이는 영이신 주님으로 말미암은 것입니다 (고후 3:18).

그리스도인의 가장 두드러진 특징

자신의 삶이 다른 사람들의 삶의 거울이 될 수 있도록 하나님 앞에서 숨김없이 드러난 솔직함입니다. 성령 충만함으로 우리는 변화를 받고, 하나님을 바라봄으로 거울이 됩니다. 어떤 사람이 주님의 영광을 바라보고 있었을 때, 그가 주님 자신의 성품을 반영하는 거울이라는 것을 당신의 내면의 영이 느낀다는 것을 당신은 항상 압니다

다시 말해서, 주님의 영광을 집중해서 바라보는 사람은 하나님의 거울이라는 것을 당신의 영이 알아보는 것입니다. 당신 안에 있는 그 거울을 더럽히게 될 만한 것들을 멀리하십시오. 대체로 보면, 최선의 것이 아닌 차선의 것이 그 거울을 더럽힙니다

당신의 삶을 위한 황금률

하나님을 향해 당신의 삶이 열려 있게 집중하는 것입니다. 그 한 가지를 제외하고는, 그 밖의 모든 것, 예컨대, 일, 옷, 음식, 기타 잡다한 것들은 그냥 스쳐 지나가게 하십시오. 이 모든 잡다한 것들로 당신의 삶이 바빠지다 보면, 하나님께 집중하는 것이 항상 어렵게 되고 맙니다. 그러므로 우리는 하나님의 영광을 바라보는 데 계속 집중하고, 우리의 삶이 평생토록 전적으로 신령하게 하십시오.

다른 잡다한 일들에는 전혀 신경을 쓰지 말고, 다른 사람들의 비난도 괘념치 말고, 하나님 안에 그리스도와 함께 숨겨져 있는 그 생명만큼은 흐리게 하는 일이 없도록 유념하십시오. 일을 서두르다가 하나님 안에 거하여 사는 관계가 망가지게 하면 안 됩니다. 그 한 가지가 하나님과의 연합된 관계를 흔들리게 하기 쉬우나, 결코 흔들리게 해서는 안 됩니다. 그리스도인의 삶에서 가장 힘든 연단은 "주님의 영광을 거울로 보는 것 같이 계속 바라보는" 방법을 배우는 것입니다.

1월 24일

압도적인 방향 지시

내가 네게 나타난 것은 이 목적을 위함이다 (행 26:16).

방향을 지시하는 환상

바울이 다메섹으로 가던 길에서 보았던 환상은 일시적 감정적인 것이 아니었습니다. 그것은 그의 삶에 분명한 방향을 지시해 주는 환상이었습니다. 그래서 그가 말하기를, "내가 하늘에서 보인 환상을 거스리지 아니했습니다"(행 26:19)라고 합니다. 우리 주님이 바울에게, 사실상, 하신 말씀입니다.

"너의 모든 삶은 내가 앞으로 주장하여 이끌어 갈 것이다. 너는 나 외에는 어떤 목적이나 목표나 계획도 가져서는 안 된다." "내가 너를 선택했다."

환상에 순종하십시오

우리가 거듭나게 되는 때, 만일 우리가 성령으로 충만하다고 하면, 예수님께서 우리가 어떤 사람이 되기를 원하시는가에 대한 환상을 우리 모두 갖게 됩니다. 중요한 것은 그 환상을 거스르지 않을 뿐만 아니라, 도저히 이루어질 수 없다고 말해서도 안 되는 것입니다. 하나님이 세상을 속량하셨다는 것을 알고, 또 예수님이 행하신 모든 것을 성령께서 내 안에서 성취하실 수 있다는 것을 아는 것만으로는 충분하지 않습니다.

예수님과 기본적으로 인격적인 관계를 맺고 있어야 합니다. 바울은 회심하던 때, 선포할 메시지나 교리를 받은 것이 아닙니다. 예수 그리스도와 분명하고 인격적으로 강력한 관계를 맺게 되었던 것입니다. 16절에 말씀하신 놀라운 명령, "내가 너를 수종 자와 증인으로 삼으려는 것이다"로 보아 알 수 있습니다. 이 명령의 말씀은 인격적인 관계 말고는 다른 것을 의미하지 않습니다. 바울은 예수 그리스도라고 하는 분에게 인격적으로 헌신한 것일 뿐, 어떤 명분에 헌신한 것이 아니었습니다. 그는 전적으로 예수 그리스도의 것이었고, 그는 예수 그리스도만 알았고, 그분만을 위해서 살았습니다. 그래서 그는 말하기를, "나는 여러분 가운데서 오직 예수 그리스도, 곧 십자가에 못 박힌 그분 외에는 아무것도 알지 않기로 하였습니다"(고전 2:2)라고 한 것입니다.

하나님께 자리를 양보하십시오

1월 25일

내 어머니의 태로부터 나를 따로 세우시고 은혜로 나를 부르신 하나님께서 자기 아들을 이방인들 가운데서 전하게 하시려고 그분을 내 안에 나타내기를 기뻐하셨을 때, 나는 곧 혈육과 의논하지도 않았습니다 (갈 1:15-16).

하나님께 양보하는 법을 배우십시오

하나님의 사역자들의 본분은 하나님께 양보하는 것을 배우는 것입니다. 즉, 하나님이 자유롭게 행하실 수 있게 자리를 내어드리는 것입니다. 우리는 나름대로 계산하고 평가하여 이런저런 일을 자기 힘으로 해내려고 합니다. 그래서 하나님이 원하시는 대로 개입하실 수 있게 양보할 줄을 모릅니다.

우리가 전혀 예기치 못했던 방식으로 하나님이 우리의 기도 모임이나 설교 강단에 오셨다고 하면 깜짝 놀라지 않을 것입니까?

하나님이 어떤 특정한 방식으로 오실 것이라고 기대하지 말고, 다만 그분을 기다리십시오. 그것이 바로 하나님께 양보하는 방식입니다. 하나님이 오시기를 기대하되, 어떤 특정한 방식으로만 하나님이 오실 것으로는 기대하지 마십시오.

하나님께서 개입하게 하십시오

우리가 하나님을 아무리 많이 안다고 할지라도, 우리가 배워야 할 교훈은 어느 순간에라도 하나님이 개입할 수 있게 해 드리는 것입니다. 우리는 이 놀라운 사실을 간과하기 쉬운데, 하나님은 결코 다른 방식으로는 일하시지 않습니다. 하나님은 갑자기 "하나님께서 가장 기뻐하시는 때에" 우리의 삶에 개입하십니다.

당신의 삶이 하나님과의 긴밀한 접촉을 항상 유지하십시오. 그래서 하나님의 놀라운 능력이 당신의 삶의 모든 부분에서 폭발하게 하십시오. 항상 마음으로 기대하고 있으십시오. 그리고 하나님이 좋아하시는 대로 당신의 삶에 개입하실 수 있게 하나님께 양보하는 것을 잊지 마십시오.

1월 26일

다시 돌아보고 성결케 하십시오

오늘 있다가 내일 아궁이에 던져지는 들풀도 하나님께서 이처럼 입히신다면, 하물며 당신들은 더 잘 해 주시지 않겠습니까? (마 6:30)

단순하여지기 바랍니다

우리가 단순하지 않으면 예수님의 단순한 말씀이 항상 수수께끼처럼 들리게 됩니다. 어떻게 하면 예수님이 단순하신 것처럼 우리도 단순하게 될 수 있을까요?

성령을 받고, 예수님을 온전히 의지하고, 하나님의 말씀을 따라 그분께 순종하면, 놀랍게도 우리의 삶이 단순하게 됩니다. 예수님이 말씀하십니다.

"생각하십시오. 들의 풀도 입히시는 여러분의 아버지께서 여러분에게는, 만일 여러분이 그 하나님 아버지와 관계를 밀접하게 유지하고 있으면, 얼마나 더 잘 입혀 주시지 않겠습니까?"

우리가 영적으로 하나님과 교통이 잘 안 된 때를 점검해 보면 그때마다, 건방지게도 우리가 예수 그리스도보다 더 잘 안다고 우쭐댔기 때문이었습니다. 우리가 세상의 염려들은 죄라면서도, 하늘 아버지의 자상한 돌보심("하물며 더 잘")을 잊고 살았기 때문입니다.

생명의 원리에 순종하십시오

"공중에 나는 새들을 보십시오" (마 6:26). 새들의 단 한 가지 목표는 그들에게 있는 생명의 원리에 순종하는 것입니다. 그리하면, 하나님이 그것들을 돌보십니다. 예수님이 하시는 말씀이 뜻하는 것은, 당신이 하나님과 바르게 깊은 관계를 맺고서 당신 안에 계시는 생명의 성령님께 순종하면, 하나님이 당신의 '깃털같이 많은 염려'를 돌보아 주시리라는 것입니다.

"들의 백합화들을 생각해 보십시오." 그것들은 심어진 곳에서 자랍니다. 그러나 대부분 우리는 우리가 처해 있는 곳에서 자라는 것을 거부하다가, 결과적으로 아무 데도 뿌리를 내리지 못 합니다. 예수님이 하시는 말씀에 따르면, 만일 우리가 하나님이 우리에게 주신 생명의 원리에 순종하게 되면, 하나님께서 다른 모든 것들을 돌보아 주실 것입니다.

예수 그리스도께서 한 번이라도 우리에게 거짓말하신 적이 있었습니까? 만일 우리가 "하물며 더 잘"을 경험하지 못하고 있다면, 그것은 하나님이 우리에게 주신 생명의 원리에 순종하지 않음으로써, 잡다한 염려들로 사로잡혀 있기 때문입니다. 우리가 전적으로 자유롭게 하나님의 사역에 집중해야 마땅했을 때에, 얼마나 자주 쓸데없는 질문들로 하나님께 걱정을 끼쳐 드렸습니까? 헌신이란 어떤 특정한 일을 위해서 나 자신을 지속해서 구별해 드리는 것입니다. 우리는 단번에 성결할 수는 없습니다. 나는 사는 날 동안 매일같이 하나님을 깊이 생각하는데 지속해서 자신을 구별해 드리고 있습니까?

다시 생각해 보십시오

1월 27일

목숨을 위하여 염려하지 마십시오 (마 6:25).

이 세상 염려의 넘치는 파도들

우리가 계속해서 반복적으로 들어야 하는 경고는, 이 세상의 염려들과 재물의 거짓된 속삭임과 세상의 것들에 대한 욕심들이 우리에게 밀려들어 오면, 그것들이 하나님의 은혜를 질식시키게 된다는 것입니다. 이 세상에 살면서, 이같이 파도처럼 밀려오는 이 염려나 욕심들에서 결코 우리가 자유로울 수는 없습니다.

이 파도는 의식주 문제나 돈 문제 등 여러 방면에서 밀려오고, 때로는 친구들 때문이기도 하지만 친구가 없어도 문제가 되고, 여타 어려운 일들이 문제가 됩니다. 이 파도는 항상 끊임없이 밀려오기 때문에, 우리를 위해 하나님의 성령께서 방패막이를 세워주지 않으시면, 홍수가 되어 우리를 덮칠 것입니다.

"목숨을 위하여 염려하지 마십시오"

우리 주님은 말씀하십니다. "단 한 가지, 곧 나에 대한 관계에 주의하라." 그러나 당신은 상식적으로 목소리를 크게 하여 외쳐댑니다. "그것은 말도 안 돼. 내가 어떻게 살 것인가를 궁리해야 해. 무엇을 먹고 마실 것인가도 궁리해야 해."라고 말입니다. 예수님은 당신이 절대 그렇게 해서는 안 된다고 말씀하십니다. 우리가 처한 형편들을 이해하지 못하면서 그게 할 법한 말인가라고 생각해서는 안 됩니다.

예수 그리스도는 우리가 아는 것보다 더 잘 우리의 형편들을 아십니다. 그래서 말씀하시기를, 이러한 것들을 너무 많이 염려한 나머지 우리의 삶이 거기에 몰입되어서는 안 된다고 하시는 것입니다. 마음에 갈등이 생길 때마다, 하나님에 대한 관계를 먼저 생각하는 것을 잊지 마십시오. "한 날의 괴로움은 그날로 충분합니다"(마 6:34).

오늘 얼마나 많은 괴로움이 당신을 위협하기 시작했습니까?

어떤 종류의 천박한 꼬맹이 악령들이 기회를 틈타, "올여름 다음 달에는 무엇을 할 거야?"하며 미리 걱정하게 할 것입니다. 그러나 예수님은 말씀하시기를, "아무것도 염려하지 마라."라고 합니다. 다시 생각해 보십시오. 하늘에 계신 아버지 하나님이 하시는 말씀, "하물며 더 잘"을 마음에 새겨 두십시오.

1월 28일

예수님을 끔찍하게 박해할 수 있습니다

사울아, 사울아, 네가 어찌하여 나를 박해하느냐? (행 26:14)

고집과 자기주장 때문에

하나님을 위한다고 하면서 나 자신의 방식을 고집하지는 않습니까?

우리가 성령과 불의 세례를 경험하게 되기까지는 이 같은 덫으로부터 결코 자유로울 수 없습니다. 고집과 자기주장 때문에 예수님이 크게 상처를 입습니다. 이때 다른 사람에게는 피해를 주지 않았을지라도, 예수님이 보내신 성령님께 상처를 입힙니다. 그리고 우리가 고집스럽고 자기 주장이 강하며 자신의 야망을 내세우게 되면 그때마다 예수님에게 피해를 줍니다. 우리가 우리 자신의 권리를 내세우고, 내가 하고 싶은 대로 하겠다고 주장하는 때마다 예수님을 박해하는 것이 됩니다.

또한, 우리가 우리의 체면을 내세우게 되면 그때마다, 조직적으로 성령님을 괴롭히고 근심케 하는 것이 됩니다. 그러기에, 우리가 매번 예수님을 박해했다는 것을 알게 되는 때, 우리의 가슴이 찔려 심히 아프게 됩니다.

사탄의 영이 예수님을 박해합니다

하나님의 말씀을 다른 사람에 전해주는 때 그 말씀이 내게도 놀라울 만큼 예리합니까?

아니면, 내가 가르친다고 고백하는 진리들에 대해 나의 삶은 거짓으로 살고 있습니까?

나는 입으로는 성결을 가르치나, 실제는 사탄의 영에 사로잡혀 있을 수 있습니다. 그 악한 영이 예수 그리스도를 박해하는 것입니다. 예수님의 성령은 오직 한 가지만을 염두에 둡니다. 즉, 아버지 하나님과 완전한 하나 됨입니다. 그래서 그분은 말씀하시기를, "나는 마음이 온유하고 겸손하니 내게 배우라"(마 11:29) 라고. 내가 하는 모든 일은 예수님과 완전한 하나 됨에 근거해야 마땅합니다.

결코, 경건한 체하는 자신의 의지적 결단에 근거해서는 안 됩니다. 이것은, 곧 내가 쉽게 짓밟히고, 쉽게 우습게 보이고 또 쉽게 소외될 수 있다는 것을 뜻하게 됩니다. 그러나 내가 그분을 위하여 순복한다면, 나는 예수 그리스도께서 박해 당하는 것을 막게 되는 것입니다.

믿기지 않을 만큼 무지할 수 있습니다

1월 29일

주님, 주님은 누구입니까? (행 26:15)

주님의 음성을 직접 들었습니까?

"여호와께서 강한 손을 내게 얹으시며 이같이 말씀하셨습니다"(사 8:11). 여호와께서 말씀하시는 때에는 피할 길이 없습니다. 우리가 알아듣지 못했고 핑계할 수 없게끔 말씀하십니다.

하나님의 음성이 직접 당신에게 임한 적이 있습니까?

그랬다고 하면, 당신은 당신이 가장 잘 아는 언어로 친밀하게 전해 준 뜻을 놓칠 리 없습니다. 왜냐하면, 당신의 귀를 통해서가 아니라, 당신이 처한 환경을 통해 말씀을 전하시기 때문입니다.

하나님은 우리의 신념에 대한 고집스러운 확신을 깨뜨리지 않으시면 안 됩니다. "내 생각에 이 일은 내가 꼭 해야 하는 일이다"고 우깁니다. 하지만, 그때 하나님의 음성이 임하여 우리의 무지가 얼마나 깊은가를 드러냄으로써 우리를 압도하고 맙니다. 우리가 하나님을 섬기겠다고 우겨대는 바로 그 방식으로 하나님에 대한 우리의 무지를 우리는 드러내 왔습니다.

우리는 주님의 영이 아닌 다른 영으로 주 예수님을 섬기고, 우리가 그분을 옹호한다고 하면서 도리어 그를 해롭게 하고, 마귀의 영을 힘입고서 그분의 요구들을 밀어붙입니다. 우리의 입의 말들은 그럴듯하지만, 우리의 영은 원수의 영입니다. "주께서 그들을 꾸짖으며 말씀하시기를, 너희들은 어떠한 영의 방식으로 하고 있는지 알지 못하고 있다"(참고, 눅 9:55).

우리 주님이 자신을 변호하시는 때 그분의 영(또는, 마음)은 고린도전서 13장에 서술되어 있습니다.

예수님을 박해하고 있지 않습니까?

열심히 대단하나, 나 자신의 방식으로 예수님을 섬기겠다고 우김으로써 그분을 박해한 것은 아닙니까?

내가 나의 본분을 다했다고 하지만, 그렇게 함으로써 그분께 해를 끼쳤다고 생각된다면, 그것은 나의 본분이 아니었다는 확신이 들 것입니다. 왜냐하면, 겸손하고 온유한 영(또는, 마음)으로 한 것이 아니라, 자기 만족의 영(또는, 마음)으로 했기 때문입니다. 불쾌한 것은 무엇이든 우리가 감내해야 할 본분이라고 생각하기 쉽습니다.

그것이 우리의 주님의 영과 같은 어떠한 것입니까?

우리 주님은 말씀하십니다. "오 나의 하나님, 내가 당신의 뜻을 행하기를 즐거워합니다"(시 40:8).

1월 30일

순종의 딜레마

사무엘이 그 환상을 엘리에게 보고하기를 두려워했다 (삼상 3:15).

낭만이 되는 삶

하나님께서는 깜짝 놀랄만한 방식으로 말씀하시기보다는, 오해하기 쉬운 방식으로 하십니다. 그래서 "그것이 하나님의 음성인지 잘 모르겠어요."라고 우리는 말합니다. 이사야는 주께서 "그에게 강한 손을 얹어," 즉, 환경으로 압박하여 말씀하셨다고 했습니다. 우리에게 친히 말씀하시는 하나님 외에는 아무것도 우리의 삶을 관계하지 않습니다. 우리의 삶 속에서 하나님의 손을 감지하는가? 아니면 단지 우연히 일어난 것일 뿐이라고 생각하는가? "주님, 말씀해주십시오."라고 말하는 습관을 기르십시오. 그러면 삶이 낭만(로맨스)이 될 것입니다. 환경이 압박해 올 때마다, "주님, 말씀해주십시오."라고 말하십시오. 그리고 시간을 내어 들으십시오. 견책은 징계를 위한 수단 그 이상입니다. 그것은 "주님, 말씀해주십시오."라고 말하는 자리로 인도해 줍니다. 하나님께서 말씀하셨던 그때를 회상해 보십시오. 그분이 말씀해주신 것을 혹 잊었습니까? 누가복음 11:13이었던가 아니면, 데살로니가전서 5:23이었던가하고 헷갈립니까? 우리가 들을 때, 귀가 예민해져, 예수님처럼, 항상 하나님의 음성을 들을 수 있게 되는 것입니다.

순종의 딜레마

하나님께서 내게 들려주신 것을 나의 '엘리'에게 말할 수 있겠습니까?
바로 여기서 순종의 딜레마에 빠지게 됩니다. 우리는 어설프게 조심하다가 하나님을 불순종합니다. 즉, 우리가 가장 좋아하는 사람인 '엘리'를 보호해 줘야 한다고 하다가 불순종하게 되는 것입니다. 하나님은 엘리에게 보고하라고 사무엘에게 말씀하지 않으셨습니다. 사무엘 스스로 그것을 결정해야 했습니다.

당신을 향한 하나님의 부르심이 당신의 '엘리'의 감정을 상하게 할지도 모릅니다. 그러나 당신이 다른 사람의 삶에 고통을 주지 않으려 하게 되면, 그것이 당신의 영혼과 하나님 사이에 방해물이 된다는 것을 알게 될 것입니다. 당신은 위험을 무릅쓰고 오른손을 잘라내거나 한눈을 뽑아내는 일을 하려 하지 않습니다.

하나님께서 하나님 앞에 당신이 결정하도록 하는 어떤 일에 대해 다른 사람의 조언을 절대 구하지 마십시오. 만일 조언을 구하게 되면, 거의 대부분 당신은 사탄과 한편이 될 것입니다. 바울은 말했습니다.

"나는 곧 혈육과 의논하지도 않았습니다"(갈 1:16).

당신의 부르심을 알고 있습니까?

1월 31일

부르심을 받아 하나님의 복음을 위하여 따로 세움을 받았습니다 (롬 1:1).

부르심의 첫 번째 목적

우리에 대한 하나님의 부르심의 첫 번째 목적은 우리가 거룩한 사람이 되는 것이 아니고, 하나님의 복음의 선포자가 되는 것입니다. 그러기에, 우선 가장 중요한 것은 하나님의 복음이 항상 있는 실체라는 것을 깨닫는 것입니다. 이 복음의 진짜 실체는 인간적인 선함이나 거룩함이 아니고, 천국이나 지옥도 아니며, 구속(또는, 속량)입니다. 이것을 아는 것이 오늘날 복음 사역자들에게 가장 절실하게 필요합니다.

복음 사역자들은 구속이 유일한 실체라는 이 계시의 비밀을 아는 데 익숙해져야 합니다. 개인적인 거룩함은 결과이지 원인이 아닙니다. 그래서 만일 우리가 우리의 신앙을 인간적인 선함, 곧 구속의 결과에 기초하게 한다면, 우리는 시험이 올 때 실패하게 될 것입니다.

하나님께서 따로 세우십니다

바울은 스스로 자신을 구별하여 세웠다고 말하지 않았습니다. "기뻐하셨을 때 하나님께서 나를 따로 세우셨습니다"(갈 1:16).

바울은 자신의 성품에 지나치게 예민한 관심을 두지 않았습니다. 우리가 우리 자신의 인격적 결백함에 우리의 시선을 집중하는 한, 우리는 구속의 실체에 결코 가까이 갈 수 없게 됩니다. 사역자들의 소원이 하나님께 있지 않고, 그들 자신의 결백함에 있게 되면, 그들은 실패합니다. 그들은 다음과 같이 요구할 것입니다.

> 인간적인 삶 그대로의 추악함을 보는 대신에 구속의 너덜너덜한 실체를 직접 대면하라고 내게 요구하지 마십시오. 우리를 위한 구속을 성취한 그 험한 십자가를 만져보라고 하지 마십시오. 내가 원하는 것은 내 눈에 보기에도 아주 흠모할 만하게 내가 나를 만들어 갈 수 있게 하나님이 힘껏 도와주시는 것입니다.

그러나 그런 식으로 말하는 것은 하나님의 복음의 실체를 내가 아직껏 전혀 알지 못하고 있다는 증거입니다. 이 같은 상태에서는 우리가 과감하게 하나님께 자신을 결코 맡길 수 없습니다. 내가 나의 성품에만 관심이 있는 한, 하나님은 나를 자유롭게 하실 수 없습니다. 바울은 자신을 의식하지 않았습니다. 그는 과감하게 하나님께 자신을 맡겼고, 한 가지 목적, 곧 하나님의 복음을 선포하는 것(참고, 롬 9:3)을 위해 하나님에 의해 구별되었던 것입니다.

2월

하나님의 부르심

의무감에 매이지 않고
주님을 사랑합니까?

하나님의 부르심

2월 1일

그리스도께서는 세례를 주라고 나를 보내신 것이 아니라,
복음을 전하라고 보내셨습니다 (고전 1:17).

부르심의 목적

바울은 고린도전서 1:17에서 말하기를, 하나님의 부르심의 목적이 복음을 선포하는 것이라고 했습니다. 그가 의미하고자 한 '복음'은 우리 주 예수 그리스도 안에 있는 구속의 실체임을 기억해야 합니다. 우리는 대체로 우리의 설교의 최고의 목적으로 성화(거룩하게 되는 것)를 내세우기 쉽습니다.

바울은 자신의 개인의 영적 체험을 예로 들어 설명할 때에도 결코 그것을 목적으로 삼은 일이 없습니다. 우리는 어디에서도 구원이나 성화를 선포하라고 위임받은 일이 없습니다. 다만, 예수 그리스도를 높이 알리도록 위임받았을 뿐입니다(요 12:32).

예수 그리스도께서 구속을 십자가상에서 성취하심에 있어서 큰 고통을 당하신 목적이 나를 성자로 만들기 위해서라고 말하는 것은 얼토당토않습니다. 예수 그리스도께서 구속을 성취하시려고 큰 고통을 치르신 것은 온 세상을 속량하여, 하나님 보좌 앞에 그것을 흠 없이 새롭게 만들어 놓기 위함이었습니다.

구속의 목적

우리가 구속을 체험할 수 있다고 하는 사실은 구속의 실체의 능력에 대한 좋은 실례가 될 수 있습니다(역자 주 : 우리가 예수 그리스도 안에서 성령으로 구속받게 되는 것은 구속의 실체인 복음의 능력으로 말미암은 것입니다). 그러나 그 같은 개인의 영적 체험이 구속의 목적은 아닙니다.

만일 하나님께서 사람이시라면, 우리의 구원이나 거룩함을 위해서 하는 우리의 끈질긴 요구들 때문에 그 마음이 얼마나 아프고 지치시겠습니까?

우리를 귀찮게 하는 것에서 벗어나고 싶어서 밤낮으로 우리는 하나님을 지치게 만듭니다. 우리가 하나님의 복음의 실체의 근본을 이해하게 되면, 우리는 우리의 개인적인 사소한 불평들을 가지고 하나님을 결코, 괴롭히지 않을 것입니다.

바울의 삶의 유일한 열망은 하나님의 복음을 선포하는 것이었습니다. 이 같은 한 가지 이유로 마음의 고통과 환난도 그는 마다하지 않았습니다. 왜냐하면, 이러한 것들로 인해 오히려 하나님의 복음을 위해 그가 흔들림 없이 계속 헌신할 수 있었기 때문입니다.

2월 2일

강권하시는 부르심

내가 복음을 전하지 않는다면, 내게 화가 있을 것입니다 (고전 9:6).

당신이 받은 구원 대신 복음을 선포하십시오

하나님의 부르심에 당신의 귀를 항상 열어놓으십시오. 듣지 못하는 일이 있어서는 안 됩니다. 구원받은 자는 누구나 구원받은 사실을 증거해야 마땅합니다. 그러나 당신은 그것을 선포하도록 부르심을 받은 것이 아닙니다. 그것은 복음을 선포하는 데 언급될 수 있는 간증 거리에 지나지 않습니다.

바울은 고린도전서 9:16에서, 그가 복음을 전하지 않고자 할 때 오는 심적 고통을 언급하고 있습니다. 그러므로, 바울이 말하고 있는 것을 초신자들, 곧 구원을 얻고자 하나님을 이제 만나기 시작한 자들에게 적용해서는 안 됩니다. 구원을 받는 일은 하나님의 주권에 속한 것이기 때문에, 이보다 더 쉬운 것은 없습니다. 하나님은 쉽게 말씀하십니다. "내게 오라. 내가 너를 구원하리라."

우리 주님은 제자 삼는 조건들을 구원의 조건들로 결코, 내걸지 않으십니다. 우리는 예수 그리스도의 십자가를 통해서 구원에 이르도록 이미 되어 있습니다. 제자가 되는 것은 구원에 따르는 선택 사항입니다. "만일 누구든지 나의 제자가 되고자 따라오려거든…"(막 8:34).

예수 그리스도의 종은 복음을 위해 구별된 자입니다

고린도전서에서 바울이 한 말들은 예수 그리스도의 종이 되는 것과 관련이 있습니다. 예수 그리스도의 종 된 자들은 자기가 하고 싶은 대로, 또는 자기가 가고 싶은 대로 스스로 결정할 수가 없습니다. 하나님은 자기를 기쁘시게 하려고 우리를 찢겨진 빵과 쏟아 부어진 포도주(역자 주 : 예수님의 십자가에서 찢겨진 살과 쏟아 흘린 피처럼)로 만드십니다. "복음을 위해 따로 구별되었다"는 것은 하나님의 부르심을 들었다는 것을 의미합니다.

그런데, 어떤 사람이 그 부르심을 건성으로 듣게 되면, 그 부르심에 합당한 고통이 있게 됩니다. 모든 야망은 애초에 꺾이고, 삶의 모든 열정은 재가 되고, 모든 미래의 전망은 철저하게 닫히며, 오직 한 가지, "복음을 위하여 구별되었다"라는 것만 남게 됩니다. 하나님의 부르심을 받고서도, 발걸음을 다른 데로 돌리려는 자에게는 화가 있습니다.

이 클래펌성경훈련대학이 존재하는 이유는 하나님의 사람이 된 학생들이 그의 복음을 선포하는데 열심히 하는지를 알아보기 위해서입니다. 하나님이 당신들을 확실하게 붙잡고 계시는가를 확인해 보기 위함입니다. 하나님께서 당신을 부르시는 때 방해되는 것들을 주의하십시오.

어쩔 수 없는 관계의 단절

2월 3일

우리가 사람들에게 구경거리가 되었고, 지금까지 세상의 쓰레기처럼 되었고, 만물의 찌꺼기처럼 되었습니다 (고전 4:9-13).

세상의 쓰레기 같은 자들

바울이 한 이 말들은 과장된 표현이 아닙니다. 이 말들이 오늘날 스스로 복음의 사역자들로 자처하는 우리에게 해당하지 않는 이유는, 바울이 이 말들을 하던 때에 정확한 뜻을 알지 못했기 때문이 아니고, 우리가 세상에서 애써 좋아하는 것들이 너무 많아서 스스로 세상의 쓰레기가 되고 싶은 마음이 우리에게 없기 때문입니다. "그리스도의 남은 고난을 내 육체에 채웁니다"(골 1:24)라고 한 것은 거룩하게 된 것에 대한 증거가 아니고, "복음을 위하여 구별되어 세워진" 것에 대한 것입니다.

베드로는 말하기를, "당신들을 시련하려고 오는 불 같은 시험을 이상한 일이 일어나는 것처럼 여기지 마십시오"(벧전 4:12)라고 했습니다. 만일 우리가 당하는 고난들에 관하여 이상하게 생각한다고 하면, 그것은 우리가 겁이 많기 때문입니다. 우리는 우리가 애써 좋아하는 것들을 잃고 싶지 않아서, "나는 허리를 굽히거나 무릎을 꿇지 않을 거야" 하며, 스스로 만신창이가 되기를 거절합니다. 당신은 그러지 않아도 됩니다. 당신이 원한다면, 당신은 어떻게든지 가까스로라도 구원받을 수 있습니다. 당신은 하나님이 복음을 위해 당신을 구별하여 따로 세우시는 것을 얼마든지 거절할 수도 있습니다.

순교할 각오를 한 자들

그러나 반대로, "복음이 선포될 수만 있다면, 나는 세상에서 찌꺼기로 취급되어도 상관없습니다"라고 말할 수도 있습니다. 예수 그리스도의 종은 하나님의 복음의 실체를 위해서라면 기꺼이 순교도 각오할 수 있는 자입니다. 단지 인간적으로 도덕적이기만 한 사람이라면 부끄러운 일이나 부도덕한 일이나 배반하는 일을 당하게 되면, 자신의 선한 양심이 너무나도 크게 상처를 받기 때문에, 절망하여 마음의 문을 닫습니다.

하지만, 하나님의 구속 실체가 놀라운 것은, 하나님의 구속적 사랑은 이 세상에서 가장 못되고 악한 사람들까지도 포기하지 않기 때문입니다. 바울은 하나님께서 자기를 구별하여 세우신 것은, 하나님이 자기를 얼마나 훌륭한 사람으로 만들 수 있는가를 드러내 보여주려는 것이 아니라, "내 안에 자기 아들을 나타내시기"(갈 1:16) 위함이라고 말했습니다.

2월 4일

주님의 능력의 압도하는 위엄

그리스도의 사랑이 우리를 강권하십니다 (고후 5:14).

바울을 사로잡은 그리스도의 사랑

바울이 하는 말에 따르면, 이전에 악에 사로잡혔던 것처럼, 이제는 그리스도의 사랑에 의해 지배당하고, 압도되고, 붙잡혀 있습니다. 우리 가운데는 하나님의 사랑에 꽉 잡혀 있다는 것이 무엇을 의미하는지 아는 사람이 거의 없습니다. 우리는 우리의 억눌린 경험에 사로잡혀 있습니다. 그러나 바울을 사로잡은 오직 한 가지는 하나님의 사랑이었습니다. 그 밖에 그가 아는 것은 아무것도 없었습니다. "그리스도의 사랑이 우리를 강권하십니다"(고후 5:14).

이 말을 어떤 사람이 하는 것을 듣는다면, 당신은 결코 놓칠 리가 없습니다. 하나님의 성령이 그 사람의 삶 속에서 자유롭게 역사하고 계신다는 것을 알게 되는 것입니다.

바울의 삶의 유일한 목적

하나님의 성령으로 우리가 거듭나게 되는 때, 우리의 간증은 하나님이 우리를 위해 행하신 것을 강조하게 되는데, 당연합니다. 그러나 성령 세례를 받고 나면, 그 같은 간증은 말끔히 잊힙니다. 그리고 "너희는 나의 증인이 되리라"(행 1:8)고 예수님이 말씀하시던 때, 예수님이 무엇을 의미했는지를 깨닫기 시작합니다. 예수님이 하실 수 있는 것에 대해 증인들이 되라는 것이 아닙니다. 그것은 초보적인 증인일 뿐입니다. 예수님을 증거하는 증인들이 되라는 것입니다.

그래서, 우리에게 발생하는 모든 것들을 예컨대, 칭찬이나 비난, 박해나 격려 등 어떤 것이든 예수님에게 발생하는 것으로 받아들이게 됩니다. 예수 그리스도의 인격적 능력의 위엄에 의해 사로잡히지 않는 자는 어느 사람도 예수 그리스도를 위하여 그렇게 할 수가 없습니다. 이것은 그리스도인 사역자에게 가장 중요한 일입니다. 그러나 이상하게도, 이것은 그리스도인 사역자가 끝까지 깨닫지 못하는 일이기도 합니다.

바울은 그리스도의 사랑에 붙잡혀 있다고 말합니다. 그 사랑 때문에 그가 그렇게 행동하는 것입니다. 사람들은 그를 보고 미쳤다고도 하고 정신이 온전하다고도 할 수 있습니다. 그러나 그는 개의치 않습니다. 그가 살아가는 단 한 가지 이유는 하나님의 심판 자리와 그리스도의 사랑을 사람들에게 설파하는 것입니다. 그리스도의 사랑에 이같이 자신을 완전히 내맡기는 것만이 우리의 삶 속에서 유일하게 성령의 열매를 맺습니다. 이러한 삶은 우리 개인의 거룩함을 결코 드러내는 것이 아니라, 하나님의 거룩함과 능력이 어떠한가를 드러낼 것입니다.

당신은 제물이 될 준비가 되어 있습니까? (1)

2월 5일

당신들의 믿음의 희생 제물과 봉사 위에 나를 부어드리는 제물로 드린다 하더라도, 내가 기뻐하고 당신들 모두와 함께 기뻐할 것입니다 (빌 2:17).

기꺼이 희생 제물이 되겠습니까?

당신은 신실한 성도들의 사역을 위해 기꺼이 희생 제물로 바쳐질 수 있겠습니까?

다시 말해서, 다른 성도들의 신앙의 희생 제물 위에 부어 드리는 제물로 당신의 생명의 피를 부어 드리겠습니까? 아니면, 당신은 이렇게 말하겠습니까?

"나는 아직은 희생 제물로 드려지고 싶지 않습니다. 나는 하나님께서 내가 하는 일에 개입하여 간섭하는 것을 원하지 않습니다. 나 자신의 희생 제물을 드릴 무대는 내가 결정하고 싶습니다. 나는 사람들이 나를 지켜보고서 '아주 완벽히 잘했네요'(마 25:21)라고 말하는 것을 듣고 싶습니다."

신발 먼지털이개가 되겠습니까?

위풍당당한 영웅심에 빠져 외로운 길을 걷는 것은, 하나님이 당신을 위해 정해놓은 길을 따라 다른 사람의 발밑에서 신발 먼지털이가 되는 것과는 완전히 다릅니다.

"나는 이제 남에게 천대받을 줄도 압니다"(빌 4:12)라고 말하게끔 하나님이 당신을 가르쳐 주시기를 원하십니까?

그렇게 희생 제물로 드려질 준비가 되어 있습니까?

물동이에 떨어지는 한낱 물방울처럼 취급되어도 괜찮겠습니까?

당신이 살아온 삶과 관련하여 다시는 결코 생각하고 싶지 않을 정도로 소망도 없고 무가치한 존재로 여겨질 준비가 되어 있습니까?

섬김을 받는 대신 섬기는 것만을 원하면서 기꺼이 삶을 살아가겠습니까?

어떤 성도들은 성도로 인정받기를 원하면서도 천하고 궂은 일은 할 수가 없습니다. 왜냐하면, 자기네들의 품위에 어울리지 않는다고 생각하기 때문입니다.

2월 6일

당신은 제물이 될 준비가 되어 있습니까?(2)

내가 벌써 부어드리는 제물로 부어지고 나의 떠날 때가 이르렀다 (딤후 4:6).

"나는 희생 제물로 드려질 준비가 되어 있습니다"
 이것은 감정으로 되는 것이 아니고, 의지로 되는 것입니다. 희생 제물로 드려질 준비가 되어 있다고 하나님께 말하십시오. 그러고 나서, 결과가 어떻게 되든 괘념치 마십시오. 하나님이 어떻게 결정하시든지, 이제는 작은 불평 한마디도 않을 것입니다. 하나님은 당신이 개인적으로 위기를 맞게 하실지라도, 한 사람도 도울 수가 없습니다. 이때 겉으로는 삶이 이전과 같아 보일 수 있습니다.
 당신의 의지에 있어서 차이가 있습니다. 의지로 위기를 극복하십시오. 그러면 위기가 현실에서 닥쳐올 때 희생이 문제가 되지 않을 것입니다. 그러나 만일 하나님과 함께 의지로 하지 않을 때는, 결국 당신은 자신에 대한 연민에 빠지고 말 것입니다.

"밧줄로 희생 제물을 제단의 뿔에 매어라"(시 118:27)
 제단에는 불이 있습니다. 단 한 가지 목적을 위해 불로 태우고, 정화하고, 구별 됩니다. 그 목적이란, 하나님이 시작하시지 않았거나 하나님께 속하지 아니한 모든 세상적으로 좋은 것들을 파괴하는 것입니다. 당신이 그것을 파괴하지 않으면, 하나님이 하십니다. 희생 제물을 제단의 뿔에 묶어 매십시오. 그리고 불이 탈 때 자기 연민에 빠지지 않도록 주의하십시오. 이렇게 불이 다 타고 나면, 더 억누르거나 짓눌리는 것이 없게 됩니다. 위기가 와도, 과거처럼 당신을 위협할 수 없다는 것을 당신은 알게 됩니다.
 당신은 어떤 방식으로 불을 태우십니까?
 당신이 희생 제물로 부어질 준비가 되어 있다고 하나님께 말하십시오. 그러면 하나님은 당신이 꿈꾸고 원하셨던 바로 그 하나님이심을 입증해 보이실 것입니다.

낙심의 훈련

2월 7일

우리는 그분께서 이스라엘을 구속하실 자라고 소망하였고,
이뿐 아니라 이 일들이 일어난 지 벌써 삼 일이 지났습니다 (눅 24:21).

낙심의 원인

제자들이 언급한 모든 사건은 사실이었으나, 이 사건들로부터 그들이 추론한 해석들은 틀렸습니다. 영적으로 낙심하는 것은 언제나 잘못된 것입니다. 영적으로 짓눌리거나 억눌리는 일이 생기는 것은 내 탓입니다. 하나님 탓도 아니고, 다른 사람의 탓도 아닙니다. 낙심하게 되는 것은, 육신의 정욕을 충족시켰거나, 아니면 시키지 못했거나, 이 둘 중 하나 때문입니다. 정욕은 내가 원하는 것을 당장 내 것으로 삼는 것입니다. 영적인 정욕이란 우리의 기도에 응답하시는 하나님을 찾는 대신, 하나님에게서 기도의 응답만을 요구합니다.

하나님이 무엇인가를 행하실 것으로 신뢰했습니까?

응답을 기다린 지가 오늘이 정확하게 삼 일째입니다. 하나님은 행하지 않으셨습니다. 그래서 내가 낙심하게 되고 하나님을 탓하는 것이 정당하다고 생각하는 것입니다. 하나님이 내 기도에 응답하셔야 한다고 고집을 부리다 보면, 우리가 빗나가게 됩니다. 기도의 의미는 하나님의 응답이 아니라, 하나님을 붙잡는 것입니다. 신체적으로 건강할 때는 영적으로 낙심하지 않게 됩니다. 낙심하는 것은 병들었다는 징조입니다.

영적으로도 마찬가지입니다. 영적으로 병들면 낙심하게 되는 것입니다. 그러기에, 영적으로 낙심하는 것은 잘못된 것이기에, 낙심에 대한 책임은 항상 우리에게 있습니다. 낙심이 생기면 언제나 우리 자신을 탓해야 하고, 하나님이나 다른 사람이나 환경을 탓해서는 안 됩니다.

하늘로부터 오는 환상을 기다리지 마십시오

우리는 하늘에서 오는 환상이나, 하나님의 능력이 과시되는 지진이나 천둥을 기다립니다(우리가 낙심하고 있다는 사실이 그 같은 것들을 기다리고 있다는 증거입니다). 우리는 우리 주변에 있는 일상적인 일들이나 평범한 사람들 가운데 하나님께서 항상 계신다는 것을 꿈에서도 생각하지 못합니다. 그러나, 우리가 가장 일상적이고 쉽게 할 수 있는 일을 하는 때에, 하나님을 보게 됩니다. 가장 평범한 일들에서 예수 그리스도의 신성이 나타난다는 것을 우리가 알게 되는 때, 깜짝 놀랄 만한 하나님의 계시가 임하는 것입니다.

2월 8일

즉각적이면서 꾸준한 성화

화평의 하나님께서 친히 당신들을 온전히 거룩하게 하시고, … 당신들의 온 영과 혼과 몸이 흠 없이 보존되기를 원합니다. 당신들을 부르시는 분은 신실하시니, 그분께서 또한 이루실 것입니다 (살전 5:23-24).

하나님의 관점에 대한 집중

우리가 거룩하기를 위해 기도할 때, 데살로니가전서 5:23-24의 말씀의 수준에 맞출 준비가 되어 있습니까?

우리는 '거룩함'(또는, 성화)이라는 단어를 너무 가볍게 취급합니다.

정말 우리는 거룩함을 위해 대가를 치를 준비가 되어 있습니까?

우리가 치러야 할 대가는, 이 땅에 대한 우리의 관심들을 최대한 줄이고, 하나님에 관한 관심들을 최대한 늘이는 것입니다. 거룩함이란 하나님의 관점에 대한 강렬한 집중을 뜻합니다. 그것은 우리의 몸과 혼과 영의 모든 능력을 오직 하나님의 목적만을 위하여 총동원하는 것을 뜻합니다.

우리는 하나님께서 우리를 따로 구별하여 세우신 목적을 위해 하나님이 우리 안에서 임하실 수 있도록 준비되어 있습니까?

그리고 하나님의 일이 우리 안에서 다 성취된 후에도, 예수님이 하셨던 것처럼 하나님께 자신을 구별해 드릴 준비가 되어 있습니까?

"나를 거룩하게 하소서." 하며 기도했습니까?

예수님께서는 이렇게 기도했습니다.

"그들을 위해 내가 나 자신을 거룩하게 하는 것은"(요 17:19).

우리 가운데 몇 사람들이 거룩함을 경험하는 단계에 이르지 못하는 데는 이유가 있습니다. 그것은 하나님의 관점에서 거룩함의 의미를 깨닫지 못했기 때문입니다. 거룩하게 된다는 것은 예수님과 하나가 되어 그리스도의 기질이 우리를 지배하게 되는 것입니다.

이를 위해 어떤 희생이라도 치를 준비가 되어 있습니까?

우리 안에서 하나님께 속하지 아니한 모든 것을 희생해야 합니다.

오늘의 본문대로, 사도 바울의 이 기도에 호응할 준비가 되어 있습니까?

즉, "주님, 주께서 은혜로 구원받은 죄인을 거룩하게 하실 수 있는 것처럼 나 같은 죄인도 거룩하게 하옵소서."라고 기도할 준비가 되어 있습니까?

예수님은 그가 아버지 하나님과 하나인 것처럼 우리도 그와 하나 되기를 기도하셨습니다. 사람 안에 있는 성령의 유일한 특징은 우리를 예수 그리스도와 완전히 닮게 하며 가족을 이루고, 그를 닮지 않은 모든 것으로부터 자유롭게 하는 것입니다.

성령님이 우리 안에서 일하시도록 우리를 따로 구별할 준비가 되어 있습니까?

영적으로 지쳐 있습니까?

2월 9일

여호와 영원하신 하나님은 피곤치 아니하시며 지치지 아니하시며 (사 40:28).

영적으로 지치게 되는 원인

지쳐 있다는 것은 생명력이 고갈되었다는 것을 의미합니다. 영적으로 지치게 되는 원인은 죄 때문이라기보다는 사실은 일 때문입니다. 당신이 지치느냐 아니면 안 지치느냐는 당신이 어디서 생명력을 공급받느냐에 달려 있습니다. 예수님은 베드로에게 "내 양을 먹이라"라고 말하면서 양을 먹일 것을 전혀 주시지 않았습니다.

당신은 당신의 양들이 하나님에게서 직접 먹는 것을 배울 때까지 당신은 양들의 영혼을 위해 몸이 찢겨진 빵과 쏟아 부어진 포도주처럼 되는 과정을 겪게 됨으로써 그들에게 영양분이 되어야 합니다.

그들은 당신을 지치게 하여 만신창이가 되게 할 것이 분명합니다. 그러므로, 당신이 먼저 생명의 양식을 공급받는 데 마음을 써야 합니다. 그렇지 않으면 금방 곧 완전히 지쳐 쓰러지고 말 것입니다. 당신의 양들이 주 예수님의 생명으로부터 직접 영양을 공급받는 것을 배우기 전에, 당신을 통해 그들이 예수님에게서 먹는 것을 배워야 합니다. 문자 그대로 당신을 있는 힘을 다해 '빨아 먹도록' 해주어야 합니다. 그런 연후에, 그들은 하나님으로부터 영양분을 직접 취하는 것을 배웁니다. 그러기에 우리는 하나님 자신을 위해서 뿐만 아니라, 하나님의 양들을 위해 하나님께 최선을 다하지 않으면 안 됩니다.

생명력의 근원

하나님을 위하여서 하는 일의 방식 때문에 당신은 지쳐 있습니까?

그렇다면, 당신의 감정들을 추스러 보십시오.

어떻게 해서 하나님을 위해 일을 시작했습니까?

당신 자신의 동정심에서였습니까?

아니면, 예수 그리스도의 구속 은혜 때문이었습니까?

이어서, 당신의 감정들의 근원을 되짚어 능력이 어디에서 왔는가를 점검해 보십시오. 당신에게 "오! 주님, 나는 완전히 지쳤습니다."라고 말할 권리가 전혀 없습니다. 주님이 당신을 구원하시고 거룩하게 하신 것은 당신이 지쳐 흐물거리게 하기 위해서였기 때문입니다. 그러나 당신을 위한 모든 공급의 근원이 하나님이시라는 것을 잊지 마십시오. "나의 모든 생수의 근원은 당신에게 있을 것입니다"(시 87:7).

2월 10일

하나님에 대한 당신의 생각이 빈약합니까?

너희는 너희 눈을 높이 들어보아라. 누가 이것들을 창조하셨느냐? (사 40:26)

우상을 바라보면 안 됩니다

이사야 시대에 하나님의 백성들은 우상들을 바라보다가 하나님에 대한 그들의 생각이 빈약해졌습니다. 그래서 이사야는 그들에게 눈을 들어 하늘을 보라고 했습니다. 다시 말해서, 그들이 하나님에 대해 바르게 생각할 수 있도록 했던 것입니다. 성도에게 자연은 성례나 다름없습니다. 하나님을 계시해 줍니다. 우리가 하나님의 자녀라고 하면, 자연에서 놀라운 계시의 보화를 얻을 수 있습니다.

매일같이 부는 바람 속에서, 일 년 열두 달 낮과 밤 가운데서, 하늘의 모든 징조를 통해서, 꽃들이 피고 지는 것을 보면서, 우리의 빈약해진 상상력을 그저 사용하기만 하면, 하나님이 친히 우리에게 자신을 알게 하십니다. 영적으로 집중을 하고자 한다면, 생각을 한곳으로 모아야 합니다.

당신의 생각은 어디에 모여 있는지, 우상을 바라보는데 마음이 빼앗겨 있지는 않은지, 우상이 당신 자신은 아닌지…

당신이 어떤 사역자가 되어야 하는가에 몰두하고 있습니까?

당신의 구원 체험과 거룩하게 되는 것이 생각의 전부입니까?

그렇다면 하나님에 대한 당신의 생각은 빈약해질 수밖에 없습니다. 그리고 당신이 이겨낼 힘이 없는 어려운 일들에 부딪히게 되는 때, 당신은 어둠 속에서 간신히 버텨내야만 합니다.

지금 당신에게 필요한 것은 하나님을 바라보는 것입니다

하나님에 대한 당신의 생각이 빈약해져 있다면, 당신 자신의 영적 경험을 되돌아보지 마십시오. 당신에게 필요한 것은 그러한 경험이 아니라, 하나님입니다. 당신 자신에게서 먼저 벗어나십시오. 우상에게서 멀리 떠나십시오. 당신의 생각을 빈약하게 만든 모든 잡다한 것들에서 자유로워지기 바랍니다. 스스로 일어나십시오. 이사야가 자기 백성들에게 해 준 말대로 하십시오.

기도가 막히는 이유 가운데 한 가지는, 하나님에 대한 생각이 하나도 없고, 하나님 앞에 자신을 의도적으로 열어 보일 의지가 전혀 없는 것입니다. 우리가 배워야 할 것은, 사람을 개인적으로 접촉하는 대신 중보기도를 통해 '찢겨진 빵과 부어진 포도주'가 되는 방법입니다. 상상력은 성도에게 하나님이 주시는 능력입니다. 이 능력을 통해서 성도는 자신에게서 벗어나 그가 이전에 몰랐던 새로운 관계에 들어갑니다.

희망이 사라지고 있습니까?

2월 11일

주께서 그의 마음이 주께 머무는 자를 완전한 평강으로 지키실 것이니,
이는 그가 주님을 신뢰하기 때문이다 (사 26:3).

생각하는 마음은 하나님의 선물입니다
당신의 마음은 하나님께 머물러 있습니까?
아니면, 메말라 있습니까?
마음이 메마르게 되면, 사역자의 삶이 지치고 힘이 빠지게 됩니다. 당신의 마음을 기울여 하나님 앞에 한 번도 집중해 보지 않았다고 하면, 지금 당장 시작해 보십시오. 하나님께서 당신에게 찾아오기를 기다리는 것은 아무 소용이 없습니다. 당신의 마음을 우상에게서 멀리 떨어지게 하시고. 하나님을 바라보아 구원을 받아야 합니다. 생각하는 마음은 하나님이 우리에게 주신 최고의 선물입니다. 그러기에 마음은 하나님께 온전히 드려져야 합니다.

만일 당신이 당신의 모든 생각을 사로잡아 그리스도께 순종해왔다고 하면, 환난의 때에 믿음에 큰 보탬이 될 것입니다. 왜냐하면, 당신의 믿음과 하나님의 성령이 함께 역사할 것이기 때문입니다. 자연 속에서 일어나는 일들을 보면서 하나님께 합당한 생각들을 떠올리십시오. 해가 뜨고 지는 것들, 해와 별들의 움직임, 계절의 변화 등을 잘 보십시오. 그러면 당신의 마음이 일시적인 감상에만, 젖지 않고, 항상 하나님을 예배하는데 머물게 될 것입니다. 창조주 하나님을 찬양하고 아버지 하나님의 선하심을 맛보아 알게 됩니다.

기억을 되살려 보십시오
"우리는 우리 조상들과 함께 죄를 지었고 … 주님의 풍성한 인애도 기억하지 아니했으며…"(시 106:6-7). 당신이 잠들었던 침대에 송곳을 준비해 놓으십시오.
"하나님이 이제는 내게 말씀해주시지 않는 것 같아." 아닙니다. 하나님은 분명히 말씀하고 계십니다. 틀림없습니다. 당신이 누구의 것이고, 누구를 예배하고 있는지 기억하십시오. 송곳으로 스스로 찔러 기억을 되살리십시오. 하나님을 향한 당신의 애정이 열 배나 증가할 것입니다. 당신의 마음이 결코 더 이상 메마르지 않고, 생명력과 열정으로 넘치며, 당신의 희망은 하늘의 별처럼 환하게 빛날 것입니다.

2월 12일

내가 직접 들어야 합니까?

> 모세에게 말하기를, 당신께서 저희에게 말씀하시면 저희가 듣겠으니, 하나님께서 저희에게 직접 말씀하시지 않게 해 주십시오. 저희가 죽을까 두렵습니다 (출 20:19).

의식적으로 하는 불순종은 없습니다

단지 하나님의 말씀을 들으려 하지 않는 것입니다. 하나님은 명령의 말씀들을 우리에게 주셨고, 그 말씀들은 항상 그대로입니다. 그러나 우리가 그 말씀들을 전혀 주목하지 않습니다. 이는 의도적인 불순종 때문이 아니고, 하나님을 사랑하며 존경하지 않기 때문입니다. "너희가 나를 사랑하면 내 계명을 지킬 것이다"(요 14:15).

우리가 항상 하나님을 '업신여겨' 왔다는 것을 한 번 깨닫게 되면, 우리가 하나님의 말씀을 들으려 하지 않았기 때문에. 수치와 부끄러움을 크게 느끼게 됩니다.

하나님께 직접 듣는 것을 두려워 마십시오

"당신께서 우리와 말씀하시고, 하나님이 우리와 말씀하시지 않게 해 주십시오." 우리가 하나님보다는 하나님의 종들만 듣기를 원한다는 것은 하나님을 조금밖에 사랑하지 않는다는 증거입니다. 우리는 사람들의 간증을 듣기는 좋아하나, 하나님 자신이 우리에게 말씀하셔야 한다는 것을 바라지 않습니다.

하나님께서 우리에게 말씀하시게 될까 봐 왜 그렇게 두려워합니까?

그 이유는, 하나님이 말씀하시면, 당연히 그 말씀대로 순종하든지, 아니면 순종하지 않겠다고 하나님께 말씀드려야 하든지 해야 하기 때문입니다. 그러나 우리가 하나님 종의 목소리만을 듣게 되는 경우는, 그것을 하나님의 명령으로 생각하지 않고, 말하기를, "글쎄, 그것은 당신의 생각일 뿐이겠지요. 물론 아마도 하나님의 진리일 수도 있다는 것을 부정하지는 않습니다만."이라고 할 수 있습니다.

하나님이 당신을 그분의 자녀로 대해 주셨음에도 당신은 하나님을 줄곧 무시함으로써 그분을 모독하고 있지는 않습니까?

당신이 주님의 음성을 직접 듣게 되는 때에는, 당신이 주님께 안겨드렸던 그 모독감을 뼈저리게 느끼게 됩니다.

"주님, 내가 어찌하여 그렇게도 우둔하고 완악했었습니까?" 이 같은 뼈저린 자기 탄식은 우리가 하나님의 말씀을 직접 듣게 되는 때 느낍니다. 그래서 하나님의 목소리를 듣는 참된 기쁨에는 너무나 오랫동안 그분의 음성을 듣지 않은 데 대한 부끄러움이 함께 섞여 있습니다.

마음을 다해 들으십시오

2월 13일

내가 여러분에게 어두운 데서 말하는 것을 여러분은 빛 가운데서 말하십시오. 그리고 여러분이 귓속말로 듣는 것을 지붕 위에서 선포하십시오 (삼상 3:10).

어둠 가운데서 들으십시오

내가 하나님으로부터 어떤 한 가지를 한 번 확실하게 들었다고 해서, 자동으로 늘 하나님이 하시는 모든 말씀을 다 듣게 되는 것은 아닙니다. 하나님이 하시는 말씀에 대하여 내 마음과 생각이 둔감하다면, 그것은 내가 하나님을 사랑하지도 않고 존경하지도 않고 있다는 증거입니다. 내가 내 친구를 사랑하는 경우, 그가 무엇을 원하는가를 직감적으로 알아챕니다. 그래서 예수님은 말씀합니다. "나는 너를 친구라 불렀다"(요 15:15).

이번 주간에 나의 주님의 어떤 명령을 불순종한 일이 있습니까?

만일 그것이 예수님의 명령이었다는 것을 내가 깨달았었다고 하면, 나는 의도적으로는 불순종하지 않았을 것입니다. 그러나 우리 대부분은 하나님께서 말씀하시는 것을 아예 듣지 않을 정도로 하나님께 불순종하는 태도를 보입니다. 하나님이 전혀 말씀하시지 않은 것처럼 시치미 뗍니다.

하나님은 언제나 나를 들으십니다

나의 영적 삶의 목표는 내가 하나님의 음성을 항상 들을 수 있을 정도로 예수 그리스도와 하나가 되고, 하나님이 언제나 나의 말을 들어 주신다는 것(요 11:41)을 아는 것입니다. 만일 내가 예수 그리스도와 연합하여 하나가 되어 있다고 하면, 항상 귀를 온전히 기울여서 마음을 다해 하나님의 음성을 듣게 됩니다. 들의 백합화 한 송이나, 나무 한 그루, 또는 하나님의 종이 내게 하나님의 메시지를 전해줄 수 있습니다. 내가 그러한 메시지를 듣지 못하는 것은 세상의 잡다한 것들에 마음이 팔려있기 때문입니다.

내가 하나님의 음성을 들으려는 의지가 없기 때문이 아니고, 귀담아 듣는데 마음으로 헌신 되어 있지 않기 때문입니다. 내가 세상의 잡다한 일들이나, 봉사하는 일이나, 자기 확신 등에 사로잡혀 있게 되면, 하나님이 원하시는 것을 말씀하셔도 나는 듣지 않습니다. 우리는 어린아이의 태도를 항상 가지고서, "주님, 말씀하십시오. 주님의 종이 듣겠습니다"(삼상 3:9)라고 해야 합니다.

만일 말씀을 듣는 훈련이 제대로 되어 있지 않다고 하면, 특정한 때만 하나님의 음성을 들을 수 있을 것입니다. 다른 보통 때에는 자신이 꼭 해야 한다고 여기는 것들에 마음이 사로잡혀 있어서 하나님의 음성에는 귀머거리가 됩니다. 하나님의 자녀다운 삶을 살지 못하는 것입니다.

오늘 나는 하나님의 음성을 들었습니까?

말씀에 집중하는 훈련

> 내가 당신들에게 어두운 데서 말하는 것을 당신들은 빛 가운데서 말하십시오. 또 당신들이 귓속말로 듣는 것을 지붕 위에서 선포하십시오 (마 10:27).

어두울 때는 들어야 하는 시간입니다

때때로 하나님은 우리에게 하나님의 말씀에 귀 기울이는 법을 가르치기 위해 어두움을 통과하게 하는 훈련을 시키십니다. 종달새처럼 노래하는 새들은 어두움 속에서 노래하는 것을 배웁니다. 우리도 하나님의 음성을 듣는 것을 배울 때까지 하나님 손의 그늘 아래서 훈련받습니다. "내가 너희에게 어두운 데서 말한다." 예수님이 말씀하신 대로, 하나님이 당신을 어두움 속으로 몰아넣으시는 경우 주의하고, 어두운 데 있을 때는 당신의 입을 다무십시오.

당신은 지금 형편이 어두운 가운데 있습니까?

하나님과 함께 하는 삶 속에서 어두움 가운데 있습니까?

그럴 때는 잠잠히 있으십시오. 어두운 데서 당신의 입을 열게 되면, 언짢은 기분으로 말하게 될 것입니다. 어두울 때는 들어야 하는 시간입니다. 그것에 대해 다른 사람들에게 말하지 마십시오. 어두움의 이유를 찾아내려고 고심하지 말고, 그냥 귀를 기울여 들으십시오.

다른 사람들에게 당신이 말을 하게 되면, 하나님이 말씀하시는 것을 들을 수 없습니다. 어두운 데 있을 때는 들으십시오. 그러면 당신이 밝은 데 있게 되는 때, 하나님은 다른 사람에게 줄 아주 귀한 메시지를 당신에게 주실 것입니다.

어두움 후에는 기쁨과 함께 부끄러움도 따라옵니다

(만일 기쁨만 있다고 하면, 우리가 하나님을 제대로 들었는지 의심스럽습니다.) 하나님이 말씀하시는 것을 들을 때 기쁨이 있습니다. 그러나 매우 부끄럽기도 합니다.

"얼마나 오랫동안 나는 하나님의 음성을 듣고 있었던가!

그런데도 그 음성을 깨닫는데 얼마나 둔하였던가!

그렇지만 하나님이 이 모든 날 동안 끊임없이 그것을 말씀하고 계셨구나."

이제 하나님은 당신에게 부끄러움을 느끼게 하심으로써 부드러운 마음을 갖게 하십니다. 이제는 하나님의 음성을 항상 듣게 됩니다.

내 형제를 지키는 자입니까?

2월 15일

우리 중에 아무도 자기를 위하여 사는 자가 없습니다 (롬 14:7).

나 때문에 다른 사람들이 고통을 당하게 됩니다
하나님 앞에서 다른 사람들에 대해 영적으로 당신에게 책임이 있다는 것을 깊이 생각해 본 적이 있습니까?
예컨대, 만일 내가 나의 삶에서 개인적으로 하나님을 떠나 빗나간다고 하면, 내 주변의 모든 사람이 고통을 당합니다. "우리가 하늘의 처소에서 함께 앉기 때문입니다"(엡 2:6). "한 지체가 고통을 받으면 다른 모든 지체들이 다 함께 고통을 받기 때문입니다"(고전 12:26).
당신이 육체적으로 이기적이고, 정신적으로 산만하며, 도덕적으로 둔감하고, 영적으로 답답하다고 하면, 당신과 관련된 자 모두 고통을 당하게 됩니다. 이에 대해 당신은 반문할 것입니다.
'그러나, 그같이 다른 사람들까지 책임을 져야 한다는 높은 수준을 세워 놓는다고 하면, 누가 이러한 것들을 감당할 수 있을까요?'
오직 우리가 하나님을 힘입을 때만이 충분히 감당할 수 있습니다.

내 몸을 쳐 복종시켜야 합니다
"너희는 내 증인이 될 것이다"(행 1:8).
우리 가운데 얼마나 많은 사람이 예수 그리스도를 위해 우리가 가지고 있는 모든 정신적, 도덕적, 영적 힘을 기꺼이 다 쏟아부으려 할까요?
그것이 하나님이 의미하시는 '증인'의 뜻입니다. 이 같은 증인이 되는 데는 시간이 필요합니다. 인내해야 합니다.
하나님이 우리를 이 땅에 남겨 두신 목적이 무엇입니까?
구원받고 거룩해지기 위해서입니까?
아닙니다. 하나님을 위해서 이 땅에 남겨 두신 것입니다.
나는 하나님을 위해서 찢겨진 빵과 부어진 포도주가 기꺼이 되고자 하는가?
내가 사람들을 주 예수 그리스도의 제자로 삼을 수만 있다면, 이 세상에서 온갖 천대를 기꺼이 받을 수 있는가?
주님의 사역자로서 나의 삶의 방식은, 하나님의 형언할 수 없는 구원의 은혜를 인하여 하나님께 '감사합니다'라고 말하는 것입니다. 하지만, 누구든지 은의 찌꺼기처럼 가차 없이 버림을 받을 수 있다는 사실을 기억하십시오. "내가 내 몸을 쳐서 복종시키는 것은 내가 다른 이들에게 복음을 전한 후에 나 자신이 버림을 받지 않도록 하려는 것입니다"(고전 9:27).

2월 16일

영적 새 출발을 위한 영감

자는 자여, 깨어서 죽은 자들로부터 일어나라 (엡 5:14).

새 출발은 성령의 감동이 있어야 합니다

모든 새 출발이 다 성령의 감동으로 되는 것은 아닙니다. 어떤 사람이 당신에게 말하기를, "일어나라. 싫증을 내지 말고 걷어차고 일어나 나가서 일을 해보라."고 할 수 있습니다. 그러나 그것은 보통의 인간적인 새 출발에 지나지 않습니다. 하나님의 성령이 임하셔서 "일어나라."고 실제로 말씀하시는 때, 우리는 새 출발이 성령으로 감동된 것을 깨닫습니다.

젊었을 때 우리는 모두 여러 가지 환상과 이상들을 가집니다. 그러나 얼마 못 가서, 우리에게 그것들을 실현할 아무 능력이 없다는 것을 발견케 됩니다. 우리가 하고 싶어 한 것들을 할 수가 없게 되면, 우리의 환상과 이상들이 이제는 끝장난 것으로 여겨 주저앉기 쉽습니다. 이때 하나님이 오셔서 "죽은 자들로부터 일어나라."고 말씀해 주셔야 합니다.

하나님의 영감이 임하는 때

아주 대단한 기적 같은 능력과 함께 임하기 때문에, 우리가 죽은 자들로부터 일어나 불가능해 보이는 일을 할 수 있게 됩니다. 영적 새 출발의 경우, 주목할 만한 것은 우리가 '일어나는' 때에야 생명력이 생겨난다는 것입니다. 하나님은 처음부터 우리에게 생명력을 주시어 난관을 극복하게 하시는 것이 아니고, 우리가 난관을 극복하는 그때 생명력을 주십니다.

하나님의 영감이 임하는 때, 하나님이 우리에게 "죽은 자들로부터 일어나라"고 말씀하시면, 우리는 일어나야 합니다. 하나님이 우리를 일으켜 주지 않습니다. 우리 주님은 손 마른 자에게 "당신의 손을 내미시오."라고 말씀하셨습니다. 그 사람이 손을 내밀자마자 곧바로 그의 손이 치유되었습니다. 그가 주도적으로 행해야 했던 것입니다. 만일 우리가 극복하고자 하는 뜻이 있으면, 하나님이 즉시 생명력을 주시기 때문에, 우리가 하나님께 감동되었다는 것을 알게 될 것입니다.

영적 침체를 극복하는 새 출발

2월 17일

일어나 먹어라 (왕상 19:5).

영적 침체는 누구에게나 있을 수 있습니다

하나님이 보낸 천사는 엘리야에게 환상을 보여 주지 않았고, 성경을 풀어 주지도 않았으며, 놀랄만한 어떤 것도 행하지 않았습니다. 가장 일상적인 것, 곧 "일어나 먹어라."고만 말씀하셨습니다. 우리에게 전혀 영적 침체가 없다고 하면, 우리는 영적으로 살아있는 것이 아닙니다. 돌덩이리 같은 본성을 가진 자라면 영적 침체가 결코 없을 것이지만, 보통 사람이라면 영적으로 침체할 수 있습니다. 그렇지 않으면, 독수리처럼 치솟아 오를 능력이 있을 수 없게 될 것입니다.

누구에게나 영적으로 침체하게 하는 것이 있습니다. 예컨대, 성격상 죽음을 맛보게 하는 것들이나, 자신에 대한 부정적인 평가 등의 경우, 영적 침체를 가져올 수 있다는 사실을 늘 염두에 두십시오.

평범한 일들을 성령의 감동 가운데 행하십시오

하나님의 성령이 임하시는 때, 성령님은 우리에게 환상들을 주시기보다는, 우리가 생각할 수 있는 가장 평범한 일상적인 일들을 행하라고 말씀하십니다. 영적으로 침체 되면, 보통 흔한 일들에 무관심하게 됩니다. 그러나 하나님이 임하시는 때마다, 성령의 감동으로 창조에 속한 가장 단순한 것들을 행하게 됩니다. 그 같은 일들에 하나님이 계신다는 것을 우리는 전혀 상상도 못하겠지만, 우리가 그 같은 일을 하게 되는 때는 하나님이 거기에 계신다는 것을 깨닫습니다.

이 같은 방식으로 우리에게 임하는 성령의 감동은 영적 침체를 극복하는 새 출발을 가능케 합니다. 우리는 다른 일을 행하게 될 때도 성령의 감동을 받아야 합니다. 우리가 영적 침체를 극복할 목적으로 어떤 일을 하게 되면, 영적 침체가 더 깊어집니다.

성령께서 직관적으로 우리를 감동하여 우리가 무엇인가를 행해야 할 필요를 느끼게 하시어서 우리가 그것을 행하면, 영적 침체가 사라집니다. 우리는 즉시 일어나 순종하게 되고, 더 나은 삶의 단계로 올라서게 됩니다.

2월 18일

절망을 극복하는 새 출발

일어나시오. 함께 갑시다 (마 26:46).

누구나 절망에 빠지기 쉽습니다

제자들은 그들이 마땅히 깨어있어야 했을 때 깊은 잠에 빠져 있었습니다. 그들은 자기들이 잠들었던 사실을 깨달았을 때 절망케 되었습니다. 이제는 어찌할 수 없게 되었다는 생각이 우리를 절망의 늪에 빠지게 만듭니다. 우리는 말합니다. '이제는 모든 게 끝장났어. 노력해 보았자 소용없어.'

이 같은 종류의 절망이 예외적인 것으로 생각한다면, 그것은 잘못된 것입니다. 누구나 아주 흔히 하게 되는 경험입니다. 우리가 어떤 것을 행할 엄청난 기회가 있었는데도 행하지 않은 것을 깨닫게 되는 때에, 우리는 절망에 빠지기 쉽습니다. 그때 예수님이 찾아오셔서 말씀하십니다. "지금은 더 자라. 그 기회는 영원히 사라졌다. 너희는 바꿀 수 없다. 그러나 일어나 함께 다음 일을 하자." 과거는 잊고, 그리스도의 품에 묻어 버리고서, 그리스도와 함께 희망차게 다가오는 미래를 향해 나아갑시다.

주님과 함께 일어나십시오

우리가 살다 보면 고비마다 이 같은 경험을 하게 됩니다. 우리가 절망 가운데 있을 때, 그 절망은 실제 상황들에서 생겨납니다. 우리가 스스로는 그 절망에서 빠져나올 수 없습니다. 마태복음 26장의 경우에서 보면, 예수님의 제자들은 도저히 용서받을 수 없는 짓을 했습니다. 그들은 예수님과 함께 깨어있는 대신 깊이 잠들어 있었던 것입니다. 그러나 예수님은 그들에게 오셔서 그들이 절망을 극복하고 영적으로 새 출발 하게끔 말씀하셨습니다. '일어나 다음 일을 행하시오'

우리가 하나님의 영으로 감동한다면, 우리가 해야 할 다음의 일은 무엇일까요?

전적으로 그분을 신뢰하고, 그의 구속에 근거하여 기도하는 것입니다. 실패로 인한 절망감에 사로잡힌 나머지 새 출발을 하지 못하는 일이 절대로 생기지 않도록 하십시오.

천하고 더러운 일을 감내하는 새 출발

2월 19일

일어나라, 빛을 발하여라 (사 60:1).

천한 일을 감내할 수 있으려면 일어나십시오

우리는 때로는 하나님이 계시지 않는 것처럼 생각되는 가운데 첫걸음을 내디뎌야 합니다. 아무것도 하지 않고서, 하나님의 도움을 기다리는 것은 소용이 없습니다. 하나님은 결코, 돕지 않으실 것입니다. 그러나 즉시 일어나면 하나님이 함께 계시는 것을 알게 됩니다.

하나님께서 성령으로 감동하시는 때 새 출발은 도덕적인 것입니다. 우리는 죽은 나무토막처럼 누워 있지 말고, 어떤 일이라도 해야 합니다. 우리가 일어나 빛을 발하면, 천한 것이 거룩하게 변화됩니다.

영적 사람을 드러내는 시금석

천하고 더러운 일은 성도의 성품을 드러내는 최고의 시금석 중 하나입니다. 이 천하고 더러운 일은 성도의 이상과는 가장 거리가 멀어 보이는 일입니다. 우리가 이 천하고 더러운 일을 어떻게 대하냐에 따라서 우리가 영적으로 진짜인지 아닌지를 즉시 알게 됩니다. 요한복음 13장을 읽어보십시오. 거기 보면, 성육신하신 하나님이 어부들의 더러운 발을 씻는, 세상에서 가장 천한 일을 하고 계십니다.

그분은 말씀하십니다. "내가 주이며 선생으로서 너희들의 발을 씻겨 주었으니, 너희들도 서로 발을 씻겨 주어야 한다"(요 13:14).

이 같은 천한 일을 하나님의 빛을 받아 감내하려면 하나님의 영감이 필요합니다. 어떤 사람들이 어떤 일을 하면서, 그들이 그것을 하는 방식 때문에 그 이후로 그 일이 영원히 거룩해집니다. 그 일이 가장 천한 일인데도 그것을 하고 난 연후에는, 그것이 전혀 달라지는 것입니다.

우리를 통해 주님이 어떤 일을 하시게 되면, 그것은 항상 다른 모습으로 변화됩니다. 우리 주님은 우리의 육체를 취하여 입으시고 그것을 변화시켰습니다. 그래서 그 몸이 모든 성도를 위한 성령의 전이 되었던 것입니다.

2월 20일

몽상을 극복하는 새 출발

일어나십시오. 여기에서 떠납시다 (요 14:31).

실행이 없는 몽상은 잘못된 것입니다

어떤 일을 제대로 하기 위해서 그것에 대하여 꿈을 꾸는 것은 옳습니다. 그러나 그 일을 실행에 옮겨야 하는 시점에 아직껏 그것에 대하여 꿈을 꾸고만 있다면 그 몽상은 잘못된 것입니다. 우리 주님께서 놀라운 말씀들을 당신 제자들에게 해 주신 후에, 그들에게 한적한 곳으로 가서 그 말씀들을 전부 묵상하라고 말씀하셨을 것으로 기대했다면, 주님을 크게 오해한 것입니다.

우리 주님은 '멍하니 몽상하는 것'을 결코, 허락하지 않으셨습니다. 하나님이 무엇을 원하는가를 알아내기 위해 하나님과 깊은 교제를 나누는 가운데, 꿈을 꾸는 것은 괜찮습니다. 그러나 하나님이 우리에게 행하라고 이미 명령하신 것에 대해 이제야 꿈을 꾸는 데 시간을 보내려고 하고 있다면, 그것은 악한 것이며, 결코 하나님이 축복하시지 않습니다. 하나님이 우리에게 새 출발을 독려하실 때 이러한 종류의 몽상에 빠지지 않도록 늘 우리를 송곳으로 찌르십니다. '앉아 있거나 서 있지 말고 가라'고 명령하십니다.

주님이 말씀하신 대로 순종하십시오

만일 우리가 하나님 앞에서 조용하게 기다리고 있는데, 하나님이 말씀하시기를, "이리와 따로 앉으라"고 하셨다면, 그때는 하나님 앞에서 하나님이 원하시는 것이 무엇인지를 알기 위해 묵상해야 합니다. 그러나 하나님이 일단 말씀하셨을 때는 단지 꿈만 꾸고 있어서는 안 됩니다. 항상 이 점을 주의해야 합니다. 하나님이 당신의 모든 꿈과 기쁨과 즐거움의 원천이 되어야 합니다. 앞으로 나아가 하나님이 말씀하신 것을 순종하십시오.

만일 당신이 어떤 사람과 사랑에 빠져 있다고 하면, 당신은 그저 앉아서 당신이 사랑하는 그 사람에 대해 줄곧 꿈만 꾸지는 않을 것입니다. 당신은 그 사람을 위해서 나가서 무엇인가를 실행할 것입니다. 바로 그것이 예수 그리스도께서 우리 믿음이 실행하기를 기대하시는 것입니다.

넋을 잃고 주님을 사랑해 보셨습니까?

2월 21일

이 여자가 내게 좋은 일을 하였습니다 (막 14:6).

주님을 위해 넋을 잃어보았습니까?

사람 간의 사랑도 넋을 잃을 만큼 하지 않으면, 그것은 사랑이 아닙니다. 만일 항상 생각하는 것이 많고, 항상 잔머리를 굴리고, 항상 민감하고, 항상 계산만 하다가 결코 넋을 잃을 만큼 사랑하지 않는다면, 그것은 전혀 사랑이 아닙니다. 그것은 한낱 감정이거나 따스한 느낌일지는 몰라도, 그 안에는 사랑의 참된 본질이 없습니다.

하나님을 위해 어떤 것을 할 때, 의무감 때문도 아니고, 쓸모 때문도 아니고, 내가 하나님을 사랑한다는 오직 그 한 가지 사실 때문에 넋을 잃고 해본 적이 있습니까? 내가 할 수도 있는 일들이 많을 때, 하나님께 가치 있는 것들을 하나님을 위해 해 드릴 수 있다는 것을 깨달은 적이 있습니까? 아니면, 할 일이 많은데도 하나님의 구속의 위대함만을 그저 멍하니 생각하고 있습니까? 놀랄 만한 일들로 기록될 수 있던 신성하고 훌륭한 일들이 아니라, 하나님을 증거 해 줄 지극히 일상적이고 평범한 인간적인 일들에서 하나님께 자신을 온전히 드리고 있습니까? 베다니 마을의 마리아가 주 예수님의 마음에 주었던 그 감동을 지금껏 드린 일이 있었습니까?

하나님께 자신을 온전히 드리십시오

하나님은 우리가 그를 얼마나 순수하게 혼을 다해 사랑하고 있는지 증거들을 확인하고자 지켜보고 계시는 것처럼 보이는 때들이 있습니다. 하나님께 우리 자신을 온전히 내어드리는 것은 개인적인 거룩보다 더 가치가 있습니다. 개인적인 거룩은 우리 자신의 결백성에만 신경을 씁니다. 우리의 행실과 말과 외모에 크게 관심을 가지며, 하나님께 거슬리지 않을까 두려워합니다. 우리가 하나님께 한번 온전히 드려지는 때, 완전한 사랑이 이 모든 염려를 없애 줍니다.

'내가 무슨 쓸모가 있을까?'

이 같은 생각을 버려야 합니다. 아니, 쓸모가 없다고 아예 다짐하는 것이 더 나을지도 모릅니다. 쓸모가 있느냐 하는 것이 문제가 아니고, 하나님께 가치가 있느냐가 문제입니다. 즉, 하나님이 보시기에 존귀하냐가 중요합니다. 우리가 하나님께 온전히 드려지는 때, 하나님은 우리를 가치 있게, 즉 존귀하게 여기시고 항상 우리를 통해 오늘 하루도 주님의 나라 확장을 위해서 통로, 도구, 매개체로 사용하십니다..

2월 22일

영적 불굴을 위한 훈련

너희는 가만히 있어 내가 하나님인 것을 알아라 (시 46:10).

영적 불굴이 의미하는 것

불굴은 인내보다 더 뜻이 깊습니다. 그것은 우리가 바라는 것이 반드시 이루어질 것에 대한 절대적인 확신과 결합한 인내입니다. 이 불굴은 버텨내는 것 이상입니다. 버텨낸다는 것은 떨어질 것을 지나치게 염려하는 연약함에 지나지 않을 수 있습니다. 불굴은 자기가 숭배하는 영웅적 인물이 실패하는 것을 믿지 않으려는 사람의 최후 노력입니다.

예수님의 제자가 가지는 가장 큰 두려움은 자기가 파멸되는 것이 아니고, 예수 그리스도께서 실패하는 것에 대한 것입니다. 예수님께서 위하여 싸우셨던 것들, 곧 사람들 가운데 있어야 하는 사랑과 정의와 용서와 친절 등이 끝내는 수포가 될지도 모른다는 두려움이었습니다. 그때 영적 불굴을 촉구하는 음성이 들립니다. 아무것도 행하지 않고서 버티기만 하지 말고, 하나님이 실패하지 않으시리라는 확신에 근거해 유유히 일하라는 음성입니다.

그래도 하나님을 기다리십시오

우리의 희망들이 지금 이 순간에 좌절되고 있다고 하면, 그것은 그 희망들이 순화되고 있다는 것을 뜻합니다. 사람이 마음으로 희망하고 꿈꾸어 온바 고결한 것 중에 실현되지 않을 것은 결코 없습니다. 인생에서 가장 힘든 것 중의 하나는 하나님을 기다리는 것입니다.

"네가 나의 인내의 말을 지켰으니, 나도 너를 지키어… 시험의 때를 면하게 하겠다"(계 3:10).

영적으로 불굴의 의지를 견지하십시오.

섬김을 위한 결단

2월 23일

인자는 섬김을 받으러 온 것이 아니라 오히려 섬기러 왔습니다 (마 20:28).

섬김의 주된 동기는 예수 그리스도를 향한 사랑입니다

섬김에 대한 바울의 생각은 우리 주님의 것과 동일합니다. 예수님은 말씀하시기를, "나는 너희들 가운데 섬기는 자로 있다"(눅 22:27)라고 했고, 바울은 "우리 자신이 예수님을 위하여 당신들의 종들이 된 것을 전파합니다"(고후 4:5)라고 말했습니다. 우리는 흔히 생각하기를, 일꾼으로 부르심을 받은 사람의 경우 일반 사람들과는 다른 종류의 사람으로 부름을 받은 것으로 오해합니다(역자 주: 장관으로 발탁된 사람들의 경우 섬김이 아니라 벼슬자리에 오른 것으로 여김). 즉, 우월한 지위에 서게 되는 것으로 여깁니다. 그러나 예수님의 말씀에 따르면, 일꾼은 벼슬이 아니고, 다른 사람들의 '신발 먼지털이'로 부름을 받은 것입니다. 영적 인도자일 뿐, 결코 상관이 아닙니다. 바울은 말했습니다. "나는 비천에 처할 줄도 압니다"(빌 4:12).

섬김에 대한 바울의 생각은 다음과 같습니다.

"나는 당신들을 위해서라면 나의 마지막 힘까지 다할 것입니다. 당신들이 나를 칭찬하든 비난하든 괜찮습니다. 예수 그리스도를 알지 못하는 자가 한 사람이라도 있는 한, 그 사람이 예수님을 알게 되기까지 나는 그에게 빚진 자의 심정으로 그를 섬길 것입니다."

그러나, 바울의 섬김의 주된 동기는 사람들에 대한 사랑이 아니고, 예수 그리스도를 향한 사랑입니다. 우리가 인류애의 대의를 위해 헌신하다 보면, 금방 좌절하고 마음이 상하게 될 것입니다. 이는 개에게 받는 것보다 더 심하게 사람들에게서 배은망덕한 일을 흔히 당하기 때문입니다. 그러나, 우리의 동기가 하나님을 향한 사랑인 경우는, 어떠한 배은망덕이라도 동료들을 섬기는 데 방해가 될 리 없습니다. 아무리 배은망덕한 동료라도 변함없이 끝까지 기쁨으로 섬길 수 있게 됩니다.

섬김을 위한 결단

바울은 예수 그리스도께서 자기를 과거에 어떻게 대해 주셨던가를 깊이 깨달은 것이 동기가 되어 다른 사람들을 섬기기를 결단했습니다. 즉, 바울을 향한 예수 그리스도의 긍휼과 용서와 관용이 이웃 섬김을 위한 그의 결단의 동기입니다. "내가 전에는 훼방자이고 박해자이고 폭행자였습니다"(딤전 1:13).

그러기에, '사람들이 나를 어떻게 취급하든, 내가 예수 그리스도를 대했든 끔찍스러운 악의와 증오와는 결코 비교될 수 없을 것입니다.' 예수 그리스도께서 우리의 천박함과 이기심과 죄악에도 불구하고 우리를 섬기신 것을 안다면, 우리도 바울처럼, 다른 사람에게서 어떤 취급을 받든 상관없이, 주님을 위해 이웃을 섬기려는 우리의 결단은 포기될 수 없습니다.

2월 24일

희생의 즐거움

당신들의 영혼들을 위해서라면,
내가 가진 것을 기쁘게 쓰고 나 자신도 희생하겠습니다 (고후 12:15).

희생의 즐거움

성령께서 우리 가슴 속에 하나님의 사랑을 넘치게 부어 주시는 때, 다른 사람들에 대한 예수님의 관심과 동일한 관심을 우리도 깊이 갖게 됩니다. 예수님은 빈부귀천을 가리지 않고 모든 사람에게 관심을 보이십니다.

희생의 즐거움은 내가 나의 친구 되신 예수님을 위해 내 생명을 내놓는 데 있습니다. 어떤 명분 때문이 아니라 예수님을 위하여, 다른 사람들에 대한 그분의 관심 때문에 내 생명을 의도적으로 내놓는데 희생의 즐거움이 있는 것입니다. 사도 바울은 단지 사람들을 예수 그리스도께 인도하여 그분에게 속하게 하려고 자신을 희생했습니다. 바울은 사람들이 예수님께 사로잡히게 항상 힘썼을 뿐, 자신에게 사로잡히게 하지 않았습니다. "모든 이들에게 내가 모든 모습이 된 것은 어떻게 해서든지 몇몇 사람이라도 구원하려는 것입니다"(고전 9:22).

다른 사람들의 신발 먼지털이개가 되는 비결

하나님과 따로 홀로 거룩한 삶을 발전시켜야겠다고 생각한다면, 그는 자기의 동료들에게 전혀 쓸모가 없습니다. 이는 사람들이 보통 다니는 길에서 뚝 떨어진 외딴곳에 자신을 동상으로 세우는 것과 같습니다. 바울은 그리스도께서 자신을 희생 제물로 내어주신 것과 같은 그런 사람이 되었습니다. 그가 간 곳마다, 예수 그리스도께서 바울의 삶을 온전히 사용하셨습니다. 대부분은 자신의 목적을 추구하여 삽니다. 그래서 예수 그리스도께서 우리의 삶을 사용하실 수가 없습니다. 만일 우리가 예수님께 온전히 우리를 내어준다고 하면, 아예 우리가 추구할 자신의 목적들을 가지지 않을 것입니다. 바울은 아무런 거부감 없이 '신발 먼지털이'가 되는 방법을 안다고 말했습니다. 이는 그의 삶의 원천이 예수님에 대한 헌신이었기 때문입니다. 그는 자신을 예수님께 온전히 내어드려 예수님의 것이 되었던 것입니다. 이에 반해, 우리는 예수 그리스도에게 헌신하기보다는, 우리를 영적으로 자유케 해주는 것들(예컨대, 기도, 봉사, 십일조 헌금 등)에 몰두하기 쉽습니다. 그것은 바울의 동기가 아니었습니다.

"나는 내 형제들을 위해서라면 나 자신이 저주를 받아 그리스도께로부터 끊어진다 해도 좋습니다"(롬 9:3). 이것은 너무 거칠고 과장된 것일까요? 아닙니다. 어떤 사람이 사랑에 빠져 있을 때, 그같이 말하는 것은 결코 과장이 아닙니다. 바울은 예수 그리스도와 사랑에 빠져 있기에 그런 식으로 말한 것입니다.

대가를 바라지 않는 섬김

2월 25일

당신들의 영혼들을 위해서라면, 내가 가진 것을 기쁘게 쓰고 나 자신까지도 희생하겠습니다. 내가 당신들을 더 많이 사랑하는데, 내가 더 적게 사랑을 받아야 하겠습니까? (고후 12:25)

대가를 바라지 않는 섬김

인간의 본성적 사랑은 어떤 대가를 기대합니다. 그러나 바울은 말합니다.

'당신들이 나를 사랑하든 않든 나는 괜찮습니다. 내가 기꺼이 완전하게 나 자신을 내주는 것은, 당신들을 위해서 뿐만 아니라, 당신들을 하나님께로 인도할 수 있기 위해서입니다.' "당신들이 우리 주 예수 그리스도의 은혜를 알고 있듯이, 그분은 부유하신 분으로서 당신들로 인하여 가난하게 되셨습니다"(고후 8:9).

바울이 생각하는 섬김은 바로 그런 것입니다.

'내가 아무리 많은 것을 희생한다 해도 상관없이 기꺼이 할 것입니다.'

기꺼이 하는 희생의 섬김이 바울에게는 기쁜 일이었습니다.

성도의 참된 시금석

교회 안에서 섬김을 받는 하나님 종의 모습은 예수 그리스도의 모습이 아닙니다. 예수님이 보여 주신 종의 모습은 다른 사람들을 섬기는 종이 되는 것입니다. 예수 그리스도는 소위 말하는 사회주의자들을 뛰어넘는 사회주의자이십니다. 그에 따르면, 그분의 나라에서는 가장 크고자 하는 자는 모든 사람을 섬기는 종이 되어야 합니다. 성도의 참된 시금석, 곧 성도다운 성도의 진면목은 복음을 선포하는 것보다는 제자들의 발을 씻어주는 데서 드러납니다.

사람들의 눈에는 중요하게 보이지 않지만, 하나님이 보시기에 중요한 것들을 행하는 데서 드러나는 것입니다. 바울은 자신이 치러야 할 대가가 어떤 것이든 상관없이 다른 사람들에 대한 하나님의 관심에 호응하여 자신을 내어주기를 기뻐했습니다. 우리는 경제적인 이해타산을 따라서 행동하기 시작합니다.

'하나님이 나를 거기에 가게 하시기 원한다면, 사례는 얼마나 될까?

그곳 기후 조건은 괜찮을까?

나를 잘 보살펴 줄까?

사람이라면 당연히 이러한 조건들을 고려하겠지.'

그러나 이 같은 생각들은 우리가 하나님을 조건부로 섬기고 있다는 것을 의미합니다. 사도 바울은 어떤 조건도 내건 일이 없었습니다. 바울은 그의 삶에서 예수 그리스도가 가르쳐 주신 성도의 모습을 따라 살았습니다. 즉, 단지 복음만을 선포하는 자가 아니라, 다른 사람들의 생명을 위해 예수 그리스도의 손에 붙들려 찢겨진 빵과 부어진 포도주가 되어 살았던 것입니다.

2월 26일

예수님에 대한 못된 의심

주님, 당신에게는 물길을 두레박이 없는 데다가 우물도 깊은데 그 생수를 어디에서 얻겠습니까? (요 4:11)

빗나간 질문들에서 생겨난 못된 의심

'나는 하나님께서 말씀하시는 것에서 놀라운 은혜를 받았으나, 나의 실제 생활에서 구체적으로 실행해 살라고 하나님이 진짜 기대하실 리는 없어!'

예수 그리스도 자신의 대단한 사역들에 근거하여 그분을 대하게 되면, 우리의 태도는 경건한 우월감을 느낍니다. 즉, 경건한 모양새로 우쭐대며 비아냥거립니다. '당신의 이상들은 높고 감동적이지만, 실제 상황에 직면하게 되면, 당연히 이루어질 리가 없지.' 우리 각 사람은 자신의 실생활에서 이런 식으로 예수님에 대해 생각합니다. 예수님에 대한 이러한 의심들은 우리가 하나님과 당면한 일들을 의논하면서 갖게 되는 빗나간 질문들에서 시작됩니다.

'어디서 돈을 마련하시렵니까?

어떻게 나를 돌보아 주시렵니까?'

이 의심들은 우리가 당면한 일이 예수님도 해결하기 어려운 문제라고 우리 스스로 생각하는 데서 시작되는 것입니다. "아주 당연하게, '주님을 신뢰하십시오.'라고 말하지만, 사람이 먹고 살아야 하는데, 예수님에게는 물길을 두레박이 없고, 해결해 줄 수 있는 대책이 아무것도 없네요." 이렇게 의심합니다.

경건을 가장한 속임수

당신 안에 도사리고 있는 경건을 가장한 속임수를 조심하십시오. "나는 예수님에 대해서가 아니라, 오직 나에 대해서 의심할 뿐이다."라고 말합니다. 그러나 우리 가운데 자기 자신에 대해 의심하는 사람은 아무도 없습니다. 우리는 우리가 할 수 없는 것을 정확히 알고 있습니다. 그런데 예수님에 대해 의심을 품고 있습니다. 그래서, 우리가 할 수 없는 것을 예수님은 하실 수 있다는 생각에 도리어 상처를 받습니다.

내가 품은 의심은 예수님께서 내가 할 수 없는 그 일을 어떻게 행하실 수 있는지를 알아내기 위해 스스로 고민하는 데서 생겨납니다. 사실상, 내가 내뱉는 질문들은 내 자신의 깊은 열등의식에서 비롯됩니다. 만일 내 속에서 이러한 의심들이 발견되면, 그것들을 밖으로 끄집어내어 이렇게 고백하십시오.

"주님, 내가 주님에 대해 오해들을 품고 있었습니다. 나는 당신의 지혜뿐만 아니라, 당신의 전능하신 능력도 믿지 않았습니다. 어리석게도, 나 자신의 지혜를 믿었고, 당신의 능력을 제대로 알지 못했습니다."

우리가 약화하는 예수님의 사역

2월 27일

우물도 깊은데 그 생수를 어디에서 얻겠습니까? (요 4:11)

위로부터 생수를 길러 내리십니다

"우물이 깊습니다." 사마리아 여자가 알고 있던 것보다 훨씬 깊습니다. 인간 본성의 깊이, 인생의 깊이, 당신 안에 있는 '우물들'의 깊이에 대해 생각해 보십시오.

예수님이 아무것도 하실 수 없을 정도로 그분의 사역을 약화한 적이 있습니까? 당신의 마음속 깊은 곳에 고통의 우물이 있다고 가정해 보십시오. 예수님이 오셔서 말씀하십니다. "마음에 근심하지 마라." 그때 당신은 냉소적으로 어깨를 으쓱이며 말합니다.

"하지만, 주님, 우물이 깊어서, 당신이라도 그곳에서는 평안과 위로를 길어 올릴 수가 없을 것입니다."

아닙니다. 예수님은 그것들을 위로부터 길어 내리십니다. 그는 인간의 본성의 우물들에서 어떤 것도 길어 올리지 않습니다. 우리는 이스라엘의 거룩하신 자에게 행하여 주시도록 부탁했다가 실망한 과거를 기억하면서 그분의 사역을 제한시킵니다. 그리고 이렇게 말합니다. "하나님이 지금 이 일을 행하실 수 있을 것으로 기대하지 않는 것이 사실입니다."

불신앙의 자리를 털고 일어나십시오

하나님의 전능하심을 필요로 하는 그 일이야말로 예수님의 제자 된 우리가 그분이 하실 것을 믿어야 하는 일입니다. 예수님이 전능하시다는 것을 기억하지 않는 순간, 우리가 그의 사역을 약화하고 있는 것입니다. 즉, 그분의 사역이 제한되고 약화하는 것은 그 원인이 우리에게 있고, 그분에게 있지 않습니다. 이는 우리가 예수님을 위로자요 동정하는 자로만 알뿐, 전능자로는 알고 싶어 하지 않기 때문입니다.

우리 가운데 몇몇 사람들이 형편없는 종류의 그리스도인이 되어 있는 이유는 전능하신 그리스도를 전혀 모르고 있는 까닭입니다. 우리에게 그리스도인으로서 속성들과 경험들은 있으나, 예수 그리스도에게 자신을 온전히 내어 맡기는 헌신은 전혀 없습니다. 그래서 우리가 어려운 상황들을 만나게 되면, 그의 사역을 제한하고 약화합니다. 그리고 비아냥댑니다. "그렇지. 그는 아무것도 할 수 있는 것이 없어."

우물 밑바닥까지 내려가 스스로 물을 길으려고 우리는 애를 씁니다. 하지만, 곧바로 체념하고 주저앉습니다. 그리고 중얼대며, "어쩔 수 없는 일이구먼" 합니다. 당신이 예수님을 바라보면 그것이 이루어질 수 있다는 것을 아십시오. 당신의 무능력 우물은 깊습니다. 그러므로 당신의 깊은 우물을 보는 대신 고개를 돌려 예수님을 힘써 바라보십시오.

2월 28일

이제야 믿으십니까?

이것으로 저희는 주께서 하나님께로부터 오신 것을 믿습니다. 하므로 예수께서 그들에게 대답하셨다. 이제야 당신들은 믿으십니까? (요 16:30-31)

많은 사역자가 흔히 범하기 쉬운 실수

제자들이 말하기를, "이제 우리가 믿습니다."고 했습니다. 이에 예수님이 대답하십니다. "보십시오. 당신들이 각각 제 곳으로 흩어지고 나를 혼자 두고 떠날 때가 오고 있습니다"(요 16:32). 많은 그리스도인 사역자가 예수 그리스도를 혼자 놓아두고 의무감에서, 또는 자신들의 판단에 따를 필요 때문에 일을 했습니다. 이같이 행한 이유는 예수 그리스도의 부활 생명이 그들에게 없기 때문입니다.

사람들은 자신의 종교적 상식을 의지하게 됨으로써, 하나님과의 친밀한 관계를 잃게 되었습니다. 그렇다고 해서 죄가 되는 것은 아니고, 거기에 형벌이 가해지는 것도 아닙니다. 그러나 예수 그리스도에 대해 이해를 제대로 하지 못함으로써 혼돈과 슬픔과 어려움이 발생하게 되었다는 것을 깨닫게 되는 때, 뒤늦게 부끄러움과 후회에 빠집니다.

우쭐대는 삶이 되어서는 안 됩니다

우리는 훨씬 더 깊이 예수님의 부활 생명을 의지할 필요가 있습니다. 이로써 모든 것들을 예수님에게 다시 성실하게 연결 짓는 습관을 기를 수 있게 됩니다. 그러나 우리는 이 같은 습관을 기르는 대신에, 우리의 상식에 따라 결정을 하고 나서 하나님이 축복해 주시기를 원합니다. 하지만, 하나님은 축복하실 리가 없습니다. 하나님의 주권적 통치 영역과 거리가 멉니다.

만일 우리가 의무감에서 어떤 일을 한다고 하면, 예수 그리스도와 대립각을 세우는 꼴이 됩니다. 그리고 우리는 '우쭐대는 사람'이 되어 이렇게 말합니다. "자, 이 문제는 내가 알아서 이렇게든 저렇게든 해야 하겠는걸." 이렇듯, 우리는 예수 그리스도의 부활 생명 대신에 우리의 의무감을 먼저 앞세웁니다.

우리는 양심이나 의무감에서 행하도록 명령받은 것이 아니고, 하나님이 빛 가운데 계시는 것처럼 빛 가운데서 행하도록 명령을 받은 것입니다(요일 1:7). 우리가 의무감에서 어떤 것을 하게 되면, 그 일을 하면서 따지게 될 수 있습니다. 그러나 주님께 순종하는 마음으로 하게 되면, 따지는 일이 있을 수 없게 됩니다. 바로 이 같은 이유로, 성도는 조롱받기 쉽습니다. 기쁨으로 무조건 순종하는 성도는 세상 사람들에게 바보같이 보이는 법입니다.

주님께서 무엇을 해주시기를 원합니까?

2월 29일

주님, 제가 다시 보기를 원합니다 (눅 18:41).

계속 외치십시오

무엇이 당신을 방해하고, 다른 사람들에게 당신이 방해물이 되게 합니까?

그것은 언제나 당신 스스로는 해결할 수 없는 일입니다. "앞서가던 자들이 그에게 조용히 하라고 꾸짖었으나, 그는 더욱 크게 부르짖었습니다"(눅 18:39).

당신이 주님을 직접 대면하게 될 때까지 계속 외쳐 시끄럽게 하십시오. 상식이 없어 보여도 괜찮습니다. 우리가 당면한 난감한 일과 관련해 예수님이 직접 우리에게 무엇을 해주기를 원하느냐고 물으실 때, 예수님은 상식적인 방식이 아니라, 초자연적인 방식으로 일하신다는 것을 기억하십시오.

과거에 주님께 행하여 주시기를 부탁했다가 실망한 것을 기억함으로써 주님을 어떻게 제한시키고 또 그의 사역을 약화하고 있는가를 주의하십시오. "나는 그 부분에서 항상 실패했지. 또 항상 실패하게 될 게 뻔해." 결과적으로 우리는 원하는 것을 구하지 않게 됩니다. "하나님께 이것을 해주시라고 부탁하는 것은 어리석은 짓이야."

그러나 만일 그것이 불가능해 보이는 일이라고 하면, 하나님께 진짜 구해야 합니다. 불가능한 일이 아니라고 하면, 번민 거리가 못됩니다. 하나님은 절대 불가능한 일을 행하실 것입니다.

주님의 전능하심을 믿으십시오

이 소경 거지는 눈을 뜨게 되었습니다. 당신에게 가장 불가능한 일은 당신이 주님과 완전히 일체가 됨으로써 당신의 옛 삶이 하나도 남지 않게 되는 것입니다. 당신이 주님께 부탁하면 주님은 응답하실 것입니다. 그러나 당신은 그분이 전능하시다는 것을 믿는 자리까지 나아가야 합니다. 믿음이란 예수님의 말씀보다는 예수님 자신을 믿는 것입니다.

우리가 예수님께서 말씀하신 것을 바라보기만 한다면, 우리는 결코 믿지 못하게 될 것입니다. 그러나 우리가 예수님을 일단 바라보기만 하면, 그는 식은 죽 먹듯이 쉽게 그 불가능한 일을 하십니다. 우리는 고통을 우리 마음의 고집스러운 우둔함 때문에 겪습니다. 우리는 믿으려 하지 않고, 쓸모없는 생각을 잘라내지도 않고, 우둔하게도 계속 걱정하기를 좋아합니다.

3월

정곡을 찌르는 질문

주님을 개인의 구주로 사랑함으로
사명에 충성합니까?

정곡을 찌르는 질문

당신은 나를 사랑합니까? (요 21:17)

변덕스러운 사랑은 안 됩니다

베드로는 지금 아무것도 장담하지 않습니다(참조, 마 26:33-35). 본성적 개성(역자 주: 개체로서의 자아)으로는 호언장담하지만, 인성(역자 주: 사회적 인격)에서 나오는 사랑은 예수 그리스도의 뼈 아픈 질문에 의해서만 드러납니다.

베드로가 예수님을 사랑한 것은, 어떤 자연인(즉, 본성적인 사람)이 한 선한 사람을 사랑하는 방식으로 한 것입니다. 그것은 변덕스러운 사랑입니다. 그러한 사랑은 개성까지는 깊게 닿을 수 있을지 모르나, 인격의 중심부를 감동하게 할 수는 없습니다.

참된 사랑은 어떤 것도 절대 큰소리치지 않습니다. 예수님은 말씀하시기를, "누구든지 사람들 앞에서 나를 고백하는 자마다"(마 10:32)라고 하셨는데, 이것은 말로만이 아니라 모든 행동으로까지 사랑을 고백하라는 뜻입니다.

아픔이 있는 사랑이어야 합니다

우리 자신에 대한 모든 속임수 때문에 아픔을 겪어 보지 않았다고 하면, 하나님의 말씀이 우리의 가슴에 깊이 와 닿은 것이 아닙니다. 하나님의 말씀은 우리를 아프게 하나, 어떠한 죄라도 결코 그만큼 우리를 아프게 할 수 없습니다. 왜냐하면, 죄는 감정을 무디게 하기 때문입니다.

주님의 정곡을 찌르는 질문은 감정을 더욱 예민하게 만듭니다. 그리하여 끝내는 예수님에 의하여 아픔을 당하게 하는데, 이 아픔은 최고로 가장 격렬한 아픔입니다. 그 질문은 본성적으로만 아니라, 깊이 인격적으로도 아프게 합니다. 주님의 말씀은 혼과 영을 찔러 쪼개기 때문에, 어떤 속임수도 있을 수 없습니다.

주님의 질문은 결코 감성적으로 대할 수가 없습니다. 주님이 직접 당신에게 말씀하시면, 아픔이 너무 심하므로, 멋부려 말할 수가 없게 됩니다. 그 아픔은 너무나 커서 다른 모든 염려를 생각할 여유가 없게 만듭니다. 주님의 말씀이 그분의 자녀에게 아픔을 주는 때, 그 아픔에는 어떤 잘못도 결코 있을 리가 없습니다. 아픔의 순간이 계시의 위대한 순간입니다.

3월 2일

주님께 상처를 당해 보았습니까?

예수님께서 그에게 세 번째 말씀하시기를,
요한의 아들 시몬, 당신은 나를 사랑합니까?(요 21:17)

주님께 받은 상처

당신 생명의 가장 예민한 부분인 맨 속살까지 주님께 찔려 상처를 입어 보았습니까?

마귀도 그 부분까지는 결코 상처를 입히지 않습니다. 죄도, 인간의 애정도 그 부분은 상처 입히지 않습니다. 하나님의 말씀 외에 아무것도 그 부분까지는 미치지 못합니다. 베드로가 근심하게 되었는데, 이는 예수님이 그에게 세 번째 말씀하셨기 때문입니다(요 21:17).

베드로는 이때 비로소 자기 생명의 진짜 깊은 중심에서 그가 예수님에게 헌신 되어 있었다는 사실을 깨달았습니다. 그리고 그는 예수님께서 인내하시는 가운데 반복해서 질문하는 뜻이 무엇인지를 알기 시작했습니다. 이제 그의 마음속에는 눈곱만큼의 거짓도 남아 있지 않았고, 결코 자신에게 속임을 당할 수도 없게 되었습니다. 그는 더이상 들떠서 말하거나, 감성에 젖을 여유가 전혀 없었습니다.

주님을 향한 깊은 사랑의 고백

베드로가 주님을 얼마나 깊이 사랑했는가를 깨닫게 된 것이 그에게는 하나의 계시였습니다. 그래서 그는 놀란 가슴으로 말했습니다. "주님, 주께서는 모든 것을 아십니다"(요 21:17 하). 베드로는 그가 예수님을 얼마나 많이 진짜 사랑했는가를 알기 시작했지만, "이것 저것 살펴보시고 확인하면 아실 것입니다."라고 말하지 않았습니다. 그는 자기가 주님을 깊이 대단히 사랑하였다는 것을 스스로 깨닫기 시작하고 있었습니다. 그에게는 하늘 위에도 땅 아래도 예수 그리스도 외에는 아무도 없었습니다. 그러나 주님께 그의 속살을 찌르는 질문들을 받기까지는 이 같은 사실을 알지 못했습니다. 오직 주님의 그 같은 질문들을 통해서만이 내가 누구인지를 밝히 알게 되는 것입니다.

베드로를 예수 그리스도께서 끈기 있게 직선적으로 다루신 기술을 보십시오! 우리 주님은 적절한 때가 되기까지는 질문들을 절대 하지 않으십니다. 아주 드물게, 아마도 한 번쯤, 주님은 우리를 막다른 구석으로 몰아넣으시고서 정곡을 찌르는 질문들로 우리를 아프게 하실 것입니다. 그때 그 어떤 고백으로도 표현할 수 없을 만큼 아주 깊이 우리가 주님을 사랑하고 있다는 것을 깨달을 것입니다.

경감되지 않은 요구

3월 3일

내 양을 먹이십시오 (요 21:17).

양을 먹이라는 요구는 사랑을 이루어 가기 위함인 것입니다
하나님의 사랑은 시한부가 아닙니다. 하나님의 본성입니다. 우리가 성령을 받게 되는 때, 성령께서는 우리를 하나님과 연합되게 함으로써 하나님의 사랑이 나타나게 합니다. 우리 안에 내주하시는 성령으로 말미암아 우리의 영혼이 하나님께 연합이 되는데, 그것으로 끝이 아닙니다. 진짜 끝은 예수님이 아버지 하나님과 하나이셨던 것처럼 우리가 아버지 하나님과 하나가 되는 것입니다.

예수 그리스도께서는 아버지 하나님과 어떤 종류의 하나 됨을 가지셨습니까? 그 하나 됨이란 아버지 하나님께서 자기 아들 예수 그리스도를 이 세상에 보내시어 우리를 위해 희생 제물이 되게 하신 것이었습니다. 그래서 예수님은 말씀하십니다. "아버지께서 나를 보내신 것 같이 나도 너희를 보낸다"(요 21:21).

사랑은 고백으로 끝나지 않습니다
정곡을 찔러 아프게 하는 주님의 질문을 통해 계시를 받고서 베드로는 자기가 진짜 예수님을 사랑하고 있다는 것을 이제 깨닫습니다. 그다음에 그가 받은 요구는, "목숨을 다 내놓아라."는 것입니다. 당신이 나(예수님)를 얼마나 많이 사랑하는가를 밝히지 마십시오. 받은 놀라운 계시에 대해서도 말하지 마십시오. 다만 "내 양을 먹이라." 예수님에게는 별난 장난꾸러기 양, 추잡스러운 양, 다짜고짜 들이받는 양, 그리고 길을 잃은 양도 있습니다.

하나님의 사랑은 결코 다함이 있을 리 없습니다. 내 안에 있는 그 사랑도 하나님의 사랑에서 비롯되는 것이라고 하면, 다함이 있을 리 없습니다. 하나님의 사랑은 양들이 본성적으로 다르더라도 절대 차별하지 않습니다. 내가 만일 내 주님을 사랑한다고 하면, 양들이 가지고 있는 본성적 기질을 따지지 않을 것입니다. 양을 먹이라는 이 위임 명령에는 조금이라도 가감이 있어서는 안 됩니다. 인간적인 동정심을 따라 양을 먹임으로 하나님의 사랑을 가장하지 마십시오. 그 같은 동정심에서 하는 인간적인 사랑은 결국 하나님의 사랑을 욕되게 할 것이기 때문입니다.

3월 4일

내게도 이런 것이 사실일까요?

하나님의 은혜의 복음을 증언하는 일을 마치기 위하여,
나는 나의 목숨을 조금도 귀한 것으로 여기지 않습니다 (행 20:24).

상식을 기초로 삼아 일하지 마십시오

환상(또는, 비전) 없이 섬기기는 훨씬 쉽습니다. 소명 없이 하나님을 위해 일하기도 훨씬 쉽습니다. 왜냐하면, 그럴 때는 당신은 하나님이 요구하시는 것에 신경 쓸 필요가 없기 때문입니다. 얄팍한 기독교적인 감상에 사로잡혀 상식을 따라 하면 됩니다. 만일 당신이 하나님이 부르시는 소명을 전혀 깨닫지 못한다고 하면, 오히려 더 형통하고 성공하며, 마음도 여유를 누릴 것입니다.

그러나 만일 당신이 일단 예수 그리스도로부터 사명을 받게 된다면, 하나님이 원하시는 것에 대한 기억이 항상 채찍질합니다. 이로써 당신은 상식에 근거해서는 하나님을 위해 더 이상 일할 수 없게 될 것입니다.

당신은 주님의 것입니다

내가 진정으로 소중하게 여기는 것은 무엇입니까?

만일 내가 예수 그리스도에게 사로잡히지 않았다고 하면, 나는 봉사를 귀하게 여기고, 하나님께 드린 시간을 귀하게 여기고, 나의 목숨을 나 자신에게 귀한 것으로 여기게 됩니다. 바울이 말하는 바에 따르면, 그가 받았던 사명을 완수할 목적을 위해서만 그는 자기의 목숨을 귀하게 여겼습니다. 그는 다른 어떤 일에도 자기의 힘을 사용하기를 거부했습니다.

사도행전 20:24에 진술된 바에 따르면, 바울은 주변 사람들로부터 자기의 목숨을 챙기라는 부탁을 받았을 때 거의 짜증을 낼 뻔했습니다. 그는 그가 받았던 사명을 완수하는 것 외에는 어떤 것도 전혀 고려할 마음이 없었습니다. 어떤 경우에는, 실제의 사역이 하나님께 전적으로 헌신하는 데 걸림돌이 될 수 있습니다. 왜냐하면, 실제의 사역을 앞세우다 보면 다음과 같은 생각을 가질 수 있기 때문입니다. '당신이 지금 이 부분에서 얼마나 쓸모 있는가를 기억하라!'

또는 '그 같은 특별한 종류의 사역에는 당신이 얼마나 가치가 있을지 생각하라.' 그 같은 태도를 보이게 되면, 우리가 가야 하는 길에 예수 그리스도를 안내자로 삼지 않습니다. 대신, 우리가 어디에 가장 쓸모있는가를 생각하는 우리의 판단을 앞세우게 되는 것입니다. 당신이 얼마나 쓸모 있는지를 절대 고려하지 마십시오. 다만, 당신은 당신의 것이 아니라 그분의 것임을 늘 기억하십시오.

그분이 진짜 주님입니까?

3월 5일

나의 달려갈 길과 주 예수께 받은 사명을 마치기 위하여 (행 20:24).

자기가 꼭 있어야 할 자리를 찾으십시오

기쁨은 내가 창조되고 또 거듭난 목적을 온전히 성취하는 데서 누리게 됩니다. 어떤 일을 성공적으로 해낸 것에서 참된 기쁨을 얻는 것이 아닙니다. 우리 주님이 누리셨던 기쁨은 아버지 하나님이 그분을 이 땅에 보내셔서 행하게 하신 일을 행하시는 데 있었습니다. 그래서 그분은 말씀하십니다.

"아버지께서 나를 보내신 것같이 나도 너희를 보낸다"(요 20:21).

나는 주님으로부터 사명을 받은 일이 있습니까?

그렇다면, 나는 그 사명에 충성해야 하고, 오직 그 사명의 성취를 위해서만 내 목숨을 귀중하게 여겨야 합니다. 그때 예수님은 당신을 보내어 행하게 하신 일을 당신이 잘 행한 것을 아시고서, "잘하였다. 착하고 충성된 종아!"(마 25:21)라고 말씀하실 것인데, 이렇게 예수님이 당신에게 말씀하시는 것을 들으므로 얻게 되는 만족을 생각해 보십시오.

우리는 모두 인생에서 우리가 꼭 있어야 할 자리를 찾아내야 합니다. 우리가 주님으로부터 우리의 사명, 곧 우리가 해야 할 일을 받는 때 그 자리를 영적으로 찾게 됩니다. 주님으로부터 받은 사명을 감당하기 위해서 주님과 동행해 왔어야 합니다. 개인의 구주 이상으로 주님을 알아야 합니다.

"그가 내 이름을 위하여 얼마나 많은 고난을 겪어야 할지를 내가 그에게 보일 것이다"(행 9:16).

사명, 곧 맡은 일에 충성하십시오

"네가 나를 사랑하느냐?" 그렇다면 "내 양들을 먹여라"(요 21:17). 주님을 섬기는 일에는 내게 선택권이 있을 수 없습니다. 우리 주님의 명령에는 오직 절대 충성만이 요구됩니다. 하나님과 가장 친밀하게 교제하는 때 당신이 받은 사명에 충성하십시오. 만일 당신이 주 예수님으로부터 사명을 받았다고 하면, 필요한 것은 소명(부르심)이 결코 아니라는 것을 알 것입니다. 필요한 것은 사명을 위한 기회입니다.

당신이 받은 소명은 당신이 주님과 깊은 교제 가운데 있을 때 받은 그 사명에 대한 충성입니다. 소명이란 사명에 충성하는 것입니다. 이 말의 뜻은, 당신을 위해 특별히 구별된 일이 있다는 것이 아닙니다. 당신이 맡은 일에 대하여 다른 방식의 요구들을 무시해야 할 것을 뜻합니다.

3월 6일

많은 하찮은 일들 가운데서

곧 많은 인내와 환난과 궁핍과 곤경 … 가운데 (고후 6:4).

전능하신 하나님의 은혜가 필요합니다

아무런 환상도 없고, 환상을 옆에서 보아 준 사람도 없을 때 다음 단계로 나아가기 위해서는 전능하신 하나님의 은혜가 필요합니다. 그다음 단계는 헌신이나, 연구나, 독서 또는 부엌일 등이 있습니다.

하나님으로부터 아무런 환상도 받은 바 없고, 열정도 없고, 보아 준 사람도 없을 때는, 당신에게 맡겨진 책임을 다하는 것이 다음 단계일 수 있습니다. 그 같은 다음 단계로 나아가기 위해서는 복음을 선포할 때보다 더 많은 하나님의 은혜가 필요하고, 의식적으로 하나님께 가까이 다가가 의지해야 합니다.

꾸준하게 인내하십시오

모든 그리스도인은 예수님의 성육신의 본질이 무엇이었는가를 몸소 알아야 합니다. 즉, 맡겨진 일을 할 때 심혈을 기울여 하고, 손톱이 닳도록 힘써 해야 하는 것입니다. 우리는 환상도 없고, 기분이 고조될 만한 일도 없고, 매일 되풀이되는 사소한 일만 있게 되면, 따분해집니다.

그러나 하나님과 사람을 위해 궁극적으로 효과가 있는 것은 보이지 않는 가운데서 꾸준하게 인내하며 하는 사역입니다. 우리의 삶을 망가지지 않게 지켜내는 유일한 길은 하나님을 바라보며 사는 것입니다.

하나님께 간구하여 당신의 영의 눈이 부활하신 그리스도를 향해 열려 있게 하십시오. 그러면, 하찮은 일들 때문에 당신의 기가 꺾이지 않게 될 것입니다. 계속해서 시시하고 소심한 마음과 생각에서 확실하게 벗어나 요한복음 13장을 읽고 묵상해 보십시오.

시들지 않는 광채

3월 7일

그러나 우리는 이 모든 일에 우리를 사랑하시는 분으로
말미암아 넉넉히 이깁니다 (롬 8:37).

우리가 영원한 승리자가 되는 이유

바울은 성도와 하나님의 사랑 사이를 갈라놓거나 쐐기를 박을 것처럼 보이는 것들에 대해 말하고 있습니다. 그러나 놀라운 것은 하나님의 사랑과 성도 사이에 아무것도 쐐기를 박아 갈라놓을 수 있는 것이 없다는 사실입니다. 이러한 것들은 성도의 영혼의 경건 생활과 하나님 사이에 끼어들어 개인의 삶을 하나님으로부터 분리하거나 그렇게 할 가능성이 있습니다. 그러나 그것들 가운데 아무것도 하나님의 사랑과 성도의 영혼 사이에 쐐기를 박을 수는 없습니다.

우리 그리스도인의 신앙의 근본 뿌리는 갈보리 십자가 위에서 확증된 하나님의 분에 넘치고 깊고 놀라운 사랑입니다. 이 사랑은 우리의 자격으로는 결코 얻을 수 없고, 또 결코 얻게 되지도 못하는 사랑입니다.

바울이 말하는 대로, 이 사랑이 우리가 이 모든 일에 넉넉히 이기는 자가 되는 이유입니다. 이 사랑 때문에 우리가 최고의 승리자가 되는 것입니다. 그러한 것들(환난, 곤고, 박해, 굶주림, 위험 등)이 우리를 압도하여 짓누를 것처럼 보이지만, 바로 그것들이 아니었더라면 우리가 맛보지 못했을 기쁨으로 충만한 최고의 승리자가 되게 하는 것이 하나님의 사랑입니다.

하나님의 사랑에서 시들지 않는 광채가 나옵니다

일반인 수영자를 겁먹게 하는 파도가 파도타기 선수의 경우에는 그 파도를 시원하게 가로지르는 가운데 최고의 쾌감을 얻게 해줍니다. 그것을 우리 자신의 상황에 적용해 보십시오. 환난과 곤고와 핍박과 같은 이러한 것들이 우리에게는 최고의 기쁨을 줄 수 있습니다. 그것들은 우리가 싸워야 할 대상이 아니고, 즐겨야 할 것들입니다. 우리는 이 모든 일에 우리를 사랑하시는 하나님으로 말미암아 넉넉히 이기는 자들이 됩니다. 이 모든 일에도 불구하고가 아니라, 그것들 가운데서 이깁니다. 성도는 환난에도 불구하고가 아니라, 환난 때문에 주님의 기쁨을 누리는 것입니다. 그래서 바울은 말합니다. "우리의 모든 환난 가운데서도 기쁨이 넘치고 있습니다"(고후 7:4).

시들지 않는 기쁨의 광채는 일시적인 것이 아니라, 아무것도 어찌할 수 없는 하나님의 사랑에서 나옵니다. 인생의 경험들은, 끔찍하든 아니면 단조롭든, 그리스도 예수 우리 주님 안에 있는 하나님의 사랑을 결코 꺾을 수가 없습니다.

3월 8일

버리는 삶

내가 그리스도와 함께 십자가에 못 박혔으니 (갈 2:20).

거듭남의 첫 단계

죄뿐만 아니라, 사물을 보는 전반적인 방식을 기꺼이 버릴 때까지는 결코 아무도 예수 그리스도와 연합되는 것이 아닙니다. 하나님의 성령으로 위로부터 거듭난다는 것은 움켜잡으려 하기 전에 내놓는 것을 의미합니다. 그래서 거듭남의 첫 단계는 모든 가식을 버리는 것입니다. 우리 주님이 우리가 그에게 내놓기를 원하시는 것은 선행이나 정직이나 열심이 아니고, 진짜 견고한 죄입니다. 그 같은 죄가 우리 주님이 우리에게서 가져가실 수 있는 모든 것입니다.

그렇다면, 우리의 죄를 가져가는 대신에 그가 우리에게 무엇을 주십니까?

진짜 견고한 의입니다. 그러기에, 우리는 무엇이나 된 것처럼 잘난 체하는 모든 가식을 버려야 합니다. 하나님이 보시기에 쓸모 있을 것이라는 모든 자부심을 버려야 합니다.

거듭남의 둘째 단계

그런 후에, 하나님의 성령께서 우리가 버려야 할 아직 남아 있는 것을 우리에게 보여 주십니다. 나에 대한 모든 권리 주장을 버리는 것이 거듭남의 둘째 단계입니다.

내가 소유하고 있는 모든 것에 대한 집착과 내가 사랑해 온 모든 것을 기꺼이 버리고 예수 그리스도의 죽음을 함께 나눌 수 있습니까?

우리가 이러한 것들을 버릴 수 있으려면 그에 앞서, 자신에 대한 고통스러운 환멸을 항상 겪어야 합니다. 어떤 사람이 주님께서 그를 보시는 것처럼 진실로 자신을 보게 되는 때, 그에게 충격을 주는 것은 육체의 지독한 죄들이 아니고, 예수 그리스도를 대적하는 그의 마음에 도사리고 있는 끔찍한 교만의 본성입니다. 그가 주님의 빛 가운데서 자신을 보게 되는 때, 수치와 공포와 절망적 죄의식을 깊이 느끼게 됩니다. 만일 무엇을 버릴 것인지를 몰라 망설여진다면, 과감하게 돌파하여 모든 것을 버리십시오.

떠나 물러가는 시간

예수께서 열두 제자에게 말씀하시기를
'당신들도 떠나가려 합니까?'라고 하시니 (요 6:67).

많은 사람이 떠나 물러갑니다

'당신들도 떠나가려 합니까?'

예수님의 말씀은 정곡을 찌르는 질문이었습니다. 우리 주님께서 가장 간결한 방식으로 말씀하시는 때 그 말씀들이 우리의 가슴 깊이 닿습니다. 우리는 예수님이 누구이신지 알고 있습니다. 그런데도 그분이 말씀하십니다.

"당신들도 떠나가려 합니까?"

주님을 향해 우리는 항상 흔들림이 없는 단호한 태도를 견지해야 합니다. "그때로부터 그분의 제자 중 여럿이 떠나가 버리고 더 이상 그분과 함께 다니지 아니하였다"(요 6:66). 많은 제자가 떠나가 예수님과 함께 행하지 않게 되었습니다. 그렇다고 해서 죄에 빠진 것은 아닙니다. 그들이 떠나 물러갔습니다. 오늘날 많은 사람이 예수 그리스도를 위해 일하는데 시간을 드리며 수고도 합니다. 그러나 예수님과 동행하지는 않습니다.

하나님이 원하시는 것은 동행하는 것입니다

하나님께서 우리에게 꾸준하게 원하시는 한 가지는 우리가 예수 그리스도와 하나가 되도록 하는 것입니다. 우리가 거룩하게 된 후, 우리의 영적 생활의 훈련은 이 같은 하나됨을 따라 예수님과 동행하는 것입니다. 만일 하나님이 원하시는 것을 당신의 영혼에게 그분이 분명하게 깨닫게 해주신다면, 어떤 특별한 방법으로 그 관계를 유지하려 하지 말고, 예수 그리스도를 온전하게 의지하여 자연스러운 삶을 사십시오.

하나님의 방식이 아닌 다른 방식을 따라 하나님과 동행하는 삶을 살려고 애쓰지 마십시오. 하나님의 방식은 하나님께 절대 헌신하는 것입니다. 내가 알지 못하고 있다는 것을 확실하게 내가 아는 그것이 바로 예수님과 동행하는 비결입니다.

베드로는 자기와 세상에 구원을 베푸시는 어떤 분을 예수님에게서 단지 보았습니다. 우리 주님은 우리가 그분과 함께 멍에를 메는 동료가 되어 주기를 원하십니다.

3월 10일

메시지와 하나가 되십시오

너는 말씀을 전파하여라 (딤후 4:2).

영적 메신저가 되십시오

우리가 구원받은 것은 중개하는 '통로'로만이 아니고, 하나님의 자녀가 되도록 하기 위함입니다. 우리는 영적 중개자가 아니라, 영적 메신저로 변화된 것입니다. 메시지는 우리 자신의 한 부분이 되어 마땅합니다. 즉, 우리의 삶이 메시지가 되어야 하는 것입니다. 하나님의 아들이신 예수님은 하나님 자신의 메시지이셨습니다. 그 아들의 말씀들은 영이요 생명이었습니다. 그분의 제자된 우리의 삶은 우리의 메시지의 성례이어야 합니다.

즉, 우리의 삶에 우리가 전하는 메시지가 실체적으로 드러나야 합니다. 우리는 본성적인 마음만으로도 어느 정도는 섬김의 일을 할 수 있습니다. 그러나 온전하게 섬김의 일을 하려면 죄를 회개한 상한 심령이 있어야 하고, 성령으로 세례받아야 하고, 하나님의 목적을 위해 우리가 산산이 조각나야 합니다. 그런 연후에 우리의 삶이 메시지를 담아내는 성례가 되는 것입니다.

메시지가 당신의 삶이 되게 하십시오

메시지에 대한 증거를 보여 주는 것과 메시지를 선포하여 설교하는 것 사이에는 큰 차이가 있습니다. 설교자는 하나님의 부르심을 깨달은 자로서, 하나님의 진리를 선포하기 위해 결심하고 자기의 온 힘을 사용합니다. 예수님의 제자들이 오순절 이후에 그랬던 것처럼, 하나님은 우리 스스로 가지고 있는 삶에 대한 생각들에서 우리가 벗어나게 하시고, 하나님이 쓰시기에 합당하게 철저하게 우리를 다듬으셨습니다. 오순절을 기하여 제자들은 그들이 선포한 말씀대로(행 1:8) 자신들의 삶이 되게 하였습니다.

당신이 설교하는 때 하나님께서 온전히 자유를 누리게 해드리십시오. 하나님의 메시지가 다른 사람들의 영혼들을 자유롭게 할 수 있기 전에, 우선 그 자유가 당신에게서 누리게 하십시오. 설교 자료를 잘 모아서, 당신이 설교할 때 그것에 불을 붙이십시오. 당신의 삶의 한 부분이 된 메시지에 불을 붙여 다른 사람들의 영혼들을 자유로울 수 있게 하십시오.

환상

3월 11일

아그립바 왕이여, 내가 하늘에서 보이신 환상을 거역하지 않았습니다 (행 26:19).

하늘에서 보이신 환상에 순종하는 유일한 방식

만일 우리가 환상을 상실하게 된다면, 이것은 오직 우리의 책임입니다. 우리가 환상을 상실하게 되는 원인은 영적 틈새 때문입니다. 우리가 하나님에 대한 우리의 믿음을 실제 생활에 적용하지 않으면, 하나님이 주신 환상이 아무런 의미가 없게 됩니다. 하늘에서 보이신 환상에 순종하는 유일한 방식은 지극히 높으신 최고의 하나님께 우리가 최선을 다하는 것입니다.

이같이 최선을 다하려면, 지속적으로 그리고 단호하게 그 환상을 가슴에 되새김질해야 합니다. 우리의 최선에 대한 시험은 매시간 60분, 매분 60초, 모든 시간에 하는 것이지, 우리가 기도하는 시간이나 경건의 모임을 갖는 시간에 하지 않습니다. 즉, 우리의 일상생활의 매 순간, 즉 매분 매초 우리가 최선을 다해야 하는 것입니다. 하나님은 우리의 기도시간이나 경건의 모임들에서는 그 같은 시험을 하지 않습니다. "비록 더딜지라도 너는 그것을 기다리라"(합 2:3).

우리의 힘으로는 환상을 이룰 수가 없습니다. 그 환상이 저절로 성취될 때까지 우리는 그 환상의 영감 속에서 살아야 합니다. 우리가 너무 실제적이 되다 보면 환상을 잊게 됩니다. 처음에 우리가 환상을 보는 순간 기다리지 않고, 급히 서둘러 실제로 일에 뛰어듭니다. 그리고 그 환상이 이루어진 때에는, 더 이상 그 환상을 보지 못합니다. 지체되는 환상을 기다리는 것이 하나님께 대한 우리의 충성을 가늠하는 시금석입니다. 우리가 실제 사역에 몰두한 나머지 환상이 성취된 것을 놓치게 되면, 우리의 행복이 위기를 맞게 됩니다.

하나님께서 환상을 이루시는 유일한 방식

하나님이 일으키시는 돌풍에 주의하십시오. 하나님께서 자기의 성도들을 흩어 심으시는 유일한 방식은 그가 일으키시는 돌풍에 의해서입니다.

당신은 돌풍이 불어닥치는 때 속 빈 콩깍지로 드러나고자 합니까?

그것은 당신이 보았던 환상의 빛 가운데서 실제로 살고 있는지 여부에 달려 있습니다. 하나님이 돌풍으로 당신을 내동댕이치시면, 일어나 움직이지 말고 하나님이 움직이실 때까지 기다리십시오. 만일 당신 스스로 당신의 자리를 선택하여 안주하게 되면, 당신은 속 빈 콩깍지 신세가 됩니다. 그러나 만일 하나님이 당신을 돌풍으로 흩어 심으시면, 당신은 열매를 맺게 될 것입니다. 환상의 빛 가운데서 발걸음을 옮기는 것이 필수적입니다.

3월 12일

포기

베드로가 말하기를 보소서, 저희는 모든 것을 버리고 주님을 따랐습니다. 하니, 예수께서 말씀하셨다. 나와 복음 때문에 … 버린 자는 누구든지 … 내세에 영생을 받을 것입니다 (막 10:28-30).

장삿속 포기

우리 주님이 하신 대답에 의하면, 포기는 사실상, 주님 자신을 위해서 해야 하는 것들일 뿐, 제자들이 포기함으로써 되 얻게 되는 것을 바라고 해서는 안 됩니다. 장삿속으로 하는 포기는 주의하십시오. 예컨대, '나는 죄로부터 건짐 받기 원하기 때문에, 그리고 거룩해지고 싶으므로 하나님께 나 자신을 드리고자 합니다.' 이 모든 것, 예컨대 죄에서의 구원과 거룩하게 되는 것 등은 하나님과 바른 관계에 있을 때 따라오는 결과입니다.

장삿속은 기독교의 본질에 속하지 않습니다. 포기는 어떤 것을 바라고 하는 것이 결코 아닙니다. 우리는 장삿속에 아주 밝아 하나님 자신을 위해서가 아니고, 하나님으로부터 어떤 것을 얻고자 하나님께 나아갈 뿐입니다.

"아닙니다. 주님, 나는 당신을 원하지 않고, 나 자신만을 원합니다. 나는 깨끗해지고 성령으로 충만하기를 원합니다. 나는 당신의 진열장에 놓여 '하나님께서 나를 위해 행하신 것을 보시라.'고 외치고 싶습니다."

만일 우리가 하나님으로부터 더 많은 것을 되돌려 받고 싶어서 하나님께 단지 어떤 것을 포기한다면, 우리의 그 같은 포기는 성령으로 말미암은 것이 전혀 없으며, 비굴한 장삿속에서 자기 이익을 추구한 것일 뿐입니다. 우리가 천국을 얻는 것, 죄에서 건짐 받는 것, 그리고 하나님께 쓸모 있게 되는 것 등, 이 모든 것은 참된 포기를 위한 조건으로 결코 고려될 수 없습니다. 참된 포기는 예수 그리스도 자신을 위해 행하는 최고의 인격적 선택입니다.

포기의 시금석

우리가 인간적 혈연관계의 장벽에 직면하는 때, 예수 그리스도를 우리는 어떻게 대합니까?

대부분 우리는 예수님을 버립니다. "예, 주님. 내가 주님의 부르심을 들었습니다. 그러나 내 어머니와 내 아내가 마음에 걸립니다. 나는 경제적 손실을 보고 싶지 않습니다. 그래서 주님을 더 이상 따를 수가 없습니다." 그러면, 예수님이 대답하십니다. "당신은 내 제자가 될 수 없다."

포기의 시금석은 항상 혈연관계에 대한 애착을 극복하는 것입니다. 하나님 자신이 포기하신 것에 대해 생각해 보십시오. 그분은 자기의 유일한 아들을 희생제물로 십자가에 내어주시기까지 포기하셨습니다. 그런 까닭에, 당신이 포기함으로써 상처받아야 했던 모든 사람을 하나님께서 품어주실 것입니다.

하나님이 자신을 내어주심

3월 13일

하나님께서 세상을 이처럼 사랑하셔서 유일한 아들을 주셨으니 (요 3:16).

하나님이 자신을 내어주신 결과들

구원은 단지 죄에서 건짐 받는 것이나, 개인적으로 거룩함을 경험하는 것도 아닙니다. 하나님의 구원은 자아로부터 건짐을 받아 전적으로 하나님과 완전하게 연합되는 것입니다. 구원에 대한 나의 경험적 지식은 죄에서 건짐 받는 것과 개인적인 거룩함과 일맥 상통합니다.

구원은 하나님의 성령이 나를 이끌어 하나님의 인격과 접촉하게 만드는 것을 의미합니다. 이로써 나 자신보다 무한히 큰 어떤 것에 전율을 느끼게 됩니다. 하나님이 자신을 내어주신 것을 내가 깨닫고 하나님께 완전히 사로잡힙니다.

우리가 거룩 또는 성화를 선포하라고 부르심을 받았다고 말하는 것은 핵심을 벗어난 것입니다. 우리는 예수 그리스도를 선포하도록 부르심을 받았습니다. 하나님이 우리를 죄에서 구원하시고 거룩하게 만드셨다는 사실은 하나님이 놀랍게도 자신을 내어주신데 따른 결과입니다.

계산하지 않고 자신을 내어줌

자신을 내어주신 일은 스스로 그것을 의식하고서는 절대 하지 못합니다. 그냥 하는 것입니다. 왜냐하면, 우리가 우리 자신을 하나님께 내어드리면 그 하나님께 우리의 삶 전부가 사로잡혀 있기 때문입니다. 우리가 자신을 내어 주는것에 대하여 아무것도 모르고 있다면, 그것에 대해 말하는 것을 주의하십시오. 당신은 요한복음 3:16이 의미하는 것, 곧 하나님이 자신을 온전하게 전부 내어 주셨다는 것을 깨닫게 되기까지는 자신을 내어 주는 것에 대해 전혀 아무것도 알지 못한 것입니다.

우리가 우리 자신을 내어준다는 것은, 하나님이 아무런 계산 없이 우리를 위해 자신을 내어주신 것처럼, 우리가 하나님께 우리 자신을 넘겨 드리는 것입니다. 우리의 삶이 하나님께 온전히 사로잡혀 있으므로, 우리가 자신을 내어준 다음에 이어지는 결과에 대해 우리는 결코 관심을 두지 않게 됩니다. 말하자면, 죄에서 건짐을 받고 거룩해지는 것과 같은 결과에 대해 우리는 하나님의 은혜 선물로 여기게 될 뿐입니다.

3월 14일

순 종

여러분들이 자신을 종으로 드려 누구에게 순종하든지,
여러분들이 순종하는 그 자의 종이 되는 줄 알지 못합니까? (롬 6:16)

나를 지배하는 악의 세력을 점검할 때 첫 번째로 해야 할 일

내가 그 세력에게 굴복했기 때문에 이같이 지배당하게 된 것에 대해 내게 책임이 있다는 불쾌한 사실을 솔직하게 인정하는 것입니다. 만일 내가 내 자신의 노예라고 하면, 과거 어느 때에 나 스스로 나 자신에게 복종했기 때문에, 내가 비난받아 마땅합니다. 이처럼, 만일 내가 하나님께 순종한다면, 내가 그에게 복종했기 때문에, 내가 그렇게 하는 것입니다.

어렸을 때 이기심에 굴복했다고 하면, 그 이기심이 세상에서 가장 고약하게 굴레를 씌우는 폭군이라는 것을 알게 될 것입니다. 인간의 영혼 자체에는 악의 세력에 굴복함으로써 형성된 기질의 굴레를 깨뜨릴 수 있는 아무런 힘이 없습니다. 단 일 초라도 성질상 정욕에 속한 어떤 것에 굴복해 보십시오(정욕이 무엇인지 기억하십시오. 육체의 정욕이든, 혹은 마음의 정욕이든 간에, '나는 당장 그것을 내 것으로 삼아야 해.'라고 주장합니다). 일단 굴복하면, 굴복한 것 때문에 자신을 미워한다 할지라도, 당신은 바로 그 정욕의 노예인 것입니다.

악의 세력을 파멸할 수 있는 유일한 분

인간의 능력으로는 결코 해방될 수가 없고, 오직 예수 그리스도의 구속(또는, 속량)으로만 가능합니다. 악의 세력을 파멸할 수 있는 유일한 분, 곧 주 예수 그리스도께 철저히 겸손하게 복종해야 합니다. "주께서 내게 기름을 부으셔서 가난한 자들에게 복음을 전하도록 하셨고… 포로들에게 자유를 선포하게 하셨다"(눅 4:18).

우리는 엉뚱하게도 가장 사소한 것들에서 정욕의 종이 되어 있는 것을 발견케 됩니다. '오! 나는 언제든지 내가 원하기만 하면 그 버릇을 버릴 수 있어.'라고 스스로 속입니다. 당신은 결코 버릴 수 없습니다. 왜냐하면, 당신이 기꺼이 그 버릇에 굴복했기 때문에, 그 버릇이 철저하게 당신을 지배하고 있다는 것을 발견하게 될 뿐입니다. "주님이 모든 결박을 깨뜨리시도다."라고 노래하면서, 동시에 당신 자신의 정욕에 사로잡혀 노예의 삶을 살기 쉽습니다. 예수님에게 굴복하는 때만이 우리의 삶에서 모든 형태의 속박이 박살 나게 될 것입니다.

당혹감의 훈련

3월 15일

그들이 예루살렘으로 올라가는 길에 예수께서 그들 앞에 가시는데,
그분을 따르는 자들이 놀라며 두려워하였다 (막 10:32).

예수님의 낯선 모습에서 느끼는 당혹감

처음에는 우리가 예수 그리스도에 대해 모든 것을 알고 있다고 확신했습니다. 그래서 모든 것을 팔아 주님을 향한 대담한 사랑에 몸을 내던지는 것이 즐거움이었습니다. 그러나 지금은 별로 확신하지 못하고 있습니다. 예수님이 앞서가시는데 너무 낯설게 보입니다. "예수께서 그들을 앞서가시는데, 그들이 놀랐습니다."

예수님의 이런 모습이 제자의 가슴 깊은 곳까지 싸늘하게 하고 전체 영적 생활이 숨을 헐떡이게 합니다. 부싯돌같이 단호한 얼굴로 준엄한 결단을 하신 이 이상한 모습이 우리에게 공포를 느끼게 합니다.

그분은 더 이상 상담자도 아니고 동료도 아닙니다. 그는 우리가 전혀 아무것도 알 수 없는 표정으로 둘러싸여 있습니다. 우리는 그를 보고 놀랍니다. 처음에 우리는 그를 안다고 확신했습니다. 그러나 지금은 확신이 없습니다.

예수 그리스도와 우리 사이에 먼 거리가 있다는 것을 깨닫기 시작합니다. 그래서 그분과 더 이상 친밀해질 수가 없습니다. 그는 우리 앞서 계시지만 한 번도 둘러보지 않으십니다. 그가 어디로 가시는지 전혀 알 수 없습니다. 목적지가 이상하게 멀어 보입니다.

끝까지 잘 견디십시오

예수 그리스도께서는 사람이 경험할 수 있는 모든 죄와 모든 슬픔을 깊이 헤아리셔야 했습니다. 그것 때문에 그가 매우 낯설어 보입니다. 이 같은 관점에서 그를 보게 되면, 우리는 그분을 알지 못합니다. 그분의 삶의 한 가지도 알아보지 못합니다. 그리고 그를 어떻게 따라야 할지도 모릅니다. 그는 우리 앞에 가고 계시는데, 아주 낯선 리더이십니다. 우리에게는 그와 아무런 동료 의식도 전혀 없습니다.

당혹감의 훈련은 제자의 삶에서 기본적으로 필요합니다. 제자가 겪을 수 있는 위험은 자신의 열정에 작은 불을 지피려고 왔던 길을 되돌아가는 것입니다(참고, 사 50:10-11). 그러기에, 당혹감의 어둠이 밀려올 때는, 그것이 사라질 때까지 견디어내십시오. 왜냐하면, 어둠이 사라지고 나면, 예수님을 따르는 것이 형언할 수 없는 기쁨이 될 것이기 때문입니다.

3월 16일

대심판

우리 모두가 반드시 그리스도의 심판대 앞에 드러나, 각자가 … 행한 일을 따라 보응을 받을 것입니다 (고후 5:10).

그리스도의 심판대

바울이 말하는 바로는, 우리가 모두, 설교자이든 일반인이든 다 같이, "그리스도의 심판대 앞에" 드러나야 합니다. 만일 당신이 지금 여기서 그리스도의 밝은 빛 가운데서 사는 법을 배운다면, 최후의 심판 때에 당신에게 행하시는 하나님의 일을 당신은 기뻐하게 될 것입니다. 그리스도의 심판대 앞에 흔들림 없이 설 수 있도록 하십시오.

가장 거룩한 빛 가운데서 지금 행하십시오. 다른 사람의 영혼에 대해 악한 성깔을 부리면 당신이 아무리 거룩한 척할지라도, 결국 마귀의 영에 사로잡히게 될 것입니다. 한 번의 육신적 판단의 결과는 당신에게 지옥입니다. 당장 악한 판단을 빛 가운데로 끌어내어 고백하십시오. "나의 하나님, 내가 그 점에서 죄를 범했습니다"라고. 그렇지 않으면, 당신의 마음은 평생 강퍅하게 될 것입니다.

죄에 대한 형벌

죄가 또 다른 죄를 낳는 것입니다. 하나님만이 죄를 처벌하는 것이 아닙니다. 죄가 죄인 안에서 죄 됨을 확증하고 넘치는 고통을 당하게 합니다. 아무리 몸부림치고 기도해도 죄를 저지르는 것을 당신의 힘으로는 멈출 수가 없습니다. 죄에 대한 형벌이란 점점 더 죄를 범하는 데 익숙해져 그것이 죄인지도 모르게 되는 것입니다. 즉, 죄에 익숙해져 죄에 대해 무감각해지는 것이 죄에 대한 형벌입니다. 성령께서 우리 안에 임하지 않고서는, 어떤 능력으로도 죄의 고질적인 결과들을 바꿀 수가 없습니다.

"그러나 하나님께서 빛 가운데 행하면"(요일 1:7). 우리 가운데 많은 사람은 빛 가운데 행한다는 의미를, 다른 사람에 대해 우리의 판단 기준을 따라 행하는 것으로 착각하고 있습니다. 오늘날 가장 악한 바리새주의는 위선이 아니라, 죄를 죄로 여기지 않는 무감각입니다.

사역자의 주된 열정

3월 17일

그러므로 우리는 … 주님을 기쁘시게 하려고 힘씁니다 (고후 5:9).

주님이 원하시는 기준에 맞추십시오

"그러므로 우리는 … 힘씁니다." 주요한 대망을 꾸준하게 앞세우는 것은 아주 힘든 일입니다(역자 주: '주요한 대망'이 영어로는 'master ambition'으로 'master'가 'Master' 곧 스승이신 예수님을 연상케 합니다. '스승이신 예수님을 향한 대망'을 함축하고 있습니다). 그것은 해마다 끊임없이 높은 이상에 자신을 맞추는 것을 의미합니다. 그것은 영혼들을 구원하거나 교회를 세우거나 부흥시키는 대망하는 것이 아니고, 오직 '하나님께 인정' 받는 것을 대망하는 것입니다.

우리가 실패를 당하게 되는 것은 영적 경험의 부족 때문이 아닙니다. 우리의 이상을 바르게 유지하려는 노력의 부족 때문입니다. 적어도 일주일에 한 번만이라도 하나님 앞에서 점검하여, 하나님이 원하시는 기준에 따라 당신의 삶을 맞춰 살고 있는지 알아보십시오. 바울은 마치 자기 스승이 인정하는 표정을 볼 수만 있다면 청중의 인정에는 신경을 쓰지 않는 연주자와도 같습니다.

가장 주요한 대망

"하나님께 인정받는 것"을 중요하게 여기는 대망에서 조금이라도 벗어나 있는 대망은 어떠한 것이라도 결국 우리가 버림받은 자 되게 할지도 모릅니다. 대망이 어디로 인도하는지를 알아보도록 하십시오. 그러면 주 예수 그리스도를 대면하여 사는 것이 왜 그렇게도 중요한지 알게 될 것입니다. 그래서 바울은 이렇게 말합니다. "내가 내 몸을 쳐서 복종시키는 것은 내가 다른 이들에게 복음을 전한 후에 오히려 나 자신이 버림을 받지 않도록 하려는 것입니다"(고전 9:27).

우리는 주요한 대망에 우리의 모든 것을 연결 짓고 그 대망을 쉼 없이 유지하는 것을 배워야 합니다. 하나님께 대한 우리의 공적 가치는 우리의 개인적 존재 가치에 달려 있습니다. 즉, 우리가 개인적으로 어떠한 존재인가에 따라 하나님이 우리의 가치를 공적으로 인정하시는 것입니다.

우리의 주요한 대망은 하나님을 기쁘시게 하고 그에게 인정을 받는 것입니까? 아니면, 아무리 고상해 보일지라도 그보다 못한 어떤 것입니까?

3월 18일

어느 만큼 끌어 올려야 합니까?

> 그러므로 사랑하는 여러분, 우리가 이 약속을 가지고 있으니, 하나님을 두려워하는 가운데 거룩함을 이루어 육과 영의 모든 더러운 것으로부터 우리 자신을 깨끗하게 합시다 (고후 7:1).

매일의 삶 속에서 자신을 깨끗하게 하십시오

우리가 하나님의 약속들이 성취되기를 요구하는 것은 정당합니다. 그러나 사람 편에서만 그렇습니다. 하나님의 편에서 보면, 그 약속들을 통해서 하나님이 우리에게 요구하는 것이 무엇인지를 알게 됩니다.

예컨대, 우리의 몸이 성령의 전인 것을 알고 있습니까?

또는 하나님의 빛을 밝게 드러내고 있지 않은 몸의 버릇을 가지고 있습니까?

성화로 말미암아 하나님의 아들 형상이 우리 안에 빚어지게 되면, 우리는 하나님께 순종함으로 말미암아 우리의 본성적 삶을 영적 삶으로 변화시켜야 합니다. 하나님은 우리가 양심의 가책을 느낄 수 있게끔 가르치십니다. 하나님이 가책을 느끼게 하시는 때, 혈육과 의논하는 대신, 즉시로 자신을 깨끗하게 하십시오. 매일의 삶 속에서 자신을 깨끗하게 유지하십시오.

예수님의 삶의 수준으로 끌어 올려야 합니다

우리의 육과 영이 하나님의 본성과 일치될 때까지 육과 영의 온갖 더러운 것들로부터 우리 자신을 깨끗하게 해야 합니다.

우리의 영의 생각하는 것이 우리 안에 있는 하나님 아들의 삶과 완전히 일치하고 있습니까?

아니면, 지적으로 반항하고 있지는 않습니까?

혹, 그리스도의 마음을 닮고 있습니까?

그분은 자신에 대한 자기 권리를 내세워 절대 말씀하지 않으시고, 내면적으로 항상 깨어 계셔 지속해서 자기의 영을 자기 아버지께 복종시키셨습니다. 우리에게는 우리의 영을 예수님의 영과 일치시켜 살아야 할 책임이 있습니다. 그러면 점진적으로 예수님께서 우리를 그의 삶의 수준까지 끌어올리십니다. 예수님은 그의 아버지의 뜻에 온전히 헌신하였고, 다른 어떤 것에도 전혀 관심을 두지 않으셨습니다. 우리는 하나님을 두려워하는 가운데 이 같은 종류의 거룩함을 이루고 있습니까?

하나님이 우리를 잘 다듬으시는 까닭에, 다른 사람들이 우리의 삶 속에서 점점 더 많이 하나님을 보기 시작합니까? 하나님께 대해서 진지해지기 바랍니다. 그리고 나머지 것들은 그냥 웃어넘기십시오. 문자적으로 하나님을 먼저 앞세우십시오.

아브라함의 믿음 생활

3월 19일

믿음으로 아브라함은 나아가되 어디로 가는지를 알지 못하고 나아갔으며 (히 11:8).

믿음 생활의 시작 단계

구약성경에서 하나님과의 인격적인 관계가 분리를 통해 드러났습니다. 이에 대한 상징적 실례가 아브라함의 삶입니다. 그는 자기 고향과 친인척으로부터 분리됨으로 삶을 시작했습니다. 오늘날에는 그 분리가 좀 더 정신적 도덕적 성격의 분리입니다. 우리와 가장 가까운 친한 사람들이 사물을 바라보는 방식으로부터의 분리입니다. 즉, 우리와 가까운 사람들이 하나님과의 인격적 관계가 없을 때, 세계관의 차이 때문에 그들에게서 우리가 분리되어야 합니다. 예수 그리스도께서 이것을 강조하셨습니다(참고, 눅 14:26).

믿음으로 우리가 어디로 인도되고 있는지 전혀 알지 못합니다. 단지 우리를 인도하고 계시는 그분을 사랑하고 알 뿐입니다. 그것은 믿음의 삶이지, 지성이나 이성으로 사는 삶이 아닙니다. 우리를 '가게' 하시는 분을 아는 삶입니다. 믿음의 뿌리는 그분을 아는 지식입니다. 우리가 주의해야 하는 가장 큰 덫 중의 하나는 하나님이 분명코 우리를 성공으로 인도하실 것이라는 착각입니다.

믿음 생활의 마지막 단계는 성품이 완성되는 것입니다

우리에게는 일시적으로만 성품이 변화되는 경우들이 많습니다. 우리가 기도하다 보면, 하나님의 축복이 우리를 감싸고 있는 것처럼 느껴져 잠시 변화되는 것 같으나, 곧바로 일상적 삶으로 되돌아가게 되면, 영광이 사라집니다. 믿음의 생활은 날개를 펼쳐 솟아오르는 것이 아닙니다. 한 걸음씩 걷되 피곤치 않은 생활입니다.

성화(거룩하게 되는 것)의 문제가 아니고, 성화보다 훨씬 더 높은 차원의 어떤 것입니다. 그것은 연단을 통해 시험을 이겨낸 믿음의 생활인 것입니다. 아브라함은 성화의 본보기가 아니고, 믿음의 생활의 본보기입니다. 그의 믿음은 참되신 하나님 위에 세워진 연단된 믿음입니다. "아브라함이 하나님을 믿었습니다"(롬 4:3).

3월 20일

하나님과의 우정

여호와께서 말씀하시기를 내가 하려는 일을 아브라함에게 숨기겠느냐? (창 18:17)

친구 됨의 즐거움

창세기 18장에는 기도할 때 하나님의 임재를 가끔 느끼는 것과 다르게, 하나님과 가지는 참된 우정에서 오는 즐거움이 소개되어 있습니다. 하나님의 뜻을 알려 달라고 하나님께 전혀 물을 필요가 없을 정도로 하나님과 친밀한 교제 가운데 있다고 하는 것은, 믿음 생활에서 훈련의 마지막 단계에 가까이 왔다는 것을 뜻합니다. 당신이 하나님과 바르게 관계를 맺고 있다면, 그러한 삶은 자유와 즐거움이 넘칩니다. 당신이 하나님의 뜻이고, 당신의 모든 상식적인 결정은 하나님이 괜찮다고 하시면 당신을 위한 하나님의 뜻입니다. 당신은 하나님과의 온전하고 즐거운 우정 속에서 모든 것들을 결정합니다. 당신은 당신의 결정들이 잘못되는 경우 하나님께서 항상 막으신다는 것을 알기에, 그가 막으시는 때는 즉시 멈추십시오.

친구 됨의 어려움

아브라함은 기도하는 것을 멈추었는데 왜 그가 멈추었습니까?

그는 아직 하나님과 충분하게 친밀하지 못했기 때문에, 하나님께서 그의 소원을 허락하실 때까지 담대하게 밀고 나아갈 수가 없었습니다. 하나님과의 관계에 아직 부족한 것이 있었습니다. 우리는 기도하다가 중간에 멈추고 이렇게 말합니다. "글쎄. 모르겠어. 아마도 하나님의 뜻이 아닌가 봐." 이 같은 경우는, 아직 나아가야 할 다음 단계가 있는 것입니다.

예수님이 하나님과 친밀하셨던 것만큼 우리는 하나님과 아직 친밀하지 않습니다. 예수님이 우리에게 원하시는 것은, "우리가 하나인 것처럼 저들도 하나가 되게 하소서"(요 17:11)이었으나, 우리는 아직 하나님과 하나가 못되어 있는 것입니다.

당신이 가장 최근에 한 기도에 대해 생각해 보십시오.

당신은 당신의 소원을 위해서 기도했습니까?

아니면, 하나님을 알고 싶어서였습니까?

"여러분의 하늘 아버지께서는 여러분이 그분께 구하기도 전에 여러분에게 필요한 것이 무엇인지 알고 계십니다"(마 6:8). 우리가 기도로 구해야 할 요점은 하나님을 더 잘 알게 되는 것입니다. "여호와를 기뻐하여라. 그분께서 네 마음의 소원을 이루어 주실 것이다"(시 37:4). 하나님 자신을 온전하게 이해할 수 있기 위해 계속 기도를 하십시오.

관심, 또는 일치

3월 21일

내가 그리스도와 함께 십자가에 못 박혔으니 (갈 2:20).

영적으로 절대 필요한 것

죄의 기질이 죽었다는 사망 증서에 서명하고, 모든 감정적인 생각들과 지적 신념들을 동원하여 죄의 기질, 곧 나 자신에 대한 내 권리를 주장하는 기질을 버리겠다는 도덕적 판결을 내리는 것입니다. 바울은 "내가 그리스도와 함께 십자가에 못 박혔습니다."라고 말한 것이지, "내가 예수 그리스도를 본받기로 했습니다." 또는 "나는 예수님을 따르려고 노력하겠습니다."라고 말하지 않습니다. "나는 그의 죽으심에서 그와 일치되었습니다."라고 말합니다.

우리가 이러한 도덕적 결심을 하고 그것에 따라 행하게 되면, 그리스도께서 십자가 상에서 우리를 위해 행하신 모든 것이 이제 우리 안에서 이루어지게 됩니다. 우리 자신을 하나님께 자원하여 맡기면 성령의 일하심으로 예수 그리스도의 거룩을 우리에게 나누어 주십니다.

하나님의 아들이 주시는 믿음

"이제는 내가 사는 것이 아니라." 사람의 개성은 아직 남아 있으나, 주된 원인이 되는 지배적 기질은 근본적으로 바뀝니다. 사람의 몸은 그대로이지만, 자신을 주장하던 과거 마귀의 권세가 제거되는 것입니다.

"내가 지금 육체 안에 사는 삶"은 내가 살고 싶어 기도하는 삶이 아니고, 죽을 육체 안에서 내가 지금 사는 삶입니다. 사람들이 눈으로 볼 수 있는 삶, 곧 "내가 하나님의 아들이 주시는 믿음으로 말미암아 사는" 삶입니다. 이 믿음은 예수 그리스도를 믿는 바울의 믿음이 아니고, 하나님의 아들이 바울에게 나누어 주신 믿음, 곧 '하나님의 아들이 주시는 믿음'입니다. 그것은 더 이상 믿음을 믿는 믿음이 아니고, 모든 의식의 경계를 뛰어넘은 믿음이요, 하나님 아들의 믿음과 일치된 믿음입니다.

3월 22일

뜨거워지는 마음

우리 마음이 우리 안에서 뜨거워지지 않았는가? (눅 24:32)

뜨거워지는 마음의 비결을 배워야 합니다

갑작스럽게 예수님이 우리에게 나타나시면 불이 지펴지고 우리는 놀라운 환상들을 보게 됩니다. 그때 그 뜨거워지는 마음이 어떤 난관도 극복하고 계속 뜨거워지게 하는 비결을 간직하는 법을 배워야 합니다. 우리가 예수님 안에 거하는 비결을 배우지 않았다면, 일상적으로 하는 일들과 만나는 사람들과 함께, 지루하고 단조롭고 피곤한 하루하루가 열정을 꺾어버립니다.

그리스도인들이 겪는 대부분의 번민은 죄 때문이 아니라, 우리 자신의 본성의 법칙들을 알지 못하는 데서 비롯됩니다. 예컨대, 우리의 감정이 움직이는 대로 우리가 따라야 할 것인지에 대한 유일한 시금석은 그 감정으로 생겨날 결과를 보는 것입니다. 논리적으로 계산해 보십시오. 그래서 만일 그 결과가 하나님께서 정죄하시는 그러한 것이라면, 절대로 그 감정을 따라서는 안 됩니다.

성령에 의해 감정에 불이 지펴지는데도

당신이 당신의 삶 속에서 그 감정이 적절하게 표출되지 않게 억제한다면, 그 뜨거워지는 감정이 시들어질 것입니다. 이렇게 해서 감상적인 사람들이 생겨납니다. 만일 감정이 적절한 수준으로 표출되지 않는다면, 감정이 고조되면 될수록 그 수그러드는 정도가 더욱 심해질 것입니다. 만일 성령께서 당신의 감정을 크게 흔들어 놓았다고 하면, 우리가 억제할 수 없는 많은 일이 되는 대로 두고, 그 결과들을 지켜보십시오.

우리가 감정이 극도로 고조되는 변화산 위에 그대로 계속 머물 수는 없습니다. 우리가 그 산에서 받은 빛에 순종하고, 그 빛을 따라 행해야 합니다. 하나님께서 환상을 주시는 때에는, 아무리 큰 대가를 치르더라도, 그 환상에 따라 일을 실행하십시오.

"우리는 불을 지피고 싶어도 할 수 없네.
마음속에 있는 그 불,
성령의 바람이 불어도 고요하고,
우리의 영혼은 신비 속에 머무네요.
통찰의 시간 속에서 일들이 작정 되고
어둠의 시간을 지나 다 이루어지도다."

아직도 육신적인가?

3월 23일

여러분들은 아직도 육신에 속한 자들입니다. 여러분들 가운데 시기와 다툼이 있으니, 여러분들이 육신에 속하여 사람을 따라 행하는 것이 아닙니까?(고전 3:3)

육신의 정욕

성령으로 거듭나지 아니한 본성적 인간은 아무도 육신의 정욕에 대하여 사실상 아는 것이 없습니다. 거듭날 때 내주하게 된 성령, 곧 육체를 거슬려 소욕을 품는 그 성령을 거슬려 정욕을 품는 육신은 육신의 정욕을 열매 맺습니다. 그래서 바울이 말합니다. "여러분은 성령을 따라 행하십시오. 그러면 결코 육신의 정욕을 이루지 않게 될 것입니다"(갈 5:16). 즉, 육신의 정욕이 사라지게 됩니다.

당신은 하찮은 것들로 다투고 쉽게 괴로워합니까? "그리스도인이라면 아무도 그렇지 않을 것입니다!"라고 당신은 말할지 모르겠으나, 바울은 다르게 말합니다. 바울은 하찮은 일로 다투고 번민하는 것도 육신의 정욕에 해당한다고 보았습니다. 성령의 진리 가운데 당신을 즉시 짜증 나게 하는 것이 있습니까? 그렇다면 그것은 당신이 아직 육신적이라는 증거입니다. 만일 당신 안에 성화가 이루어지고 있다면, 그 같은 짜증은 흔적조차도 남아 있지 않습니다.

육신의 정욕이 사라진 증거

만일 하나님의 성령께서 당신께서 무엇인가 잘못된 것을 찾아내시면, 그는 당신에게 그것을 바로 잡아 놓으라고 요구하지 않으십니다. 대신, 빛을 받아드리라 요구하시고, 그가 바로 잡아 놓으실 것입니다. 빛의 자녀는 즉시 죄를 고백하고 하나님 앞에 발가벗은 채 서게 됩니다. 그러나 어둠의 자녀는 변명하려고 합니다. 일단 빛이 임하여 잘못을 책망하면, 빛의 자녀답게 죄를 고백하십시오. 그러면 하나님이 잘못된 것을 선하게 다루어 주십니다. 그러나 만일 당신이 변명으로 일관한다면, 당신 스스로 어둠의 자녀인 것을 증명하는 것이 됩니다. 육신의 정욕이 사라졌다는 증거는 어떤 것입니까?

결코, 자신을 속이지 마십시오. 육신의 정욕이 사라지게 되면, 사라진 증거가 사실로 드러납니다. 하나님은 그분의 놀라운 은혜를 당신 스스로 입증할 많은 기회를 당신에게 주십니다. 실제로 확인해 보면, 곧바로 쉽게 알게 됩니다. 그래서 당신은 말할 것입니다. "어머나, 만일 이 일이 전에 일어났었다고 하면, 내가 분명 짜증을 냈을 텐데!" 하나님이 당신의 내면에서 당신을 위해 행하신 일을 보고서 당신은 이 땅에서 가장 감격하여 놀라는 사람이 되고 말 것입니다.

3월 24일

주님의 목적을 위해서라면 쇠하여야 합니다

그분은 흥해야 하고 나는 쇠하여야 합니다 (요 3:30).

신랑의 친구가 되십시오

만일 당신이 어떤 사람에게 없어서는 안 될 사람이 되어 있다면, 당신은 하나님의 질서에서 벗어나 있는 것입니다. 복음의 사역자로서, 당신의 큰 책임은 신랑 되신 예수님의 친구가 되는 것입니다. 당신이 어떤 사람을 예수 그리스도의 요구대로 살게 해줄 것 같으면, 당신은 바른 방향으로 그 사람에게 영향을 미친 것이 됩니다. 그러기에 당신이 손을 내밀어 그 사람의 뼈아픈 고통을 막아주는 대신, 그 사람이 열 배나 더 강해지도록 기도하십시오.

이 땅이나 지옥의 어떤 세력도 그 영혼을 예수 그리스도에게서 빼앗아 갈 수 없게 하십시오. 우리는 하나님이 하시는 일에 어설프게 간섭하여 "이런 일, 저런 일이 있어서는 안 돼."하면서, 하나님을 방해합니다. 그렇게 되면, 우리가 신랑 되신 예수님의 친구 노릇 한 대신, 우리의 동정심으로 방해를 놓습니다.

신랑의 음성을 기뻐하십시오

잘못된 일을 어떤 영혼과 함께 기뻐하는 것을 주의하십시오. 바른 일을 기뻐하도록 하십시오. "신랑의 친구는 서서 신랑의 음성을 듣고 크게 기뻐하니, 나는 이런 기쁨이 충만합니다. 그분은 흥하여야 하고 나는 쇠하여야 합니다"(요 3:29-30). 세례자 요한의 이 말은 기뻐서 한 것이지, 슬퍼서 한 것이 아닙니다.

마침내 친구들은 신랑을 보게 될 것입니다!

그래서 세례자 요한은 이것이 그의 기쁨이라고 말합니다. 사역자는 절대 자신이 드러나서는 안 됩니다. 결코, 기억되어서도 안 됩니다.

당신이 신랑의 음성을 듣기까지는, 당신이 다른 사람의 삶 가운데서 그 사람에게 가치가 있다는 생각을 조금도 하지 마십시오. 어떤 재앙이 오고, 어떤 혼란들이 있고, 또 심지어 건강을 잃는다 해도 걱정하지 말고, 신랑의 음성이 들리기만 하면, 신성한 기쁨으로 기뻐하십시오. 예수 그리스도께서 한 생명을 구원하시기 전에 흔히 그것을 좌절시키기도 한다는 사실을 당신은 보게 될 것입니다(참조, 마 10:34).

이 땅에서 가장 미묘한 사명

신랑의 친구는 서서 신랑의 음성을 듣고 크게 기뻐하니 (요 3:29).

바른 질서에서 벗어난 사명

선함과 순결함은 사람들의 관심을 그 자체에 결코 끌어모아서는 안 됩니다. 그것들은 예수 그리스도에게로 이끌어 주는 자석과 같은 수단들이 되어야 마땅합니다. 만일 나의 거룩함으로 말미암아 사람들이 그리스도에게로 이끌리지 않는다고 하면, 그것은 바른 질서에 속한 거룩함이 아닙니다. 도리어, 그것은 비정상적인 감성을 불러일으켜 그 영혼들이 곁길로 빠지게 만드는 데 영향을 미칠 뿐입니다.

훌륭하고 멋진 성도일지라도 만일 그가 그리스도를 나타내 보여 주는 대신, 그리스도께서 그를 위해 행하신 일만을 제시한다고 하면, 그는 방해물이 될 수 있습니다.

그가 남기게 되는 인상은, "그 사람은 정말 멋지구나!"이겠지만, 그것은 신랑 되신 예수님의 참된 친구의 도리가 아닙니다.

이러한 사람은 마음속으로 "나는 언제나 계속 흥해야 하고, 예수님은 쇠하여야 한다."고 생각하는 것입니다.

신랑 되신 예수님께 대한 참된 우정과 충성을 유지하기 위해서는

그 어떤 다른 것보다도, 심지어 순종보다도 신랑 되신 그분과의 도덕적이고 생명력 있는 관계에 더욱 관심을 기울여야 합니다. 때로는 순종할 일이 아무것도 없어도, 그때 반드시 꼭 해야 하는 일은 예수 그리스도와 생명력 있는 관계를 유지하고, 어떤 것도 그 관계에 끼어들지 못하게 주의하는 것입니다. 가끔은 순종을 해야만 하는 때도 있을 수 있습니다. 위기가 생기는 때에는 하나님의 뜻이 무엇인지를 찾아내야 합니다.

그러나 우리의 삶에서 더 중요한 부분은 의식적으로 순종하는 것보다는 생명력 있는 이 같은 관계를 유지하는 것입니다. 즉, 신랑 되신 예수님의 친구가 되어 사는 것입니다. 종종 그리스도인의 사역이 예수 그리스도에게 집중하는 것을 가로막는 수단이 될 수도 있습니다. 신랑 되신 예수님의 친구가 되기는커녕, 여쭙잖은 말썽꾸러기가 되어 하나님이 주신 무기들을 사용해 하나님을 대적할 수도 있는 것입니다.

3월 26일

청결해야 하나님을 봅니다

마음이 청결한 자들은 행복합니다. 그들이 하나님을 볼 것이기 때문입니다 (마 5:8).

마음이 청결해야 하나님을 볼 수 있습니다

청결은 죄가 없는 순진과는 다릅니다. 하나님과 영적으로 계속 통함으로써 얻어지는 결과가 바로 청결입니다. 하나님과 함께하는 삶은 바를 수 있고, 내적 청결이 더럽혀지지 않은 채로 있을 수 있습니다. 그렇지만, 외면에 피어 있는 영적 꽃이 자주 더럽혀질 수 있습니다.

하나님께서는 이러한 가능성으로부터 우리를 보호하지 않습니다. 왜냐하면, 이런 식으로 우리가 인격적 청결을 통해서 하나님을 계속 보아야 할 필요성을 깨닫기 때문입니다. 만일 하나님과 함께하는 우리 삶의 영적 꽃이 조금이라도 손상을 입게 된다고 하면, 우리는 모든 것을 멈추고 그 꽃을 보살펴야 합니다. 하나님을 볼 수 있는 것이 우리의 성품에 달려 있다는 것을 기억하십시오. "마음이 청결한 자들이 하나님을 봅니다."

청결함을 유지하는 실제적인 방법

하나님은 그의 주권적인 은혜를 통해서 우리를 청결하게 하십니다. 그러나 우리가 신경을 써야 할 일도 있습니다. 우리가 다른 사람들뿐 아니라 그들의 다른 견해들과도 직접 접하게 되어 있는 우리의 육신적 삶에 대해 신경을 써야 합니다. 우리가 몸으로 접하게 되어 있는 사람들이나 그들의 견해들이 우리의 몸을 더럽히기 쉽기 때문입니다.

우리의 안쪽 성소가 하나님과 바른 관계를 유지할 뿐 아니라, 우리의 바깥 뜰 또한 하나님이 은혜로 우리에게 주신 청결과 완전히 일치되어야 합니다. 우리의 바깥 뜰이 더럽혀지는 즉시 우리의 영적 깨달음이 흐릿해집니다. 만일 우리가 주 예수 그리스도와 인격적인 접촉을 유지하려고 한다면, 합당해 보이는 것들이라도 거절하고 멀리해야 합니다.

다른 사람들과 관련하여 인격적 청결이 더럽혀지지 않게 하는 실제적인 방법은 자신에게 이렇게 말하는 것입니다.

"저 남자, 저 여자, 그리스도 예수 안에서 완전해!
저 친구, 저 친척, 그리스도 예수 안에서 완전해!"

성품이 좋아야 하나님을 봅니다

3월 27일

이리로 올라오너라. 내가 이후에 마땅히 될 일들을 네게 보이겠다 (계 4:1).

유혹할 때의 황금률

고양(高揚 높여 올리는 것)된 감정은 인격적 성품의 고양된 습관에서만 나올 수 있습니다. 외관상으로 보이는 당신의 삶에서 당신이 아는 최고의 수준으로 당신이 살고 있다면, 하나님은 계속 "친구야, 더 높이 올라라"라고 말씀하실 것입니다. 유혹할 때 사용되는 황금률은 "더 높이 올라라"입니다. 당신이 더 높이 올라가게 되면, 또 다른 유혹들과 개성들을 만나게 됩니다.

사탄은 당신을 유혹할 때 고양(高揚)의 전략을 사용합니다. 그리고 하나님도 같은 전략을 사용하십니다. 그러나 결과는 다릅니다. 마귀가 당신을 고양된, 즉 더 높아진 곳으로 올려놓는 경우, 육신을 가진 당신으로서는 도저히 갖출 수 없는 거룩함을 생각하도록 압박합니다.

그것은 곡예사처럼 영적으로 재주 부리는 짓입니다. 그렇게 되면, 당신은 공중에 높이 매달려 있어 공포감에 질려 감히 움직일 엄두도 못 내게 됩니다. 그러나 하나님께서 하나님의 은혜로 당신을 하늘 처소에 올려놓으시게 되면, 당신은 꽉 달라붙어야 할 뾰족탑 대신, 활발하게 뛰놀 수 있는 넓은 풀밭을 발견하게 됩니다.

은혜 가운데 성장하십시오

당신의 영적인 삶의 역사에서 작년 이맘 때와 이번 주간을 비교해, 하나님이 당신을 어떻게 더 높이 올려놓으셨는가를 보십시오. 우리는 모두 더 높은 관점에서 볼 수 있도록 인도함을 받았습니다. 하나님이 당신에게 어떤 진리를 말씀해주시면 즉시로 그 진리대로 사십시오. 항상 힘써 이루고, 진리의 빛 가운데서 지키십시오.

은혜 가운데 하는 성장은 퇴보하지 않았다는 사실에 의해서가 아니라, 당신이 지금 영적으로 어떤 상태에 있는가를 볼 줄 아는 통찰력을 가지고 있다는 사실에 따라 측정됩니다. 당신은 하나님이 "더 높이 올라오너라"고 말씀하시는 것을 들은 적이 있습니다. 그 말씀은 개인적으로 당신에게 들려준 것이 아니고, 당신의 성품에 대해 통찰하도록 하신 것입니다.

하나님은 아브라함에게 말씀하시기를, "내가 하려는 일을 아브라함에게 숨기겠느냐?"(창 18:17)고 하셨습니다.

우리 개인의 성품이 성장하여 하나님께서 하시려는 일을 계시할 수 있는 위치에 이르기까지는, 하나님은 그 일을 우리에게 숨기셔야 합니다.

3월 28일

어떤 오해?

그 후에 제자들에게 말씀하시기를 우리가 다시 유대로 갑시다 라고 하였다. 제자들이 말하기를 다시 그리로 가시렵니까?(요 11:7-8)

예수님께 대한 충성의 참된 의미

지금 예수님께서 무슨 말씀을 하고 계시는지 이해하지 못할 수 있습니다. 그렇다고 해서, 그가 말씀하신 것이 틀렸다고 말하는 것은 위험합니다. 우리가 하나님의 말씀에 순종하는 것이 예수님에게 수치를 가져다주게 될 것으로 생각한다면 그것은 절대 옳지 않습니다. 그에게 불순종하는 것만이 수치를 가져다줍니다. 주님께서 내게 하라고 재촉하신 대로 하는 대신, 주님의 명예를 위한답시고 내 생각대로 하는 것은 절대 옳지 않습니다. 비록 주님께 공개적인 수치를 끼치지 않고자 하는 생각에서 할지라도 옳지 않은 것입니다.

하나님이 말씀하시는 제안은 고요하면서 끈덕지므로, 그 제안이 하나님에게서 오는 때를 우리는 압니다. 그러나 하나님이 제안하신 것을 두고서, 우리가 찬성 또는 반대를 고민하고, 그래서 의심하고 따지다 보면, 하나님이 제안하신 것과는 전혀 관계없는 것을 끌어들여 하나님의 그 제안이 바른 것이 아니라는 결론에 이릅니다. 우리 가운데 많은 사람이 예수 그리스도에 대한 우리의 선입견에 충성합니다.

우리 가운데 몇 사람이나 예수 그리스도에게 충성하고 있습니까?

예수님께 충성한다고 하는 것은 우리 눈에 아무것도 보이지 않는 상황에서 발걸음을 내딛는 것을 의미합니다(참고, 마 14:29). 우리가 가진 선입견에 충성한다고 하는 것은 먼저 우리의 머리로 판가름을 하는 것을 의미합니다. 믿음은 머리로 이해하는 것이 아닙니다. 믿음은 아무것도 보이지 않는데도 한 분 주님에게 온전하게 의도적으로 자신을 맡기는 것입니다.

서슴없이 기쁨으로 순종하십시오

당신은 예수님을 믿는 믿음으로 발걸음을 내디딜 것인지, 아니면 스스로 일을 해내는 방법을 알 수 있을 때까지 기다릴 것인지를 놓고 망설이나요? 서슴없이 기쁨으로 예수님께 순종하십시오. 만일 예수님께서 말씀하시는데 당신이 망설인다면, 그것은 당신이 예수님의 영예에 대하여 엉뚱한 생각을 하고 있기 때문입니다.

당신은 당신이 믿는 예수님께 충성하고 있습니까? 아니면, 당신 나름대로 생각하고 있는바 당신의 머릿속에 있는 예수님께 충성하고 있습니까?

예수님이 말씀하신 것에 충성합니까? 아니면, 예수님과는 전혀 상관없는 당신 나름의 생각대로 타협하려 하고 있습니까?

"당신들에게 그분이 무엇을 말씀하시든지, 그대로 행하라"(요 2:5).

주님의 갑작스러운 방문

3월 29일

그러므로 당신들도 준비하고 있으십시오. 당신들이 생각하지도 않은 때에 인자가 올 것이기 때문입니다 (눅 12:40).

준비가 되어 있어야 합니다

그리스도인 사역자에게 가장 필요한 것은 어떠한 상황에서도 예수 그리스도를 대면할 준비가 되어 있는 것입니다. 우리의 영적 경험이 대단할지라도, 이것은 쉽지 않습니다. 우리가 영적으로 싸워야 할 대상은 죄도 아니고 곤경도 아니고 어려운 환경도 아닙니다. 어떠한 상황에서도 예수 그리스도를 대면할 준비를 해야 하는데도 그렇게 할 수 없을 만큼 일에 몰두하는 우리 자신과 싸워야 합니다. 우리에게 가장 필요한 한 가지는, 우리의 믿음이나 신조나 우리 자신의 유용성에 대한 것이 아니고, 예수님을 만나는 것입니다.

예수님은 우리가 예상하는 경우에는 거의 오시지 않습니다. 우리가 거의 예상하지 못하고 있을 때 오십니다. 논리적으로 도무지 있을 법하지 아니하는 때에 항상 오십니다. 그리스도인 사역자가 하나님께 진실할 수 있는 유일한 길은 주님의 갑작스러운 방문을 준비하고 있는 것입니다. 그렇게 준비하고 있는 사역자라야 하나님의 진실한 사역자입니다.

그러므로, 중요한 것은 섬김의 일이 아닙니다. 정말 중요한 것은 어떤 상황에서도 예수 그리스도를 맞이할 대비를 하는 항상 깨어있는 영성입니다. 이 영성으로 말미암아 우리의 삶에 어린아이의 태도가 갖추어지게 됩니다. 이 같은 태도를 하나님께서는 우리가 갖추기를 원하시는 것입니다.

영적으로 진실해야 합니다

만일 우리가 예수 그리스도를 위해 준비가 되어 있으려고 하면, 우리가 외관상 종교적인 티 내는 것을 멈추고(즉, 종교를 수준 높은 형태의 문화로 이용하는 것을 멈추고), 영적으로 진실해야 합니다. 만일 당신이 속해 있는 죽은 전통의 종교 시대의 부름을 피하고, 예수님이 원하시는 것에 마음을 집중하여 그분의 하시는 대로 생각하면서, 그분을 당신이 고대하고 있다면, 사람들은 당신을 가리켜 비현실적이고 환상에 사로잡힌 자라고 비웃을 것입니다.

그러나 사람들이 모두 한창 분주하고 힘들어 정신없는 어느 날 예수님이 갑작스럽게 나타나시는 때, 당신만이 유일하게 준비된 사람일 것입니다. 아무도 신뢰하지 마십시오. 지금까지 이 땅에서 살아온 가장 훌륭한 성인마저도, 만일 그가 당신이 예수 그리스도를 바라보는 데 방해가 된다면, 그를 무시하십시오.

3월 30일

하나님을 향한 거룩함 대 강퍅함

그분께서 … 중재자가 없는 것에 놀라셔서 (사 59:16).

기도를 강퍅한 마음으로 하는 이유

기도하다 말고 하나님께 대해 마음이 강퍅해지는 이유는 기도할 때 감상적인 관심만으로 하고 있기 때문입니다. 겉으로는 기도하고 있기에, 기도하고 있다고 하면 맞는 것처럼 들립니다. 그때 하는 말을 들어보면, 기도가 유익함을 가르쳐 주는 기도에 관한 책도 읽고 있다고 하고, 기도할 때 마음이 평안해지고 영혼은 하늘을 날아오르는 것 같다고 합니다. 그런데 이사야가 하는 말에 따르면, 하나님이 기도에 대한 그 같은 생각들을 보시고 아주 많이 놀라셨습니다.

예배할 때 중보기도가 함께 드려져야 합니다. 둘 중에 다른 하나가 없으면 불가능합니다. 중보기도는 우리가 기도하는 대상에 대해서 그리스도가 품고 있는 마음을 갖고자 스스로 분발하는 것을 뜻합니다. 우리는 자주 하나님을 예배하는 대신에, 기도가 어떻게 역사하여 응답하는지를 이러쿵저러쿵 말을 많이 합니다.

당신은 예배를 드리고 있습니까? 아니면, 하나님께 따지고 있는 것입니까?

"나는 주님께서 이 일을 어떻게 행하시고자 하는지 모르겠는걸요."

이같이 따지는 것은 예배를 드리지 않고 있다는 분명한 증거입니다. 하나님을 보지 않게 되면 마음이 강퍅해지고 독단적으로 됩니다. 우리는 하나님의 보좌를 향하여 우리의 기도 제목들을 내던져 놓고서, 하나님이 응답해 주시기를 원하는 것에 대해 우리가 하나님께 지시합니다. 이러한 것은 하나님을 예배하는 것이 아닙니다. 그리스도의 마음을 본받고자 하는 것도 아닙니다. 우리의 마음이 하나님을 향해 강퍅해지면, 다른 이웃들에 대해서도 강퍅해지게 되는 것입니다.

하나님을 향한 거룩한 관계 속에서 중보기도하십시오

우리는 예배할 때 하나님께 철저하게 매달리고, 또 우리가 기도하는 대상들에 대해 하나님이 품고 계시는 마음을 깊이 느껴 봅니까? 하나님과 거룩한 관계 속에서 살고 있습니까? 강퍅하고 독단적이지 않습니까?

"적절하게 중재하는 자가 없구나."라고 하나님께서 탄식하는 소리를 듣게 된다면, 당신이 그 중재자가 되십시오. 하나님을 진실하게 예배하고, 하나님과 거룩한 관계 속에서 사는 자가 되십시오. 진짜 중보사역을 시작하시되, 기억해야 할 것이 있습니다. 중보는 모든 힘을 쏟아서 해야 하는 사역임을 명심하십시오. 중보는 덫이 없는 사역입니다. 복음을 선포하는 일에는 이곳저곳에 덫이 깔렸으나, 중보기도에는 덫이 없습니다.

주의하지 않으면 위선자가 될 것입니다

3월 31일

누구든지 자기의 형제가 사망에 이르지 않는 죄를 짓는 것을 보거든 간구하십시오. 그러면 사망에 이르지 아니하는 죄를 범한 자들을 위해서 하나님이 (간구하는) 그에게 생명을 주실 것입니다 (요일 5:16, King James Version).

주의하지 않으면 위선자가 될 것입니다

만일 하나님의 성령께서 우리 안에서 역사는 방식에 대하여 우리가 주의하지 않으면, 영적 위선자가 될 것입니다. 어떤 사람들이 실수하는 것을 보게 되는 경우, 그들을 위해 중보기도 하는 대신에 우리의 분별력을 활용해서 비판하고 조롱합니다. 계시가 우리에게 임하게 되는 것은 우리의 지성의 예리함을 통해서가 아니고, 하나님의 성령께서 직접 꿰뚫어 보게 해주시기 때문입니다.

그러기에 우리가 계시의 원천이신 성령님께 주의하지 않으면, 우리는 비판하는 중심에 서 있게 되고, 하나님의 하시는 말씀을 잊게 됩니다. "누구든지 … 보거든 간구하십시오. 그러면 사망에 이르지 않는 죄를 범한 자들을 위해 (간구하는) 그에게 생명을 주실 것입니다." 당신이 하나님께 예배하기 전에 다른 사람들을 바로 잡아주려고 모든 시간을 쏟아부으면서 위선을 행하지 않도록 주의하십시오.

주님이 만족하시는 중보기도자

하나님이 성도인 우리에게 주시는 말로 표현할 수 없는 부담 중 하나는 다른 사람들을 영적으로 분별하는 이 같은 부담입니다. 하나님이 어떤 것들을 우리에게 보여주시는 것은 하나님 앞에서 영적으로 이 사람들의 짐을 나눠서 지고, 그들에 대해 그리스도께서 가지고 계시는 마음을 우리도 품게 하시기 위함입니다. 그래서 우리가 그리스도께서 하신 대로 중보기도 하는 때에, 하나님이 말씀하시기를 "사망에 이르지 아니하는 죄를 범한 자들을 위해 생명을" 우리에게 주시겠다고 하십니다.

그러기에, 하나님이 우리의 마음을 어루만져 감동을 주시기까지 우리가 기다리는 것이 아니라, 우리가 먼저 분발함으로써 우리를 위해 중보기도하는 그 사람에 대해 마침내 하나님이 우리에게 하나님의 마음을 전달해 주실 수 있게 하는 것입니다. 예수 그리스도께서는 우리가 기도하는 사람들에 대해 자기가 겪고 있는 마음의 고통을 우리 안에서 발견하고 계실까요?

우리가 예수님 자신과 온전히 하나가 되어 우리가 기도하는 그 사람들에 대해 품고 계시는 그분의 마음의 고통을 깨닫기까지 우리가 분발하지 않으면, 예수님은 그러한 고통을 우리에게서 발견하실 수가 없습니다. 그러므로 우리가 전심으로 중보기도하는 것을 배웁시다. 그리하면 예수 그리스도께서는 중보기도하는 우리를 보시고 크게 만족하시게 될 것입니다.

4월

타인을 향한 온정과 무정

감당할 수 없는 부담으로 힘들거든
주님께 맡기십시오

타인을 향한 온정과 무정

4월 1일

그리스도 예수님께서는 하나님 오른쪽에 계시며, 우리를 위하여 간구해 주십니다.
… 성령께서도 친히 탄식으로 우리를 위하여 간구하십니다 (롬 8:34,27).

따뜻한 마음으로 중보기도하십시오

그리스도께서 항상 살아계셔서 중보기도하시고, 성령께서 성도들을 위하여 중보기도하고 계신다는 이 사실은 우리가 중보기도하는 자가 되어야 마땅하다는 가장 확실한 논증입니다. 성령의 가르침을 받은 하나님의 자녀로서 우리의 동료와 따뜻한 관계를 맺고서 중보사역을 하고 있습니까? 지금 우리가 속해 있는 환경에서 바로 중보기도를 시작하십시오. 가정이든, 직장이든, 나라이든, 어디서든지 시작하십시오. 우리와 다른 사람들에게 영향을 주고 있는 현재의 위기 속에서도 시작하십시오. 이 같은 환경적 요인들이 당신을 짓누르더라도 굴하지 마십시오.

이 같은 환경적 요인들이 걸림돌이 되어 하나님 앞에서 예배할 시간을 갖지 못하고 있습니까? 그렇다면, 일단은 정지 명령을 내리십시오. 일손을 멈추고 하나님과 살아있는 관계 속으로 들어가십시오. 이로써 다른 사람들에 대한 우리의 관계가 중보기도하는 가운데 이어질 수 있습니다. 이 중보기도를 통해 하나님이 놀라운 일들을 행하십니다.

일에 대한 부담으로 짓눌리지 마십시오

하나님의 뜻을 행하고 싶은 간절함 때문에 하나님보다 앞서지 않도록 주의하십시오. 우리는 수천 가지의 활동을 하면서 하나님에 앞서 내달립니다. 그래서 결과적으로, 사람들에 대한 부담뿐 아니라 어려운 일들에 대한 막중한 부담 때문에 하나님을 예배하지도 못하고, 또 중보기도를 못하게 됩니다. 일단 우리가 부담과 그로 말미암은 압박으로 짓눌려 하나님을 예배할 마음을 갖지 못하게 되면, 하나님을 향해 마음이 강퍅해질 뿐 아니라 우리 영혼이 절망에 빠지게 됩니다.

그런데 하나님께서는 우리가 호감을 느끼고 있지 않은 사람들을 계속 만나게 하십니다. 그러한 사람들을 대하면서 하나님을 예배하지 않는다면, 그들을 무정하게 대하게 되는 것은 너무나도 당연할 게 뻔합니다. 창으로 쿡 찌르듯이 성경 구절 하나를 던져 주거나, 틀에 박힌 상담 한마디를 해 주고 차갑게 자리를 떠나 버립니다. 이같이 무정하기 짝이 없는 그리스도인은 우리 주님께 엄청난 슬픔 거리가 될 것이 분명합니다. 우리 주님과 성령님의 중보기도를 온전히 따라 행하고 있습니까?

4월 2일

탁월한 영광

사울 형제, 당신이 오던 길에 당신에게 나타나신 주 예수께서 나를 보내셨으니, 이는 당신이 다시 보게 되고 또한 성령으로 충만해지도록 하시려는 것입니다 (행 9:17).

영적인 사람의 특징

바울이 시력을 회복하여 다시 볼 수 있게 되었을 때 그는 예수 그리스도라고 하는 분을 영적으로 깊이 통찰할 수 있게 되었습니다. 그 이후로 그의 삶과 선포하는 메시지는 오직 예수 그리스도뿐이었습니다. "나는 여러분들 가운데서 예수 그리스도, 곧 십자가에 못 박히신 그분 외에는 아무것도 알지 않기로 작정하였습니다"(고전 2:2). 그에게는 예수 그리스도의 얼굴을 바로 보는 것 외에는 어떤 것도 그의 마음과 영혼에 결코 관심거리가 될 수 없었습니다.

우리는 우리 성품의 흠 없는 상태를 잘 유지하여 예수 그리스도를 본 환상에서 계시 된 것을 하나도 놓치지 않도록 하는 법을 배워야 합니다.

영적인 사람에게 항상 있는 특징은 예수 그리스도를 자신에게 잘 해석하고 설명할 뿐 아니라, 하나님의 목적에 대해 다른 사람들에게 잘 해석해 주는 것입니다. 영적인 사람의 삶의 한 가지 집중된 뜨거운 열정은 오직 예수 그리스도뿐입니다. 어떤 사람에게서 이러한 특징을 보게 된다면, 그가 하나님의 마음에 합한 사람이라는 것을 당신은 느낄 것입니다.

당신이 영적인지 아닌지에 대한 시금석

그 어떤 것도 당신의 눈을 가려 예수 그리스도를 바라보지 못하게 하는 일이 없도록 하십시오. 그것이 당신이 영적인지 아닌지에 대한 시금석입니다. 당신이 영적이지 않다는 것은 당신이 예수 그리스도 이외의 다른 것들에 마음을 점점 뺏기고 있다는 것을 의미합니다. 영적으로 당신에게 문제가 생겨나면 당신은 예수님 아닌 다른 것들에 관심을 갖게 되는 것입니다.

"내 눈이 예수님을 바라본 이후로, 다른 것들은 전혀 보이지 않게 되었네! 내 영의 눈은 황홀해져 십자가에 못 박힌 그분만 응시하도다!"

너도 알았더라면!

4월 3일

예수께서 그 성읍에 대하여 울며 말씀하셨습니다. 너도 이날에 평화에 관한 것들을 알았더라면, 그러나 지금 그것들이 네 눈에 감춰져 있구나 (눅 19:42).

우리의 눈을 가리고 흐리게 하는 우상

예수님은 예루살렘 성에 당당하게 들어가셨습니다. 예루살렘 성은 온통 소란스러워졌습니다. 그러나 그 성에는 바리새파의 교만이라고 하는 이상한 우상이 있었습니다. 그것은 종교적이고 강직하였습니다. 그러나 사실은 '회칠한 무덤'이었습니다.

최근에 우리의 눈을 가리고 흐리게 하는 것은 무엇입니까? 그것은 역겨운 괴물이 아니고, 나를 지배하고 있는 기질입니다. 적어도 한 번 이상, 하나님은 우리가 그 이상한 우상을 맞닥뜨리게 하셨습니다. 그때마다 우리는 그것을 버려야 한다고 생각은 했으나, 그렇게 하지 않았습니다. 우리는 우상 때문에 생긴 위기를 가까스로 극복하기는 했으나, 아직도 그 이상한 우상에 사로잡혀 있습니다.

우리에게 평화를 주는 것들이 우리 눈에 감춰져 있는 것입니다. 하나님의 성령께서 아무런 방해 없이 우리 안에 들어와 자리 잡고 계셔야 하는 자리에서 그 우상 때문에 하나님 보시기에 우리를 더욱더 정죄해야 한다고 하는 것은 참으로 끔찍한 일입니다.

"너도 알았더라면"

하나님께서는 예수님이 흘리시는 눈물을 보시고 우리의 가슴을 향해 직접 말씀하십니다. 이 말씀은 우리에게 엄중한 책임을 묻고 있는 것입니다. 하나님은 우리가 알지 못한 것에 대하여 책임을 묻습니다. "지금 그것들이 네 눈에 감춰져 있구나." 이것은 죄악 된 기질이 꺾이지 않았기 때문이었습니다. "그랬더라면"은 얼마나 헤아릴 수 없이 큰 슬픔인가!

하나님은 한번 닫힌 문은 결코 다시 열어주시지 않습니다. 대신, 다른 문들은 열어주시는데, 우리가 스스로 닫아버렸던 문들이 있다는 것을 우리에게 기억나게 하십니다. 그 문들은 결코 닫힐 필요가 없었던 것입니다. 또한, 결코 손상될 필요가 없었던 귀한 생각들을 떠오르게 하십니다.

하나님께서 우리에게 과거를 기억나게 하실 때 절대 두려워하지 마십시오. 기억나면 기억난 대로 하십시오. 하나님은 기억을 떠올리게 하셔서 꾸짖고 책벌하시고 슬퍼하게 하십니다. 그리고 하나님은 '그래었더라면' 하는 아픈 기억을 바꾸어 놀라운 미래를 펼쳐 주실 것입니다.

4월 4일

불신의 경계선

보십시오. 여러분들이 각각 제 곳으로 흩어지고
나를 혼자 두고 떠날 때가 오는데, 벌써 왔습니다 (요 16:32).

흔들리는 믿음

예수님은 제자들을 책망하고 계시는 것이 아닙니다. 그들의 믿음은 참되지만 흔들리고 있었습니다. 그래서 실제적인 일들에서는 힘을 발휘하지 못했습니다. 그 제자들은 흩어져 자기 갈 곳으로 갔습니다. 예수 그리스도에 대한 마음을 끊었습니다. 우리가 성령으로 말미암아 거룩해져 하나님과 온전하게 관계를 맺게 된 후에는, 우리의 믿음이 실제 상황에서 힘을 발휘할 수 있어야 합니다.

믿음이 힘이 없으면, 우리는 흩어지게 될 것입니다. 일자리를 찾아서 가는 것이 아니고, 내적으로 황폐해지게 됩니다. 그리하여 하나님의 축복에 대한 내적 사망이 무엇을 의미하는지를 알게 되는 것입니다. 즉, 하나님의 축복이 어떤 것인지 내적으로 전혀 체감하지 못하게 됩니다.

당신은 이런 내적 황폐에 대해 준비가 되어 있습니까?

우리 마음대로 그것을 선택하는 것은 아닙니다. 하나님이 우리의 상황들을 조정하셔서 우리가 그 황폐한 자리에 있게 하십니다. 우리가 그 같은 영적으로 황폐된 경험을 극복하기까지는 우리의 믿음은 감정과 축복들 때문에 버텨냅니다. 일단 우리가 극복하여 통과하게 되면, 하나님이 우리를 어떠한 처지에 있게 하시든, 내적 황폐함이 어떤 것이든, 모든 것이 잘 되어가고 있다고 하나님을 찬양할 수 있게 됩니다. 그것이 실제 상황에서 힘을 발휘하는 믿음입니다.

영적 불굴의 용기

"나를 혼자 둘 때가 오나니." 하나님의 섭리 때문에 우리가 흩어짐으로 말미암아 예수님을 혼자 있게 한 적이 있습니까? 우리의 상황에서 하나님을 보지 않고 있기 때문인가요? 어둠은 하나님의 주권적 통치 때문에 임합니다. 하나님이 좋으신 대로 우리를 대하시게 할 준비가 되어 있습니까? 눈에 보이는 축복들을 잃을 준비도 되어 있습니까?

예수 그리스도를 주님으로 온전히 인정하기까지는, 우리는 모두 우리 자신의 목적을 따라 그를 섬깁니다. 우리의 믿음은 진짜이긴 하지만, 일시적일 뿐 아직 영구적이지 않고 유동적입니다. 하나님은 절대 서두르지 않습니다. 만일 우리가 기다리다 보면, 하나님이 아니라, 하나님의 축복에만 관심이 있었다는 것을 하나님이 지적하신다는 것을 알게 됩니다. 하나님의 축복에만 관심을 두는 것은 유치합니다.

"용기를 내십시오. 내가 세상을 이겼습니다"(요 16:33). 우리에게 필요한 것은 영적 불굴의 용기입니다.

예수님의 고뇌와 우리의 친교

4월 5일

그때에 예수께서 그들과 함께 겟세마네라고 하는 곳에 가셔서 제자들에게 말씀하시기를 … 여기에 머무르면서 깨어 있으십시오라고 하셨다 (마 26:36,38).

겟세마네의 고뇌

겟세마네의 고뇌는 하나님이시자 사람이신 분의 고뇌요, 죄와 대면한 고뇌입니다. 우리의 개인적 체험으로는 겟세마네에 대해 아무것도 아는 것이 없습니다. 겟세마네와 갈보리는 우리를 위한 영생으로 통하는 대문입니다.

예수님은 겟세마네에서 두려워한 것은 십자가에서의 죽음이 아니었습니다. 인자로서 극복해낼 수 있을까 하는 것이었습니다. 그는 하나님의 아들로서는 극복할 의지가 있었습니다.

하나님의 아들인 경우는 사탄이 건드릴 수 없었습니다. 사탄이 공격한 것은 하나님의 아들이 아닌, 오직 인자(사람의 아들)로서 극복해낼 것인지에 대한 것이었습니다. 즉, 구주가 결코 될 수 없게 하려는 것이었습니다.

유대 광야에서의 시험에 비추어 예수님의 고뇌에 대한 기록을 읽어보십시오. "마귀가 모든 시험을 끝내고, 기회가 올 때까지 잠시 그에게서 떠나갔습니다."(눅 4:13)라고 되어 있는 말씀에 비추어 보십시오. 겟세마네에서 사탄이 다시 돌아왔으나 다시 패배했습니다. 인자(사람의 아들)이신 우리 주님에 대한 사탄의 마지막 공격은 겟세마네에서 이루어졌던 것입니다.

그리스도의 십자가 승리

겟세마네에서의 고뇌는 하나님 아들의 고뇌로써, 세상의 구주로서 그의 사명을 성취하는 것이었습니다. 우리가 하나님의 자녀들이 될 수 있게 하려고 그가 치러야 하는 대가가 어떤 것인지 그 비밀이 다 드러났습니다. 그의 고뇌는 순전히 우리의 구원을 위한 것입니다. 그리스도의 십자가는 인자(사람의 아들)의 승리입니다.

십자가는 우리 주님께서 승리하셨다는 표지일 뿐 아니라, 그가 승리하심으로 인류를 구원할 수 있게 되었다는 표지입니다. 이제 모든 인류는 인자(사람의 아들)가 십자가에서 고뇌를 이겨내셨기 때문에 하나님의 면전으로 나아갈 수 있습니다.

4월 6일

하나님과 죄의 충돌

그분이 나무에 달려 자기 몸으로 우리의 죄를 친히 짊어지셨습니다 (벧전 2:24).

성육신의 목적은 십자가 사건입니다

예수님의 십자가는 죄에 대한 하나님의 심판을 계시한 사건입니다. 순교가 아닙니다. 십자가는 지옥의 권세를 근본적으로 흔들어 놓은 최고의 승리였습니다. 예수 그리스도께서 십자가상에서 행하신 것보다 더 확실한 것은 아무것도 없었습니다. 그는 십자가 사건을 통해서 전 인류가 하나님과 바른 관계를 회복하게 하셨습니다. 즉, 하나님과 십자가로 화목하게 하셨습니다(참고, 골 1:21, 22). 모든 사람이 하나님과 교통할 수 있는 길을 여셨습니다.

십자가 사건은 예수님에게 우연히 일어난 것이 아닙니다. 그는 십자가를 위해서 의도적으로 오셨습니다. 그는 "창세 이후로(즉, 영원한 때에) 죽임을 당한 어린양"(계 13:8; King James Version)이십니다. 성육신이 총체적으로 의미하는 것은 십자가입니다. 육신을 입고 나타나신 하나님을 죄가 되신 아들(참고, 고후 5:21, "하나님께서는 죄를 알지도 못하시는 분을 우리를 대신하여 죄로 삼으셨습니다.")과 따로 떼어놓지 마십시오. 하나님이 죄가 되셨습니다. 하나님께서 죄를 없이하려는 목적을 위해서 성육신하신 것입니다(참고, 히 9:26; 요일 3:5, 8). 십자가는 시간과 영원의 중심이요, 이 둘의 신비를 푸는 해답입니다.

십자가는 하나님의 십자가이고

사람의 십자가가 아닙니다. 그래서 하나님의 십자가는 인간적인 체험으로는 결코 실현될 수가 없습니다. 십자가는 하나님의 본성을 드러내 보이는 사건이고, 인류 가운데 어느 사람이든 하나님과의 연합 관계를 맺을 수 있게 하는 대문입니다. 우리가 십자가에 도달하게 되는 때, 그것을 통과하여 지나가지 않고, 십자가를 대문 삼아 들어가 얻는 생명 안에 거하게 됩니다.

구원의 중심은 예수님의 십자가입니다. 우리가 구원을 얻기가 아주 쉬운 이유는 하나님께서 엄청난 대가를 치러 주신 까닭입니다. 십자가는 하나님과 죄악된 인간이 충돌하여 만나는 지점이요, 생명에 이르는 길이 열리는 지점입니다. 그러나 그 충돌은 하나님의 가슴 위에서 발생합니다.

왜 명백하게 들리지 않는가?

4월 7일

예수께서 그들에게 명령하시어 인자가 죽은 자들 가운데서 부활할 때까지는 그들이 본 것을 아무에게도 이야기하지 말라고 하셨다 (막 9:9).

영적 생명의 합당한 조건이 갖춰져야 합니다

부활하신 그리스도의 생명이 당신에게 가득 차 그리스도께서 이 땅에 계시는 동안 가르치셨던 것을 이해하게 되기까지는 아무것도 말하지 마십시오. 당신의 속사람이 영적으로 바른 상태에 이르게 되면, 예수님이 하셨던 말씀이 아주 명백하게 이해됨으로써, 전에 그 말씀을 알지 못한 것에 대해 놀라게 됩니다.

우리 주님은 자기가 하시는 말씀들을 숨기지 않으십니다. 우리에게 영적 생명의 합당한 조건이 갖춰지기까지는 그 말씀들을 감당할 수 없어서 우리가 알아듣지 못하는 것입니다. "내가 아직도 당신들에게 할 말이 많으나, 당신들이 지금은 감당할 수 없습니다"(요 16:12). 그러기에, 우리가 주님의 어떤 특정한 말씀을 감당할 수 있으려면, 먼저 부활하신 주님의 생명과의 교통이 있어야 합니다.

우리의 고집스러운 편견이 문제입니다

우리가 성령을 받지 못하면, 하나님은 우리에게 아무것도 계시하실 리가 없습니다. 우리의 고집스러운 편견이 심각한 방해물이 되기 때문입니다. 하나님의 빛이 더 이상 우리에게 임하지 않게 되어, 우리가 그 빛을 받을 수 없습니다. 그러나 주님의 부활 생명이 우리 안에 넘쳐나는 즉시로 이 완고한 상태는 끝나게 됩니다.

"아무에게도 이야기하지 말라." 그런데도, 많은 사람은 변화 산에서 본 것을 널리 알립니다. 그들이 보았던 환상을 증거하지만, 그들의 삶은 그 환상에 부합하지 못합니다. 인자이신 예수님이 그들 안에서 아직 부활하지 않으신 까닭입니다. 언제쯤 부활하신 주님이 당신과 내 안에서 생명으로 채우실지 궁금합니다.

4월 8일

주님이 부활하신 목적

그리스도가 이런 고난을 당하고서 자신의 영광에 들어가야 하지 않겠습니까? (눅 24:26)

십자가는 생명의 대문입니다

우리 주님의 십자가는 그분의 생명으로 이어진 대문입니다. 그의 부활이 의미하는 것은, 그가 그의 생명을 우리에게 전달하는 능력을 지금 갖추고 계신다는 것입니다. 우리가 위로부터 거듭나는 때, 부활하신 주님에게서 그의 참 생명을 받습니다.

우리 주님이 부활하신 목적은 하나님의 자녀들을 많이 영광에 이르도록 하는 것입니다. 그의 목적을 성취하심으로 그는 우리를 하나님의 자녀로 삼는 권리를 얻게 되십니다. 우리는 하나님의 아들이신 예수님께서 그의 아버지이신 하나님과 가지고 계시는 관계를 하나님과 결코 가지는 것은 아니지만, 그 아들로 말미암아 우리가 하나님 자녀의 자격을 얻어 하나님과 양자 관계를 갖게 되는 것입니다.

우리 주님이 죽은 자들로부터 부활하셨을 때, 그는 전적으로 새로운 생명으로, 즉 그가 성육신하기 전에는 누리지 못했던 생명으로 부활하셨습니다. 그는 이전에는 전혀 누리지 아니했던 생명으로 부활하셨습니다. 그의 부활이 우리에게 의미하는 것은, 우리가 우리의 옛 생명이 아니라 그의 부활 생명으로 부활하게 된다는 것입니다. 언젠가는 그의 영광스러운 몸과 같은 몸을 우리가 가지게 될 것이지만, 지금은 그의 부활의 능력을 알고 새 생명 가운데 행할 수 있습니다. "나는 부활의 능력 가운데 계시는 그를 알고자 합니다"(빌 3:10; 역자 주. 헬라어 원문에는, '나는 그분과 그분의 부활 능력을 알고자'로 되어 있습니다).

성령은 능력의 하나님이십니다

"아버지께서 아들에게 주신 모든 이에게 영생을 주게 하시려고 모든 이를 다스리는 권세를 아들에게 주셨습니다"(요 17:2). "성령"은 지금 이 땅에 사는 사람들 안에서 역사하고 있는 영원한 생명을 가리키는 체험적 이름입니다. 성령은 우리에게 속죄를 베풀어 우리가 체험하게 하는 능력 가운데 계시는 하나님이십니다. 우리가 예수님께 순종하게 되면, 성령께서 예수님의 참된 본성을 우리 안에 이루어 주실 수 있게 됩니다. 이 영광스럽고 놀라운 사실 때문에 하나님께 감사드리십시오.

예수님을 보았습니까?

*이 일 후에 그들 중 두 사람이 걸어서 시골로 가는데,
예수께서 다른 모습으로 그들에게 나타나셨다* (막 16:12).

구원받는다는 것과 예수님을 본다는 것은 같지 않습니다

예수님을 전혀 본 일이 없는 많은 사람이 하나님의 은혜를 누리는 경우가 있습니다. 그러나 당신이 예수님을 한번 보게 된 때에는, 당신은 결코 전과 같을 수가 없습니다. 과거에 좋아했던 것들이 이제는 당신의 흥미를 끌지 않게 됩니다.

당신이 예수님을 만나 그가 어떤 분인지를 아는 것과 예수님이 당신을 위해 행하신 것을 항상 구별하여 아십시오. 예수님이 당신을 위해 행하신 것만을 당신이 알고 있다면, 당신은 하나님에 대해 충분히 알고 있는 것이 아닙니다. 그러나 만일 당신이 예수님을 본래 모습대로 보았다고 한다면, 어떤 다양한 경험을 할 수 있게 된다 하더라도, "보이지 않는 그분을 보는 것처럼"(히 11:27) 인내하게 될 것입니다.

날 때부터 소경 된 사람은 예수님이 그에게 나타나셔서 자신을 계시해 주실 때까지는 예수님이 누구이신지를 알지 못했습니다. 예수님은 그가 어떤 은혜를 베풀어 주신 자들에게 나타나십니다. 그러나 그가 언제 오실지 우리로서는 알지 못합니다. 갑자기 아무 때라도 그가 오실 수 있습니다.

그때 우리는 소경처럼 "이제 내가 주님을 보았다!"(참고, 요 9:25)라고 외칩니다.

예수님은 당신과 당신의 친구에게도 나타나셔야 마땅합니다

당신의 눈을 가지고는 당신밖에는 아무도 예수님을 볼 수 없습니다. 한 사람은 예수님을 보았고 다른 사람은 보지 못한 경우 둘 사이에는 구분이 생깁니다. 당신 친구의 경우, 하나님이 그를 인도하지 않으시면 당신의 힘으로는 할 수 없습니다.

당신은 예수님을 보았습니까? 그렇다면 당신은 다른 사람들도 예수님을 보게 되기를 원할 것입니다. "그들이 가서 남은 자들에게 소식을 전하였으나, 그 남은 자들이 그들의 말을 믿지 않았다"(막 16:13). 그들이 믿지 않을지라도, 당신은 말하고 전해야 합니다. "내가 말할 수 있다면, 당신은 분명 믿게 될 텐데! 내가 본 것을 말할 수만 있다면! 내가 주님을 만났던 그곳으로 주님이 당신을 이끄시기까지, 내가 어떻게 말해야 당신이 믿을 수 있을까? 아, 어떻게 해야!"

4월 10일

죄에 대한 도덕적 결단

> 우리가 아는 대로, 우리의 옛사람이 예수님과 함께 십자가에 못 박힌 것은 죄의 몸이 멸하여 우리가 다시는 죄에게 종노릇하지 않게 하려는 것이니 (롬 6:6).

함께 십자가에 못 박힘

죄가 내 안에서 제대로 죽임을 당해야 마땅하다는 이 같은 결단을 죄에 대하여 하였습니까?

죄에 대한 도덕적 결단을 내리기까지는 상당한 시간이 걸립니다. 예수 그리스도께서 세상의 죄를 위해서 죽으셨던 것처럼, 죄가 내 안에서 죽어야 마땅하다고 내가 결단하는 중대한 순간이 내 인생에 있어야 합니다. 죄가 죽는다는 것은 억제되거나 대항한다는 그런 차원이 아니고, 아예 십자가에 못 박는다는 것을 의미합니다. 아무도 다른 사람에게 이 같은 결단을 내리게 할 수 없습니다. 우리가 진지하게 그리고 종교적으로 이에 대해 확신할 수도 있으나,

우리가 행하여야 할 것은 바울이 강력하게 요구하고 있는 대로 결단을 내리는 것입니다.

마음을 다잡고 하나님과 홀로 시간을 가지고서 도덕적 결단을 내리고 이렇게 말하십시오. "주님, 나를 주님의 죽음과 하나가 되게 하여 죄가 내 안에서 죽은 것을 알게 해주소서!" 당신 안에 있는 죄가 죽임을 당해야 마땅하다는 도덕적 결단을 내리십시오.

영광스러운 특권

바울이 위에서 한 말은 그가 가졌던 신령한 기대가 아니라, 근본적이고 확정적인 경험이었습니다. 즉, 바울은 앞으로 자기 안에 있는 죄가 멸하여지기를 기대한 것이 아니고, 실제로 근본적이고도 확정적으로 그리스도와 함께 그의 옛사람이 십자가에 못 박히는 것을 경험한 것입니다.

죄의 기질이 어떤 것인지를 알기까지 성령께서 내 속을 살피시게 할 준비가 되어 있습니까? 죄는 내 안에 계시는 하나님의 성령을 거스리는 정욕입니다. 그렇게 준비가 되어 있다면, 그 같은 죄의 기질에 대한 하나님의 유죄 판결에 동의할 것입니까?

이로써 예수님의 죽음과 연합되어야 합니다. 하나님 앞에서 의지의 근본 문제를 해결하지 못하는 한 "죄에 대하여 죽었다"고 간주할 수 없는 것입니다.

나의 육체와 피 속에 남아 있는 것이라고는 오직 예수 그리스도의 생명뿐일 때까지 그리스도와 함께 십자가에 못 박히는 영광스러운 특권을 누려 보았습니까? "내가 그리스도와 함께 십자가에 못 박혔으니, 이제는 내가 사는 것이 아니라, 그리스도께서 내 안에 사시는 것입니다"(갈 2:20).

도덕적 거룩성

4월 11일

만일 우리가 그분의 죽으심과 같은 죽음으로 그분과 연합한 자가 되었으면,
또한 분명히 그분의 부활하심과 같은 부활로 그분과 연합한 자가 될 것입니다 (롬 6:5).

함께 부활함

내가 예수님과 함께 십자가에 못 박혔다고 하는 증거는 내가 예수님과 확실하게 닮은 데 있습니다. 예수님의 성령이 내 속으로 들어오시면 나의 삶이 하나님께 재조정됩니다. 예수님은 부활하심으로 말미암아 하나님의 생명을 내게 나눠 주실 수 있는 권세를 갖게 되셨습니다. 나의 경험적 삶은 하나님의 생명에 근거하여 세워져야 합니다. 나는 이제 예수님의 부활 생명을 가질 수 있습니다. 그 생명은 내가 거룩하게 됨으로 자신을 드러냅니다.

사도 바울의 서신들의 일관된 사상은, 예수님의 죽음에서 그와 하나가 되고자 하는 도덕적 결단을 한 후에는, 예수님의 부활 생명이 나의 인간적 본성의 모든 부분에 침투해야 한다는 것입니다. 우리의 죽을 육체 안에서 하나님의 아들의 생명을 살아가려면 내게 성령의 전능함이 필요합니다.

성령이 내게 침투하십니다

성령님은 내 몸을 집으로 삼으시고 그 안에서 손님으로 계실 리가 없습니다. 그는 모든 부분에 침투하십니다. 나의 "옛사람"(즉, 유전된 죄의 형질)이 예수님의 죽음과 함께 연합되어야 한다고 내가 일단 결단하게 되면, 즉시 성령님이 내게 침투해 들어오십니다. 그리하여 성령님이 나의 모든 것을 주관하십니다. 이때 나의 역할은 빛 가운데 행하고 성령님이 계시하시는 모든 것에 순종하는 것입니다.

내가 죄에 대하여 도덕적 결단을 내리고 나면, 내가 죄에 대하여 죽었다는 것을 실제로 알기는 쉽습니다. 왜냐하면, 예수님의 생명이 항상 함께 있는 것을 내가 발견하기 때문입니다. 오직 하나의 인성이 있는 것처럼, 오직 하나의 거룩성이 있을 뿐입니다. 곧 예수님의 거룩성이 있을 뿐입니다. 그분의 거룩성이 내게 선물로 주어진 것입니다. 하나님이 그의 아들의 거룩성을 내게 넣어주셨습니다. 그래서 나는 이제 영적으로 새로운 세계에 속하게 되었습니다.

4월 12일

도덕적 지배

이와 같이 여러분들도 여러분 자신을 죄에 대하여는 죽은 자이고, 그리스도 예수님 안에서 하나님께 대하여는 산 자로 여기십시오 (롬 6:9-11).

함께 영생을 누림

영생은 예수 그리스도께서 이 인간 세상에서 보여 주셨던 생명이었습니다. 우리가 하나님으로부터 태어날 때 우리의 죽을 육체에 나타나는 것도 바로 같은 생명입니다. 영생은 하나님에게서 오는 선물이 아니고, 하나님이 영생의 선물입니다. 예수님에게서 드러났던 힘과 능력이 우리가 죄에 대하여 도덕적 결단을 내렸을 때 하나님의 주권적 은혜로 말미암아 우리 안에서 드러나게 될 것입니다.

"너희가 성령의 권능을 얻을 것이다"(행 1:8). 그 권능은 성령에게서 오는 선물이 아닙니다. 성령님이 권능이십니다. 성령께서 나눠주시는 어떤 것이 아닙니다. 예수님 안에서 있던 생명이 우리가 예수님과 연합하여 하나가 되고자 결단하는 때에 그분의 십자가로 말미암아 우리의 것이 됩니다. 우리가 결단을 내리는 즉시로, 하나님의 충만한 생명이 우리에게 임합니다.

생명의 유일한 원천

예수님께서는 무한한 생명을 공급하시기 위해서 오셨습니다. "하나님의 모든 충만하심으로 충만하게 하시기를 빕니다"(엡 3:19). 영생은 시간과는 아무 상관이 없습니다. 그 생명은 예수님께서 이 땅에 내려와 계셨을 때 사셨던 바로 그 생명입니다. 예수 그리스도가 생명의 유일한 원천입니다.

가장 연약한 성도일지라도 그가 기꺼이 '내려놓기'만 하면 하나님의 아들의 신성의 권능을 체험할 수 있습니다. 그러나 우리 자신 안에 우리 자신의 힘이 조금이라도 남아 있게 되면 예수님의 생명이 흐려지게 됩니다. 우리는 지속해서 내려놓아야 합니다. 그러면 천천히 그리고 확실하게 하나님의 크고 충만한 생명이 우리 안에 모든 부분에 침투하게 될 것입니다. 그리고 사람들은 우리를 보고서 우리가 예수님과 함께해 왔다는 것을 알게 될 것입니다.

모든 짐을 주님께 내맡기십시오

4월 13일

네 짐을 여호와께 내맡겨라 (시 55:22).

하나님이 지워주신 짐

옳은 짐을 지는 것과 그릇된 짐을 지는 것에 대해 구별해야 합니다. 죄의 짐이나 의심의 짐은 결코 져서는 안 됩니다. 그런데 하나님이 우리에게 지워주시는 짐들이 있습니다. 그 짐들의 경우, 하나님이 옮겨 주실 생각을 안 하시고, 우리가 그것들을 하나님께 내맡겨 주기를 원하십니다. "여호와께서 너에게 지워주었던 짐을 여호와께 떠넘겨 맡겨라."(A.V. 난하주).

만일 우리가 하나님을 위해 일을 맡아 하면서 그분과 관계가 단절되어 있다면, 부담감이 감당할 수 없게 짓누를 것입니다. 그러나 만일 하나님이 우리에게 지워주신 짐을 하나님께 떠넘겨 맡기면, 하나님이 스스로 그를 실현해내심으로써 우리의 부담감을 제거하십니다.

모든 짐을 주님께 내맡기십시오

많은 사역자가 대단한 용기와 멋진 열정을 가지고 시작했지만, 예수 그리스도와 친밀한 교제가 전혀 없기 때문에, 얼마 안 되어 무너지고 맙니다. 그들은 짐을 다루는 요령이 없습니다. 그래서 지쳐 나가떨어집니다. 그러면 사람들이 비웃습니다. "시작은 그럴듯했는데 끝은 왜 저렇게 비참해!"

"네 짐을 주님께 내맡겨라." 당신은 짐을 몽땅 다 짊어지고 왔습니다. 이제는 의도적으로, 하나님의 어깨 위에 짐의 한쪽을 맡기십시오. "그 어깨 위에 통치권이 있으며"(사 9:6). "하나님이 당신에게 지어주신 짐"을 하나님께 맡기십시오. 그 짐을 내던져 버리지 말고, 하나님께 떠맡기시되, 그 짐과 함께 당신 자신까지도 내맡기십시오.

그러면 동료 의식으로 말미암아, 즉 하나님과 함께 짊어짐으로 말미암아 그 짐이 가벼워집니다. 그 짐에서 당신 자신을 분리해서 절대 생각하지 마십시오. 하나님의 능력을 힘입어 하나님과 함께 짐을 지기 때문에, 짐을 거뜬하게 질 수 있고, 무엇이든 쉽게 해낼 수 있게 됩니다(참고, 갈 6:2, 5; 빌 4:13).

4월 14일

성령으로 감동된 무적의 힘

내 멍에를 메고 내게 배우십시오 (마 11:29).

예수님의 멍에

"주께서 그 사랑하는 자를 채찍질하십니다"(히 12:6).

우리가 하는 불평을 보면 얼마나 하찮습니까?

우리 주님이 우리가 그분과 교통할 수 있는 자리로 이끌어 주시려 할 때, 우리는 신음하며 불평합니다. "오! 주님, 다른 사람들처럼 편하게 좀 해주십시오." 예수님은 우리에게 멍에의 한쪽을 메라고 요구하십니다. "내 멍에는 가볍습니다. 나와 나란히 함께 메고 끌어 봅시다."

당신은 그와 같이 주 예수님과 함께 연합하고 있습니까?

그렇다면, 하나님이 그의 손으로 가하시는 압박을 오히려 당신은 감사하게 될 것입니다.

"피곤한 자에게 힘을 주시며, 무능한 자에게는 능력을 더하시니"(사 40:29). 하나님은 오셔서 감상에 빠진 우리를 건져 주시고, 우리의 불평이 변하여 찬송의 시가 되게 하십니다. 하나님의 능력을 체험할 수 있는 유일한 방법은 우리에게 지워진 예수님의 멍에를 함께 메고 그분을 배우는 것입니다.

성령님이 무적의 힘입니다

"여호와를 기뻐하는 것이 여러분의 힘이 될 것입니다"(느 8:10).

성도들은 그들의 기쁨을 어디에서 얻습니까?

만일 우리가 성도들을 제대로 알지 못했다면, 아마 이렇게 말했을 것입니다. "오! 그 사람에게는 멍에가 없네요." 하지만, 눈을 바로 뜨고 보십시오. 하나님의 평화와 빛과 기쁨이 그들의 삶의 현장에 있다는 것은 멍에 또한 거기에 있다는 증거입니다.

하나님이 지워주신 멍에는 포도송이를 짓이겨 포도주를 짜냅니다. 우리 대부분은 포도주만 볼 뿐, 포도송이가 짓이겨지는 것은 보지 않습니다(역자 주: 성도에게서 평화와 빛과 기쁨만을 보고, 그가 멘 멍에를 보지 못하는 것입니다). 이 세상의 어떤 권세도, 아니 어떤 지옥 권세도 사람의 영 안에 있는 하나님의 성령을 이길 수 없습니다. 성령님은 패배를 모르는 무적의 내적 힘입니다.

만일 당신 안에 낑낑거리는 불평이 있다고 하면, 사정없이 발로 걷어 차버리십시오. 불평은 하나님의 능력을 알면서도 약해지는 적극적인 범죄입니다.

영적 집중의 퇴보

4월 15일

> 아사가 산당들을 이스라엘에서 제거하지는 않았으나, 아사의 마음이 평생 동안 온전하였다 (대하 15:17).

"이 정도는 괜찮아!"라고 말하지 마십시오

아사왕은 외적으로, 즉 정치적으로 하는 그의 순종에 있어서 온전하지 못했습니다. 그는 대체로 옳았지만, 전적으로 옳은 것은 아니었습니다.

"오! 이 정도는 괜찮을 거야!"

이렇게 말하는 것에 대해 주의하십시오. 그 같은 말처럼 위험스러운 것은 없습니다. 왜냐하면, 당신에게 그저 괜찮게 보이는 것이 하나님께는 아주 대단히 중요할 수 있기 때문입니다. 그 어떤 일도 하나님의 자녀에게 가벼운 일은 없습니다. 우리 가운데 몇몇은 이 한 가지를 우리에게 하나님이 무던히 애써 가르치지 않으면 안 되게 오랫동안 하나님을 애먹이고 있습니다. 그러나 하나님은 결코 인내심을 잃지 않으십니다.

당신은 말합니다. "나는 하나님과 바른 관계에 있습니다"라고. 그러나 아직도 당신의 '산당'들이 남아 있습니다. 당신이 순종하지 아니한 어떤 것이 남아 있습니다.

당신의 마음이 하나님과 바른 관계에 있다고 항의하지만, 아직도 당신의 삶에는 하나님이 당신을 의심하게 하는 어떤 것이 남아 있지 않습니까?

의심나는 것이 있으면 그것이 무엇이든 언제라도 당장 없애십시오. 어떤 것도 하찮게 보아서는 안 됩니다. "이것쯤은 괜찮을 거야"라고 하면 큰일 납니다.

영적 집중의 퇴보

당신의 육체적 삶이나 지적인 삶과 관련해서, 당신이 전혀 아예 집중하지 못하고 있는 어떤 것들이 있습니까?

그렇다면, 당신은 대체로 옳아 보이지만, 사실은 엉망입니다. 당신은 집중하는 데 있어서 퇴보하고 있습니다. 당신이 영적으로 집중하는데 느슨함이 있어서는 안 되는 것은 마치 당신의 심장이 박동하는 것을 멈춰서는 안 되는 것과도 같습니다. 당신이 도덕적으로 느슨한 상태 있으면서 도덕적일 수는 없습니다.

또한, 마찬가지로, 영적으로 느슨하면서 영적일 수는 없습니다. 하나님은 당신이 전적으로 하나님의 것이기를 원하십니다. 다시 말해서, 당신은 하나님께 합당할 수 있도록 깨어있어야 합니다. 어떤 사람들은 2분 안에 순간적으로 "엄청난 영적 향상을 성취"할 수 있는 것으로 기대하지만, 그것은 해서는 안 될 착각입니다.

4월 16일

내려올 수 있습니까?

> 여러분들은 빛이 있는 동안에
> 빛을 믿어 빛의 아들들이 되십시오 (요 12:36).

최고조의 상태를 느끼는 순간들이 우리 모두의 삶에 있습니다
그때마다 우리는 이렇게 말합니다. "만일 내가 항상 이런 상태로 있을 수만 있다면, 나는 어떤 일이라도 잘 해낼 것 같다." 그러나 우리 뜻대로 되는 것이 아닙니다. 그러한 순간들은 그러한 상태를 우리가 누리지 못할 때 어떻게 살아야 할 것인지를 생각해야 하는 순간들입니다.

우리 가운데 많은 사람은 아무런 최고조의 순간이 없는 때에는 이 평범하고 따분한 세상에서는 아무런 재미가 없습니다. 그러기에, 최고조의 순간에 계시된 수준에 맞춰 우리의 일상의 평범한 삶을 끌어 올려야 합니다.

우쭐대지 말고 내려오십시오
최고조 순간에 당신의 마음을 흔들어 놓았던 그 감정이 절대 사라지지 않게 하십시오.

그러나 당신의 정신적 발을 벽난로에 걸쳐 올려놓고서 "얼마나 놀라운 정신적 상태였던가!"라고 하며 우쭐대지는 마십시오.

만일 어떤 일을 할 의지가 없이 기분만 들떠 있다고 하면, 당장 행동을 취하여 하십시오. 예컨대, 기도 모임에서 하나님이 어떤 할 일을 보여 주셨다고 하면, "내가 하겠습니다."라고만 하지 말고, 당장 행하십시오. 스스로 박차고 일어나서 당신의 몸에 밴 게으름을 털어내십시오. 게으름은 최고조의 순간을 갈망하는 때에 언제나 피우게 됩니다.

우리는 최고조의 상태에 어떻게 이르러 시간을 보내게 되었던가에 대해 말하기를 좋아합니다. 그러나 우리는 우리가 최고조의 상태에서 보았던 것에 따라 궂은 날에 사는 법을 배워야 합니다.

우리는 과거에 한 번 좌절했다는 이유만으로 기가 꺾이면 안 됩니다. 다시 시작해야 합니다. 당신이 되돌아갈 다리를 불태워 없애 버리고, 당신 자신의 발로 일어서서 하나님께 헌신하십시오. 당신의 결단을 절대 변경하지 말고, 최고조의 상태에 비추어 결단하도록 하십시오.

성공이냐 아니면 실패냐

4월 17일

시몬 베드로는 벗고 있다가 주님이시라는 말을 듣고
겉옷을 두른 후에 바다에 뛰어들었다 (요 21:7).

의지의 위기
뜻과 힘을 다해 그리고 무모할 만큼 모든 것을 포기해야 했던 위기를 당한 적이 있습니까?

그것은 의지의 위기입니다. 당신은 외적으로 여러 차례 그 같은 위기를 당하게 될 수 있으나, 그것은 사실상 아무것도 아닙니다. 포기하는 데 있어서 진짜 심각한 위기는 외적으로가 아니라, 내적으로 만나게 됩니다. 외적으로 포기하는 것은 당신이 무엇엔가 전적으로 속박되어 있다는 것을 암시할 수 있습니다.

실천을 위한 결단
당신은 의도적으로 당신의 의지를 예수 그리스도에게 온전히 드려본 적이 있습니까?

그것은 감정으로 할 수 있는 것이 아니라, 의지로 하는 것입니다. 감정은 단순히 장식품에 불과합니다. 만일 당신이 감정을 앞세우면, 당신은 결코 아무런 일도 해낼 수 없게 됩니다. 당신이 해야 할 일이 어떤 것이어야 하는가에 대해 하나님께 요구하지 마십시오. 다만, 쉽든지 어렵든지 어느 경우에라도, 당신이 보고 아는 일과 관련해서 결단하십시오.

만일 당신이 큰 파도 위에서 예수 그리스도의 음성을 들었더라면, 당신의 주관적인 신념이나 일관된 생각들은 바람에 다 날려 보내고, 예수 그리스도와 당신의 관계를 견고하게 유지하십시오. 그러면 영적 침체를 벗어나 회복되는 시간이 옵니다. 영혼의 겨울과 어두운 밤을 뚫고서 강인함으로 단련됩니다. 밤이 깊어지면 새벽이 옵니다. 당신은 평화의 기쁨과 영혼의 정결함을 얻게 됩니다.

4월 18일

준비성

여호와께서 그를 불러 말씀하시기를, 모세야, 모세야 하시므로 모세가 '제가 여기 있습니다'라고 대답하였다 (출 3:4).

준비된 사람은 기회를 놓치지 않습니다

하나님이 말씀하시는 때, 많은 사람은 안개 속에 갇힌 것처럼 앞이 캄캄해 아무런 대답도 못 합니다. 그러나 모세가 대답한 것을 보면, 그는 안개 속에 있지 아니했다는 것을 알 수 있습니다. 준비성은 하나님과 바른 관계에 있고, 또 우리가 현재 어디에 있는가를 알고 있다는 것을 의미합니다. 우리는 우리가 원하여 가고 싶은 곳을 하나님께 말씀드리느라 정신없이 바쁩니다.

하나님과 하나님의 사역을 위해 준비가 되어 있는 사람은 하나님의 부르심이 있을 때 상급을 놓치지 않고 얻는 사람입니다. 우리는 어떤 깜짝 놀랄만한 대단한 기회를 기대하며 기다리고 있다가, 그 기회가 오면, "내가 여기 있습니다."라고 잽싸게 외칩니다. 예수 그리스도의 인기가 사람들 가운데서 오르는 때에는, 우리는 그가 있는 곳에 항상 있습니다. 그러나 사람의 눈에 띄지 않는 일에 관해서는 관심을 두지 않습니다. 아예 그런 일은 할 생각조차 없는 것입니다.

큰일이든 작은 일이든 상관없이 준비해야 합니다

하나님을 위한 준비성이란, 지극히 하찮고 작은 일이든 아주 큰일이든 상관없이 우리가 할 준비가 되어 있는 것을 의미합니다. 우리에게는 우리가 하고 싶어 원하는 것을 마음대로 선택할 권한이 없습니다. 하나님의 계획이 무엇이든 간에, 우리는 준비하고 있어야 합니다. 어떤 할 일이 주어지는 때에는, 우리 주님이 아버지 하나님의 음성을 들었던 것처럼 우리도 하나님의 음성을 듣고서, 그를 향한 사랑에서 항상 온전히 깨어 준비하고 있어야 합니다.

예수 그리스도께서는 그의 아버지께서 그와 함께 일하셨던 것처럼, 우리와 함께 일하기를 기대하십니다. 즐거운 일이든 궂은일이든, 주님은 그가 좋아하는 곳에 우리를 두실 수 있습니다. 이는 우리와 주님 간의 연합이 아버지 하나님과 주님 간의 연합과 같기 때문입니다. "우리가 하나인 것같이 그들도 하나가 되게 하려는 것입니다"(요 17:22).

하나님의 갑작스러운 깜짝 방문을 대비하십시오. 준비된 사람은 결코 따로 준비할 필요가 없습니다. 하나님이 부르셨을 때 그때야 준비하려고 우리가 허둥대는 시간을 생각해 보십시오. 불붙은 떨기나무는 준비된 사람을 둘러싸고 있는 모든 것에 대한 상징입니다. 그것은 하나님의 임재와 함께 타오릅니다.

조금도 그럴 리가 없습니까?

4월 19일

요압이 압살롬 편에는 서지 않았으나 아도니야의 편에 섰으므로 (왕상 2:28).

지극히 작은 일에 주의하십시오

요압은 큰 시험을 이겨냈습니다. 그는 다윗에게 절대적으로 충성하고 진실하였으며, 매력적이고 야망이 있는 압살롬을 따르지 않았습니다. 그러나 그의 생애 말년에 그는 비열한 아도니야를 따라 그의 편에 섰습니다.

어떤 사람이 뒤로 물러가 잘못되었다는 것은 누구나 뒤로 물러가 잘못될 수 있다(참조, 고전 10:13)는 것을 뜻합니다. 당신은 이 같은 사실을 알고 항상 명심해야 합니다. 당신이 큰 위기를 극복했다 할지라도, 이제 가장 작은 일에 주의하고, "가장 하찮은 것들의 방치되어 숨겨진 부분"을 마음에 예상해 두십시오.

"조금도 그럴 리가 없다"고 장담하지 마십시오

우리는 이렇게 말하기 쉽습니다. "내가 최대의 위기를 잘 극복해냈는데, 이제 세상의 일들에 관심을 끌게 될 것이라고는 조금도 그럴 리가 없습니다." 유혹이 어디서 올 것을 예단하지 마십시오. 위험은 가장 그럴 리가 없어 보이는 것에 있습니다. 대단한 영적 일을 치러낸 후에는, "가장 하찮은 것들이 방치되어 숨겨진 부분"이 서서히 말썽을 부리기 시작합니다. 처음에는 대수롭지 않지만, 말썽이 나고 있는 것을 알고 있어야 합니다.

만일 당신이 경계하지 않는다면, 당신을 넘어지게 할 것입니다. 당신이 크고 강한 시련들을 당할 때도 하나님께 충실했다면, 이제는 눈에 보이지 않게 움직이고 있는 시련의 징조들을 주의하십시오. 두려움을 가지고 미래를 바라보면서 병적으로 자기를 살피지 말고, 단지 깨어있으면 됩니다.

하나님 앞에서 마음의 생각을 밝게 가지십시오. 방심한 상태의 장점은 두 배로 약점이 됩니다. 왜냐하면, "가장 하찮은 것들의 방치되어 숨겨진 부분"이 방심한 장점을 틈타 침입하기 때문입니다. 성경의 인물들은 자신들의 약점보다는 장점들 때문에 무너졌습니다 "하나님의 능력으로 보호하심을 받으십시오'(벧전 1:5). 그것이 안전을 위한 유일한 길입니다.

4월 20일

성도가 하나님을 비방할 수 있습니까?

하나님의 약속들은 얼마든지 그분 안에서 '예'가 됩니다. 그러므로 그분으로 말미암아 우리는 '아멘'으로 하나님께 영광을 돌립니다 (고후 1:20).

하나님을 비방하게 되는 이유

예수님께서 마태복음 25장에 기록되어 있는 달란트 비유를 말씀하신 것은, 우리가 우리의 재능에 대해 오판할 가능성이 있다는 경고였습니다. 이 비유는 우리의 본성적 재능들이 아니라, 오순절 성령의 은사와 관련되어 있습니다. 우리는 우리의 영적 재능을 교육이나 지능에 의하여 평가해서는 안 됩니다. 영적인 일들에 있어 우리의 재능은 하나님의 약속들 때문에 평가되는 것입니다.

만일 하나님께서 우리가 가지게 되기를 원하시는 것보다 우리가 더 적게 가지고 있다면, 마태복음 25장에서 종이 주인을 비방했던 것처럼, 머지않아 우리가 하나님을 다음과 같이 비방하게 될 것입니다.

"하나님, 당신께서는 당신이 내게 주신 능력보다 더 많은 것을 기대하고 있습니다. 당신은 내게 너무 많은 것을 요구하고 계시는데, 내가 처해 있는 지금의 상황에서는 당신께 충실할 수가 없습니다."

그 재능이 하나님의 전능한 성령의 문제라고 하면, "나는 할 수 없습니다."라고 절대 말하지 마십시오. 본성적 능력의 한계를 끌어들여 변명하지 마십시오. 우리가 성령을 받게 되면, 하나님은 성령의 일하시는 것이 우리 안에서 나타나기를 기대하시기 때문입니다.

영적으로 게으른 자가 하나님을 비방합니다

종은 그가 하는 모든 일에서 자신을 정당화하여 변명하고 모든 부분에서 그의 주인을 비방하여 말하기를 "당신의 요구는 당신이 내게 준 재능에 비하면 지나칩니다."라고 했습니다. 예수님이 말씀하십니다. "오직 여러분들은 먼저 하나님의 나라와 그분의 의를 찾으십시오. 그러면 이 모든 것들을 여러분들에게 더하여 주실 것입니다"(마 6:33).

무모하게 염려함으로 하나님을 비방한 적이 있습니까? 걱정한다는 것은 이 종이 말한 것과 정확히 의미하는 바가 같습니다. "저는 주인께서 저를 곤경에 빠뜨리고자 하신 줄로 알고 있습니다." 선천적으로 게으른 사람은 항상 헐뜯기를 좋아하여 말합니다. "내게는 기회다운 기회가 한 번도 없었다고!"

그런데 영적으로 게으른 사람은 하나님을 헐뜯습니다. 게으른 자는 언제나 자기 나름대로 덤벼듭니다. 영적 문제들에 있어 우리의 재능이 하나님의 약속 때문에 평가된다는 것을 절대 잊지 마십시오. 하나님은 자기의 약속을 성취할 능력이 있습니까?

우리의 대답은 우리가 성령을 받았는지 안 받았는지 그 여부에 달려 있습니다.

이제 주님을 아프게 하지 마십시오

4월 21일

빌립, 내가 이렇게 오랫동안 여러분들과 함께 있었는데,
당신은 아직도 나를 알지 못합니까? (요 14:9)

주님을 아프게 하는 질문

우리 주님이 우리가 얼마나 순진하지 않는가를 아시고서 거듭 놀라시는 것은 당연합니다. 우리 자신의 생각들 때문에 우리가 어리석게 됩니다. 우리가 순진하면 절대 어리석지 않고, 항상 잘 분별하게 되는 것입니다. 빌립은 깜짝 놀랄만한 신비의 계시를 기대했으나, 그가 알고 있는 그분에게서는 기대하지 않았습니다. 하나님의 신비는 미래에 될 것에 있지 않고, 지금 있습니다.

그런데도 우리는 어떤 격변의 사건에서 당장 찾으려 합니다. 우리가 예수님께 순종할 때는 결코 마지못해서 하지 않습니다. 그러나 우리가 묻는 말들로 말미암아 예수님을 아프게 해드릴 수가 있습니다. "주님, 우리에게 아버지를 보여주십시오"(요 14:8). 이에 예수님은 곧바로 응답하십니다. "아버지가 지금 계십니다. 다른 곳이 아닌 여기에 항상 계십니다."

우리는 하나님께서 그의 자녀들에게 자신을 계시해 주시기를 바라고 있습니다. 그런데 사실은, 하나님이 이미 자신을 자기의 자녀들 안에서 계시하고 있습니다. 그래서 다른 사람들은 그 자녀들 안에서 하나님이 계시 되는 것을 알아봅니다. 그런데도 당사자인 하나님의 자녀는 보지 못하고 있습니다. 이는 그가 하나님을 손으로 만져 의식하고 싶어 하기 때문입니다.

우리가 우리의 감각적 의식을 의식하고서는 정신이 온전할 수가 없게 됩니다. 만일 우리가 하나님께 하나님을 손으로 만져 체험할 수 있게 해달라고 요구하게 되면, 이는 우리가 주님을 아프게 하는 것이 됩니다. 우리가 묻는 바로 그 질문들이 자녀가 해야 하는 질문들이 아니므로 예수님을 아프게 해드리는 것입니다.

주님이 지금 여기 우리와 함께 계십니다

"여러분들은 마음에 근심하지 마십시오"(요 14:1). 그렇다면, 우리가 마음에 근심하게 됨으로 말미암아 예수님을 아프게 하는 것이 됩니다. 만일 우리가 예수님의 성품을 믿는다고 하면, 우리가 우리의 믿음에 따라 살고 있습니까? 우리의 마음속에 어떤 병적인 질문들이 생겨나 마음을 흔들어 놓도록 하고 있습니까? 우리는 하나님과 절대적인 관계에 이르러, 무엇이든 하나님에게서 오는 것으로 알고 받아들여야 합니다. 하나님은 조금 있다가 인도하시는 것이 아니라, 항상 지금 인도하고 계십니다. 주님께서 지금 여기에 계신다는 것을 깨달으십시오. 그러면 당장 모든 근심에서 자유롭게 됩니다.

4월 22일

꺼지지 않는 빛

우리가 다 수건을 벗은 얼굴로 거울을 보는 것 같이
주님의 영광을 보면서 … 영광에서 영광에 이르니 (고후 3:18).

결코, 꺼지지 않는 빛 위에 믿음을 세우십시오

하나님의 종은 혼자 있으면서도 결코 혼자가 아니라는 것을 알아야 합니다. 그리스도인의 삶의 첫 단계들에서는 낙심되는 일들이 생겨납니다. 빛을 깜빡거리고 비춰주며 우리와 함께 있어 주었던 사람들이 떠나다 보니 낙심이 찾아오는 것입니다. 그러기에 우리가 결코 혼자 있지 않다는 것을 알기까지 혼자 지내는 데 익숙해져야 합니다. "나와 함께한 자가 아무도 없고 모두 다 나를 버리고 갔다. … 그렇지만 주께서 내 곁에 서서 나를 강건하게 하셨다"(딤후 4:16-17).

우리는 우리의 믿음을 꺼져가는 빛이 아니라, 절대 꺼지지 않는 빛 위에 세워야 합니다. '큰 신앙'의 사람들이 떠나가게 되면, 그들이 마땅히 가게 되어 있다는 것을 알 때까지는, 우리는 슬퍼합니다. 이때 우리에게 남아 있는 한 가지 해야 할 일은 스스로 하나님의 영광스러운 얼굴을 바라보는 것입니다.

그리스도인 사역자는 하나님의 얼굴을 바라보는 자입니다

당신 자신이나 당신의 교리와 관련하여 하나님의 얼굴을 바라보지 못하게 하는 것이 있으면 무엇이든 단호하게 거절하십시오. 당신이 하나님의 말씀을 선포할 때마다, 모든 일에 대해 먼저 하나님의 얼굴을 바라보고 있는지를 유의하십시오. 그렇게 하면 영광이 줄곧 머무르게 될 것입니다.

그리스도인 사역자는 하나님의 얼굴을 끊임없이 바라보고 그런 후에 나아가서 사람들에게 말하는 자입니다. 그리스도 사역의 특징은 자신이 의식하지 않는 영광이 그의 얼굴에 머물러 있는 것입니다. "모세가 여호와께 말했으므로 얼굴 살결에 광채가 났으나, 그 자신은 알지 못했다"(출 34:29).

우리가 하나님의 부르심을 받은 목적은 우리가 가진 의심들을 나열하거나, 하나님과 우리의 영적 삶의 감춰진 황홀한 체험들을 드러내는 것이 결코 아닙니다. 사역자의 삶의 비결은 항상 하나님과 함께 어울려 지내는 것입니다.

우상이 된 사역

4월 23일

우리는 하나님의 동역자들입니다 (고전 3:9).

사역자의 유일한 관심

하나님을 위한 사역이 하나님께 대한 집중을 가로막지 않게끔 주의하십시오. 그리스도인 사역자들 대다수가 그들의 사역을 우상처럼 섬깁니다. 사역자의 유일한 관심은 하나님께 대한 집중이어야 합니다. 이것은 곧, 하나님을 예배하는 자녀의 삶은 다른 모든 분야에 있어서, 그것이 정신적이든, 도덕적이든, 영적이든, 자유를 누려야 한다는 것을 의미합니다. 그렇지 않으면 타락한 자녀입니다.

이같이 하나님께 엄중하게 집중하지 못하는 사역자는 사역이 그의 목을 졸라매기 쉽습니다. 그래서 그의 몸이나 마음이나 정신이 자유로울 여유가 전혀 없게 됩니다. 결과적으로 지쳐서 쓰러집니다. 그의 삶이 아무런 자유도, 아무런 기쁨도 없습니다. 신경과 마음과 가슴이 과도하게 부담을 느껴 하나님의 축복이 그에게 임할 수 없게 됩니다. 그러나 반대로, 우리가 하나님께 일단 집중하게 되면, 삶의 모든 부분이 자유롭고 오직 하나님의 지배 아래 있게 됩니다.

사역자의 유일한 책임

당신에게는 사역에 대해 아무런 책임도 없습니다. 사역자로서 당신이 져야 하는 유일한 책임은 살면서 하나님과 항상 접촉을 유지하고, 아무것도 당신이 하나님과 함께 협력하는 것을 방해하지 못하도록 유의하는 것입니다. 성화된 이후 누리는 자유는 자녀로서 누리는 자유입니다. 자녀의 삶을 짓눌렀던 것들은 더 이상 없습니다. 그러나 오직 한 가지 곧 당신의 동역자이신 하나님께 절대적으로 헌신되기 위해 자유롭다는 것을 반드시 기억해야 합니다.

우리에게는 하나님이 우리를 어디에 두시든지 이렇다저렇다 판단할 아무런 권리가 없습니다. 또한, 우리가 하나님이 우리에게 무슨 일을 적절하게 맡기실지에 대한 선입견을 가져서는 안 됩니다. 하나님이 모든 일을 주관하십니다. 하나님이 우리를 어느 곳에 두시고, 무슨 일을 맡기시든, 우리의 한 가지 목표는 우리에게 맡겨진 사역에서 하나님께 전심을 다해 헌신하는 것뿐입니다. "네 손이 맡은 일은 무엇이든지 힘을 다하여라"(전 9:10).

4월 24일

방종에 대한 경고

> 악령들이 여러분에게 복종하는 이것으로 기뻐하지 말고 여러분의 이름이 하늘에 기록된 것으로 기뻐하십시오 (눅 10:20).

그리스도인 사역자의 덫

그리스도인 사역자들인 우리가 걸리기 쉬운 덫(또는, 함정)은 세속주의나 죄가 아니고, 영적 방종입니다. 즉, 우리가 사는 이 시대의 종교적 유행이나 추세를 따르고, 영적 성공에 추파를 던지는 것입니다. 하나님께 인정받는 것 외에 다른 어떤 것도 절대 추구하지 마십시오.

"그러므로 우리도 그분의 치욕을 짊어지고 진영 밖으로 그분께"(히 13:12) 나아가십시오. 예수님은 제자들에게 사역의 성공을 기뻐하지 말라고 말씀하셨습니다. 그런데도 오늘날 우리 대부분은 이 같은 성공을 아주 기뻐하는 듯합니다. 우리는 상업적 관점을 가지고 있습니다. 다시 말해서, 구원받고 거룩해진 사람들의 수를 계산하여 하나님께 감사하고, 이제 모든 것이 잘 되어 가고 있다고 만족해 합니다. 그러나 우리의 사역은 하나님의 은혜가 기초가 되어 있는 곳에서 시작됩니다. 우리는 사람의 영혼을 구원하는 것보다는, 그들을 제자로 양육해야 합니다. 구원과 성화는 하나님의 주권적 은혜의 사역입니다. 즉, 하나님이 주권적으로 은혜를 베풀어서 하시는 사역이 구원과 성화입니다.

하나님의 제자로서 우리의 사역은 사람들이 하나님께 전적으로 순복할 때까지 그들을 제자로 삼아 살게 하는 것입니다. 하나님께 온전하게 헌신 된 한 생명이 성령으로 단순히 깨어난 백 명의 생명보다 하나님께는 더 가치 있습니다. 하나님의 사역자 된 우리가 영적으로 우리와 같은 사역자들을 재생산하면, 그들의 사역자 된 우리는 하나님의 증인이 될 것입니다. 하나님은 하나님의 은혜로 말미암아 삶의 표준으로 우리를 세우십니다. 그래서 우리에게는 다른 사람들 안에 그 표준을 재생산할 책임이 있습니다.

강제로 제자 삼지 마십시오

사역자가 하나님 안에 그리스도와 함께 감추인 생명을 살지 않으면, 주님의 영이 내주하시는 제자라기보다 남을 괴롭히는 독재자가 되기 쉽습니다. 우리 가운데 많은 사역자가 독재자들입니다. 사람이나 모임들을 향해 명령하기를 좋아합니다. 그러나 예수님은 우리에게 그런 방식으로 절대 명령하시지 않습니다. 우리 주님이 제자도에 대해 말씀하시던 때마다, 그는 항상 '만일'이라는 단어로 시작했고, "반드시 … 해야 한다"는 식의 강압적인 주장으로 절대 말하지 않으셨습니다. 제자도는 항상 선택할 수 있습니다.

때를 얻은 지금 힘쓰십시오

때를 얻든지 못 얻든지 항상 힘써라 (딤후 4:2).

때를 얻든지 못 얻든지

우리 가운데 많은 사람이 "때가 지나서" 열심을 내는 병적 경향으로 인하여 고통을 당합니다. 때란 시간을 가리키기보다는 우리를 두고 하는 말입니다. "때를 얻든지 못 얻든지 항상 힘써라"는 이 말은 우리가 좋아하든, 그렇지 않든 항상 즉시로 힘쓰라는 뜻입니다.

만일 우리가 마음이 내켜서 하고 싶은 것만 골라서 하려고 한다면, 대부분 아무 일도 영원히 하지 않으려 할 것입니다. 영적 세계에서는 영적으로 병든 사람들이 쓰임을 받을 수가 없는데, 이는 그들이 초자연적으로 영감을 받지 않으면 아무 일이든 다 거부하면서 하지 않기 때문입니다. 우리가 하나님과 바르게 관계를 맺고 있다는 증거는 우리가 영감을 받은 것으로 느껴지든 아니든 상관없이 우리의 최선을 다하는 것입니다.

희귀한 순간을 열광하지 마십시오

그리스도인 사역자에게 가장 위험한 덫 중 하나는 자기의 희귀한 순간들을 열광하는 것입니다. 하나님의 성령께서 당신에게 영감과 통찰의 시간을 주면, 당신은 이렇게 말합니다. "이제 나는 하나님을 위해 항상 이같이 영감 되어 있을 것입니다." 하지만 하나님은 당신이 그렇게 되지 않게 하십니다. 그 순간들은 전적으로 하나님의 선물입니다.

당신이 임의로 선택하는 때에는 그 순간들은 당신의 것이 될 리 없습니다. 만일 당신이 영적으로 최고의 상태에만 있으려고 생각한다면, 당신은 하나님께 엄청나게 부담스러운 짐꾸러미가 될 것입니다.

하나님께서 당신에게 의식할 수 있게 영감을 계속주시지 않는 한, 당신은 아무것도 절대 하지 않으려 할 것입니다. 만일 당신이 당신의 최상의 순간들을 우상으로 삼는다면, 하나님이 당신의 삶에서 멀리 사라지실 것입니다. 그런 일이 없게 하려면, 가장 가까이 있는 일부터 행하고, 당신의 희귀한 순간들을 우상으로 삼아 열광하지 않는 법을 배워야 합니다.

4월 26일

정상 오르기

네 아들, 곧 네가 사랑하는 너의 외아들 이삭을 데리고 모리아 땅으로 가서 내가 네게 말해주는 한 산 위, 거기서 그를 번제로 드려라 (창 22:2).

하나님의 뜻을 바로 해석하십시오

사람의 성품에 따라 그 사람이 하나님의 뜻을 어떻게 해석하는지가 결정됩니다(참조, 시 18:25-26). 아브라함은 하나님의 명령에 대해, 그가 자기 아들을 죽여야 하는 것으로 해석했습니다. 그래서 그는 엄청난 시련의 고통으로 말미암아, 이 명령을 하나의 전통으로만 남겨 놓게 되었습니다. 하나님은 다른 방법으로는 그의 믿음을 순결하게 하실 수 없었습니다.

우리가 우리의 진실한 믿음을 따라서 하나님이 말씀하신 것에 순종하면, 하나님을 잘못 해석한 그 같은 전통들에서 우리를 풀어주실 것입니다. 사실, 제거되어야 마땅한, 그릇된 믿음들이 많이 있습니다. 예컨대, 어머니가 아이를 너무 지나치게 사랑하게 되면 그것 때문에 하나님이 그 아이를 데려가신다는 전통이 있습니다. 이것은 터무니없는 악마의 거짓말이요, 하나님의 진실한 본성을 왜곡한 것입니다.

만일 우리가 정상에 오르는 것과 하나님에 대한 잘못된 전통을 제거하는 것을 악마가 막을 수 있다면, 악마는 그렇게 할 것입니다. 그러나 만일 우리가 하나님께 계속 진실하다면, 우리가 통과하는 시련에서 우리를 끌어내어 하나님에 대해 더 깊은 지식을 갖게 해주실 것입니다.

하나님께 늘 진실하십시오

하나님을 믿은 아브라함의 믿음의 강점은 하나님을 위해서라면 무엇이든 할 준비가 되어 있는 것입니다. 그가 가지고 있는 믿음과 아무리 반대가 되더라도, 그는 그 자리에서 하나님께 순종해야 했습니다. 아브라함은 자신의 신념을 위해 몸을 바치는 자가 아니었습니다. 만일 그가 신념을 따르는 자였더라면, 그는 아마도 이삭을 살해했을 것입니다. 그리고 말하기를, 천사가 들려준 목소리가 악마의 목소리였다고 우겼을 것입니다.

그러나 그것은 광신자의 태도입니다. 만일 당신이 하나님께 계속 진실할 것 같으면, 하나님은 당신을 모든 장애물을 통과시켜 하나님을 깊이 아는 지식의 안방으로 인도하실 것입니다. 그러나 이렇게 인도받으려면, 우리의 주관적인 신념들과 전통에 매인 믿음들을 언제나 포기해야 합니다. 하나님께 당신을 시험해 달라고 요구하지 마십시오. 베드로처럼 절대 장담하지 마십시오. "주님, 저는 무엇이든 다 할 것입니다. 죽는 데라도 주님과 함께 갈 준비가 되어 있습니다"(눅 22:33).

아브라함은 결코 그 같은 장담을 하지 않았습니다. 하나님께 그는 꾸준히 진실하였으며, 하나님은 그의 믿음을 순결하게 해주셨습니다.

무엇을 원하십니까?

4월 27일

네가 너 자신을 위하여 큰일을 찾으나 그것을 찾지 마라 (렘 45:5).

하나님이 당신에게 원하시는 것

당신은 당신 자신을 위하여 대단한 것들을 구하고 있습니까? 대단한 사람이 되고 싶어서 하기보다는, 당신 자신을 위해 하나님에게서 대단한 것들을 구하여 얻으십시오. 하나님은 당신이 하나님의 선물을 받고자 하기보다는 하나님과 더 친밀한 관계를 유지하기를 원하십니다. 하나님은 당신이 하나님을 깊이 알게 되기를 원하십니다. 그러나 당신이 원하는 것이 하나님이 아니고, 오직 하나님이 주시는 선물뿐이라고 할 때에는 예외입니다. 당신이 하나님 대신 하나님의 선물만 구한다면 당신은 하나님과 깊은 관계를 결코 맺을 수 없고, 하나님을 알지도 못하게 됩니다. 당신이 하나님께 선물(또는, 재물)만을 줄기차게 구해왔다고 하면, 당신은 자신을 내려놓는 포기의 첫 시작 단계에도 들어오지 못한 것입니다.

당신이 하나님께 진짜 구해야 할 것

당신은 말합니다 "내가 하나님께 성령을 간절히 구했으나, 하나님은 내가 기대했던 안식과 평화를 주시지 않았습니다." 이에 대해 곧바로 하나님이 그 이유를 지적하여 말씀하십니다. "너는 여호와를 전혀 구하지 아니하고, 오직 너 자신을 위해서 어떤 것을 구하고 있을 뿐이다." 당신이 하나님께로 가까이 가게 되면, 눈에 보이는 것들, 곧 재물 따위를 구하는 것을 그만두게 됩니다. "당신들의 아버지께서는 당신들이 그분께 구하기도 전에 당신들에게 필요한 것이 무엇인지 알고 계십니다"(마 6:8). 그렇다면 왜 기도로 구하는 것입니까? 이는 당신이 하나님을 깊이 알게 되기 위해서입니다. 당신은 당신 자신을 위하여 대단한 것들을 구하고 있습니까? 혹, 성령으로 세례를 베풀어 달라고 하십니까? 만일 하나님이 당신에게 성령 세례를 주시지 않고 있다면, 그것은 당신이 하나님께 당신을 내드려 헌신하고 있지 않기 때문입니다. 당신이 하고 싶은 뜻이 없는 것들이 아직도 당신에게 남아 있기 때문입니다. 당신은 당신이 하나님으로부터 얻고 싶은 것이 무엇이며, 왜 그것을 원하는지 스스로 물어볼 준비가 되어 있습니까? 하나님은 궁극적인 완전함을 위하여 현재의 완전함을 항상 무시하십니다. 하나님은 지금 당장 당신을 행복하게 해주는 데는 관심이 없으십니다. 하나님은 항상 궁극적 완전을 힘써 이루고 계십니다.

"그들도 우리처럼 하나가 되게 하소서!"(요 17:11).

4월 28일

당신이 얻게 되는 것

네가 가는 모든 곳에서 내가 네 목숨을 노획물처럼 네게 줄 것이다 (렘 45:5).

여호와의 부동의 비밀은

하나님을 신뢰하는 자들에게 "내가 네 목숨을 네게 줄 것이다"라는 말씀대로입니다. 목숨은 본질적인 것이기에 가장 중요한 것입니다. "네 목숨을 노획물처럼"이란 표현은, 당신이 어디를 가든지, 심지어 지옥일지라도, 당신의 목숨을 잃지 않고 해를 전혀 당하지 않게 된다는 것을 뜻합니다. 우리 가운데 대다수가 허황한 것들에 사로잡혀 있습니다. 재산이나 소유물뿐만 아니라 축복에 온통 홀려 있습니다. 그러나 이 모든 것들은 사라지게 되어 있지만 결코 사라질 리가 없는 아주 대단한 것이 있습니다. 다름 아닌, "하나님 안에 그리스도와 함께 감추어진"(골 3:3) 목숨입니다.

철저한 포기의 시금석

하나님이 당신을 하나님 자신과 연합시켜 주시고자 하는 일에 준비되어 있고, 당신이 '대단한 것들'이라고 하는 것들에 더 이상 관심을 기울이지 않을 준비가 되어 있고 모든 것을 전적으로 내려놓고 포기할 준비가 되어 있습니까?

철저한 포기의 시금석은 "글쎄. 이 정도면 괜찮겠지."라고 말하는 것을 거절하는 것입니다. "이 정도면 괜찮겠지."하고 추측하는 것들을 삼가십시오. "이 정도면 괜찮겠지."라고 수긍하는 것은, 당신이 철저하게 포기하지 않았을 뿐 아니라, 하나님을 진실하게 신뢰하지 않고 있다는 것을 의미합니다.

당신이 철저하게 포기하게 되면 즉시로, 하나님이 하시고자 하는 일에 대해 더 이상 질문하지 않게 됩니다. 철저하게 포기한다는 것은 쓸데없는 질문들을 묻는 것을 스스로 거부한다는 것을 뜻합니다. 만일 당신이 하나님께 철저하게 전적으로 포기한다면, 하나님이 즉시 말씀하시기를, "내가 네 목숨을 노획물처럼 네게 줄 것이다."라고 하십니다. 사람들이 삶에 지치는 이유는 하나님께서 그들에게 아무것도 주시지 않았기 때문입니다. 즉, 사람들이 그들의 목숨을 노획물처럼 얻지 못했기 때문입니다. 이 같은 피곤하고 지친 상태에서 벗어나는 방법은 하나님께 포기하고 내려놓는 것입니다. 당신이 하나님께 철저하게 포기하고 헌신하게 되면, 당신은 이 세상에서 가장 놀랍고도 기쁨이 넘치는 사람이 될 것입니다.

하나님이 당신을 전적으로 품으시고 당신에게 당신의 목숨을 주셨기 때문입니다. 만일 당신이 그렇지 않다고 하면, 그것은 불순종 때문이거나, 아니면 충분히 순전해지기를 거절한 때문입니다.

은혜로운 불확실성

4월 29일

지금 우리는 하나님의 자녀입니다. 그리고 우리가 장차 어떻게 될지는 아직 밝혀지지 않았습니다 (요일 3:2).

은혜로운 불확실성

본성적으로, 우리에게는 수학적으로 계산하는 성향이 있으므로 무엇이든 불확실하게 보이면 나쁜 것으로 간주합니다. 우리는 어떤 것이든 그것의 결말이 보여야 확실하다고 생각하는데, 영적 삶의 성질은 그렇지 않습니다. 영적 삶의 성질은 불확실성을 확신하는 것입니다. 그런 까닭에 상식적으로 하면, 우리는 아무 데나 우리의 보금자리를 만들지 않습니다. "글쎄, 내가 그런 상황에 있게 된다면…"이라 말하는 것은 상식에 맞지 않습니다. 우리는 우리가 전혀 경험해 보지 못한 상황에 있는 자신을 상상할 수가 없습니다.

확실성은 세속적인 상식적 삶의 표지입니다. 이에 반해, 은혜로운 불확실성은 영적 삶의 표지입니다. 하나님을 확신한다는 것은 우리의 삶이 모든 면에서 불확실하다는 것을 의미합니다. 우리는 오늘 하루가 어떻게 될지 모릅니다. 일반적으로 말하자면, 슬픈 탄식이 섞여 있으나, 숨 막히는 기대에서 나오는 말입니다. 우리는 내일이 불확실하지만, 하나님을 확신합니다.

영광스러운 불확실성

우리가 하나님께 우리의 모든 것을 포기하고 내려놓고서 우리에게 맡겨진 일상적인 의무를 다하게 되면, 하나님은 즉시 우리의 삶을 항상 놀라운 일들로 채워 주십니다. 우리가 믿는 신조를 우리가 고집스럽게 변호하게 되면, 결과적으로 우리가 하나님을 믿는 대신, 하나님에 대한 우리의 믿음을 믿는 꼴이 됩니다. 그래서 예수님이 말씀하시길, "여러분들이 어린아이들과 같이 되지 않으면…"(마 18:3)이라 하신 것입니다. 영적 삶은 어린아이의 삶입니다. 우리는 하나님에 대해 절대 불확실하지 않습니다. 다만 하나님이 다음에 무엇을 하실 것인지에 대해 불확실할 뿐입니다.

만일 우리가 우리의 믿음들에 대해 확실하게 확신할 것 같으면, 우리 스스로는 품위 있다 여기고, 남에게는 엄격하며, 우리의 견해들에 최종적 권위를 부여하는 것을 서슴지 않습니다. 그러나 우리가 하나님과 바르게 관계를 맺고 있으면, 우리의 삶이 자연스럽고도 기쁨이 있는 불확실성과 기대감으로 충만해집니다.

예수님은 말씀하십니다. "나에 대한 어떤 것들을 믿으십시오."라고 하지 않으시고, "나를 또한 믿으십시오."라고 하십니다. 모든 것을 예수님께 맡기십시오. 그가 어떻게 오실 것인지는 영광스럽게 불확실하지만, 그는 확실히 오십니다. 주님께 항상 충실하십시오.

4월 30일

사랑의 자발성

사랑은 오래 참고, 사랑은 온유하며 … 악한 것을 생각하지 않으며 … 모든 것을 참으며, 모든 것을 믿으며, 모든 것을 바라며, 모든 것을 견딥니다 (고전 13:4-8).

사랑의 특성

사랑은 꼼꼼히 계산해 보고 나서 하는 것이 아닙니다. 자발적으로 하는 것입니다. 즉, 사랑은 특이한 방식으로 터져 나옵니다. 바울의 사랑의 개념에는 산술적으로 확실한 것이 전혀 없습니다. 그래서 우리는 다음과 같이 말하는 것이 불가능합니다. "이제 나는 악한 것을 전혀 생각하지 않을 것입니다. 모든 것을 믿을 것입니다." 왜냐하면, 사랑은 내 의지로 계산하고서 하는 것이 아니기 때문입니다.

사랑의 특성은 자발성입니다. 우리가 예수님이 하신 말씀들을 우리의 표준으로 설정하지 않아도, 성령께서 우리를 주관해 주시면, 우리 자신도 모르는 사이에 예수님의 표준에 따라 사랑을 행하며 살게 됩니다. 그리고 뒤를 되돌아보는 순간, 특별한 감정이 전혀 개입된 것이 없었던 것을 알고서 놀랍니다.

이 같은 것이야말로, 자발적으로 터져 나온 진짜 사랑이었다는 증거이기 때문입니다. 우리 안에서 하나님의 생명과 관련된 모든 것에서, 그것의 본질은 시간이 지나간 후에야만 판별됩니다.

사랑의 원천은 우리 안에 있지 않고, 하나님 안에 있습니다

하나님의 사랑을 우리의 육적인 마음의 본성에서 찾는 것은 어리석습니다. 성령으로 말미암아 하나님의 사랑이 우리의 마음속에 부어져 차고 넘쳤을 때 거기에 하나님의 그 사랑이 다만 있게 되는 것입니다.

만일 우리가 하나님을 얼마나 많이 사랑하고 있는가를 하나님께 입증하려 노력한다면, 이는 우리가 그를 사랑하지 않고 있다는 확실한 증표입니다. 하나님을 향한 우리의 사랑의 증거는 우리의 사랑의 절대적 자발성입니다. 사랑은 자연스럽게 나오는 법이기 때문입니다.

되돌아보면, 우리가 왜 어떤 일을 행했는지 그 이유를 알 수가 없습니다. 이는 우리가 우리 안에 있는 하나님의 사랑의 자발성을 따라서 그 일들을 행했을 뿐이기 때문입니다. 하나님의 사랑의 원천이 성령 안에 있기 때문에(롬 5:5), 하나님의 생명은 이 같은 자발적인 방식으로 스스로 드러납니다.

5월

감정 아닌 통찰력

기분이 언짢을 때
감정대로 하지 마십시오

5월 1일

감정 아닌 통찰력

나는 그분을 보지 아니한 채, 믿음으로 나의 삶을 살아야 합니다 (고후 5:7, Moffatt 성경).

후광이 찬란한 성도는 소용이 없습니다

하나님의 보살핌을 마음으로 느끼는 동안은 우리는 감정에 동요가 없습니다. 그러나, 하나님이 우리를 그의 사역에 사용하기 시작하게 되는 때는, 애처로운 얼굴 표정을 하며 시련과 난관들에 대하여 불평합니다. 우리가 유념해야 할 것은, 하나님은 항상 우리의 본분을 행하게 하심에서 우리가 눈에 띄지 않는 미미해 보이는 사람으로 처신하기를 원하신다는 점입니다. 그러나 우리는 할 수만 있으면, 영적으로 미미해 보이는 사람이 되고 싶어 하지 않습니다. 하나님이 천국 문을 닫으셨을 때도 우리의 본분을 행할 수 있습니까? 즉, 하나님이 하늘의 영감을 주시지 않아도 흔들림 없이 우리의 본분에 충실할 수 있습니까?

우리 가운데 상당수는 금빛 찬란한 후광과 번쩍이는 영감으로 빛나는 성도가 되기를 항상 원합니다. 그리고 하나님의 존귀한 성도들이 우리를 항상 잘 보살펴 주기를 원합니다. 하지만, 후광이 찬란한 성도는 소용이 없습니다. 그 같은 사람은 비정상적이고, 일상생활에 적응하지 못하며, 전혀 하나님을 닮지 않았습니다. 우리는 이 땅에서 세상의 일을 해야 하는 평범한 사람들일 뿐입니다. 날개 달린 천사들이 아닙니다. 다만, 우리가 위로부터 거듭났기 때문에, 난관을 이겨내는 대단한 능력을 갖추고서 우리의 본분을 행해야 합니다.

우리가 해야 하는 본분이 우리의 표준입니다

만일 우리가 몇 안 되는 기적 같은 영감의 순간들만을 계속 또 원한다고 하면, 그것은 우리가 원하는 것이 하나님이 아니라는 증거입니다. 우리는 하나님이 오셔서 말씀하시는 순간들, 곧 우리가 감정적으로 하나님이 직접 말씀하시는 것으로 짜릿하게 느끼는 순간들을 신성하게 여겨, 하나님이 거듭 그렇게 하셔야 마땅한 것처럼 주장합니다. 하지만, 하나님이 우리에게 원하시는 것은 하나님을 보지 않고서 믿음으로 행하는 것입니다.

얼마나 많은 사람이 스스럼없이, "하나님이 내게 나타나실 때까지는 나는 더 이상 할 수 없어요"라고 말했습니까? 하나님은 절대 나타나시지 않습니다. 하나님의 영감이나 특별한 감동이 없어도, 우리는 일어나야 합니다. 그때 놀라운 통찰력이 깨어납니다. "하나님은 항상 거기에 계셨는데, 왜 나는 그것을 까맣게 알지 못했을까!"

결코, 몇 안 되는 순간들에 집착하지 마십시오. 그것들은 예외적인 것들입니다. 하나님이 우리에게 영감의 감동을 주시는 것은 우리가 그 영감들로 인하여 탈선할 위험이 없는 것을 하나님이 확인하시는 때입니다. 우리는 우리가 경험한 영감의 순간들을 결코 우리의 표준으로 삼아서는 안 됩니다. 우리의 본분이 우리의 표준입니다.

열정이 있는 인내

5월 2일

비록 더딜지라도, 너는 그것을 기다리라 (합 2:3).

인내는 무관심으로 일관하는 냉담함이 아닙니다

인내는 어떤 공격이라도 견뎌내는 강철보다 강한 암석 바위와도 같습니다. 하나님을 바라보는 것이 인내의 원천입니다. 왜냐하면, 하나님을 바라봄으로써 도덕적 영감을 얻게 되기 때문입니다. 모세가 인내하며 견디었던 것은, 그가 가지고 있었던 이상적인 권리와 의무 때문이 아니고, 하나님을 바라보았기 때문이었습니다. 그는 "보이지 않는 분을 보는 것처럼"(히 7:27) 인내했습니다. 하나님을 바라볼 줄 아는 사람은 어떤 특별한 명분에 헌신하지 않고, 하나님 자신에게 헌신합니다.

당신은 하나님을 바라보는 때에 그것과 함께 영감이 주어지기 때문에 하나님을 바라보는 때가 언제인지를 당신은 항상 압니다. 모든 일이 하나님에 의해 활성화되기 때문에, 당신이 하는 일들이 당신의 삶에 엄청난 활기를 불어넣습니다. 하나님이 그의 아들 예수님이 광야에서 실제로 시험을 받게 하셨던 것처럼, 당신이 영적으로 광야에서 시험을 받게 하시되, 하나님에게서 아무 말씀도 전혀 받은 것이 없다고 하면, 인내하십시오. 당신은 하나님을 바라보기 때문에 인내하는 능력을 광야의 현장에서 갖게 될 것입니다.

영적인 안일을 경계하십시오

"비록 더딜지라도, 너는 그것을 기다리라." 우리가 하나님을 바라보고 있다는 증거는, 우리가 이미 붙잡은 것보다 더 많은 것을 갈망하여 손을 내미는 것입니다. 영적으로 만족하고서 더 이상 갈망하지 않는 것은 잘못된 것입니다. 시편 기자는 말합니다.

"여호와께서 내게 베푸신 모든 은혜를 내가 무엇으로 보답하겠습니까?
내가 구원의 잔을 들고 여호와께 서원한 것을 갚을 것입니다"(시 116:12-14).

우리는 스스로 만족하고 말기 쉽습니다. '이제 다 됐다. 이제 완전히 만족해. 이제 견딜 수 있어.' 그러나 이처럼 만족하고 말면, 곧바로 멸망 길에 빠집니다. 우리는 결코 지금의 상태로 만족하면 안 됩니다.

"내가 이미 붙잡았다거나 이미 온전해졌다"(빌 3:12)라는 것처럼 여겨서는 안 됩니다. 우리가 이미 체험한 것으로 만족하게 되면, 우리에게는 사실 아무것도 없습니다. 만일 하나님을 바라봄으로 영감을 얻게 되면, 우리가 경험할 수 있는 것보다 더 많은 것을 갖게 됩니다. 영적으로 안일해지는 것은 위험합니다. 경계하십시오.

5월 3일

활기찬 중보기도

항상 성령으로 모든 기도와 간구로 기도하고 (엡 6:18).

중보기도의 방해물

우리가 중보기도를 하게 되는 때, 우리가 하나님께 순종함으로 말미암아 우리가 생각한 것보다 더 많은 대가를 다른 사람이 치루게 되는 것을 발견하게 될 수 있습니다. 그때 위험이 있게 되는 데, 그 위험이란, 하나님이 우리의 기도에 응답하시어 우리가 중보기도하는 그 사람들을 완전히 다른 차원으로 서서히 인도하셨는데도 우리는 여전히 그들에 대해 동정심을 가지고 중보기도하기 시작한다는 것입니다. 다른 사람들에 대한 하나님의 관심을 알지 못한 채 그들에 대해 우리가 동정심을 가지게 되면, 하나님과 활기찬 관계가 사라지고, 그들에 대한 우리의 동정심과 배려가 그 자리를 대신하게 됩니다. 이것이야말로, 우리가 하나님을 의도적으로 책망하는 짓입니다.

중보기도의 열쇠

우리가 온전히 하나님을 확신하지 못하면, 활기차게 중보기도하는 것은 불가능합니다. 중복기도할 때, 하나님과 우리의 관계를 무산시키는 가장 큰 방해물은 개인적인 동정심과 개인적인 편견입니다. 하나님과 하나 됨이 중보기도의 열쇠입니다. 우리와 하나님과 하나 됨을 멈추게 하는 것은 죄가 아니라, 동정심으로 말미암습니다.

하나님과 우리와의 관계를 죄가 아니라, 동정심이 방해하는 것 같습니다. 우리 자신에 대해서나 다른 사람들에 대해 동정심을 갖게 되면, "나는 그런 일이 일어나는 것을 차마 볼 수 없을 것입니다."라고 말합니다. 이런 동정심을 갖게 되면 즉시로, 하나님과 우리의 생동력 있는 관계가 끝나고 맙니다.

활기찬 중보기도를 하려면, 자기 연민에 빠져 자신을 위해 기도해서는 안 됩니다. 자기를 결코 고려해서는 안 됩니다. 중보기도할 때는, 다른 사람들에 대한 하나님의 관심에 완전히, 그리고 전적으로 당신이 하나가 되어야 합니다.

대신하는 중보기도

5월 4일

그러므로 형제들이여, 예수님의 피로 말미암아 지성소로
들어갈 담대함을 우리는 가지고 있습니다 (히 10:19).

중보기도의 유일한 근거

우리가 개인적인 동정심을 가지고 하나님 앞으로 나아가 우리가 요구하는 것을 하나님이 행하셔야 한다고 주장하는 것이 중보기도라고 생각하지 마십시오. 우리가 하나님께 나아가 중보기도하는 것은 전적으로 우리 주님이 우리를 대신해 죄를 담당하셨기 때문입니다. 우리는 "예수님의 피로 말미암아 지성소에 들어가" 중보기도하는 담대함을 가지고 있는 것입니다.

중보기도의 최대 장애물은 영적 완고함입니다

이는 그 완고함이 우리 자신과 다른 사람들에 대한 동정심에 근거하고 있기 때문입니다. 이 같은 동정심을 갖게 되면, 우리에게 속죄가 필요하지 않다고 생각하게 되는 것입니다. 다시 말해서, 우리 안에 어떤 바르고 덕스러운 선한 것들이 있어서 우리에게 속죄가 필요하지 않다는 생각을 가지게 되는 것입니다. 이 같은 생각을 가짐으로써 생겨나는 동정심이 우리 마음을 지배하는 한, 우리는 중보기도할 수가 없습니다.

다른 사람들에 대한 하나님의 관심에 우리가 마음으로 하나 되지 못하면, 우리는 하나님께 토라지게 됩니다. 그리고 우리는 우리 자신의 생각만을 항상 고집하게 되어, 우리의 중보기도는 우리 자신의 본성적 동정심을 찬양하는 것이 됩니다. 예수님께서 자신을 죄와 동일시하신 것으로부터 우리의 모든 동정심이 근본적으로 바뀌어야 한다는 사실을 깨달아야 합니다.

우리가 대신하여 드리는 중보기도는 다른 사람들에 대한 우리의 본성적 동정심을 버리고 의도적으로 그들에 대한 하나님의 관심으로 대체하는 것을 의미합니다.

우리는 지금 여전히 완고합니까? 아니면, 동정심을 버리고 하나님의 관심으로 대체했습니까? 하나님과의 우리의 관계는 불편합니까? 아니면, 온전합니까? 불만스럽습니까? 아니면, 영적으로 충만합니까? 우리 자신의 방식을 고집합니까? 아니면, 주님과 마음으로 하나 되기를 결심했습니까?

5월 5일

사랑의 심연과 심판

이는 하나님의 집에서 심판을 시작할 때가 되었기 때문입니다 (벧전 4:17).

하나님에 대한 복음을 선포해야 합니다

그리스도인 사역자는 구원이 사람이 아니라, 하나님의 생각에서 나온 것임을 결코 잊어서는 안 됩니다. 그러므로 구원은 깊이를 알 수 없는 심연입니다. 우리의 체험은 구원이 우리의 의식적 삶으로 들어오는 대문에 지나지 않습니다.

그러므로 결코 경험을 선포하지 마십시오. 배후에 있는 하나님의 위대한 생각을 선포하십시오. 우리가 선포할 때, 사람이 어떻게 지옥에서 구원받고 도덕적으로 순결하게 될 수 있는가를 선포하는 것이 아닙니다. 하나님에 대한 복음을 전합니다.

심판은 하나님 사랑의 표지입니다

예수 그리스도의 가르침에는 심판의 요소가 항상 담겨 있습니다. 심판은 하나님의 사랑이 나타나 있는 표지입니다. 그러므로 하나님께 나아오는 것을 어렵게 생각하는 사람을 절대 동정하지 마십시오. 동정함으로써 하나님을 탓해서는 안 됩니다. 그 사람이 왜 어려워하는가 하는 이유를 찾아내는 것은 우리가 할 일이 아닙니다.

우리가 할 일은 하나님의 복음의 진리를 제시함으로써, 하나님의 성령이 그 사람에게 무엇이 잘못인가를 밝혀 주게 하는 것입니다. 선포하는 일에 있어서 가장 확실한 시금석은 모든 사람을 심판 자리로 이끌어 오는 것입니다. 이로써 하나님의 성령께서 각 사람을 하나님께로 이끄십니다.

만일 예수님께서 우리에게 명령을 주시면서 그것을 지킬 수 있는 능력을 우리에게 주실 수 없다고 하면, 그는 거짓말쟁이일 것입니다. 그리고 만일 우리의 무능력이 걸림돌이 되어 우리가 순종할 수 없다면, 이것은 하나님이 우리에 대해 고려하지 못한 어떤 것이 있다고 하나님을 탓하는 것과 같습니다. 우리 자신을 의지하려는 생각은 무엇이든 하나님의 능력에 의하여 제거되어야 합니다. 우리가 완전히 연약하여 하나님을 의지할 때 하나님의 성령께서 그의 능력을 항상 나타내실 것입니다.

복음의 심연과 자유

5월 6일

그리스도께서 우리를 자유롭게 하려고 자유를 주셨으니,
그러므로 굳게 서서 다시는 종의 멍에를 메지 마십시오 (갈 5:1).

그리스도인의 양심 자유

마음이 영적인 사람은 당신에게 다가와 '이것저것을 믿으십시오.'라고 막무가내로 절대 요구하지 않을 것입니다. 다만, 당신의 삶을 예수님의 표준에 일치시키라고 요구할 것입니다. 우리는 성경을 믿으라고 요구받지 않고, 성경이 계시하는 그분을 믿으라고 요구받습니다(참조, 요 5:39-40).

우리는 우리의 견해를 밝히는 자유가 아니라, 양심의 자유를 표출하도록 부르심을 받았습니다. 만일 우리가 그리스도의 자유를 인하여 자유롭다고 하면, 다른 사람들도 바로 그 자유를 누리도록 해주어야 할 것입니다. 예수 그리스도의 다스림을 삶 속에서 인식하는 자유를 누리게 해야 합니다.

예수 그리스도의 자유

항상 당신의 삶을 예수님의 표준에 따라 평가하도록 하십시오. 오직 예수님의 멍에만을 메고, 다른 멍에는 일절 메지 마십시오. 그리고 예수님이 메게 하지 않은 멍에를 다른 사람들에게 결코 강요하는 일이 없도록 유념하십시오. 사람들의 생각이 우리가 생각하는 관점과 같지 아니하면 그 사람들의 생각이 틀린 것이 분명하다고 흔히 생각하는 버릇이 우리에게 있습니다.

하나님께서 이런 우리의 자기 위주의 사고방식을 뜯어고치는 데는 오랜 시간이 걸립니다. 그러한 우리의 사고방식은 전혀 하나님이 원하시는 것이 아닙니다. 하나님이 우리가 누리기를 원하시는 유일한 자유는 예수님의 자유입니다. 그분의 자유는 우리의 양심 속에서 역사하여 우리가 옳은 것을 행할 수 있게 합니다.

참지 못 하는 일이 없도록 하십시오. 하나님이 당신을 어떻게 대하셨는가를 기억하십시오. 하나님은 인내와 온유함으로 당신을 대하셨습니다. 그러나 하나님의 진리를 결코 흐리게 하지 마십시오. 진리는 진리 되게 하고, 결코 진리를 변론하지 마십시오. 그러기에, 예수님은 말씀하시기를 "가서 제자로 삼으시오."라고 했지, "당신의 의견들을 따르는 자들로 삼으시오."라고 하지 않았습니다.

5월 7일

영원을 위한 건축

여러분들 가운데 누군가가 망대를 세우고자 하면, 먼저 앉아서
자기가 그것을 완성할 만한 비용을 가졌는지 계산해 보지 않겠습니까? (눅 14:28)

주님이 치르신 비용

주님께서 말씀하고 계시는 것은 우리가 계산해야 하는 비용이 아니라, 그가 이미 계산하신 비용입니다. 그가 치르신 비용은 나사렛에서의 30년과 비난과 미움을 받았던 공생애 3년, 겟세마네에서의 고통스런 고뇌, 그리고 갈보리에서 당하신 무참한 죽음이었습니다. "그 사람이 건축을 시작은 했으나, 마칠 수가 없었다."라고 아무도 말하지 못할 것입니다.

제자가 되기 위한 조건

누가복음 14:26-27과 33절에서 우리 주님이 규정하신 제자가 되기 위한 조건에 의하면, 그분의 거대한 건축 사역에서 그가 쓰고자 하는 사람들(남자와 여자들)이란 그가 그들을 위해 모든 것을 계산해 주신 자들입니다.

"만일 누구든지 내게 오는 자는 … 자기 목숨까지도 미워하지 않으면 내 제자가 될 수 없습니다"(26절). 이 말씀에서 우리 주님이 뜻하는 것은, 그분의 건축 사역에서 그가 사용하고자 하시는 유일한 사람들(남자와 여자들)이란 세상에서 맺어진 가장 가까운 친인척 관계를 초월해 인격적으로 열정적으로 헌신적으로 그분을 사랑하는 자들이라는 것입니다. 이로 보건대, 제자가 되기 위한 조건들이 매우 엄격하지만, 매우 영광스럽습니다.

우리가 하는 건축 사역은 하나님께서 점검하실 것입니다. 우리 자신의 건축 사역을 예수님의 기초 위에 우리가 세웠는가를 하나님은 자기의 맹렬한 불로 점검하실 것입니다. 지금은 거대한 건축을 하는 날입니다. 우리가 하나님을 위해 열심히 하는 날입니다. 그런데 여기에는 덫이 있습니다.

엄밀하게 말하자면, 우리는 하나님을 위해 결코 어떤 일도 할 능력이 없습니다. 사실은 예수님이 자신의 건축의 전 공정을 위해서 우리를 떠맡으신 것입니다. 그래서 아무에게도 자신이 어느 공정에 투입되어야 할 것인가에 관해 주장할 권리가 없습니다.

믿음의 인내

5월 8일

네가 나의 인내의 말을 지켰으니 (계 3:10).

인내는 견디어 내는 것 이상입니다

성도의 삶이 하나님의 손안에 있는 것은 마치 활과 화살이 궁수의 손에 있는 것과도 같습니다. 하나님은 성도가 볼 수 없는 어떤 것을 향해 정조준하여 활을 당기십니다. 매번 거듭 성도는 말하기를 "나는 더 이상 버틸 수 없어요."라고 합니다. 그러나 하나님은 성도의 그 같은 하소연에 별로 신경 쓰지 않으시고, 목표물이 시야에 잡힐 때까지 계속 팔을 뻗고 나서 활을 당겨 화살을 날립니다. 하나님의 손을 신뢰하십시오.

무엇 때문에 지금 당장 당신은 인내가 필요합니까?

예수 그리스도와 맺은 당신의 관계를 믿음의 인내로 유지하십시오. "주께서 나를 죽이실지라도 나는 주님을 여전히 기다릴 것입니다"(욥 13:15).

믿음은 애처롭고 감상적인 것이 아닙니다

믿음이란 하나님께서 거룩한 사랑이시다는 사실 위에 세워진 견고하고 힘찬 확신입니다. 지금 당장은 당신이 그분을 볼 수 없고, 그분이 하시는 일을 이해할 수 없으나, 당신은 그분을 알고 있습니다. 당신의 믿음이 파선되는 것은, 하나님이 거룩한 사랑이시다는 영원한 진리 위에 당신의 마음이 견고하게 서 있지 못한 까닭입니다. 믿음은 당신의 삶을 건 영웅적인 노력입니다. 어떠한 위험도 개의치 않고 하나님을 확신하고서 당신 자신을 하나님께 내맡기는 것입니다.

하나님은 우리를 구원하시기 위해 예수 그리스도 안에서 모든 것을 과감하게 행하셨습니다. 이제 하나님은 우리가 그분을 신뢰하고 확신하는 가운데 우리의 모든 것을 걸고 과감하게 행하기를 원하십니다. 그 같은 믿음이 아직까지 우리 안에서 역사하지 않은 부분들이 남아 있습니다. 하나님의 생명이 닿지 않은 곳들이 있습니다. 그러나 예수 그리스도의 삶에는 그러한 부분들이 하나도 있지 않습니다. 그러기에 우리들의 삶에도 하나라도 남아 있어서는 안 됩니다.

"영생은 이것이니, 곧 유일한 참 하나님이신 아버지와 아버지께서 보내신 예수 그리스도를 아는 것입니다"(요 17:3). 영생의 참된 의미는 어떤 일을 당해도 흔들림 없이 부딪칠 수 있는 생명입니다. 우리가 이 같은 믿음을 가지고 있다면, 우리의 삶이 대단히 즐거운 것이 됩니다. 항상 놀라운 일들이 일어나는 것을 보는 영광스러운 기회를 얻습니다. 하나님은 우리가 하나님의 능력의 중심부로 들어올 수 있게 우리를 날마다 매사에 훈련 시키고 계십니다.

5월 9일

이상과 환상의 차이

아무런 환상도 없는 경우에는, 사람들이 방자히 행한다 (잠 27:18).

이상과 환상은 다릅니다

이상에는 아무런 도덕적 영감이 없으나, 환상에는 있습니다. 이상에 사로잡힌 이상주의자들은 거의 아무 일도 실천하지 않습니다. 신에 대한 이상주의자의 개념은 자신의 본분을 의도적으로 게을리하는 것을 정당화하는데 이용될 수 있습니다. 즉, 자기가 생각하고 아는 신을 빙자해 이상주의자는 자신의 책무를 전혀 실행하지 않으려 합니다.

요나가 주장한 것에 따르면, 하나님이 정의와 긍휼의 하나님이시기 때문에, 모든 것이 저절로 잘 되어 갈 것이라 했습니다. 그래서 그는 아무것도 하지 않고서 자신을 정당화했습니다. 요나처럼 우리가 알고 있는 하나님에 대한 바른 개념 때문에 우리의 본분을 실행하지 않을 수 있습니다. 그러나 환상이 있는 경우는 언제나, 그 환상이 도덕적 동기를 부여하기 때문에 올바른 삶이 가능하게 됩니다.

환상이 없는 이상은 위험합니다

이상은 부지중에 파멸을 가져올 수 있습니다. 영적으로 당신의 상태를 점검하여, 당신이 이상만 가졌는지, 아니면 환상도 가졌는지를 알아보십시오.

"아무런 환상도 없는 경우에는 …." 일단 하나님을 보지 못하고 놓치게 되면, 우리가 무절제해지고 방자하게 행하게 됩니다. 기도하기를 포기하고, 작은 일들에서는 하나님을 바라보는 것을 아예 무시해 버린 채, 자신의 주도권대로 행하기 시작합니다. 만일 우리가 하나님이 개입하시는 것을 기대하지 않고서 우리 자신의 주도권대로 일들을 제멋대로 행할 것 같으면, 우리는 내리막길로 달리게 되고, 환상을 상실한 것입니다.

오늘 우리가 가지고 있는 태도는 하나님을 바라보는 환상에서 나온 태도입니까? 하나님이 지금까지 행하셨던 것보다 더 큰일들을 행하실 것을 기대하고 있습니까? 우리의 영적 전망은 신선하고 활력이 있습니까?

첫 발걸음을 내딛으십시오

5월 10일

여러분들은 더욱 힘써 믿음에 덕을 … 더하십시오 (벧후 1:5).
(여러분들의 믿음에 불굴의 정신을 … 공급하십시오 - Moffatt 성경)

우리가 해야 할 일이 있습니다

"더하십시오."라는 이 말에는 우리가 해야 할 어떤 것이 있다는 뜻이 담겨 있습니다. 우리가 잊어서는 안 될 것이 있습니다. 하나님이 행하시는 일은 우리가 행할 수 없고, 우리가 행할 수 있는 것은 하나님이 행하시지 않을 것이라는 사실을 우리는 잊기 쉽습니다. 우리는 우리 자신을 구원하거나 거룩하게 할 수 없고, 하나님이 그 일을 하십니다.

그러나 하나님은 우리에게 선한 습관이나 좋은 성격을 주시지 않고, 우리를 바로 걷도록 강제하지 않을 것입니다. 우리 자신이 그 모든 것을 해야 합니다(참고, 빌 2:12). "더하십시오."라는 말은 어떤 것들을 행하는 습관을 기르라는 것을 뜻합니다. 그런데 첫 단계에서는 습관을 기르는 것이 어렵습니다. 첫 발걸음을 내딛으십시오. 그러면 시작할 수 있게 됩니다. 당신이 가야 할 길로 스스로 지시하게 됩니다.

첫 발걸음을 내딛으십시오

당신이 가야 할 길을 훤하게 잘 알면서도 그 길을 의심하는 버릇을 삼가십시오. 주저 없이 첫 발걸음을 내딛으십시오. 출발하십시오. 하나님이 말씀하시면 마음을 굳게 하고서, 하나님의 말씀대로 즉시 믿음으로 행하고, 결코 당신의 결심을 바꾸지 마십시오. 만일 하나님께서 당신에게 어떤 일을 행하라고 명령하시는 때 당신이 주저한다면, 은혜 안에 당신이 견고하게 서 있지 못하고 넘어질 수 있게 됩니다.

당신 스스로 주도적으로 지금 당신이 뜻을 정하여 첫 발걸음을 내딛으십시오. 그리고 되돌아갈 수 없게 당신 뒤에 있는 다리를 불태워 버리십시오. "나는 그 편지를 쓰겠다." "나는 그 빚을 갚겠다." 이렇게 했다면, 그 일을 해야 하게끔 하십시오.

우리는 범사에 하나님을 경외하는 습관을 갖게 되면, 하나님이 무엇을 말씀하고 계시는가를 찾아내는 습관을 기르게 됩니다. 위기가 오는 때, 만일 우리가 본능적으로 하나님께 향하게 되면, 그것은 우리에게 좋은 습관이 이미 형성된 까닭입니다. 우리가 있지 않은 곳이 아닌, 지금 우리는 우리가 있는 곳에서 주도적으로 첫 발걸음을 내디뎌야 합니다.

5월 11일

살그머니 해서는 안 됩니다

형제 우애에 사랑을 더하십시오 (벧후 1:7).

사랑은 절대 쉽지 않습니다

사랑은 어떤 사람을 다른 사람보다 비교가 안 될 정도로 좋아하는 것입니다. 영적으로 예수님께서는 자신에 대해 그 같은 사랑을 요구하십니다(참조, 눅 14:26). 성령으로 말미암아 하나님의 사랑이 우리 마음속에 부어져 넘치게 되면(참조, 롬 5:5), 예수님을 최우선으로 사랑하게 됩니다. 성령께서 계시하는 바에 따르면, 하나님이 우리를 사랑하신 이유는 우리가 사랑스럽기 때문이 아니라, 하나님의 사랑의 성품 때문입니다. 예수님이 우리에게 말씀하십니다. "내가 여러분을 사랑했던 바로 그 사랑을 다른 사람들에게 나타내 보이십시오"(요 15:12). "내가 여러분을 존경할 리가 없는 어떤 사람들을 여러분들에게 데리고 올 테니, 여러분들에게 내가 베풀어 주었던 것과 같이 나의 사랑을 그들에게 베풀어 주어야 합니다." 우리 가운데 몇몇 사람들은 예수님의 말씀대로 사랑해보려고 애썼으나, 금방 지치고 말았습니다.

사랑은 훈련이 필요합니다

"약속의 주님은 여러분들을 위하여 오래 참으십니다"(벧후 3:9).

우리의 속을 들여다보고 주님께서 우리를 어떻게 다루셨는가를 생각해 보십시오. 하나님이 우리를 최대한으로 사랑하시어서, 우리의 모든 죄, 비열한 언행, 이기심, 그리고 잘못 등을 끝장내셨다는 것을 알게 되면, 우리는 세상에 나아가 하나님과 같은 방식으로 사랑하게 될 것입니다. 우리에 대한 하나님의 사랑은 지칠 줄 모릅니다. 한이 없습니다. 그러기에, 우리에게 베풀어 주신 하나님의 사랑을 디딤돌 삼아 다른 사람들을 사랑해야 합니다. 우리가 은혜로 성장하게 되면 순간적으로 벌컥 화를 내는 일이 없게 됩니다. 우리는 우리가 함께 살아야 하는 어떤 특정의 사람 때문에 벌컥벌컥 화를 냈습니다. 그러나 우리가 하나님을 얼마나 따르지 않았는가를 한번 생각해 보십시오. 우리는 주 예수님을 본받아 그분의 삶의 향기로움이 항상 넘쳐나게 할 준비가 되어 있습니까? 우리의 육신적 사랑이건 또는 하나님의 사랑이건 그것이 개발되지 않는 한 사랑으로 남아 있지 않습니다. 본래 사랑은 몸에서 우러납니다. 그러나 사랑이 훈련되지 않으면 사랑답지 않습니다.

습관을 의식하지 마십시오

5월 12일

이런 것들이 여러분들에게 있고 또 풍성하면, 여러분들은 우리 주 예수 그리스도를 아는 데 게으르거나 열매 없는 자들이 되지 않을 것입니다 (벧후 1:8).

습관이 우상이 되면 안 됩니다

우리가 습관을 길들일 때 의식하곤 합니다. 그래서 덕스럽고 참을성 있고 경건하게 되는 것을 의식하게 되는데, 그것은 단지 하나의 단계에 지나지 않습니다. 그 단계에서 멈추면 영적으로 거드름을 피우게 됩니다.

우리의 영적인 삶은 아직도 부족한 요소들이 남아 있으므로 계속 자기반성을 해야 합니다. 궁극적으로 하나님과의 관계가 완전히 단순해야 합니다.

규칙적으로 기도하는 것과 성경을 읽는 습관이 당신의 우상이 될 수 있습니다. 하나님과 깊은 교제를 나누는 대신에 그 습관을 우상처럼 섬기게 되면 아버지 하나님께서 얼마나 그러한 시간에 대해 분개하시는가를 주의하십시오.

"당장은 할 수 없네요. 지금은 내가 하나님과 함께 하는 시간이거든요."라고 당신은 말하겠지만, 사실인즉, 당신은 지금 당신의 습관과 시간을 함께하고 있는 것입니다. 당신의 약점을 확인하십시오. 그러고 나서 훈련하는 기회를 찾아보십시오.

사랑은 의식하고 하는 습관이 아닙니다

습관을 의식하지 못한 채, 몸에서 우러나 무의식적으로 사랑을 실천하는 것입니다. 만일 당신이 의식적으로 거룩하려고 하면, 당신이 할 수 없다고 생각되는 것들이 분명히 있게 됩니다. 다시 말해서, 더해져야 할 어떤 것들이 있습니다. 유일한 초자연적 삶은 주 예수님이 사셨던 삶입니다. 그분은 어디에서나 아버지 하나님과 함께 편안했습니다. 즉, 언제 어디서나 친밀한 교제를 나누고 계셨습니다.

당신에게는 하나님과 함께 편안을 누리지 못하는 경우가 있습니까?

당신이 하나님께 붙잡히고, 당신의 삶이 어린아이와 같은 단순한 삶이 될 때까지 당신의 그 같은 상황에 하나님을 받아들이십시오.

5월 13일

선한 양심을 갖는 습관

그러므로 나 자신도 언제나 하나님과 사람들에게 거리낌이 없는 양심을 가지려고 힘쓰고 있습니다 (행 24:16).

양심은 영혼의 눈입니다

하나님의 명령들은 우리 안에 계시는 하나님 아들의 삶에 주어졌고, 결과적으로 그분의 아들의 형상을 닮은 우리의 본성에 주어진 것입니다. 그분의 명령은 어렵지만, 우리가 순종하다 보면 즉시 영적으로 아주 쉬워집니다.

양심은 내 안에 있는 기능으로서, 내가 아는 최고의 것에 애착을 느끼고, 그 최고의 것이 내게 행하도록 요구하는 것이 무엇인가를 말해줍니다. 양심은 우리의 영혼의 눈입니다. 이 양심은 하나님을 향하여 보거나 그것이 최고의 것으로 여기는 것을 향하여 봅니다. 그래서 양심은 여러 다른 사람들 안에 여러 모양으로 다르게 심겨 있는 것입니다.

만일 내가 하나님과 흔들림 없이 착실하게 대면하는 습관이 있다고 하면, 나의 양심은 하나님의 온전한 율법을 항상 소개해 주고 내가 해야 할 일을 지시합니다.

요점은, 내가 순종할 것인가? 하는 것입니다. 나는 나의 양심이 항상 깨어서 아무런 상처 없이 행할 수 있도록 나의 양심을 힘써 지켜야 합니다. 나는 하나님의 아들과 완전히 마음이 하나 되어 살아야 합니다. 이로써 모든 상황에서 내 마음의 영이 새로워지게 되는 것입니다. 그리고 "하나님의 선하고 기뻐하고 온전한 뜻이 무엇인지를" 즉시 "분별하게 됩니다"(롬 12:2).

양심이 깨어있어야 합니다

하나님께서는 항상 가장 작은 것까지도 우리에게 가르쳐 주십니다. 우리의 귀는 우리가 무엇을 행해야 하는가를 알기까지 성령의 세미한 음성을 들을 만큼 예민합니까? "성령을 근심하게 하지 마십시오"(엡 4:30).

성령님께서는 천둥소리 같은 음성으로 오시지 않습니다. 그의 음성은 너무나도 부드러워서 듣지 못하기 쉽습니다. 하나님께 대하여 우리의 양심이 깨어있게 하는 한 가지 방법은 하나님께 우리의 내면의 귀를 항상 열어놓는 습관을 기르는 것입니다. 우리 내면에서 시비가 있을 때는 당장 멈추십시오. "왜 내가 이것을 해서는 안 되지?" 이렇게 따진다면, 당신은 잘못된 길에 있는 것입니다. 양심이 말하는 때에는 어떠한 시비도 있어서는 안 됩니다. 당신이 만일 하나님과의 당신의 내적 소통을 흐리게 하는 일을 하게 되면, 당신은 위험에 빠질 수 있습니다. 내적 소통을 방해하는 일은 무엇이든 제거하고, 당신의 내적 환상이 맑게 유지되도록 하십시오.

싫은 것을 즐기는 습관

5월 14일

우리가 항상 예수님의 죽으심을 우리 몸에 지니고 다니는 것은
예수님의 생명이 또한 우리 몸에 나타나게 하려는 것입니다 (고후 4:10).

싫은 것을 즐기는 방법

하나님께서 은혜로 우리 안에서 행하신 것을 우리의 삶을 통해 나타내는 습관들을 길러야 합니다. 문제는 지옥에서 구원받는 것이 아니고, 우리의 죽을 육체에서 하나님의 아들의 생명(또는, 삶)을 나타내기 위해 구원받는 것입니다. 그분의 생명을 우리가 나타내는지 아닌지는 우리가 싫어하는 일들을 겪는 과정에서 드러나게 됩니다.

하나님의 아들에게 본질에서 있는 향기를 우리가 드러내고 있습니까?

아니면, 그분을 제쳐 놓음으로써 '내 자신'에게 본래 있는 신경질적인 짜증을 드러내고 있습니까?

우리가 싫어하는 것들을 즐길 수 있는 유일한 방법은 하나님의 아들의 생명이 우리 안에서 나타나게끔 우리가 뜨거운 열정을 갖는 것입니다. 어떤 일이 아무리 싫더라도, "주님, 내가 이 일에서 주님께 순종하기를 기뻐합니다"라고 말해 보십시오. 그러면 즉시로 하나님의 아들이 우리 안에서 최우선이 될 것입니다. 그리고 예수님께 영광을 돌리는 삶이 우리 안에서 나타나게 됩니다.

어떤 시비도 있어서는 안 됩니다

당신이 빛에 순종하는 순간, 하나님의 아들이 당신을 통해 드러나게 됩니다. 그러나 만일 당신이 시비를 걸면, 하나님의 성령을 근심하게 하는 것이 됩니다. 당신은 스스로 조심하여 하나님의 아들의 생명이 나타날 수 있게 해야 합니다. 그러나 당신이 자기 연민에 빠지게 되면 당신은 어떻게 할 방법이 없게 됩니다. 우리의 모든 환경은 하나님의 아들이 얼마나 놀라울 만큼 온전하시고 특별하게 순결하신가를 드러내는 수단입니다.

하나님의 아들이 우리의 환경 속에서 드러나게 되면, 우리의 심장이 당연히 뛰게 됩니다. 당신이 싫어하는 것들을 스스로 기쁘게 선택하는 것과 하나님에 의해서 싫어하는 것들을 하게 되는 것은 다릅니다. 만일 하나님이 당신에게 그렇게 하신다 하면, 하나님은 능력이 충분하시기에 당신을 넉넉히 도우실 수 있습니다. 하나님의 아들의 생명이 당신 안에서 나타날 수 있게 스스로 조심하십시오. 절대로 기억에 의존하여 살지 마십시오. 하나님의 말씀이 당신 안에서 항상 살아 활동하게 하십시오.

5월 15일

시련을 대처하는 습관

그분의 부르심의 소망이 무엇인지 … 여러분이 알게 되기를 기도합니다 (엡 1:18).

당신이 구원받은 목적을 기억하십시오

그 목적이란, 하나님의 아들이 당신의 죽을 육체 안에서 나타나게 하는 것입니다. 당신의 역량을 총동원하여 당신이 하나님의 자녀로 선택된 사실을 깨달아, 어느 때나 시련을 대처하십시오.

당신이 당신의 구원을 위해서 할 수 있는 것은 아무것도 없습니다. 다만 그것을 나타내기 위해 어떤 것을 행해야 합니다. 즉, 하나님께서 이미 이루어 놓으신 것을 당신이 힘써 이루어내야 합니다.

당신은 당신의 혀와 머리와 신경을 써 그것을 힘써 이루어내고 있습니까?

만일 당신이 아직도 당신 자신의 옛 방식대로 행하는 여전히 비참한 걸레 같은 사람이라고 하면, 하나님이 당신을 구원하셔서 거룩하게 하셨다고 말하는 것은 거짓입니다.

불같은 시련을 대처하십시오

하나님은 최고의 명장(名匠)이십니다. 하나님이 당신에게 어려운 시련들이 있게 하시는 것은 당신이 그것들을 적절하게 극복할 수 있는가를 알아보시기 위해서입니다. "나의 하나님을 의지하고 내가 담을 뛰어넘을 것입니다"(시 18:29).

하나님이 당신에게 하나님의 자녀로서 해야 하는 요구사항들을 결코 면제해 주시지 않을 것입니다. 심지어 불같은 시련도 요구하십니다. 그래서 베드로가 말합니다. "사랑하는 자들이여, 여러분들을 시련하려고 오는 불같은 시련을 이상한 일이 일어나는 것처럼 여기지 마십시오"(벧전 4:12).

시련을 대처하여 이겨내십시오. 그 시련으로 말미암아 당신의 죽을 육체에 하나님께서 자신을 나타내시는 기회가 주어진다고 하면, 그 시련이 어떻게 당신에게 상처를 주든 문제가 되지 않습니다.

더 이상 하나님께 낑낑대지 말고, 영적으로 용기가 충만해 있음을 하나님께 보이시고, 하나님이 주시는 것이면 어떤 시련이라도 잘 감당해내십시오. 우리는 우리의 죽을 육체에서 하나님의 아들이 나타날 수 있도록 열심히 해야 합니다. 하나님에게는 아예 박물관이 없습니다. 우리의 삶의 유일한 목표는 하나님의 아들이 나타날 수 있게 하는 것입니다.

우리에게는 하나님께 명령하려는 마음이 있어서는 결코 안 됩니다. 우리 주님이 그분의 아버지께 절대 명령하지 않았습니다. 그러기에 우리도 하나님께 명령하려고 하는 대신에, 하나님의 뜻에 순복해 하나님이 원하시는 것을 우리를 통해 행하실 수 있게 해드려야 합니다. 이 같은 사실을 우리가 깨닫게 되는 때에, 하나님이 우리를 찢겨진 빵과 부어진 포도주로 만들어 다른 사람들을 먹이고 양육하실 것입니다.

부요함을 누리는 습관

5월 16일

신의 성품에 참여하는 자들이 되게 하시려는 것입니다 (벧후 1:4).

가장 먼저 길러야 하는 습관

우리는 하나님의 약속들을 통해서 신의 성품에 참여하는 자들이 됩니다. 그렇게 되고 나면 습관들을 잘 길러 우리의 인간적 본성에 신의 성품이 '다듬어지게' 해야 합니다. 우리가 길러야 하는 첫 번째 습관은 하나님이 공급해주신 것들을 깨달아 아는 습관입니다. 그러기에, '아, 나는 그것을 할 수 있는 여유가 없습니다.'라고 말하지 않아야 합니다. 우리가 사는 세상에서 돈에 대해 말하는 것은 잘못된 것입니다. 영적 세계에서도 마찬가지입니다. 그렇지만 우리는 하늘에 계신 아버지 하나님이 한 푼이라도 덜 주려고 깎으신 것처럼 말합니다. 우리는 하루를 마무리하면서 "오, 참! 나는 오늘 하루를 겨우 간신히 버텨냈어요. 정말 엄청 힘겨운 하루였지요."라고 말하는 것을 참된 겸손의 자세로 생각합니다. 그러나 전능하신 하나님의 모든 것이 우리 주 예수님 안에서 우리의 것입니다! 우리가 하나님께 순종할 것 같으면 하나님은 우리에게 복을 주시기 위해서 바다의 모래알과 하늘의 가장 먼 별까지 사용하실 것입니다. 외적 환경이 힘들더라도 그것이 무슨 문제가 됩니까? 우리에게는 난관들이 없어야 할 이유라도 있습니까?

자기 연민은 심각한 죄입니다

만일 우리가 자기 연민이라고 하는 영적으로 사치스러운 비참에 빠지게 되면, 우리 자신의 삶에서 하나님의 부요함을 멀리하게 되고, 다른 사람들이 하나님이 주시는 공급을 누리지 못하게 방해하는 것이 됩니다. 자기 연민의 죄는 가장 악하고 심각한 죄입니다. 자기 연민에 빠지면 하나님을 제쳐놓고 대신 자기 유익을 보좌 위에 앉히기 때문입니다. 자기 연민은 우리의 입을 열 때마다 불평을 쏟아내고, 끝없는 영적 갈증을 느끼게 만듭니다. 이런 영적 갈증에는 사랑이나 너그러운 것이 전혀 없습니다. 하나님께서 우리를 기뻐하고 만족해하시게 되면, 본래 아지랑이같이 헛된 세상의 모든 부를 제거하시며, 우리의 모든 신선한 복의 근원이 하나님께 있다는 것을 우리로 알게 하십니다. 만일 하나님의 위엄과 은혜와 능력이 우리 안에서 나타나지 않는다면(우리가 의식하지 못한다면), 하나님이 우리에게 책임을 물으십니다.

"하나님께서는 능히 모든 은혜를 넘치게 하실 수 있습니다"(고후 9:8).

다른 사람들에게 하나님의 은혜를 아낌없이 베푸는 것을 배우십시오. 하나님의 성품을 마음에 새기십시오. 그러면 하나님의 축복이 당신을 통해서 항상 임할 것입니다.

5월 17일

주님의 승천과 우리의 연합

예수께서 그들을 축복하시고 그들을 떠나서 하늘로 올려지셨습니다 (눅 24:51).

예수님의 승천으로 말미암아 열린 문

변화 산에서 예수님의 모습이 변화된 사건 이후 그분의 삶에서 일어난 사건들과 일치되는 경험이 우리에게는 전혀 없습니다. 그 변모(변화된 모습) 사건 이후로 우리 주님의 삶은 모두 한결같이 우리를 대신하여 겪으신 것이었습니다. 변화 산에서 변모되시던 때까지는 그는 평범한 사람의 삶을 온전하게 사셨으나, 변모된 이후로는 겟세마네와 십자가와 부활 사건의 경우 모든 것이 우리에게 생소한 것들입니다.

그의 십자가 사건은 인류 누구나 하나님의 생명 속으로 들어갈 수 있는 문입니다. 부활 사건을 통해 그분은 어떤 사람에게든 영원한 생명을 줄 수 있는 권리를 얻으셨습니다. 그리고 승천하심으로 우리 주님은 하늘에 들어가셔서 온 인류를 위해 문을 활짝 열었습니다.

그가 승천하시던 산 위에서 그의 변모가 완성되었습니다. 만일 예수님께서 변화 산에서 바로 하늘로 올라가셨다고 하면, 그는 혼자서 가셨을 것입니다. 그는 우리에게 단지 영광스러운 인물에 지나지 않았을 것입니다. 그러나 그는 그 영광을 마다하고, 그 산에서 내려오셔서 타락한 인류와 자신을 일치시키셨습니다.

승천은 변모의 극치입니다

이제 우리 주님은 그가 본래 처음 가지셨던 영광으로 되돌아가셨습니다. 그러나 단지 하나님의 아들로서 되돌아가신 것이 아닙니다. 그는 하나님의 아들뿐만 아니라 인자(사람의 아들)로서 하나님께 되돌아가신 것입니다. 인자가 승천하심으로 말미암아 하나님의 바로 그 보좌로 직접 누구든지 나아갈 수 있는 자유가 이제는 있습니다.

인자이신 예수 그리스도는 의도적으로 자신 안에 전능하심과 편재하심과 전지하심을 제한시켰습니다. 그러나 이제는 그러한 속성들이 전적으로 완전하게 그의 것이 되어 있습니다. 인자이신 예수 그리스도가 하나님의 보좌에서 모든 능력을 갖추고 계십니다. 그가 승천하신 날로부터 지금까지 그는 만 왕의 왕이시오 만 주의 주이십니다.

영적 성장의 방법

5월 18일

공중의 새를 보십시오 … 들판의 백합꽃들이 어떻게 자라는지 살펴보십시오 (마 6:26, 28).

영적 성장의 유일한 방법

들판의 백합꽃들이 어떻게 자라는지 살펴보십시오. 그것들은 단지 백합꽃들입니다. 바다와 공중과 해와 별들과 달을 생각해 보십시오. 이것들은 다 그냥 있습니다. 그런데도 그것들은 놀라운 일을 해내고 있습니다. 그런데 우리는 흔히 유용한 사람이 되려는 강한 자아 의식에서 나온 노력 때문에 하나님이 계획하신 뜻을 우리가 망쳐놓습니다. 예수님의 말씀에 따르면, 영적으로 성장하는 유일한 방법은 하나님께 집중하는 것입니다.

"다른 사람들에게 쓸모가 있고자 하는 일로 괴로워하지 말고, 나를 믿으십시오."

우리의 생명의 원천이신 분에게 마음을 모으십시오. 그러면 당신에게서 생수의 강이 흘러나올 것입니다. 우리는 우리의 상식으로는 생명의 샘에 이룰 수가 없습니다. 예수님은 가르치시기를, 영적 생명의 성장은 그것을 지켜본다고 해서 되는 것이 아니고, 하늘에 계시는 우리의 아버지 하나님께 집중하는 데 있다고 하셨습니다. 우리의 하늘에 계시는 아버지 하나님은 우리가 처해 있는 환경들을 아십니다. 그러기에 우리가 계속해서 아버지 하나님께 집중하면, 우리는 들판의 백합꽃들처럼 영적으로 자라게 됩니다.

하나님께 쓰임 받는 방법

우리에게 가장 크게 영향을 미치는 사람들은 우리를 오래 붙들고서 잔소리하는 자들이 아닙니다. 하늘의 별들처럼 그리고 들판의 백합꽃들처럼 단순하고 꾸밈없이 자기의 삶을 온전하게 사는 자들입니다.

만일 당신이 하나님께 쓸모 있기를 원한다면, 예수 그리스도와 바른 관계를 맺으십시오. 그러면 당신이 사는 동안 순간마다 당신도 모르는 사이에 하나님이 당신을 쓸모 있게 만드실 것입니다.

5월 19일

파선 가운데서 일어납니다

누가 우리를 그리스도의 사랑에서 끊겠습니까? (롬 8:35)

우리는 최강의 승리자들입니다

하나님께서는 아무에게도 환난을 면제해 주시지 않습니다. 하나님은 말씀하십니다. "그의 환난 때에 내가 그와 함께할 것이다"(시 91:15). 현실의 삶 속에서 최고로 엄중한 형태의 환난들을 당할지라도 그것들이 문제가 되지 않는 것은, 그 가운데 어느 것도 하나님과의 관계를 끊을 수가 없기 때문입니다. "이 모든 일에 우리를 사랑하시는 분으로 말미암아 넉넉히 이깁니다"(롬 8:37).

바울은 비현실적인 것들이 아니라, 절박한 현실의 환난들에 대해 말하고 있습니다. 그 같은 환난들 가운데서도 우리가 최강의 승리자들이라고 바울이 말합니다. 이것은 우리의 재능이나 용기나 다른 어떤 것으로 말미암은 것이 아닙니다. 오직 예수 그리스도 안에 있는 우리와 하나님의 관계로 말미암은 것입니다. 왜냐하면, 어떤 환난도 예수 그리스도 안에서 맺어진 하나님과 우리의 관계에 영향을 미치지 못하기 때문입니다.

다시 말해서, 하나님과 우리의 관계를 끊을 수 없기 때문입니다. 옳든 그르든, 우리는 우리가 처해 있는 상황을 있는 그대로 받아들여야 합니다. 그런데 섭섭하게도, 어떤 그리스도인은 그가 처한 환경에 대해 불평합니다.

환난은 결코 고상한 것이 못 됩니다

"환난이냐…?" 환난 때문에 지치거나 화나거나 피곤할지라도 환난을 내버려두십시오. 환난은 우리를 하나님의 사랑에서 끊을 수 없습니다. 어떤 세상의 염려와 환난이 있어도 하나님께서 당신을 사랑하고 있다는 사실을 잊지 마십시오. "곤고냐…?" 세상에 되는 모든 일이 하나님의 사랑은 거짓이고, 정의 같은 것은 아예 없다고 단언할지라도 하나님의 사랑 안에 계속 거할 수 있습니까? "굶주림이냐…?" 우리가 굶어 죽을 지경에 이른다 할지라도, 하나님의 사랑을 믿을 뿐만 아니라 최강의 승리자들이 될 수 있습니까? 예수 그리스도가 사기꾼이어서 바울이 속은 것인가요? 아니면, 하나님의 성품과는 반대되는 이상한 일들(환난, 곤고, 굶주림 등)이 일어나는 때, 하나님의 사랑을 붙잡고 있는 자에게는 어떤 특별한 기적이라도 일어나는 것일까요?

이 모든 일 가운데 어느 것 하나도 논리적으로 설명이 되지 않습니다. 해답은 오직 한 가지, 그리스도 예수 안에 있는 하나님의 사랑뿐입니다. 매번 "파선 가운데서 나는 일어납니다."

현실의 영역

5월 20일

여러분들의 인내로 여러분들의 생명을 얻으십시오 (눅 21:19).

현실에서 실패하는 이유

사람이 위로부터 거듭나게 되면, 논리적으로 생각하는 일에 있어서 잠깐은 이전처럼 견고하지 못하고 흔들립니다. 우리 안에 그리스도의 마음을 품게 되기까지는 새 생명을 나타내야 합니다.

"인내로 당신의 영혼(생명)을 얻으십시오."

많은 사람은 그리스도인의 삶의 문턱에 머물러 있기를 좋아합니다. 그러나 우리는 하나님이 우리 안에 넣어 두신 새 생명에 따라 영혼을 일으켜 세워나가야 합니다. 우리가 어떻게 해서 지금의 현실에 처하게 되었는가를 알지 못하기 때문에 실패합니다. 우리는 현실의 영역에서 된 일들을 두고 우리 자신의 미성숙한 성품 대신 마귀를 탓합니다. 우리가 정신을 차리게 되면 얼마나 대단한 사람이 될 수 있는가를 생각해 보십시오.

기분에 굴복하지 마십시오

우리가 기도해서는 안 될 것들이 있습니다. 예컨대, 기분으로 기도하지 않아야 합니다. 기분은 결코 기도로 해결되지 않습니다. 기분은 발로 차버려야 해결됩니다. 기분은 거의 항상 신체적인 상태에 의해 좌우됩니다. 도덕적 상태와는 상관이 없습니다. 신체적 상태로부터 기인하는 기분에 휘둘리지 않도록 지속해서 노력해야 합니다.

잠시라도 기분에 결코 굴복해서는 안 됩니다. 우리는 우리의 목덜미를 잡아 흔들어 정신을 차려야 합니다. 그러면 우리가 할 수 없다고 말했던 것을 우리가 할 수 있다는 것을 알게 될 것입니다. 대부분 사람에게 임하는 저주는 '우리가 하고 싶지 않다'라는 기분 때문입니다. 그리스도인의 삶은 현실 속에서 영적 담력을 가지고 사는 것입니다.

5월 21일

믿음의 영적 논리

> 오직 여러분은 먼저 하나님의 나라와 그분의 의를 찾으십시오. 그러면 이 모든 것들을 여러분에게 더하여 주실 것입니다 (마 6:33).

세속적인 관심사

예수님께서 하신 이 말씀들을 보는 순간, 우리 인류가 지금까지 들어본 것 중에 가장 혁명적인 진술이라는 것을 알게 됩니다. "여러분은 먼저 하나님의 나라를 찾으십시오." 예수님의 말씀에 대해, 우리 가운데 가장 영적으로 훈련된 사람들마저도 정반대로 논박합니다. "그러나 나는 살아야 해. 돈도 아주 넉넉하게 벌어야 하고, 옷도 잘 입어야 하고, 잘 먹고 살아야 해."

우리의 삶에서 가장 큰 관심사는 하나님의 나라가 아니고, 어떻게 잘 살 것인가 하는 것입니다. 예수님의 경우는 정반대입니다. 먼저 하나님과의 관계를 바르게 하고, 그 관계를 삶의 가장 중요한 관심사로 계속 유지하는 것입니다. 결코, 그 외의 다른 것들에게 관심을 두어서는 안 된다는 것입니다.

영적인 관심사

"당신의 삶을 염려하지 마십시오"(참고, 마 6:34). 아무것도 전혀 염려하지 않는 사람이 행복하다고 예수님은 말씀하시지 않았습니다. 예수님의 제자라면 그의 삶에 있어서 하나님과의 관계를 가장 주된 관심사로 삼아야 하고, 그 밖의 다른 것들에 대해서 염려하지 않도록 주의하라는 것입니다. "무엇을 먹을까 무엇을 마실까 하지말고, 오직 하나님께 전적으로 집중하라"(참고, 마 6:25)고 예수님이 말씀하십니다.

어떤 사람들은 먹고 마시며 입는 것이나 외모에 대해 상관하지 않는 것처럼 보입니다. 그렇게 되면 하나님이 그들에게 책임을 물으십니다. 예수님이 말씀하시는 것은, 세속적인 일에 무관심해도 된다는 것이 아니고, 하나님과의 관계를 먼저 주된 관심사로 삼고, 나머지 일들은 다음에 생각하라는 것입니다.

그리스도인의 삶에서 가장 힘든 훈련 중의 하나는, 성령님이 이 구절들에 있는 예수님의 가르침에 일치하여 살도록 우리를 이끄시는 것입니다.

이제 설명이 됩니다

5월 22일

아버지, 아버지께서 내 안에, 내가 아버지 안에 있는 것처럼 모두
하나가 되어, 그들도 우리 안에 하나가 되게 하소서 (요 17:21).

기도하게 하시는 하나님의 목적

만일 당신이 혼자서 외로운 길을 걷고 있다면, 요한복음 17장을 읽으십시오. 당신이 왜 지금의 상황에 있게 되었는지 그 이유를 분명하게 알려 줄 것입니다. 예수님은 자기가 하나님 아버지와 하나인 것처럼 당신도 아버지 하나님과 하나가 될 수 있기를 위해서 기도했습니다. 당신은 하나님이 그 기도에 응답하시도록 돕고 있습니까? 아니면, 당신의 삶을 위해 어떤 다른 목적이 있습니까? 당신이 제자가 된 이후로는, 당신이 과거에 했던 것처럼 독립적으로 살 수가 없습니다.

우리의 기도를 응답하는 것이 하나님의 목적이 아닙니다. 우리는 우리의 기도를 통해서 하나님의 마음을 분별하게 되는 것입니다. 이것이 요한복음 17장에 계시 되어 있습니다. 하나님이 응답하셔야 하는 기도는 단 한 가지로, 예수님의 기도인바, "우리가 하나인 것처럼 그들도 우리 안에서 하나가 되게 하옵소서."입니다. 우리가 그만큼 예수 그리스도와 가까워져 있습니까?

우리가 어려운 일들을 당하게 하시는 하나님의 목적

하나님은 우리의 계획들에 관해서는 관심이 없으십니다. 하나님은 "네가 사랑하는 사람을 잃은 이 같은 고통과 혼란을 이겨내길 원하느냐?"고 묻지 않으십니다.

그는 자신의 목적을 위해서 이 같은 어려운 일들을 우리가 당하게 하십니다. 우리가 이러한 일들을 겪음으로써 더 상냥스럽고, 더 좋아지고, 더 고상한 사람들이 되거나, 아니면 반대로, 더 까다롭고 남을 헐뜯고, 더욱 자기 방식을 고집하게 됩니다. 이 일들 때문에 우리는 마귀 같은 사람이 되든지, 아니면 성자가 됩니다. 그것은 전적으로 우리가 하나님과 맺고 있는 관계에 달려 있습니다.

"당신의 뜻이 이루어지이다."라고 우리가 기도한다면, 요한복음 17장에 언급된 위로를 얻게 됩니다. 그 위로란, 우리 아버지 하나님이 자신의 지혜를 따라 일하고 계신다는 것을 아는 데서 얻는 위로입니다. 우리가 하나님의 뜻이 무엇인지를 알게 되는 때, 비열하거나 냉소적이지 않게 됩니다. 예수님은 자기가 아버지 하나님과 하나이었던 것처럼 우리가 그분과 완전히 하나 되는 것만을 위해서 기도하셨습니다. 우리 가운데 몇몇은 아직 하나 됨과는 거리가 멀지만, 하나님은 우리를 혼자 남아 있게 하지 않으시고, 그분과 마침내 하나가 되게 하십니다. 왜냐하면, 우리가 하나님과 하나가 될 수 있도록 예수님이 기도하셨기 때문입니다.

걱정은 불신입니다

5월 23일

> 여러분들의 목숨을 위하여 무엇을 먹을까, 무엇을 마실까, 여러분들의 몸을 위하여 무엇을 입을까 걱정하지 마십시오 (마 6:25).

우리가 먼저 고려해야 할 것

예수님은 제자들이 가지고 있는 상식적인 걱정을 불신으로 요약해서 말씀하셨습니다. 만일 우리가 하나님의 성령을 받았다고 하면, 성령께서 강력하게 말씀하실 것입니다.

"이제 하나님은 이 관계 속에서, 이 계획된 휴가 속에, 이 새로운 책들에서 어디 계시는가?"

성령께서는 우리가 그를 첫 번째로 고려하게 될 때까지 항상 압박하십니다. 우리가 다른 것들을 먼저 고려하게 되는 때는 언제나 혼란이 있게 됩니다.

걱정은 불신입니다

"걱정하지 마십시오." 장래에 대해 미리 걱정하는 심리적 압박감을 느끼지 마십시오. 걱정하는 것은 잘못일 뿐 아니라 불신입니다. 왜냐하면, 걱정한다는 것이 하나님은 우리의 삶의 실제적인 모든 부분을 돌보실 수 없다고 여기는 것을 뜻하기 때문입니다. 우리를 걱정하게 하는 것으로는 불신밖에 다른 것은 전혀 없습니다.

예수님이 가르쳐 주시는 말씀을 무엇이 질식시킬 것인가에 대해 당신은 생각해 본 적이 있습니까?

마귀일까요?

아닙니다. 이 세상에 대한 염려입니다. 그것은 항상 작은 걱정들입니다. 내가 볼 수 없으면 신뢰하지 않겠다고 할 때, 거기서 불신이 시작됩니다. 불신에 대한 유일한 처방은 성령님께 순종하는 것뿐입니다.

예수님께서 자기 제자들에게 하신 위대한 말씀은 '버리라'입니다. 우리는 모든 근심과 걱정을 버리고 성령님께 순종해야 합니다. 그러면 불신을 이겨낼 수 있습니다.

절망 속의 기쁨

5월 24일

내가 그분을 보았을 때, 그분의 발 앞에 죽은 자처럼 엎드러졌는데 (계 1:17).

예수 그리스도께서 오른손으로 만져 주십니다

사도 요한처럼 당신도 예수 그리스도를 친밀하게 알고 있다고 할지 모릅니다. 그러나 갑자기 전혀 생소한 모습으로 그분이 나타나시게 되면, 당신이 할 수 있는 것이라고는 오직 그분의 발 앞에 죽은 자처럼 엎드리는 것입니다. 그의 엄청난 위엄을 보는 순간 절망 속에서도 기쁨을 얻게 됩니다. 만일 당신이 허리를 펴고 일어날 수 있게 된다면, 그것은 오직 하나님의 손으로만 가능할 것입니다. "그때 그분이 오른손을 내게 얹고"(계 1:17 중간 절).

그 장엄함 가운데 누군가가 만져 줄 때, 당신은 그것이 예수 그리스도의 오른손임을 알게 됩니다. 그 오른손은 강압이나 징계나 채찍질 하는 손이 아니고, 영존하시는 아버지(참고, 사 9:6)의 오른손입니다. 그분의 손이 당신에게 얹힐 때마다, 말로 표현할 수 없는 평강과 위로가 느껴집니다. 당신을 붙잡아주고 위로와 힘으로 충만한 "그 영원하신 팔이 네 아래에" 있다는 것을 느끼는 것입니다.

그분이 손으로 한번 만져 주시면, 아무것도 당신을 다시는 두려움에 떨게 할 수 없습니다. 주 예수님은 그의 승천하신 영광 가운데서 보잘 것 없는 제자들에게 말씀하러 오셔서, "두려워 말라."고 하십니다. 그분의 온화함은 말로 다 할 수 없이 좋습니다.

나는 그분을 그와 같이 알고 있습니까?

어두운 절망을 주의하십시오

절망을 깊이 느끼게 하는 것들을 주의하십시오. 아무런 기쁨도, 아무런 기대도, 아무런 더 나은 소망도 전혀 없는 절망이 있습니다. "내 속, 곧 나의 육체 속에 선한 것이 있지 않습니다"(롬 7:18). 이같은 절망 속에서도 기쁨을 느끼게 됩니다. 하나님이 자신을 내게 나타내시는 때에 하나님 앞에 꿇어 엎드리지 않으면 안 되게 하는 것이 내 안에 있다는 것을 알고 기뻐합니다. 그리고 내가 마침내 일어날 수 있게 된다면, 그것은 하나님의 손에 의해서만 가능할 것입니다. 하나님은 내게 아무런 가능성도 전혀 없다는 것을 내가 깨닫게 될 때까지는 아무것도 하실 리가 없습니다.

5월 25일

자기의 유익을 추구하는 시험

만일 네가 왼쪽으로 가면 나는 오른쪽으로 가고,
네가 오른쪽으로 가면 나는 왼쪽으로 가겠다 (창 13:9).

자기의 유익을 추구하는 시험

당신이 하나님을 믿는 믿음의 삶을 살기 시작하면, 곧바로 당신 앞에 환상적인 시야가 열리게 되고, 당신에게는 이것을 누릴 권리가 있습니다. 그러나 당신이 믿음의 삶을 살게 되면, 이 최고의 권리를 가지고서 당신의 기존의 권리들을 포기해야 할 것입니다. 그리고 하나님께 당신의 권리들을 넘겨줘야 합니다. 당신이 믿음의 삶을 살고 있지 않다고 하면, 때때로 하나님은 당신이 현재 당신이 누리고 있는 행복에 대해서 당신이 누려도 되는지를 고민하도록 시험하실 것입니다.

그러나 만일 당신이 믿음의 삶을 살고 있다면, 당신은 기꺼이 당신의 권리를 포기하고 하나님이 당신을 위해 선택하시도록 허락할 것입니다. 이 같은 연단을 통해서 하나님의 음성에 순종함으로 말미암아 육신적인 것들이 영적인 것으로 변화됩니다.

차선은 최선의 원수입니다

당신의 삶에서 권리를 앞세우게 되면 언제든지 당신의 영적 통찰력이 무디어집니다. 하나님을 믿는 믿음의 삶의 최대의 원수는 사실 죄가 아니고, 충분하게 선하지 아니한 선, 곧 차선(次善)입니다. 이 차선은 언제나 최선(最善)의 원수입니다. 세상적으로 생각하면, 아브라함에게 가장 지혜로운 것은 선택하는 권리를 사용하는 것이었을 것입니다. 아브라함의 주변에 있는 사람들의 눈에는, 선택할 권리를 사용하지 않는 아브라함이 바보처럼 보였을 것입니다.

우리 가운데 대부분 사람은 하나님께 선택할 권리를 양도하는 대신에 자기의 권리를 주장하기 때문에 영적으로 실패합니다. 우리는 하나님을 바라보고 하나님의 표준에 따라 행하는 것을 배워야 합니다. "너는 내 앞에서 행하라" (창 17:1).

예수님의 가르침대로 생각하십시오

5월 26일

쉬지 말고 기도하며 (살전 5:17).

기도의 습관을 유지하십시오

우리는 기도에 대해 우리가 마음속으로 생각하고 있는 개념에 따라 옳든 그르든 생각합니다. 우리가 기도에 대해 폐로 하는 호흡이나 심장에서 흘러나오는 피처럼 생각한다면, 우리의 생각은 옳습니다. 피는 우리 몸에서 쉼 없이 흐르고, 호흡도 쉼 없이 지속합니다.

우리는 피의 흐름이나 호흡에 대해 의식하지 않지만, 그것들은 항상 지속하는 것입니다. 우리가 예수님을 항상 의식하지 않지만, 예수님은 우리가 하나님과 완전한 연합 속에서 살도록 하십니다. 우리가 순종하지 아니할지라도, 예수님은 항상 행하고 계십니다. 기도는 노동이 아니고, 삶 자체입니다. 저절로 흘러나오는 기도를 막지 않도록 주의하십시오.

"쉬지 말고 기도하십시오." 당신의 심령 속에서 저절로 흘러나와 하나님께 어린아이같이 기도하는 습관을 항상 유지하십시오(역자 주. 칼빈에 따르면, 기도는 믿음을 단련하는 가장 으뜸가는 운동입니다).

기도는 언제나 응답됩니다

예수님께서는 응답되지 않는 기도에 대해 한 번도 언급한 일이 없습니다. 그는 기도가 항상 응답된다는 것을 전적으로 확신하셨습니다.

예수님이 기도에 대해 가지셨던 것과 같은 형언할 수 없는 확신을 성령으로 말미암아 당신도 가지고 있습니까?

"구하는 이마다 받습니다"(마 7:8)라고 예수님은 말씀하셨으나, 우리는 "그러나 … 그러나 …"라고 말합니다. 하나님은 최선의 방식으로 기도를 항상 응답하십니다. 다만, 우리가 원하는 방식으로 응답이 즉각적으로 나타나지 않을 뿐입니다.

우리에게 있는 위험은, 예수님이 말씀하시는 것을 희석해 우리의 상식을 따라 재해석하는 것입니다. 만일 기도가 단지 상식적인 것이라고 하면, 그가 그렇게 말할 리가 없습니다.

5월 27일

영원히 사는 생명

보아라, 내가 내 아버지께서 약속하신 것을 너희에게 보낼 것이니,
너희는 하늘로부터 능력을 입을 때까지 이 성읍에 머물러 있어라 (눅 24:49).

성령은 이미 오셨습니다

제자들은 오순절이 올 때까지 기다려야 했습니다. 주님이 역사적으로 영광을 받으실 때(즉, 승천하실 때)까지 그들은 기다려야 했습니다.

주께서 영광을 받으시던 순간 무슨 일이 일어났습니까?

"그분께서는 하나님의 오른손으로 높임을 받으시고, 약속된 성령을 아버지로부터 받아 여러분들이 보고 듣는 이것을 부어 주셨습니다"(행 2:33). 요한복음 7:39에 있는 "예수께서 아직 영광을 받지 않으셨기 때문에 성령께서 아직 계시지 않았다"는 말씀은 우리에게는 해당하지 않습니다. 성령이 오셨을 때, 주님이 영광을 받으십니다.

승천하신 그리스도의 능력은 성령을 통해 임합니다

성령의 영향과 능력은 오순절 전에 이미 역사하고 있었습니다. 그러나 성령께서 이 땅에 임하여 오시지 않았습니다. 우리 주님께서 승천하시어 영광을 받으시자 즉시 성령께서 이 세상에 오셨고, 그 이후로 줄곧 여기에 계셔 왔습니다. 성령께서 여기 계신다고 하는 계시를 우리가 믿어야 합니다. 성령을 받는 것은 신자의 태도에 달려 있습니다. 우리가 성령을 받게 되면, 승천하신 주님에게서 생동하는 생명을 받습니다.

성령의 세례에 의해서 사람이 변화되는 것이 아니고, 성령으로 말미암아 사람들의 삶 속으로 들어오시는 승천하신 그리스도의 능력이 사람들을 변화시킵니다. 성령 세례는 예수 그리스도를 떠나서는 있을 수 없는 경험입니다. 그것은 승천하신 그리스도에 대한 증거입니다.

성령의 세례는 시간 또는 영원을 위한 것이 아니고, 영광스러운 '지금'을 위한 것입니다. "영생은 유일하신 참 하나님과 그가 보내신 예수 그리스도를 아는 것입니다"(요 17:3). 지금 그분을 알기 시작하고, 절대 멈추지 마십시오. 영생은 지금 이 땅에서 성령으로 말미암아 예수님을 알므로 누립니다.

질문이 필요 없는 계시

5월 28일

그날에는 여러분들이 나에게 아무것도 묻지 않을 것입니다 (요 16:23).

당신은 질문할 필요가 없습니다

'그날'이 언제입니까?

승천하신 주님이 그날에 당신이 아버지 하나님과 하나가 되게 하십니다. 예수님이 아버지 하나님과 하나이신 것처럼 그날에 당신이 아버지 하나님과 하나가 될 것입니다. 예수님이 말씀하십니다. "그날에는 여러분들이 나에게 아무것도 묻지 않을 것입니다"(요 16:23).

예수님의 부활 생명이 당신 안에 나타나게 될 때까지, 당신은 이것저것을 질문하고 싶어합니다. 그리고 시간이 좀 지나고 나면, 하고 싶었던 질문들이 다 사라지고 없는 것을 당신은 발견케 됩니다. 당신은 예수님의 부활 생명에 전적으로 의존하는 자리에 이르렀으며, 이 부활 생명으로 말미암아 당신이 하나님의 목적과 완전히 영적으로 통하게 된 것입니다.

지금 당신은 그 생명으로 살고 있습니까?

그렇지 않다면, 왜 못 하신 것입니까?

당신이 이해할 수 없는 어두운 것들이 제법 많이 있을지라도, 그것들은 하나님과 당신 사이에 끼어들어 마음을 갈라놓지 못합니다. "그날에는 여러분들은 내게 어떤 질문도 묻지 않을 것입니다." 당신은 질문할 필요가 없습니다. 당신은 하나님께서 자기의 뜻을 따라 일들을 행하신다는 것을 완전히 확신하기 때문입니다. 요한복음 14:1의 말씀대로, 당신의 마음에 근심이 전혀 없게 되어, 더 이상 질문할 것들이 없는 것입니다.

머리를 사용하여 설명하려 하지 마십시오

만일 어떤 것이 당신에게 수수께끼이고, 그것이 당신과 하나님 사이에 끼어들 것 같으면, 당신의 머리를 사용해 결코 설명하려 하지 마십시오. 당신의 기질에서 무엇이 잘못되어 있는가를 찾으십시오. 당신의 기질이 예수님의 생명에 기꺼이 순복하게 되면, 그 수수께끼가 분명하게 이해될 것입니다. 그리고 아버지 하나님과 그의 자녀 된 당신 사이가 결코 멀게 되지 않을 것입니다. 왜냐하면, 주님이 당신과 하나 되게 하셨기 때문입니다. 그래서 "그날에는 아무런 질문도 내게 묻지 않을 것입니다"

5월 29일

방해받지 않는 관계

그날에는 여러분들이 내 이름으로 구할 것입니다…
아버지께서 친히 여러분들을 사랑하시기 때문입니다 (요 16:26-27).

아버지 하나님의 사랑 때문에

"그날에는 여러분들이 내 이름으로 구할 것입니다." 즉, 내 본성으로 구할 것입니다. 다시 말해서, "여러분들이 내 이름을 요술 부리듯 사용할 것입니다."가 아니고, "여러분들이 나와 아주 친밀하여 나와 하나가 될 것입니다."라는 뜻입니다. "그날"은 지금 이후로 어떤 날이 아니고, 지금 여기서를 의미하는 한 날입니다. "아버지께서 친히 여러분들을 사랑하시기 때문입니다."라는 말은 아버지 하나님과의 연합이 온전하고 절대적이다는 것을 뜻합니다.

주님께서 의미하신 것은 우리의 삶에 환경상의 혼란들이 없으리라는 것이 아닙니다. 그가 아버지 하나님의 마음과 생각을 알았던 것같이, 성령의 세례로 말미암아 그가 우리에게 하나님의 뜻을 계시하실 수 있는 하늘 높은 곳으로 우리를 들어 올리실 수 있다는 것입니다.

아버지 하나님과 방해받지 않는 관계

"여러분들이 무엇이든지 내 이름으로 아버지께 구하면…"(요 16:23). "그날"은 하나님과 성도 간에 방해받지 않는 관계의 날입니다. 예수님이 그의 아버지 앞에 흠 없이 서셨던 것처럼, 우리도 성령 세례의 강력한 효능으로 말미암아 그 같은 관계로 들어갈 수 있는 것입니다. "우리가 하나인 것같이, 그들도 하나가 되게 하려는 것입니다"(요 17:22). "그분이 여러분들에게 주실 것입니다"(요 16:23).

예수님은 하나님이 우리의 기도를 들어주실 것이라고 말씀하십니다.

얼마나 엄청난 도전입니까!

예수님의 부활과 승천의 능력으로 말미암아, 이 땅에 임하신 성령으로 말미암아, 우리가 아버지 하나님과 대단한 관계로 들어갈 수 있게 된 것입니다. 이로써 우리도 예수님의 경우처럼, 우리의 자유로운 선택 때문에 하나님의 완전한 주권적 의지와 하나가 됩니다. 예수 그리스도에 의해서 가능케 된 그 놀라운 자리에서, 성령으로 말미암아 우리에게 선물로 주어진 그분의 이름으로, 그분의 본성으로 우리가 하나님께 기도할 수 있습니다. 그래서 예수님이 말씀하십니다. "여러분들이 무엇이든지 내 이름으로 아버지께 구하면, 그분께서 여러분들에게 주실 것입니다"(요 16:23). 이로 보건대, 예수 그리스도의 통치권이 그 자신의 말씀들 때문에 검증되는 것입니다.

5월 30일

예, 그러나

주님, 제가 주님을 따라가겠습니다. 그러나 … (눅 9:61).

뒤로 물러나는 습관을 버리십시오
당신의 상식에 비추어 볼 때 큰 시험이 되는 어떤 일을 하나님이 당신에게 행하라고 명령하신다면, 당신은 어떻게 할 것 같습니까?

뒤로 물러나겠습니까?

만일 당신이 육체적인 삶의 영역에서 어떤 것을 하는 습관에 젖어 있다고 하면, 그 습관을 과감하게 끊지 않는 한 당신은 매일 그것을 반복하며 살 것입니다.

영적인 영역에서도 마찬가지입니다. 당신은 예수 그리스도께서 원하시는 것을 위해서 거듭거듭 일어설 것입니다. 그러나 당신이 그러한 습관을 단호하게 끊어 버릴 때까지는, 마지막 순간에 이르러서는 매번 뒤로 돌아설 것이 분명합니다.

"예, 그러나 만일 내가 이 일에 하나님을 순종한다면, 어떻게 되는 것입니까?"

"예, 하나님께서 내 상식대로 하게 해주신다면 하나님을 순종하겠지만, 어둠 속에서 발걸음을 내딛으라고는 내게 요구하지 마십시오."

과감한 정신을 가지십시오
예수 그리스도께서는 그를 신뢰하는 사람에게 운동선수가 보여 주는 것과 같은 과감한 스포츠 정신을 요구하십니다. 만일 어떤 사람이 가치 있는 일을 하려고 하면, 영적 영역에서도 예수 그리스도는 당신이 상식적으로 알고 있는 모든 위험을 무릅쓰고 그가 말씀하시는 것을 과감하게 도전하라고 요구하십니다. 당신은 순종하는 즉시로, 그가 말씀하시는 것이 상식만큼이나 확실하다는 것을 알게 됩니다.

상식의 수준에서 보면 예수 그리스도의 말씀들이 말도 안 되는 것처럼 보일지 모릅니다. 그러나 신앙의 수준에 따라 그의 말씀들을 보면, 그것들이 바로 하나님의 말씀이라는 것을 알고 깜짝 놀랄 것입니다. 하나님을 전적으로 신뢰하십시오. 하나님이 당신에게 모험하게 하시면, 주저하지 말고 기회를 잡으십시오. 많은 사람 가운데서 오직 한 사람만 하나님의 성품을 전적으로 믿고 과감하게 나아갑니다.

5월 31일

하나님 먼저!

> 예수께서는 그들에게 자신을 맡기지 않으셨으니, 이는 … 그분께서 사람의 속에 있는 것을 아셨기 때문이다 (요 2:24-25).

하나님을 먼저 신뢰하십시오

우리 주님께서는 아무 사람도 신뢰하지 않으셨습니다. 그렇지만 누구를 의심하거나, 악한 감정을 가지시거나, 누구에게도 결코 절망을 느끼지 않으셨습니다. 이는 그가 하나님을 먼저 신뢰했기 때문입니다. 그는 하나님의 은혜가 누구에게나 충분하게 역사하여 변화시킬 수 있다는 것을 전적으로 확신했습니다. 만일 내가 사람을 먼저 신뢰할 것 같으면, 결국 나는 누구에게나 절망하고 말 것입니다. 그리고 악한 감정을 갖게 될 것입니다. 왜냐하면, 아무도 결코 될 수 없는데도 절대적으로 옳은 사람이 되기를 기대하고 요구했기 때문입니다. 오직 당신 안에 또는 다른 사람 안에 있는 하나님의 은혜만을 신뢰하십시오. 다른 어떤 것도 절대 신뢰하지 마십시오.

하나님의 필요를 먼저 채우십시오

"보소서. 내가 당신의 뜻을 행하러 왔습니다. 오 하나님"(히 10:9).

사람이 하는 순종은 그가 보아서 필요하다고 여기는 것에 대해 합니다. 우리 주님의 순종은 자기 아버지의 뜻을 행하는 것입니다. 오늘날 많은 사람이 외칩니다. '우리는 뭔가 행해야 할 일을 찾아야 합니다. 하나님을 알지 못하는 이방인들이 하나님 없이 죽어가고 있습니다. 우리가 가서 그들에게 하나님에 대해 말해줘야 합니다.' 그러나 우리는 무엇보다 먼저, 우리 안에서 개인적으로 하나님의 필요가 충족되고 있는가를 점검해야 합니다.

"너희는 … 때까지 이 성읍에 머물러 있어라"(눅 24:49).

우리가 세운 대학(클래펌성경훈련대학)의 목적은 우리가 하나님의 필요에 바르게 대응하게 하는 것입니다. 하나님의 필요가 우리 안에서 충족되고 난 다음에, 그는 그의 필요가 다른 곳에서도 채워지도록 우리에게 길을 열어주실 것입니다.

하나님의 신뢰를 먼저 앞세우십시오

"누구든지 내 이름으로 이와 같은 어린아이 하나를 영접하는 자는 나를 영접하는 것입니다"(마 18:5). 하나님의 신뢰란 하나님께서 자신을 내게 어린아이처럼 주시는 것입니다. 하나님은 나의 개인적인 삶이 '베들레헴' 같이 되기를 기대하십니다. 나는 세상에서의 나의 삶에 내 안에 있는 하나님의 아들의 생명으로 말미암아 천천히 변화되는 것을 원하고 있습니까? 하나님의 궁극적인 목적은 그분의 아들이 나의 죽을 육체에서 나타날 수 있게 되는 것입니다.

6월

당혹스러운 질문

항상 지금 행하십시오

6월 1일

당혹스러운 질문

사람아, 이 뼈들이 살아날 수 있겠느냐? (겔 37:4)
하나님을 위해 일하기보다는 하나님을 믿으십시오.

하나님 위해 일하기보다는 믿으십시오

죄인이 변화해 성도가 될 수 있을까요?

종교적인 상식을 가지고 가볍게 "오! 예, 조금만 더 성경을 읽고 헌신하고 기도하면 될 것으로 생각합니다."라고 결코 말해서는 안 됩니다. 하나님을 신뢰하는 것보다 어떤 것을 행하기가 훨씬 더 쉽습니다. 그것 때문에 하나님의 동역자는 적고, 하나님을 위한 사역자가 많습니다. 우리는 하나님을 믿기보다는 하나님을 위해 일하기를 훨씬 더 좋아합니다.

하나님이 나를 위해 어떤 것을 행하신 사실을 전혀 인식하지 못하게 되면, 사람들에 대해서 실망합니다.

내가 아는 어떤 사람에 대해 결코 실망할 수 없을 만큼 하나님이 놀랍게 그의 능력을 행하신 것을 나는 체험한 적이 있습니까?

내 안에서 행하여진 영적인 일을 조금이라도 경험한 적이 있습니까?

내가 갖는 당혹감은 나의 개인적인 영적 경험의 부족함에 비례합니다. 다시 말해서, 하나님의 능력 역사에 대해 나 자신의 경험이 부족하고 그것을 인식하지 못하면, 사람에 대해 실망하고 당혹감을 느끼게 되는 것입니다.

하나님의 은혜가 없는 인생

"보아라, 내 백성아, 내가 너희 무덤들을 열 것이다"(겔 37:13).

하나님께서 하나님을 떠난 인간의 본성이 어떤 것인가를 당신에게 보여 주고자 하신다면, 하나님은 당신에게 있는 본성을 분명코 보여 주실 것입니다. 만일 하나님의 성령께서 하나님의 은혜가 없는 당신이 어떤 사람인가를 당신에게 보여 주셨다고 한다면, 성령이 역사하실 때 하나님은 다만 그렇게 하십니다.

어떤 범죄자라도 당신의 실제 악한 본성에 비해 절반도 악하지 않다는 것을 알게 됩니다. 나의 '무덤'이 하나님에 의해 열렸을 때 "내 안에(즉, 내 육체 안에) 어떤 선한 것도 있지 않다는 것을 나는 압니다"(롬 7:18). 하나님의 성령께서는 하나님의 은혜가 없는 인간의 본성이 얼마나 악한가를 계속해서 보여 주십니다.

무엇에게 붙잡혀 있습니까?

6월 2일

여호와를 경외하는 사람이 누구입니까? (시 25:12)

하나님께 철저히 붙잡히십시오
당신은 무엇에게 붙잡혀 있습니까?
당신은 아무것에도 붙잡혀 있지 않다고 말할 것입니다. 그러나 우리는 모두 어떤 것에 붙잡혀 살고 있습니다. 일반적으로 우리 자신의 이기심에 사로잡혀 있는 것입니다. 아니면, 그리스도인의 경우에는 우리 자신의 경험에 붙잡혀 있습니다. 이에 비해, 시편 기자는 우리가 하나님에게 붙잡혀야 한다고 말합니다. 우리의 삶 속에서 항상 의식해야 하는 것은 하나님이어야 하고, 하나님에 대해 이성적으로 생각하는 것이어서는 안 됩니다.

우리의 삶의 안팎 전체가 하나님의 임재에 의하여 전적으로 붙잡혀 있어야 합니다. 어린아이의 의식 속에는 항상 어머니로 꽉 차 있습니다. 비록 어린아이가 자기 어머니를 의식적으로 생각하고 있지 않을 때일지라도, 어려움이 닥치면, 엄마와 맺어진 관계가 저절로 떠올라 어린아이는 엄마를 찾게 되는 것입니다. 이처럼 하나님의 자녀 된 우리도 하나님을 힘입어 살며 움직이고 존재합니다. 또한, 하나님과의 관계 속에서 모든 것을 바라보게 됩니다. 왜냐하면, 우리 속에 있는 하나님에 대한 의식이 항상 밖으로 표출되기 때문입니다.

하나님이 평안히 지켜 주십니다
만일 우리가 하나님께 붙잡혀 있으면, 다른 어떤 것도, 염려나, 환란이나, 걱정도 결코 방해물이 될 수 없습니다. 이제 우리는 우리 주님이 왜 그렇게도 걱정을 죄라고 강조했는지를 알 수 있습니다.

하나님이 항상 우리 주변에 함께 계시는데, 어떻게 감히 철저하게 불신앙에 빠질 수 있겠습니까?

하나님께 붙잡힌바 되면, 원수의 모든 공격에 대하여 효과적인 장벽이 세워진 것입니다.

"그의 영혼은 평안히 살게 될 것입니다"(시 25:13). 환란이나, 오해나, 비방 등 이 모든 것들 가운데서도, 우리의 생명이 하나님 안에 그리스도와 함께 숨겨져 있으면, 하나님이 우리를 평안히 지켜 주실 것입니다. 그런데 하나님이 항상 우리와 함께하신다는 이 놀라운 계시를 우리 자신이 안타깝게도 지우고 있습니다. "하나님은 우리의 피난처이십니다"(시 46:1). 그 어떤 것도 그 피난처를 뚫고 들어올 수 없습니다.

6월 3일

여호와의 비밀

여호와의 비밀(친밀함 R.V.)이 그분을 두려워하는 사람들에게 있으며 (시 25:14)(KJV, NASB).

친구 됨의 표시

좋은 친구 사이라는 표시는 무엇입니까? 비밀스러운 슬픔을 말해주는 것입니까? 아닙니다. 비밀스러운 기쁨을 말해주는 것입니다. 많은 사람이 자기들의 비밀스러운 슬픔을 털어놓을 것입니다. 그러나 친밀함을 보여 주는 가장 주요한 표시는 비밀스러운 기쁨을 털어놓고 말해주는 것입니다. 우리는 여태껏 하나님이 당신의 기쁨들을 말해주시는 것을 들어보았습니까?

아니면, 하나님이 우리에게 말할 기회를 전혀 얻지 못할 정도로 우리가 하나님께 우리의 비밀들을 지속해서 말하고 있습니까?

우리가 그리스도인으로서 신앙생활을 시작할 때는, 하나님께 요구하는 것이 너무 많아 넘쳐납니다. 그러나 시간이 좀 지나고 나면, 하나님은 우리가 하나님 자신과 밀접한 관계를 맺고서, 하나님의 계획과 의도들을 깊이 알게 되기를 원하신다는 것을 깨닫습니다. 하나님의 비밀들을 알아챌 만큼 "아버지의 뜻이 이루어지소서"(마 6:10)라고 한 예수 그리스도의 기도의 의미를 몸으로 이해하고 있습니까? 하나님을 우리가 가깝게 느끼게 되는 것은 하나님이 베푸신 큰 축복이라기보다는 오히려 사소한 일들을 통해서입니다. 왜냐하면, 하나님이 우리의 개인적인 삶의 아주 세세한 것들을 알고 계시기에, 그 사소한 것들을 통해 하나님과 우리와의 놀라운 친밀함이 드러나게 되기 때문입니다.

하나님의 인도하심을 물을 필요도 없게 됩니다

"여호와를 경외하는 사람이 누구입니까?
그가 선택해야 할 길을 주께서 그에게 가르쳐 주실 것입니다"(시 25:12). 처음에는 우리가 하나님에 의해 인도받고 있다는 것을 의식하기를 원합니다. 시간이 지나고 나면, 하나님의 뜻이 무엇인지를 물을 필요도 없을 정도로 하나님을 아주 깊이 의식하고 살게 됩니다. 왜냐하면, 하나님의 뜻이 아닌 다른 것을 선택할 생각이 아예 우리에게 들지 않기 때문입니다.

우리가 구원받고 거룩해지게 되면, 하나님은 우리의 통상적인 선택들을 통해서도 우리를 인도하십니다. 그리고 하나님이 원하시지 않는 것을 우리가 선택하려고 하면, 하나님이 제지하실 것입니다. 그때 우리는 주의해야 합니다. 의심이 생기면 언제라도 당장 멈추십시오. "왜 해서는 안 되지?" 결코, 따져서는 안 됩니다. 하나님은 우리가 무엇을 선택해야 할지를 가르쳐 주십니다. 다시 말해서, 하나님은 우리의 상식을 사용하여 인도하십니다. 그러므로 우리는 "주님, 주님의 뜻이 무엇입니까?" 계속 물음으로써 성령을 방해하는 일을 더 하지 않습니다.

결코, 변함이 없는 하나님

이는 그분께서 친히 내가 결코 너를 떠나지도 않고
결코 너를 버리지도 않겠다.라고 말씀하셨기 때문입니다 (히 13:5).

주님은 결코 우리를 떠나지 않습니다

나의 생각은 어느 쪽을 택하고 있나요. 하나님이 말씀하신 것일까요 아니면, 내가 두려워하고 있는 것일까요. 하나님이 말씀하시는 것을 다 들은 후에 어떤 것을 말하는 것을 익히고 있나요. 아니면, 하나님이 말씀하시는 것을 두려움 때문에 말하지 않는 것을 익히고 있을까요.

"그분이 친히 말씀하시기를, 내가 너를 절대 떠나지도 않고 결코 너를 버리지도 않을 것이라고 하셨습니다. 그래서 우리는 담대히 말할 수 있습니다. 주님은 나를 돕는 자이시고, 사람이 내게 무엇을 하든 두려워하지 않겠습니다."

"내가 결코 너를 떠나지 않겠다." 나의 모든 죄와 이기심과 완악함과 방종에도 불구하고 하나님은 나를 떠나지 않습니다. 하나님이 나를 결코 떠나거나 실망하게 하지 않겠다고 내게 말씀하시는 것을 정말 들어보았습니까? 만일 하나님이 이렇게 말씀하시는 것을 내가 들은 적이 있다고 하면, 다시 듣도록 하십시오.

주님은 결코 우리를 버리지 않습니다

"내가 결코 너를 버리지 않겠다." 하나님이 나를 버리실 것이라고 내가 생각하게 되는 것은 어려운 일이 있어서가 아니고, 단조롭고 지겨운 일이 있을 때입니다.

험산 준령 같은 도전할 만한 것이나, 환상이나, 놀랍고도 아름다운 것이 전혀 없고, 매일같이 일상적인 일만 되풀이 되는 때에, 하나님이 그같이 말씀하시는 것을 들을 수 있습니까?

하나님이 나를 버리지 않겠다고 하신 확고한 말씀을 따분한 일상생활 속에서도 믿을 수 있습니까?

우리의 고정관념은, 하나님이 어떤 예외적인 기적 같은 일을 행하시고, 장차 있을 어떤 특별하고 놀라운 일을 위해 우리를 준비시키고 있다고 생각합니다. 그러나 우리가 은혜 가운데 살다 보면, 하나님이 지금 여기서, 현재 우리의 일상적인 삶 속에서 자신에게 영광을 돌리고 계신다는 것을 알게 됩니다. 만일 하나님이 우리의 등 뒤에서 확고하게 말씀하시는 것을 듣고 있다면, 가장 놀라운 힘이 솟아나고, 평범한 날들과 삶 속에서도 노래하기를 익히게 될 것입니다.

6월 5일

하나님의 확고한 말씀

그분께서 친히 … 말씀하셨기 때문입니다. 그러므로 우리가 담대하게 말하는데 (히 13:5-6).

두려움을 이기는 방법

내가 하는 말은 하나님의 확고한 말씀에 근거해서 해야 합니다. 하나님이 "내가 결코 너를 떠나지도 않겠다"(히 13:5)고 말씀하시면, 그 말씀에 근거해 담대하게 나는 "여호와는 나를 돕는 분이시니, 나는 두려워하지 않을 것이다."(히 13:6)라고 말할 수 있어야 합니다. 이로써 나는 걱정이나 염려가 없게 됩니다. 이것은 내가 두려움을 마음속으로 전혀 느끼지 않게 된다는 것이 아니라, 하나님의 확고한 말씀을 기억함으로써 담대함으로 충만케 된다는 것을 의미합니다.

이는 마치 어린아이가 자기 아버지가 원하는 표준에 도달하기 위해서 '기운을 내어 발돋움하는 것'과도 같습니다. 많은 사람의 경우, 걱정이나 염려가 있게 되면 믿음이 흔들리고, 하나님의 확고한 말씀의 의미를 잊고 또 영적으로 깊은 호흡을 하는 것도 잊지 않습니다. 우리에게서 두려움을 몰아내고 이겨내는 유일한 방법은 하나님의 확고한 말씀을 듣고 잊지 않는 것입니다.

당신은 무엇을 두려워하고 있습니까? 당신은 겁쟁이가 아니기에, 그 두려움을 정면으로 부딪치고자 하나, 마음속에 두려움이라는 감정이 있습니다. 당신에게 도움이 될 수 있는 어떤 것도, 그리고 어떤 사람도 없을 때, 이렇게 말하십시오. "그러나 여호와는 지금 이 순간 나를 돕는 분이시다."

당신은 하나님의 말씀을 들은 대로 어떤 것을 말합니까? 아니면, 어떤 것을 말할 때 하나님의 말씀을 가지고 그것을 합리화합니까? 하나님의 확고한 말씀을 굳게 붙잡고서 담대하게 "나는 두려워하지 않겠다."라고 말하십시오. 당신의 앞길에 악하거나 잘못된 것이 있어도 괜찮습니다. 하나님께서 "내가 결코 너를 떠나지 않을 것이다."라고 이미 말씀하셨습니다.

연약함에 여전히 빠지는 이유

담대하게 하나님의 말씀대로 말을 하는데도, 하나님의 확고한 말씀과 우리가 하는 말 사이에 연약함이 끼어듭니다. 난관에 부딪히는 때 우리는 우리가 얼마나 연약한가를 깨닫습니다. 저들은 거인들 같고, 우리는 메뚜기 같으며, 하나님이 안 계시는 것처럼 보이는 것 같은 난관 앞에서 하나님이 하신 말씀, "내가 결코 너를 버리지 않겠다."를 기억하십시오. 우리가 하나님의 으뜸음을 들은 대로 노래하기를 배운 적이 있습니까? "여호와는 나를 돕는 분이시다."라고 말할 만큼 항상 담대함을 가지고 있습니까? 아니면, 난관에 굴복하고 있습니까?

힘써서 이루어 내십시오

6월 6일

더욱 두렵고 떨림으로 여러분 자신의 구원을 힘써서 이루십시오 (빌 2:12).

하나님의 의지와 일치되는 당신의 의지

당신의 의지와 하나님의 의지가 일치하는데도, 당신의 육체 안에는 당신이 마땅히 알아서 행해야 하는 것을 할 수 없게 힘이 빠지게 하는 어떤 성향이 있습니다. 주님께서 우리의 양심을 향해 말씀하시는 때, 양심이 먼저 해야 하는 일은 우리의 의지를 북돋우는 것입니다. 그러면 우리의 의지가 항상 하나님의 것과 일치하게 될 것입니다. 그런데도, 당신은 핑계하기를, "나의 의지가 하나님의 것과 일치하는지 알지 못합니다."라고 말합니다.

예수님을 바라보십시오. 그리하면 당신의 의지와 당신의 양심이 매번 하나님과 일치하고 있다는 것을 알게 될 것입니다. 당신이 "나는 절대 하지 않겠다."라고 당신 안에서 말하게 하는 것은 당신의 의지보다는 깊이에 있어서 좀더 얕은 어떤 것입니다. 그것은 고집이나 완고함입니다. 그것들은 결코 하나님과 일치하지 않습니다.

사람 속에 가장 깊은 것은 죄가 아니고, 의지입니다. 의지는 하나님이 사람을 창조하시던 때 넣어 놓으신 본질적인 요소입니다. 이에 비해, 죄는 사람 속으로 침투해 들어 온 고집이라는 성향입니다. 거듭난 사람의 경우 의지의 원천은 하나님의 전능하심입니다. "여러분들 안에서 행하시는 분은 하나님이시므로 그분의 기쁘신 뜻을 위하여 여러분들이 자원하여 (의지를 가지고) 행하게 하시기 때문입니다"(빌 2:13).

하나님께서 당신의 의지의 원천입니다

하나님이 당신 안에서 행하시는 것을 집중해서 조심스럽게 당신은 이루어내야 합니다. 다시 말해서, 당신은 당신의 행위로 당신 자신의 구원을 성취해서는 안 됩니다. 우리 주님 예수 그리스도께서 완전하고 온전하게 성취해 놓으신 구속 위에 흔들림 없는 믿음으로 굳게 서서 구원을 힘써 이루어내야 합니다. 당신이 이렇게 하게 되면, 하나님의 의지에 반대되는 의지를 갖지 않게 됩니다.

하나님의 의지가 곧 당신의 의지입니다. 당신은 하나님의 의지를 따라서 본성적으로 선택하게 되고, 당신의 삶은 숨을 쉬는 것처럼 자연스러워집니다. 하나님이 당신의 의지의 원천이십니다. 그러므로 당신은 하나님의 의지를 이루어 낼 수 있습니다. 고집은 깨달음을 거부하는 아둔한 '덮개' 같은 것입니다. 이러한 못된 성향은 다이너마이트로 폭파해 날려버려야 합니다. 그 다이너마이트는 다른 것이 아니라 바로 성령님께 순종하는 것입니다.

전능하신 하나님이 나의 의지의 원천이심을 믿습니까? 하나님은 내게 당신의 의지대로 할 것을 기대하실 뿐 아니라, 내 안에서 당신의 의지대로 행하고자 하십니다.

6월 7일

게을리하지 마십시오

여러분들이 내 이름으로 구하는 것은 무엇이든지 내가 그것을 행할 것이니 (요 14:13).

숨겨진 내적 사역을 잘 행하고 있습니까?

대표적인 내적 사역 가운데 하나인 중보기도의 경우에는, 아무런 함정이 없을 뿐더러, 기분에 홀리거나 교만해질 위험도 없습니다. 이 숨겨진 내적 사역은 아버지 하나님께서 영광을 받으시는 열매를 맺습니다.

나는 나의 영적인 삶을 사소한 일로 허비하며 살고 있습니까? 나의 주님의 속죄를 구심점으로 삼아 영적인 삶을 살고 있습니까? 예수 그리스도께서 나의 삶의 모든 부분을 더욱더 많이 주장하고 있습니까?

만일 나의 삶에서 가장 크게 영향을 미치는 유일한 구심점이 우리 주님의 속죄라고 하면, 나의 삶의 모든 부분에서 주님을 위해 열매를 맺게 될 것입니다.

나의 삶의 능력의 구심점이 무엇인지를 제대로 깨닫는 데는 시간이 걸리기 마련입니다. 단 일 분이라도 그것에 집중하는 데 사용하고 있습니까?

"만일 여러분들이 내 안에 거하면," 다시 말해서, 그 구심점에 근거해서 계속해서 행하고 생각하고 일할 것 같으면, "무엇이든지 여러분들이 원하는 것을 구하십시오. 그러면 여러분들에게 이루어질 것입니다"(요 15:7).

내가 예수님 안에 거하고 있습니까? 거하기 위해 시간을 얼마나 쏟고 있습니까?

나의 삶에서 능력의 가장 큰 요인

나의 삶에서 능력의 가장 큰 요인은 무엇입니까? 다른 사람들을 위한 희생과 봉사입니까? 아니면, 하나님을 위해 노력하는 것입니까?

나의 삶에서 가장 큰 힘을 발휘해야 마땅한 것은 주님의 속죄입니다. 우리를 가장 많이 변화시키는 것과 우리가 드리는 시간의 양은 비례하지 않습니다. 우리가 어떤 것에 시간을 많이 쏟는다 해서 그것이 우리를 가장 많이 변화시켜 주지는 않습니다. 우리를 가장 많이 변화시키는 요소는 가장 많이 힘을 끼치는 것입니다. 우리는 집중적으로 우리 주님의 속죄에 애착하는 마음을 갖도록 해야 합니다.

"여러분들이 내 이름으로 구하는 것은 무엇이든지 내가 그것을 행할 것이니," 예수님 안에 거하는 제자가 되는 것은 하나님의 뜻에 의한 것입니다. 그리고 예수님이 제자들을 자유롭게 선택하는 것은 하나님의 예정한 작정입니다.

신비합니까? 논리적으로 모순되어 보입니까?

그럴 것이지만, 성도에게는 영광스러운 진리입니다.

그다음은?

6월 8일

여러분들이 이것을 알고 그대로 행하면 여러분들은 행복합니다 (요 13:17).

영적 분별력을 기르십시오

순종함으로 더 많은 것을 알게 되도록 마음을 쓰십시오. 만일 당신이 항구에 매어 놓은 밧줄들을 끊지 않으면, 분명 하나님이 폭풍으로 그것들을 끊어 당신을 바다로 내보내실 것입니다. 당신의 모든 것을 하나님의 배에 실으십시오. 하나님의 계획이 담겨 있는 솟아오르는 거대한 파도를 타고 바다를 향해 나아가십시오. 그러면 당신의 눈들이 확 뜨일 것입니다.

만일 당신이 예수님을 믿는다면, 물결이 잔잔할 때 항구의 주막 안에서 육신적으로 즐기고 늘상 죽치고 놀면서 모든 시간을 허비해서는 안 됩니다. 당신은 당장 항구의 주막을 빠져나와 하나님의 깊은 바닷속으로 들어가야 합니다. 그렇게 되면 스스로 영적 분별력을 가지고서 하나님의 계획을 알기 시작하게 됩니다.

당신이 어떤 일을 해야 한다는 것을 알게 되면 행동하십시오. 그러면 곧바로 당신은 더 많은 것을 알게 됩니다. 당신이 영적으로 꽉 막혔던 지점을 다시 검토해 보십시오. 그 지점은 당신이 어떤 것을 해야 한다는 것을 알면서도 당장 해야 할 필요를 못 느껴서 하지 아니했던 그곳임을 깨닫게 될 것입니다. 당신은 이제 아무런 이해력도, 아무런 분별력도 없습니다. 위기의 때에 당신은 영적으로 충만하기보다는 영적으로 산만합니다. 지속해서 알고서 순종하는 것을 거부하는 것처럼 위험한 일은 없습니다.

열심보다는 분별력이 더 중요합니다

순종의 모조품은 자기 나름대로 자신을 희생시키며 열심을 내는 마음 상태입니다. 자기 나름대로 내는 열심은 영적 분별력과는 다릅니다. 로마서 12:1-2에 진술된 영적 삶을 사는 것보다 자신을 희생시키기가 더 쉽습니다. 자신을 희생시키는 대단한 행동들을 행하는 것보다는 하나님의 뜻을 분별하여 당신의 삶에서 하나님의 계획을 성취하는 것이 훨씬 더 좋습니다.

"순종하는 것이 희생 제물을 드리는 것보다 낫다"(삼상 15:22. 역자 주. '순종하는 것이 희생보다 낫다.'로도 번역될 수 있습니다). 당신이 이제껏 한 번도 경험해 보지 못한 새로운 사람이 되기를 하나님이서 원하시는 때 과거 당신의 모습을 되돌아 보지 않도록 주의하십시오. "누구든지 그분의 뜻을 행하기 원한다면, 이 교훈이 … 내가 스스로 말한 것인지 알 것입니다"(요 7:17).

6월 9일

다음에 해야 할 최선의 것

구하는 이마다 받고 (눅 11:10).

성령을 구하십시오

만일 당신이 아직껏 받지 못했다고 하면 구하십시오. 세상에서 가장 어려운 것이 구하는 것입니다. 우리는 바라고 원하고 갈망하고 애타지만, 우리의 의지가 극한 상황에 처해야만 구합니다. 현실이 캄캄해지면 구하게 됩니다.

도덕적 궁핍을 깊이 느끼는 가운데 구해본 적이 있습니까?

여러분들 가운데 누구든지 지혜가 부족하거든 하나님께 구하도록 하십시오(약 1:5). 그러나 당신에게는 지혜가 부족하다는 것을 아셔야 합니다. 당신은 기분이 좋을 때는 당신의 영적 상태에 대하여 불만을 가질 리가 없습니다. 그러나 당신이 영적으로 온전하지 않다고 하면, 다음에 해야 할 최선의 것은 예수 그리스도의 말씀에 의지해서 성령을 하나님께 구하는 것입니다(참조, 눅 11:13). 성령님은 예수님이 당신을 위하여 행하신 모든 것이 당신에게서 온전케 되게 하시는 분이십니다.

"구하는 이마다 받습니다." 이 말은 당신이 구하지 않으면 얻지 못하게 된다는 것을 뜻하지 않습니다(참고, 마 5:45). 당신이 마침내 구하게 될 때까지는 하나님으로부터 받지 못하게 될 것이라는 뜻입니다. 받는다는 말은 당신이 하나님의 자녀 관계를 맺게 되었다는 것을 뜻합니다. 그래서 이제 당신은 이 모든 것들이 하나님에게서 온다는 것을 지적, 도덕적으로뿐 아니라 영적으로 이해하고서 알게 됩니다.

영적 빈곤을 부끄러워하지 마십시오

"여러분들 가운데 누구든지 지혜가 부족하거든 …" 만일 당신이 영적으로 궁핍하다는 것을 깨닫고 있다고 하면, 그것은 당신이 당신의 영적 상태를 똑바로 보았기 때문입니다. 다시는 눈 가리고 핑계하면 안 됩니다. 사람들은 말합니다. "복음을 쉽게 전해주십시오. 우리에게 거룩해야 한다고 명령하지 마십시오. 비참하게 궁핍한 것을 느끼게 해주니까요. 비참하게 궁핍함을 느끼게 되면 기분이 나쁩니다."

"구하라"는 말은 거지처럼 빌라는 뜻입니다. 어떤 사람들은 정말 가난해서 자기들의 궁핍에 관심을 둡니다. 우리도 영적으로 그러합니다. 우리가 어떤 목적을 염두에 두고 구하는 경우, 즉 궁핍해서가 아니라 정욕 때문에 구하는 경우, 결코 받을 수 없습니다. 극빈자(지극히 가난한 자)는 자신의 비참하게 궁핍한 환경 이외의 다른 이유로는 절대 구하지 않습니다. 그는 빌어먹는 것을 부끄러워하지 않습니다. 영이 지극히 가난한 자들은 행복합니다(마 5;3).

다음에 해야 할 최선의 것

6월 10일

찾으십시오. 그러면 여러분들이 발견할 것이며 (눅 11:9).

집중해서 찾으십시오

아직 발견하지 못했다면 찾으십시오. "구하여도 받지 못하는 것은 여러분들이 정욕에 쓰려고 잘못 구하기 때문입니다"(약 4:3). 하나님을 위하는 대신에 여러분들의 목숨을 염려하여 어떤 것들을 구하면, 그것은 잘못 구하는 것입니다. 자아실현을 위한 욕망에서 구하는 것은 잘못된 것입니다. 당신 자신을 실현하려고 하면 할수록 하나님을 덜 찾게 됩니다.

"찾으십시오. 그러면 여러분들이 발견할 것입니다." 이 한 가지에 당신의 마음과 생각을 집중하도록 해 보십시오. 당신의 온 마음을 다해 지금까지 하나님을 찾으셨습니까? 아니면, 도덕적으로 심한 마음의 고통을 당한 후 마지 못해 하나님께 부르짖었습니까? 찾고 집중하면 발견할 것입니다. "모든 목마른 자들아, 물로 나아오라"(사 55:1; 인용, 요 7:37). 목마릅니까? 아니면, 하나님께 더이상 아무것도 원하지 않을 만큼 당신의 경험으로 만족하여 하나님께 아무런 관심도 없습니까? 당신의 경험은 하나님께로 나아가는 대문이지, 종착지가 아닙니다. 경험으로 만족하고 끝나면 안 됩니다. 경험 위에 당신의 신앙을 세우지 않도록 하십시오. 경험에 근거하게 되면, 즉시 날카롭게 비난하는 불평이 터져 나오게 됩니다. 당신이 발견한 것을 다른 사람에게 결코 줄 수는 없겠으나, 당신이 가지고 있는 것을 다른 사람이 부러워하게 할 수 있습니다.

십자가에 달린 도둑과 함께 문을 두드리십시오

"문을 두드리십시오. 그러면 여러분들에게 열릴 것입니다"(눅 11:9). "하나님을 가까이하십시오"(약 4:8). 문을 두드리십시오. 문이 닫혀 있는데, 그 문을 두드리게 되면 심장이 두근거립니다. "손을 깨끗이 하십시오"(약 4:8).

문을 더 크게 두드리다 보면, 당신이 더럽다는 것을 발견하게 됩니다. "마음을 성결하게 하십시오"(약 4:8). 이 말씀이 더욱 가슴에 파고듭니다. 이제 당신은 절실하게 간절해집니다. 그래서 당신은 무엇이든 행할 것입니다. "슬퍼하고 애통하며 우십시오"(약 4:9). 하나님 앞에서 애통하며 울어보셨습니까?

이러한 애통은 자기를 결코 연민하는 것이 아닙니다. 그것은 당신이 얼마나 형편없는 종류의 사람인가를 깨닫고서 놀라 가슴이 찢어지는 고통입니다. "주님 앞에서 낮추십시오"(약 4:10). 하나님의 문을 두드리는 것은 자신을 낮추어야 가능합니다. 부끄럽더라도 십자가에 달린 도둑과 함께 문을 두드려야 합니다." 문을 두드리는 이에게는 열릴 것입니다(눅 11:10).

6월 11일

주님과 함께 거하십시오

내게로 오십시오 (마 11:28).

내게로 오십시오

나는 주님이 계시는 곳에 가고 싶은가?

이제는 나는 할 수 있습니다. "내게로 오십시오." 이 말씀 때문에 모두 응답하여 있기 때문입니다. 주님은 "이것을 하십시오, 저것은 하지 마십시오."라고 말씀하지 않고, "내게로 오십시오."라고 말하십니다. 만일 내가 예수님께로 가면, 나의 삶은 내가 실제 원하는 대로 될 것입니다. 내가 실제로 죄를 멈추고, 주님을 노래하기 시작할 것입니다.

당신은 예수님께로 나아간 적이 있습니까? 만일 당신이 죄를 멈추는 경험을 실제로 하고 싶다면, 예수님께로 나아가야 합니다. 예수 그리스도는 자신을 시금석으로 삼으십니다. 전혀 예기치 아니한 순간들에 "내게로 오십시오."라는 주님의 속삭임이 들립니다. 당신은 즉시 주님께로 이끌립니다. 예수님과 인격적으로 접촉하게 되는 순간 모든 것이 변합니다.

예수님이 말씀하시는 대로 예수님께 나아가 자신을 맡길 만큼 어리석어 보십시오. 예수님께 나아가는 자세를 취하면, 당신은 모든 일에 단호하게 뜻을 정하여 그분께 전적으로 모든 것을 맡길 것입니다.

내가 여러분들에게 쉼을 줄 것입니다(마 11:28)

예수님이 하시는 이 말씀은, 당신을 침대에 눕게 하시고 손을 잡으시고 자장가를 불러 주신다는 것이 아닙니다. 오히려 침대에서 일어나게 하고, 영적 게으름과 탈진 상태를 떨쳐내게 하며, 살아있으나 반 죽어 있는 상태에서 벗어나게 하는 것을 뜻합니다. 주님이 생명의 영을 당신에게 불어 넣어, 온전한 생명력으로 살아가게 하겠다는 것입니다.

우리는 "주님의 뜻을 위해 고난 당하는 것"에 대해 열정적으로 말하기도 합니다. 그러나 그 고난을 감내할 수 있게 하는 하나님의 아들의 놀라운 생명력과 능력이 당신의 경우 어디에 있습니까?

주님과 함께 거하십시오

6월 12일

"선생님, 당신은 어디에 머물고 계십니까?… '와서 보십시오.'
… 그들이 와서 … 그날 그분과 함께 머물렀으니"(요 1:38-39).

새 이름을 가진 제자

"그들이 그날 그분과 함께 머물렀으니." 우리 가운데 대부분은 지금껏 그렇게 주님과 함께한다고 하지만, 현실로 돌아오게 되면, 자기의 유익을 생각하게 되어, 더 이상 주님과 함께 거하지 않게 됩니다. 사실은 어떠한 삶의 조건도 우리가 예수님 안에 거할 수 없게 만들지 않습니다.

"너는 시몬이니, 앞으로 너를 게바라고 부를 것이다"(요 1:42). 하나님은 우리의 삶 속에서 교만과 자만과 이기심을 그가 지워 버리신 경우에만 새 이름을 기록해 주십니다. 우리 가운데 몇몇 사람들은 영적 홍역처럼 몇 가지 경우에만 새 이름을 가지고 있습니다. 그러한 경우들에는 우리가 괜찮아 보입니다. 우리가 영적으로 기분이 최고조에 달해 있을 때는, 아주 멋진 성도인 것처럼 여겨질 것입니다.

그러나 그 같은 상태에 있지 않을 때는 꼴도 보기 싫을 것입니다. 예수님의 제자는 그의 삶의 모든 부분에서 새 이름이 기록된 자입니다. 다시 말해서, 제자에게는 이기심과 교만과 자만이 온전히 지워져 있는 것입니다.

예수님이 당신의 모든 것이 되게 하십시오

오늘날 교만은 우리 가운데서 바리새인의 모습이 아니라, 세리의 모습에서 나타납니다. '오, 나는 결코 성도가 아닙니다.'라고 말하는 것은 인간적으로 아주 교만한 것으로, 무의식적으로 하나님께 대해 모독하는 말입니다. 이 말은 문자적으로 보면, 당신을 성도로 만드시는 하나님을 무시하는 것이 됩니다. 즉, '나는 너무나 연약하고 아무런 가망성도 없으며, 그리스도의 속죄 사역으로도 어쩔 수 없어요.'라고 말하는 것과도 같습니다. 사람들 앞에서의 인간적인 겸손은 하나님 앞에서는 무의식적인 신성 모독이 될 수 있습니다. 당신은 왜 성도가 아니라고 말합니까?

이것은 당신이 성도가 되고 싶지 않기 때문이든지, 아니면 하나님이 당신을 성도로 만들 수 있다는 것을 믿지 않기 때문입니다. 당신은 말하기를, 하나님께서 당신을 구원하셔서 곧바로 천국으로 데리고 가신다면 좋을 것이라고 합니다. 하나님께서는 그렇게 하실 것입니다. 그래서 예수님은 말씀하시기를, "우리(삼위 하나님)가 그(성도)에게로 가서 거처를 그와 함께할 것입니다"(요 14:23)라고 하셨습니다. 아무런 조건도 만들지 마십시오. 예수님으로 모든 것이 되게 하십시오. 예수님은 오늘만이 아니라 영원토록 당신이 그와 함께 거하게 하실 것입니다.

6월 13일

주님과 함께 거하십시오

나를 따라오십시오 (막 1:17).

예수님을 따르는 데 있어서 방해물

예수님께로 나아가는 데 있어서 가장 큰 방해물 가운데 하나는 자기의 기질에 대한 핑계입니다. 우리의 기질과 본성적 기호(취미)를 예수님께로 나아가는 데 있어서 장애물로 핑계합니다. 우리가 예수님께로 나아갈 때 제일 먼저 깨닫게 되는 것은 우리의 기호가 어떤 것이든 간에 그분께서는 전혀 관심을 두지 않으신다는 것입니다. 우리는 하나님께서 우리에게 주신 재능들을 하나님께 구별하여 바칠 수 있다고 스스로 생각합니다.

그러나 당신은 당신의 것이 아닌 것을 구별하여 바칠 수 없습니다. 당신이 하나님께 바칠 수 있는 단 한 가지는 당신 자신에 대한 당신의 권리입니다(롬 12:1). 만일 당신이 당신 자신에 대한 당신의 권리를 하나님께 드리게 될 것 같으면, 하나님은 당신에 대해 거룩한 실험을 하실 것입니다. 하나님의 실험은 언제나 성공합니다.

당신의 삶의 신선한 원천

성도의 한 가지 특징은 예수 그리스도에게 자신을 내어드림으로써 솟아나는 영적 원천입니다. 성도의 삶에는 항상 삶을 생동력 있게 해 주는 놀라운 영적 원천이 있습니다. 하나님의 성령이 늘 솟아나는 샘물입니다. 이 샘은 영구적으로 늘 신선합니다. 성도는 하나님이 모든 환경을 조절하신다는 것을 깨닫습니다. 그래서 결과적으로, 아무런 불평 없이 그리고 거리낌 없이 예수님께 당신은 자신을 내어드립니다. 당신의 경험을 가지고 어떤 원칙을 만들지 마십시오. 하나님이 당신에게 원천이시듯이 다른 사람들에게도 원천이 되게 하십시오.

만일 당신이 예수님께 자신을 내어드린다면, 예수님께서 '오십시오'라고 말씀하시는 때 따르십시오. 그분은 당신을 통해서 '오십시오'라고 계속해서 말씀하실 것입니다. 당신은 그리스도의 '오십시오'라는 말씀을 다른 사람들에게 반복하여 외치면서 삶을 살아가게 될 것입니다. 예수님께 자신을 내어드리고 따르는 사람마다 그렇게 살게 됩니다.

나는 예수님께로 이미 나아왔습니까?

아니면, 이제 나아오겠습니까?

서둘러 나아가십시오

6월 14일

내 안에 거하십시오 (요 15:4).

예수님의 영이 내 안에 들어와 계십니다

예수님이 보내신 성령께서는 예수님이 십자가상에서 이루신 속죄 사역으로 말미암아 내 안에 들어와 계십니다. 그런 까닭에 나는 인내심을 가지고 나의 주님과 정확하게 일치하는 사고방식에 익숙해져야 합니다. 하나님은 내가 예수님처럼 생각하게끔 강요하지는 않으실 것이나, 내 스스로 그렇게 하도록 노력해야 합니다. 나는 나의 모든 생각을 사로잡아 그리스도에게 순종하도록 해야 합니다.

내 안에 거하십시오.

이 말씀은, 지적인 문제나, 돈 문제나, 인간의 삶에 관련되는 모든 문제에서 주님 안에 거하라는 뜻입니다. 겉치레로 사는 삶이어서는 안됩니다.

내가 하나님과 소통하는데 방해될 것 같다는 이유로 내가 처해있는 환경 속에서 하나님이 간섭하는 것을 못하게 막고 있지는 않습니까?

그것은 주제넘은 짓입니다. 나의 환경이 어떠하든 문제가 되지 않습니다. 나는 기도회에서처럼 나의 환경들 속에서도 예수님 안에 거하는 것을 확신할 수 있습니다. 나는 스스로 나의 환경들을 바꾸거나 조정해서는 안 됩니다. 나의 주님의 경우, 그의 내면은 더럽혀져 있지 않았습니다. 그의 몸이 어떤 환경에 처해 있더라도 하나님과 온전히 함께하셨습니다. 그분은 자신의 환경을 결코 스스로 선택하지 않았습니다. 그분은 하나님의 처분대로 온유하게 따랐습니다.

우리 주님의 삶이 얼마나 여유로웠던가를 생각해보십시오!

우리는 격정의 순간에 하나님과 함께 거합니다. 그러나 우리에게는 그리스도와 함께 하나님 안에 감춘 생명의 고요함(즉, 고요한 삶)이 전혀 없습니다.

서둘러 예수님 안에 거하십시오

당신이 그리스도 안에 거하지 못하게 막는 것들에 대해 생각해보십시오. 당신은 아마 이렇게 말할 것입니다.

"예, 주님, 잠깐만이요. 나는 지금 이 일을 해야 합니다. 이 일이 마무리되고 나면 주님 안에 거하겠습니다. 금주가 지나고 나면 괜찮게 될 것입니다. 그때 주님 안에 거할 것입니다."

아닙니다. 지금 서둘러 주님 안에 거하기를 시작하십시오. 처음 시작 단계에서는 지속적인 노력이 필요합니다. 그렇게 하게 되면, 주님 안에 무의식적으로 거하는 것이 삶의 법칙이 됩니다. 당신이 어느 곳에 있든지 예수님 안에 거하기로 하십시오.

6월 15일

서둘러 나가십시오

그러므로 여러분들은 더욱 힘써 … 더하십시오 (벧후 1:5-7).

일상생활 속에서 더욱 힘써 더하십시오

베드로가 하는 말에 의하면, 당신은 하나님의 성품을 물려 받았습니다(벧후 1:4). 그러기에 마음을 확정하고 습관을 기르고, 부지런하여 집중해야 합니다. "더하십시오"라는 말은 성품과 관련된 것이면 무엇이나를 뜻합니다. 아무도 자연적으로든 초자연적으로든 완성된 성품을 가지고 태어난 사람은 없습니다. 성품은 후천적으로 길들여야 합니다. 우리는 습관을 지니고 태어나지도 않습니다.

하나님께서 우리에게 주신 새 생명을 기초로 하여 습관도 길들여야 합니다. 우리는 찬란한 삶을 살게 되어 있지 않습니다. 오히려 평범한 일상생활 속에서 하나님의 놀라운 은혜를 드러내도록 창조되었습니다. 일상의 단조로움이 성품을 길들이는 시금석입니다. 영적 삶에서 가장 큰 장애물은 무엇인가 큰일을 행하려 찾는 것입니다. 그러나 "예수님께서는 수건을 가져다가 … 제자들의 발을 씻기 시작"(요 13:4-5)하는 일로 그의 성품을 드러냈습니다.

틀에 박힌 삶에서 하나님의 능력으로 사십시오

우리의 삶에는 아무런 찬란함이나 짜릿함이 전혀 없는 때들이 있습니다. 종일토록 평범한 일만 반복됩니다. 틀에 박힌 삶은 영감으로 가득 찬 시간 사이에서 하나님이 우리를 구원하시는 방식입니다. 하나님께서 항상 당신에게 짜릿한 순간들을 주실 것으로 기대하지 마십시오. 따분한 삶 속에서도 하나님의 능력으로 사는 법을 배우십시오.

성품을 '더하는 것'은 어려운 일입니다. 우리는 하나님께서 우리를 꽃 침대에 태워 하늘로 데리고 가시는 것을 기대하지 않는다고 말하지만, 사실은 기대한 것처럼 행동합니다. 내가 순종하는 가장 사소한 것 배후에는 하나님의 은혜의 전능한 능력이 있습니다. 나의 본분을 행함에 있어서 단지 본분 때문에 하지 마십시오. 하나님께서 나의 환경들을 조율하신다는 것을 믿기 때문에 본분을 다 하십시오. 그러면 내가 순종하는 바로 그 순간에 하나님의 온전하고 놀라운 은혜가 그리스도의 속죄를 통하여 나의 것이 됩니다.

예수 그리스도께 충성하십시오

6월 16일

사람이 자기 친구를 위하여 자기 목숨을 내어 버리는 것보다
더 큰 사랑은 없습니다. … 나는 여러분들을 친구라 불렀습니다 (요 15:13, 15).

죽기보다 더 어려운 것

예수님은 나에게 그를 위해 죽으라고 하는 대신에, 그를 위해 나의 목숨을 내어 버리라고 요구하십니다. 베드로는 말하기를, "제가 주님을 위하여 제 목숨을 내어놓겠습니다"(요 13:37)고 했습니다. 그가 한 말은 액면 그대로 진심에서 나온 것이었습니다. 그의 영웅심은 대단했습니다. 베드로가 한 것처럼 그와 같은 선언을 할 수 없다면 그것은 못난 짓일 것입니다. 우리의 의무감은 오직 우리의 영웅심에 의해서만 실현됩니다.

주님이 당신에게 "나를 위하여 당신의 목숨을 내어놓겠습니까?"
지금껏 요구하신 적이 있습니까?

높은 소명 의식을 가지고서 날마다 목숨을 내어놓는 것보다는 단번에 죽기가 훨씬 쉽습니다. 우리는 찬란한 순간들을 보며 살도록 창조된 것이 아니고, 일상생활 속에서 그 찬란한 빛 가운데 행해야 합니다. 예수님의 생애 가운데는 오직 한 번의 찬란한 순간만 있었습니다. 그것은 변화 산에서였습니다. 그러나 곧바로 두 번째로 (역자 주. 첫 번째는 성육신하시던 때였습니다. 참고, 빌 2:7) 그는 자기의 영광을 스스로 비우셨습니다. 그리고 악령에 사로잡힌 소년이 있는 계곡으로 내려오셨습니다.

내가 예수님의 친구라고 하면

33년 동안 예수님은 자기 아버지의 뜻을 행하기 위해서 자기 목숨을 내어놓으셨습니다. 그래서 요한은 말하기를, "우리도 형제들을 위하여 우리의 목숨을 내어놓는 것이 마땅합니다."(요일 3:16)라고 했습니다. 그런데, 목숨을 내어놓는 일은 인간의 본성을 거스릅니다.

만일 내가 예수님의 친구라고 하면, 그를 위하여 나의 목숨을 기꺼이 그리고 조심스럽게 내어놓아야 합니다. 그것은 어렵습니다. 그것이 어렵기에 하나님께 감사드립니다. 우리가 구원을 얻는 것이 쉬운 것은 하나님이 이미 모든 값을 치러 주셨기 때문입니다. 그러나 우리의 삶에 구원을 드러내 보이는 것은 어렵습니다. 그래서 하나님은 사람을 구원하시고서 성령을 부어 주시며 말씀하십니다. "이제 힘써 구원을 이루어 내십시오. 그리고 내게 충성하십시오. 비록 당신의 주변의 환경들이 충성할 수 없게 할지라도 거기에 굴복하지 마십시오." "나는 여러분들을 친구라 불렀습니다." 당신의 참된 친구에게 굳게 충성하십시오. 그분의 명예가 당신의 일상생활 때문에 좌우된다는 것을 기억하십시오.

6월 17일

판단하지 않는 기질

여러분들이 판단을 받지 않도록 남을 판단하지 마십시오 (마 7:1).

판단하는 기질은 하나님과의 교제를 가로막습니다

판단하는 일에 대해서 예수님은 하지 말라고 말씀하십니다. 보통의 그리스도인은 아주 가혹할 정도로 판단하기를 좋아합니다. 판단하는 일은 보통 사람들에게서 흔히 볼 수 있는 일입니다. 그러나 영적인 세계에서는 판단하는 일을 통해서는 아무것도 되는 것이 없습니다. 판단하는 일의 결과는 판단 받는 사람의 능력들을 약화하는 것입니다. 성령님께서만이 유일하게 판단하실 수 있는 자리에 계십니다. 그분만이 상처를 입히지 않은 채 잘못된 것을 밝히 보이실 수가 있습니다.

당신의 경우, 판단하는 기질을 가지고 있게 되면 하나님과의 교제에 들어갈 수가 없게 됩니다. 판단하는 기질은 당신을 완고하고 보복적이고 잔인하게 만듭니다. 또한, 당신을 부추겨 다른 사람보다 우월하다는 생각을 하게 합니다. 예수님께서는 제자 된 자들에게 판단하지 않는 기질을 기르라고 말씀하셨습니다. 그런데 이 일은 단번에 되는 것이 아닙니다. 우월감에 빠지지 않도록 특히 주의하십시오.

다른 사람을 판단하는 잣대를 버리십시오

예수님의 꿰뚫어 보시는 시선을 우리는 피할 방법이 없습니다. 예수님의 말씀에 의하면, 만일 내가 상대방의 눈에 있는 티를 본다면 그것은 내 눈에 들보가 있다는 것을 의미합니다.

내가 당신 안에서 보는 모든 잘못된 것을 하나님은 내 안에서 찾아내십니다. 내가 당신을 판단할 때마다, 사실은 내가 나를 정죄하고 있는 것입니다(롬 2:17-20). 다른 사람들을 판단하는 잣대를 더 갖지 마십시오. 우리가 알지 못하는 적어도 한 가지 이상의 사실이 모든 사람마다 항상 있기 마련입니다. 즉, 장점을 한 가지 이상 가지고 있지 않은 사람은 하나도 없습니다.

우리가 그것을 알아보지 못하고 있을 뿐입니다. 하나님이 우리에게 첫 번째로 행하시는 것은 영적 대청소입니다. 그렇게 청소를 하고 나면, 사람에게 교만이 남아 있을 리가 없습니다. 하나님의 은혜가 없으면 내 안에 얼마나 많은 추악한 것들이 있게 되는가를 깨닫게 됩니다. 이 같은 추악함을 깨달은 후로는 내가 실망할 수 있는 사람을 한 번도 결코 만나보지 못했습니다. 내가 하나님의 은혜를 모르기 때문에 교만하게도 사람을 판단하고 실망하는 것입니다.

생각하지 말고, 그저 걸으십시오

6월 18일

베드로가 배에서 내려 물 위로 걸어서 예수께로 갔다.
그러나 그가 강한 바람을 보고 두려워하자 빠지기 시작했다 (마 14:29-30).

사나운 바람과 높은 파도

마태복음 14:19-30에 보면, 바람이 실제로 사납고, 파도도 실제로 높았습니다. 그러나 처음에는 베드로의 눈에 그것들이 보이지 않았습니다. 그는 바람과 파도를 의식하지 않고, 단지 주님만을 보았기에 주저 없이 발걸음을 내디뎌 물 위로 걸었습니다. 그러나 바람과 파도가 그의 눈에 들어오기 시작하자마자 곧바로 물속으로 빠졌습니다.

우리 주님은 파도 위에서처럼 파도 밑에서도 왜 그가 걸을 수 있도록 할 수 없었을까요? 우리 주님을 바라보지 않고서는 둘 다 불가능했을 것입니다.

상황이 어떠하든 주님만을 의식하십시오

어떤 일에 대해서 우리는 하나님을 의지하고서 발걸음을 곧장 내딛습니다. 그러나 자기를 의식하는 순간 내려앉습니다. 만일 당신이 당신의 주님을 바라본다고 하면, 주님이 당신의 환경을 어떻게 조율하시든지 당신은 상관하지 않게 됩니다. 그러나 현실을 바라보는 순간 그것들에 압도되면 예수님을 의식할 수가 없습니다. 그때 주님이 책망하십니다.

"왜 의심하느냐?"(마 14:31)

우리가 처한 실제 환경이 어떠한 것이든, 오직 계속해서 예수님만 바라보고, 온전히 그를 신뢰하십시오. 하나님께서 말씀하셨을 때 단 일 초라도 당신이 따진다고 하면, 모든 것은 허사가 됩니다.

"정말 하나님이 그렇게 말씀하셨을까?"

결코, 이같이 의심하여 말하지 마십시오. 즉시 망설임이 없어야 합니다. 모든 것을 하나님께 내맡기십시오. 하나님의 음성이 언제 들릴지 당신은 모릅니다. 그러나 세미한 음성으로라도 하나님의 음성을 깨닫게 되면 어느 때라도 주저 없이 내맡기십시오. 오직 내맡김으로써만 당신은 하나님을 만나볼 수 있게 됩니다. 주저 없이 내맡김으로써 하나님의 음성을 당신은 더욱 분명하게 듣게 될 것입니다.

6월 19일

열정적인 헌신

네가 나를 사랑하느냐? 내 양들을 쳐라 (요 21:16).

제자 됨의 기초는 헌신입니다

예수님이 말씀하신 바에 의하면, 개종자들이 당신의 사고방식을 따르게 하지 말고, 그분의 양 떼를 돌보아야 합니다. 다시 말해서, 예수님을 아는 지식으로 양육되게 해야 합니다. 우리는 기독교적 사역의 방식으로 행하는 것을 봉사라고 생각합니다. 그러나 예수 그리스도께서는 우리가 그분을 위해 행하는 사역 대신에, 우리가 그분에게 어떤 사람인가를 염두에 두고 하는 일을 봉사라 합니다.

제자 됨의 기초는 예수 그리스도에 대한 헌신입니다. 입술의 고백이나 신조에 대한 집착이 아닙니다. "누구든지 내게 오는 자는 … 미워하지 않으면, 내 제자가 될 수 없습니다"(눅 14:26).

여기에는 아무런 논쟁이나 강요가 없고, 단지 "나의 제자가 되고자 하면, 내게 헌신해야 합니다." 하는 것입니다. 하나님의 성령으로 감동된 자는 생각할 것도 없이 이렇게 말합니다. "이제 나는 예수님이 누구이신지 압니다." 이것이 바로 헌신의 근원입니다.

제자의 삶의 특징은 겸손입니다

오늘날 우리는 신조에 대한 신념으로 개인의 인격적 신앙을 대체했습니다. 이 때문에 많은 사람이 명분과 대의에는 헌신하지만, 예수 그리스도께 헌신하는 자들은 극히 소수입니다. 사람들은 예수님에게 헌신하는 것을 원하지 않고, 그가 시작하신 명분과 대의에만 헌신합니다. 오늘날 교육을 받은 지식층의 경우, 예수님이 심각한 거침돌이 됩니다. 그들은 예수님을 동료로만 여길 뿐 달리 생각하지 않습니다.

우리 주님이 첫째로 순종한 것은 그의 아버지의 뜻에 대한 것이었습니다. 사람들의 필요에 대해 순종하지 않았습니다. 사람들의 구원은 아버지의 뜻에 순종함에 따른 자연스러운 결과였습니다. 만일 내가 인류의 대의에 오직 헌신한다면, 나는 곧 지쳐서 인류를 향한 나의 사랑마저 흔들리는 지경에 이르게 될 것입니다. 그러나 내가 예수 그리스도를 인격적으로 그리고 열정적으로 사랑하게 되면, 사람들은 나를 신발 먼지털이로 취급하겠지만 인류를 사랑으로 섬길 수 있습니다.

제자의 삶의 비결은 예수 그리스도에 대한 헌신입니다. 그 삶의 특징은 자기를 내세우지 않는 겸손입니다. 그것은 마치 땅에 떨어져 죽는 한 알의 밀알과도 같습니다. 그 밀알은 곧바로 싹이 터 올라 모든 풍경을 바꾸어 놓을 것입니다.

아직도 미루고 있습니까?

욥이 자기 친구들을 위해 기도했을 때, 여호와께서 욥의 곤경을 돌이키셨으며 (욥 42:10).

성경이 가르치지 않은 병적인 기도

슬픈 듯 하소연하는 자기중심적 병적인 기도, 자기를 옳게 보이려고 안간힘을 쓰는 기도는 신약성경이 가르치고 있지 않습니다. 하나님과 바른 관계를 맺으려고 애쓰는 것은 그리스도가 성취한 속죄를 거스르고 있다는 증거입니다.

"주님, 주께서 나의 기도에 응답하시면 내 마음을 정결케 하겠습니다. 주께서 나를 도우시면 바르게 행하겠습니다." 이 같은 기도는 그리스도의 속죄를 거스릅니다. 주 예수 그리스도께서 성취해 놓으신 속죄를 절대적인 선물로 받아들일 때만 하나님과 바른 관계를 맺을 수 있습니다.

나는 그 속죄를 받아들일 만큼 겸손합니까?

나는 모든 종류의 요구뿐만 아니라 인간적인 노력을 단념하고, 오직 주님의 손에 전적으로 나 자신을 맡겨야 합니다. 그러고 나서 제사장의 중보사역에 전심전력해 보십시오. 예수님은 이제 우리를 구원하기 시작하시는 것이 아닙니다. 이미 우리를 구원하셨습니다. 속죄가 이미 성취되었습니다. 그런 까닭에 주님께 속죄를 이루어 구원해 달라고 하는 것은 그분께 대한 모독입니다.

즉시 시작해야 하는 중보기도

만일 당신이 백배의 수확을 얻지 못했다면, 그리고 하나님의 말씀을 깊이 깨닫지 못했다면, 당신의 친구들을 위해 중보기도를 시작하십시오. 내적 사역을 시작하십시오. "욥이 자기 친구들을 위해 기도했을 때 여호와께서 욥의 곤경을 돌이키셨습니다."

당신이 구원받은 자로서 진짜 해야 하는 일은 중보기도입니다. 하나님이 당신을 어떤 환경에 처하게 하시든, 즉시 기도하십시오. 예수님의 속죄가 당신의 삶 속에서 실현된 것처럼 다른 사람들의 삶에서도 실현될 수 있도록 기도하십시오.

6월 21일

제사장으로서의 내적 사역

그러나 여러분들은 … 왕 같은 제사장들이고 (벧전 2:9).

속죄의 권리로 왕 같은 제사장이 됨

무슨 권리로 우리가 "왕 같은 제사장"이 되는가? 예수님의 속죄의 권리로 되는 것입니다. 우리는 단호하게 우리 자신을 버리고 제사장적 기도 사역을 시작할 준비가 되어 있습니까?

우리가 마땅히 되어야 할 사람인가를 확인하기 위해서 우리의 내면을 계속해서 열심히 파헤치면 하나님 자녀의 건강하고 단순한 삶을 살게 되는 대신에, 자기중심적이고 병든 형태의 기독교를 따르게 됩니다. 우리가 하나님과 바른 관계를 맺지 않으면, 간신히 하나님께 매달려 있는 것이나 마찬가지입니다. 그러면서도 "얼마나 놀라운 승리를 내가 거두었던가!"라고 자만합니다.

그러나 그 같은 경우에는 구속의 기적이 전혀 보이지 않습니다. 그리스도께서 성취해 놓으신 구속이 완성되어 있다는 것을 확실하게 믿는 믿음으로 전진하십시오. 더이상 자신에 대하여 신경 쓰지 말고, 예수 그리스도께서 말씀하신 것처럼 행하십시오. 즉, 한밤중에 당신을 찾아온 친구를 위해 기도하십시오.

성도들을 위하여 기도하십시오. 그리고 모든 사람을 위하여 기도하십시오. 당신은 기도할 때에 예수 그리스도 안에서만 온전하다는 것을 아는 깨달음에 근거해야 합니다. "오 주님! 내가 나의 최선을 다했으니, 청컨대 내 기도를 들어주십시오." 이 같은 간구에 근거해 기도해서는 안 됩니다.

예수 그리스도 안에서 중보사역을 하십시오

우리 자신에 대해 염려하는 병적인 습관에서 하나님이 우리를 자유케 하는데 얼마나 오랜 시간이 걸릴까요?

우리는 우리 자신에 대하여 철저하게 죽어야 마땅합니다. 그리하여 하나님이 우리 자신에 대하여 하실 수 있는 어떤 말씀을 우리가 듣더라도 결코 더 놀라서는 안 됩니다. 우리는 우리 자신 안에 있는 천박함의 깊이를 가늠할 수가 없습니다. 우리가 그리스도 예수 안에 있을 때, 우리는 내적 사역에 전심전력해야 합니다. 왕 같은 제사장으로서 중보기도 사역에 최선을 다해야 합니다.

빗나가지 않은 시험

6월 22일

여러분들이 판단하는 그 판단으로 여러분들도 판단 받을 것이며,
여러분들이 저울질하는 대로 여러분들도 저울질당할 것입니다 (마 7:2).

하나님의 영원한 법칙

예수님이 하신 이 말씀은 그냥 넘겨짚어서 하신 것이 아니고, 하나님의 영원한 법칙입니다. 당신이 하는 판단이 어떤 것이든, 그것에 따라서 당신도 판단을 받게 됩니다. 보복과 보응 간에는 차이가 있습니다. 예수님은 우리의 인생이 보응에 기초하고 있다고 말합니다.

"여러분들이 저울질하는 대로 여러분들도 저울질당할 것입니다." 만일 당신이 간교하여 다른 사람들에게서 결점들을 찾아냈다고 하면, 당신도 똑같이 흠 잡힐 것을 기억하십시오. 인생은 당신이 지급한 대로 갚아집니다. 이 법칙은 하나님의 보좌로부터 시행됩니다(참고, 시 18:25-26).

우리에게는 판단할 권리가 없습니다

로마서 2장에는 이 법칙이 좀 더 정확한 방식으로 진술되어 있습니다. 다른 사람을 비판하는 자는 똑같은 죄를 범하고 있다고 말합니다. 하나님은 실제로 하는 행위를 보실 뿐만 아니라, 그 같은 행위를 하게 될 가능성까지도 보십니다. 우리는 성경에 진술된 말씀들을 처음부터 믿는 것은 아닙니다.

예컨대, 우리가 다른 사람들에 대해 비판하는 것들을 우리 자신들도 범하고 있다는 바울의 이 같은 말을 우리가 믿습니까?

그런데, 우리가 다른 사람들에게서 위선과 거짓과 속임수를 발견해내는 이유는 이 모든 것들이 사실상 우리 마음속에 도사리고 있기 때문입니다. 성도의 가장 큰 특징은 겸손입니다. "그렇습니다. 하나님의 은혜가 없으면 이 모든 악과 다른 것들까지도 내 안에서 드러났을 것입니다. 그러므로 내게는 아무도 판단할 권리가 전혀 없습니다."

예수님이 말씀하십니다. "판단을 받지 않으려거든 판단하지 마십시오." 만일 당신이 판단한다면, 당신이 판단한 대로 똑같이 판단을 받게 될 것입니다.

우리 가운데 누가 감히 하나님 앞에서 다음과 같이 말할 수 있습니까?

"나의 하나님, 내가 나의 동료를 판단한 대로 얼마든지 나를 판단해 보십시오." 우리가 우리의 동료를 죄인으로 판단했을 경우, 하나님이 우리를 그와 같이 판단하실 것 같으면 우리는 지옥에 있게 될 것입니다. 감사하게도, 하나님은 예수 그리스도의 놀라운 속죄를 통해 우리를 판단하십니다.

6월 23일

아픔을 아는 삶

그는 슬픔을 많이 맛보고 아픔을 아는 사람이다 (사 53:3).

우리가 미처 고려하지 못한 사실

우리 주님이 아픔을 아셨던 것과 우리가 그것을 아는 것은 질적으로 다릅니다. 우리는 아픔을 견뎌내고, 이겨내기는 하지만, 그것과 친밀해지지는 않습니다. 인생의 초반에는 우리 자신에게 죄가 있다는 사실을 인정하지 않습니다. 우리는 인생을 합리화하기를 좋아합니다.

그래서 말하기를, 사람이 본능을 억제하고 교육을 하면 점차 하나님처럼 인생을 살게 될 것이라고 합니다. 그러나 나이가 들게 되면, 우리는 미처 고려하지 못한 어떤 것, 곧 죄의 존재를 발견합니다. 그리고 죄는 우리의 모든 이전까지의 낙관적인 생각을 뒤집어 버립니다. 죄는 모든 것들을 밑바닥부터 엉망으로 만들었던 것입니다.

우리의 인생의 슬픔과 아픔의 진짜 이유

죄는 엄연한 사실이고, 결함이 아니라는 것을 우리가 인정해야 합니다. 죄는 피투성이가 되기까지 하나님을 대적하는 반역입니다. 나의 인생에서 하나님이든 죄든 둘 중 하나가 죽어야 합니다. 신약성경은 줄기차게 이 한 가지 문제를 다루어 놓았습니다. 죄가 내 안에서 왕 노릇 하면, 하나님의 생명이 죽임을 당하게 됩니다. 반대로, 하나님이 내 안에서 왕 노릇 하시면, 내 안에서 죄가 죽임을 당하게 될 것입니다. 그것 말고는 다른 것이 있을 수 없습니다. 죄의 절정은 그것이 예수 그리스도를 십자가에 못 박은 것입니다.

이 땅에서 하나님의 역사에서 사실이었던 것이 당신과 나의 역사에서도 사실이 될 것입니다. 논리적으로 생각해 보면, 죄를 엄연한 사실로 우리가 인정할 때 예수 그리스도께서 이 땅에 오신 이유뿐만 아니라, 우리가 인생의 아픔과 슬픔을 겪는 이유가 확실하게 설명될 수 있습니다.

죄의 엄연한 사실을 인정하십시오

6월 24일

지금은 당신네의 때요, 어둠의 권세가 판을 치는 때입니다 (눅 22:53).

인간의 본성은 절대 고상하지 않습니다

죄가 우리의 인생에서 모든 재난을 일으키고 있는데도, 사람들은 죄가 우리 안에 엄연히 존재한다는 사실을 인정하지 않습니다. 당신은 인간의 본성이 고상하다고 말할지도 모릅니다. 그러나 인간의 본성에는 당신을 보고 비웃는 어떤 것이 있습니다. 죄가 당신의 삶을 힘들게 하는 때 그 죄를 스스로 인정하지 않을 뿐더러, 인간의 본성에 사악하고, 이기적이며, 악독하고 잘못된 어떤 죄성이 엄연히 있다는 사실을 부인하게 되면, 당신은 죄와 타협하고서 죄와 더불어 싸우는 것은 아무 소용이 없다고 말할 것입니다.

당신은 지금 어둠의 권세가 판을 치고 있다는 것을 염두에 두고 있습니까? 아니면, 죄라는 단어조차도 아예 전혀 고려하지 않고 있습니까? 당신의 친인척이나 친구 관계에서 죄가 엄연히 있다는 사실을 인정하고 있습니까?

그렇지 않다면, 당신은 으슥한 골목길에서 죄와 타협할 것입니다. 만일 당신이 죄가 엄연히 있다는 사실을 인정할 것 같으면, 당신은 즉시 죄가 일으키는 위험을 깨닫고서 이렇게 말할 것입니다. "예, 죄가 무엇을 일으켰을지 잘 알고 있습니다." 죄를 인식한다고 해서 우정의 관계가 깨지지 않습니다. 오히려 인생이 처음부터 비극적이라는 사실을 서로 공감하게 해 줍니다. 죄가 엄연히 있다는 사실을 인정하지 않는 인생관을 항상 주의하십시오.

예수 그리스도는 인간의 본성을 전혀 신뢰하지 않았습니다

그렇지만 결코 냉소적이거나 의심하지 않으셨습니다. 왜냐하면, 그분이 인간의 본성을 치유하실 수 있다는 것을 전적으로 신뢰하셨기 때문입니다. 죄가 해치지 못하는 사람은 죄가 없는 사람이 아니라, 깨끗한 사람입니다. 죄가 없는 사람, 곧 죄를 알지 못하는 사람은 절대 안전하지 않습니다. 하나님은 사람들에게 깨끗하고 덕스러운 것을 요구하십니다. 누구든 죄의 엄연한 사실을 인정하지 않는 것은 비난받아 마땅한 일입니다.

6월 25일

슬픔의 불 가운데서 담대 하십시오

<blockquote>
지금 나의 마음이 괴로우니, 무슨 말을 하겠습니까?
아버지시여, 이때로부터 나를 구하여 주십시오 라고 하겠습니까? (요 12:27-28)
</blockquote>

슬픔과 고통은 죄와 더불어 엄연한 사실입니다

슬픔과 고난을 대하는 성도로서의 나의 태도는 그들을 막아달라고 구하는 것이 아니고, 하나님이 창조하신 나의 자아가 슬픔의 불을 견디어 낼 수 있게 구하는 것입니다. 우리 주님은 슬픔의 불 가운데서 담대하셨습니다.

우리는 어떠한 슬픔도 있어서는 안 된다고 말하지만, 슬픔은 우리의 현실입니다. 우리는 슬픔의 불 가운데서 담대해야 합니다. 만일 우리가 슬픔을 회피하려고 애쓰거나, 슬픔을 아예 염두에 두지 않으려고 한다면, 그것은 어리석습니다. 슬픔은 우리의 삶에서 가장 엄연한 사실 중의 하나입니다. 슬픔이 있어서는 안 된다고 말하는 것은 아무 소용이 없습니다. 죄와 슬픔과 고통은 항상 있습니다. 하나님이 그러한 것들을 허용하신 것입니다.

슬픔의 불은 영적 영양분입니다

슬픔은 우리의 많은 천박한 것들을 불태워 없애지만, 항상 사람을 더 성숙하게 해 주지는 않습니다. 고통은 나의 '자아'를 찾게 하든지, 아니면 망가뜨립니다. 당신은 성공하는 때에 당신의 자아를 찾을 수 없습니다. 오히려 이성을 잃습니다. 단조로운 삶 속에서는 자아를 찾을 수 없고 오히려 불평합니다. 당신의 자아를 찾는 방법은 슬픔의 불 속에 있습니다. 왜 그러한가는 중요하지 않습니다.

성경이나 인간의 경험으로 볼 때 그것은 엄연한 사실입니다. 당신은 슬픔의 불을 견디어 내고 자신을 얻은 사람을 많이 알고 있습니다. 당신이 어려움을 당하면 그 사람을 찾아가게 될 것이 분명합니다. 그리고 그 사람은 당신에게 충분한 시간을 내어 줄 것입니다.

만일 어떤 사람이 슬픔의 불을 이겨내지 못했다고 하면, 그는 남을 경멸하기 쉬우므로, 당신에게 시간을 내어주지 않을 것입니다. 만일 당신이 슬픔의 불 속에서 담대하여 당신 자신을 발견한다면, 하나님은 당신으로 하여금 다른 사람들을 위한 영적 영양분이 되게 하실 것입니다.

언제나 지금

우리가 하나님과 함께 일하는 자로서 여러분들을 권합니다.
하나님의 은혜를 헛되이 받지 마십시오 (고후 6:1).

기도로 지금 하나님의 은혜를 얻으십시오

어제 당신이 받은 은혜는 오늘을 준비하게 위한 것이 아닙니다. 은혜는 하나님의 항상 넘쳐 흐르는 호의입니다. 그래서 당신은 은혜를 언제든 필요한대로 하나님에게서 받아 낼 수 있습니다. 인내에 대한 시험이 오는 경우는 "많은 인내와 환난과 궁핍과 곤경"을 당하는 때입니다(고후 6:4).

당신은 그 같은 경우 하나님의 은혜를 놓칩니까?

아니면, "오! 예, 이번에는 그냥 은혜없이 버틸래요."라고 말합니까?

하나님께 도움을 구하려 기도하는 것이 문제가 아닙니다. 하나님의 은혜를 지금 내가 받아내는 것이 문제입니다. 우리는 사역을 위한 준비수단으로 기도를 이용합니다. 그러나 성경에는 전혀 그렇게 말씀 되어 있지 않습니다. 성경에 따르면, 기도는 하나님의 은혜를 받아 내는 운동입니다.

그러므로, "시간을 내어 기도할 수 있을 때까지 참겠다."라고 말하지 마십시오. 지금 당장 기도하십시오. 필요한 순간에 하나님의 은혜를 기도로 받아 내십시오. 기도는 아주 실제적인 운동입니다. 그것은 헌신에서 오는 반사 행동이 아닙니다. 기도는 하나님의 은혜를 얻어내는 데 있어서 최후의 결정적 수단입니다. 기도 없이는 하나님의 은혜를 얻어낼 수가 없습니다.

어떤 상황에서든 하나님의 은혜를 얻어내십시오

"매 맞음과 옥에 갇힘과 난동과 수고로움"(고후 6:5). 이 모든 어려운 상황들 속에서도 하나님의 은혜를 얻어내십시오. 그러면 당신은 당신 자신뿐만 아니라 다른 사람들에게도 놀라운 사람이 될 것입니다. 조금 있다가 아니라 지금 당장 얻어내십시오. 영적으로 단 한 마디는 '지금'입니다. 상황이 어떻게 변하든, 당신이 어떤 처지에 놓이게 되든 상관없이 계속해서 하나님의 은혜를 얻어내십시오. 당신이 하나님의 은혜를 얻어내고 있다는 가장 확실한 증거들 가운데 하나는 하나님의 은혜를 조금이라도 드러내지 못하면 스스로 부끄러워할 수 있게 된다는 것입니다.

"아무것도 없는 자 같으나"(고후 6:10). 어떤 것도 결코 남겨 두지 마십시오. 당신이 가지고 있는 가장 좋은 것들을 쏟으십시오. 그리고 항상 가난하여지기 바랍니다. 하나님이 주신 보화들에 대하여 미적대거나 소심해지지 마십시오. 이같이 스스로 쏟아낼 때 가난함으로 승리하게 됩니다.

6월 27일

구원을 방해하는 먹구름

> 내가 너와 함께 하여 너를 구원할 것이니, 너는 그들을 두려워하지 말라. 여호와의 말이다 (렘 1:8).

하나님이 약속하신 구원

하나님은 예레미야에게 그를 개인적으로 친히 구원해 주시겠다고 약속하셨습니다. "내가 네 목숨을 노획물처럼 네게 줄 것이다"(렘 45:5). 그것은 바로 하나님이 자기의 자녀들에게 약속하신 것입니다. 하나님은 우리를 어디로 보내시든 어디에서나, 하나님은 우리의 생명을 지켜 주실 것입니다. (역자 주. 하나님께서는 전쟁에서 승리하고서 얻은 노획물을 병사들에게 상으로 주시듯이 그의 자녀들에게 목숨을 주시고 보호하십니다.)

우리의 개인 재산과 소유물들은 별로 중요하지 않습니다. 이 같은 것들에 우리가 눈길을 주어서는 안 됩니다. 그렇지 않으면, 공포와 가슴 아픈 일과 괴로움이 있게 됩니다. 이것이 개인의 구원을 내면적으로 방해하는 먹구름들입니다.

자신을 챙기면 구원을 잃습니다

예수님이 가르치신 산상설교에 따르면, 우리가 예수 그리스도께서 맡기신 일들을 행할 때는, 우리 자신을 챙길 시간적 여유가 전혀 없습니다. 사실상 예수님은 이렇게 말씀하십니다.

"당신들이 정의롭게 취급을 받든 그렇지 않든 괘념치 마십시오." 우리가 우리를 위해 정의를 바라는 것은 주님을 향한 헌신에서 빗나가고 있다는 증거입니다. 이 세상에서 정의를 결코, 바라지 마십시오. 그러나 정의를 실천하는 것을 결코, 멈추지 마십시오. 만일 우리가 정의를 바라게 되면, 불평하고 자기를 연민하는 불만족에 빠지게 될 것입니다.

"왜 내가 이같이 취급을 받아야 하는가!"라고 불평합니다. 우리가 예수 그리스도에게 온전히 헌신하게 되면 우리가 무슨 일을 당하든지, 그것이 정의롭든 불의하든, 상관없습니다. 예수님은 이렇게 말씀하십니다.

"내가 너희에게 행하라고 명령한 것을 성실하게 지속하여라. 그러면 내가 너희의 목숨을 지켜 줄 것이다. 그러나 너희 스스로 너희의 목숨을 지키려고 하면, 너희는 나의 구원을 잃게 될 것이다."

우리 가운데 가장 경건한 사람도 이와 관련해서 무신론자가 됩니다. 우리가 하나님을 믿지 않고, 우리의 상식을 왕좌에 올려놓습니다. 우리가 온 마음으로 하나님을 신뢰하는 대신 우리의 상식을 의지하는 것입니다.

하나님께 사로잡히십시오

6월 28일

오직 내가 그리스도에게 붙잡혀 있기 때문에
나 또한 그것을 붙잡으려고 좇아갑니다 (빌 3:12).

복음을 위해 하나님이 당신을 사로잡았습니다

결코, 스스로 선택해서 사역자가 되려 하지 마십시오. 그러나 일단 하나님께서 당신을 선택하여 부르셨을 때는, 당신 마음대로 오른쪽으로나 왼쪽으로 방향을 잡으면 당신에게 화가 있을 것입니다. 우리가 하나님을 위해 이 땅에서 일하게 되는 것은 우리가 그렇게 하고자 선택했기 때문이 아니고, 하나님이 우리를 사로잡았기 때문입니다. 그러므로 "오! 참 나는 이 일에 적합하지 않아."라고 결코 스스로 생각해서는 안 됩니다.

당신이 무엇을 선포할 것인지는 하나님에 의해서 결정되고, 당신 자신의 본성적 성향에 따라서 되는 것이 아닙니다. 당신의 영혼을 하나님께 견고하게 붙들어 매 놓으십시오. 그리고 당신이 부르심을 받은 것은 그리스도를 당신의 삶 속에서 증거할 뿐만 아니라 복음을 선포하기 위함이라는 것을 기억하십시오. 모든 그리스도인은 증거 해야 합니다. 그러나 복음을 선포하도록 부르심을 받는 경우에는, 하나님의 손에 완전히 꽉 붙잡혀야 합니다. 당신의 인생은 그 한 가지를 위해서 하나님께 사로잡혀 있는 것입니다.

우리 가운데 얼마나 많은 사람이 그같이 붙잡혀 있습니까?

하나님의 말씀에 죽도록 충성하십시오

하나님의 말씀을 결단코 흐리지 마십시오. 하나님의 말씀을 희석하지 않고 엄격하게 선포해야 합니다. 하나님의 말씀에 대해 어떤 것에도 굴함이 없이 죽도록 충성해야 합니다. 그러나 당신의 동료들을 개인적으로 대할 때는 당신이 누구인가를 기억하십시오. 당신은 하늘에서 만들어진 천사같이 특별한 존재가 아니고, 은혜로 구원받은 죄인입니다.

나는 나 자신이 붙잡았다고 생각하지 않습니다. 다만 한 가지, 곧 앞에 있는 것을 붙잡고자 하여, … 푯대를 향하여 달려갑니다 (빌 3:13-14).

6월 29일

훈련의 방향

> 만일 당신의 오른손이 당신을 걸려 넘어지게 하거든, 그것을 잘라내어 던져 버리십시오. 당신의 지체 중의 하나를 잃고 당신의 몸 전체가 지옥에 떨어지지 않는 것이 더 낫습니다 (마 5:30).

가장 준엄한 훈련

예수님께서는 모든 사람이 오른손을 잘라내야 한다고 말씀하지 않으셨습니다. "만일 당신의 오른손이 당신이 나와 함께 행하는 데 당신을 걸려 넘어지게 한다면, 그것을 잘라내십시오."라고 하셨습니다. 세상에는 당신의 마음대로 행하여도 완전히 합법적인 일들이 많이 있습니다. 그러나 당신이 하나님께 집중하려고 하면 그것들을 마음대로 행할 수가 없습니다.

당신의 오른손은 당신에게는 가장 선한 것 중의 하나이지만, 그것이 예수님의 명령을 따르는 데 방해가 된다면, 그것을 잘라내라고 말씀하십니다. 이 같은 방식의 훈련은 인류에게 지금껏 충격을 준 가장 준엄한 훈련입니다.

하나님의 눈에 아름답고 온전한 삶

하나님께서 어떤 사람을 중생을 통해 변화시키는 때, 그 삶의 특징은 불구의 상태로 시작하는 것입니다. 세상에는 당신이 해서는 안 되는 수백 가지의 일들이 있습니다. 당신의 오른손이나 당신의 눈과 관련된 것들입니다. 영적이지 못한 사람은 이렇게 말할 것입니다.

"그것에 무엇이 도대체 잘못이란 것인가?

당신은 정말 엉터리네요!"

지금껏 시작할 때 불구가 된 삶을 살지 않아도 되었던 성도는 전혀 없었습니다. 그러나 사람의 눈에 보기에 아름다우나 하나님 보시기에는 불구인 삶보다는, 불구지만 하나님 보시기에 아름다운 삶을 시작하는 것이 더 낫습니다. 시작 단계에서 예수 그리스도는 그분의 성령으로 말미암아 다른 사람들에게는 전적으로 괜찮지만, 당신에게는 옳지 아니한 아주 많은 것들을 당신이 하지 못하게 막으십니다.

그러기 때문에, 당신의 기준을 가지고 다른 사람을 비난하지 않도록 주의해야 합니다. 그래서, 예수님은 말씀하십니다.

"그러므로 여러분들의 하늘 아버지께서 완전하신 것같이 여러분들도 완전해지십시오"(마 5:48).

지금 당장 행하라

6월 30일

당신을 고소하는 자와 빨리 화해하십시오 (마 5:25).

예수님이 세우신 원칙

예수 그리스도께서 정해놓으신 원칙이 있습니다. "당신이 행해야 한다고 생각되는 것은 미루지 말고 행하라. 지금 당장 행하라." 만일 행하지 않으면, 불가피한 일들이 닥쳐올 것이며, 당신은 고통과 괴로움과 슬픔 속에서 마지막 한 푼까지 다 갚아야 할 것입니다(마 5:26). 하나님의 법은 바뀌지 않기 때문에, 피할 길이 없습니다. 예수님의 가르침은 원칙대로 우리에게 바로 적용됩니다.

나의 대적 마귀가 내게 나의 권리를 내세우게 하는 것은 자연스러운 일입니다(이로써, 마귀에게 내가 빚을 지게 됩니다). 그러나 예수님의 말씀에 의하면, 내가 마귀에게 진 빚을 갚아야 하는데, 이것은 내게 영원하고 절대적으로 심각한 일입니다. 예수님의 관점에서 보면, 내가 속았느냐 안 당했느냐 하는 것이 중요하지 않습니다. 중요한 것은, 내가 속이지 않는 것입니다.

나는 나의 권리를 내세우고 있습니까? 아니면, 예수 그리스도의 관점에서 내가 빚진 것을 갚고 있습니까?

지금 당장 행하십시오

지금 결판을 내십시오. 도덕적이고 영적인 문제들은 즉시 행해야 합니다. 그렇지 않으면, 절대 용서받을 수 없는 일이 생겨납니다. 하나님이 원하시는 것은 자기의 자녀가 눈처럼 순결하고 깨끗하게 되는 것입니다. 그래서 그의 가르침 가운데 하나라도 불순종하게 되면, 성령의 역사를 전혀 기대할 수 없게 막으실 것입니다. 우리가 옳다고 끝까지 주장하는 것은 거의 대부분 불순종하고 있다는 것을 뜻합니다. 그러기에 성령께서 우리에게 강력하게 권하여 빛 가운데서 견고하게 행하라고 하신 것은 당연합니다.

"당신을 고소하는 원수와 빨리 화해하십시오." 인간관계에 있어서 갑자기 어긋남이 있게 되었을 경우, 당신 마음속에 분노가 있다는 것을 발견했다면, 당장 고백하고, 하나님 앞에서 마음을 바로잡으십시오. 그리고 지금 당장 그 사람과 화해하십시오.

7월

당연한 형벌

하나님의 관점에서 영적 삶을 성찰하십시오

당연한 형벌

7월 1일

내가 당신에게 진실로 말합니다. 당신이 마지막 한 푼까지
다 갚기 전에는 결코 거기서 나오지 못할 것입니다 (마 5:26).

성령의 엄정한 심사를 받아야 합니다

"조금이라도 지옥이 섞여있는 천국은 결코 없습니다." 하나님의 마음은 당신을 순결하고 거룩하고 의롭게 해 주시는 것입니다. 그래서 하나님은 당신에게 성령님의 엄정한 심사를 한순간이라도 면하게 하지 않으십니다. 성령님께서 당신을 정죄하시는 때 곧바로 재판을 당신이 받도록 강력하게 하나님은 명령하십니다. 그런데 당신이 하나님의 명령을 거절함으로 인하여, 당연한 재판 절차가 시작되어 당신은 이제 감옥에 갇혀 있게 되었습니다.

당신은 마지막 한 푼까지 다 청산하는 때에만 거기서 나오게 됩니다. 그러나 당신은 불평합니다.

"이런 분이 긍휼의 하나님, 사랑의 하나님이라고?" 하지만, 하나님의 편에서 생각해 보면, 그것은 영광스러운 사랑의 조치입니다.

하나님은 당신의 죄성을 고쳐 주십니다

하나님은 당신을 순결하고 흠 없고 깨끗하게 만들어주고 싶어 하십니다. 이를 위하여, 당신이 보여 왔던 안 좋은 성질을 당신이 깨닫기를 하나님은 원하십니다. 그 죄성은 다름 아닌 당신이 자기를 내세우는 기질입니다. 하나님이 당신의 죄성을 고쳐 주시기를 당신이 원하는 순간, 하나님은 강렬한 힘으로 재창조하는 일을 시작하실 것입니다. 당신을 향한 하나님의 계획에 따르면, 당신이 하나님과 바른 관계를 맺은 후 당신의 동료들과도 바른 관계를 맺는 것입니다.

당신이 하나님의 그 같은 계획을 깨닫는 순간, 하나님은 우주의 모든 것을 동원하여 당신이 바른길을 걷도록 도우실 것입니다. 지금 이렇게 결단하십시오.

"예, 주님, 오늘 밤 당장 그 편지를 쓰겠습니다." "지금 그 사람과 화해하겠습니다." 라고.

예수 그리스도의 이 메시지들은 우리의 의지와 양심을 위한 것이고, 우리의 머리를 위한 것이 아닙니다. 만일 당신이 그분의 산상설교를 당신의 머리로 트집 잡는다면, 그 설교는 당신의 가슴에 아무런 감동도 주지 않을 것입니다.

"왜 나는 하나님과 계속 동행하지 않고 있을까?"

당신은 하나님의 입장에서 당신의 빚을 갚고 있습니까?

언젠가 당신이 꼭 해야 할 일이라면 미루지 말고 지금 하십시오. 모든 도덕적 요구에는 '당연히'라는 명령이 배후에 있습니다.

7월 2일

제자도의 조건

누구든지 내게 오고자 하면서, … 미워하지 않으면,
내 제자가 될 수 없습니다 (눅 14:26; 참조, 27, 33절).

제자도는 인격적이고도 열정적인 헌신을 뜻합니다

인생에서 가장 가까운 관계일지라도 그것이 예수 그리스도의 요구와 충돌이 된다면, 예수님은 그분 자신에게 즉각 순종해야 한다고 말씀하십니다. 제자도는 우리 주님 예수 그리스도라고 하는 그분에게 바치는 인격적이고도 열정적인 헌신을 뜻합니다. 예수 그리스도라고 하는 분에 대한 헌신과 어떤 원칙이나 대의명분에 대한 헌신은 전혀 다릅니다.

우리 주님은 결코 어떤 대의명분을 말씀하신 적이 없습니다. 자신에 대한 인격적인 헌신을 요구하셨습니다. 그의 제자가 된다는 것은 주 예수님께 헌신 된 사랑의 노예가 된다는 것을 뜻합니다. 스스로 그리스도인이라고 하는 자들 가운데 많은 수가 예수 그리스도에게 헌신되어 있지 않습니다. 성령께서 예수님을 향한 열정적인 사랑을 부어 넣어 주시지 않으면, 아무도 그 같은 사랑을 가질 수가 없습니다.

우리가 그분을 찬양하거나, 존경하거나 경외할 수는 있어도, 성령님 없이는 그분을 사랑할 수 없습니다. 주 예수 그리스도의 유일한 사랑꾼은 성령님이십니다. 성령님은 우리 마음속에 하나님에 대한 참 사랑을 넘치게 부어 주십니다. 성령님께서는 예수님께 영광을 돌릴 기회를 얻으면 언제든지 당신의 가슴과 감각과 모든 인성을 붙잡아 예수 그리스도에 대한 헌신으로 불붙게 할 것입니다.

그리스도인의 삶은 예수 그리스도의 삶과 일치되어야 합니다

그리스도인의 삶의 특징은 주님 되신 예수 그리스도의 삶과 도덕적으로 자연스럽게 일치된 것입니다. 그래서 예수 그리스도의 제자는 그분이 받은 것과 같은 비난을 세상으로부터 받게 되어 있습니다. 즉, 세상 사람들은 그분의 삶이 세상과 일치하지 않는다고 비난했습니다.

그러나 예수 그리스도는 하나님과 항상 일치하셨습니다. 그러기에 그리스도인은 자기 안에 계시는 하나님 아들의 삶과 일치해야 합니다. 딱딱한 신념들과 일치해서는 안 됩니다. 사람들은 신념들에 자신을 쏟아붓습니다. 그러나 하나님께서는 그들의 모든 편견을 단번에 몽땅 제거하시어 마침내 그들이 예수 그리스도에게 헌신 될 수 있게 하십니다.

개인의 죄에 대해 집중하게 됨

7월 3일

그때 내가 말하기를 화 있을 것이다. 내가 망하게 되었다.
나는 입술이 부정한 사람이며 … (사 6:5).

하나님의 면전에 있을 때 죄에 대해 집중하게 됨
하나님의 면전에 서게 되면, 막연하게 내가 죄인인 것 같다는 생각을 하지 않게 됩니다. 오히려 나의 삶의 어떤 특정한 부분에서 죄가 있다는 것을 집중해서 깨닫게 됩니다. 사람마다 쉽게 이렇게 말합니다.
"오! 네, 내가 죄인인 것을 압니다."
그러나 하나님의 면전에 서게 되면, 그 같은 말로 적당하게 지나칠 수 없게 됩니다. 죄에 대한 확신이 뚜렷해집니다. '내가 이러이러한 사람이다.'고 확실하게 고백케 되는 것입니다. 이것이 하나님의 면전에 있을 때 항상 있게 되는 증거입니다. 결코 죄를 막연하게 생각하지 않습니다. 개인적으로 특정해서 죄에 대해 집중하게 되는 것입니다.
하나님은 시작 단계에서는 성령의 깨우치심을 통하여 우리가 마음에서 어떤 한 가지 죄에 집중하여 생각케 하십니다. 우리가 만일 그 점에서 죄에 대한 성령님의 깨우치심에 순복하게 되면, 성령님께서는 우리 마음의 깊은 곳에 숨어있는 무서운 죄성까지 우리가 볼 수 있게 인도하십니다. 우리가 하나님의 면전에 깨어 있을 때 하나님께서는 항상 우리를 이같은 방식으로 다루십니다.

성령님은 특정해서 죄를 지적하십니다
죄에 대하여 특정해서 집중하게 되는 이같은 체험은 성도 중에 큰 자나 작은 자를 막론하고 또 죄인 중에서도 큰 자나 작은 자를 막론하고 다 하게 되어 있습니다. 이 경험의 첫 단계에 있을 때, 이렇게 말할 수 있습니다. "나는 내가 어디서 잘못되었는지 모릅니다. 그러나 하나님의 성령께서 특정해서 정확하게 잘못을 지적하실 것입니다." 이사야 선지자는 여호와 하나님의 거룩하심을 보았을 때 자신이 부정한 입술을 가진 죄인임을 깊이 깨닫게 되었습니다.
"그때 스랍 중 하나가 제단에서 타고 있는 숯을 부젓가락으로 집어 손에 들고 내게 날아와서 그것을 내 입에 대면서 말하기를 '보아라, 이것이 네 입술에 닿았으니, 네 부정한 것이 제거되었고 네 죄가 사하여졌다.'라고 하였습니다"(사 6:6-7). 죄가 집중적으로 드러난 곳에 정결케 하는 불을 가져다 대야 했던 것입니다.

7월 4일

하나님이 엄하게 금하시는 한 가지

안달하지 마라. 악을 행하게 될 뿐이다 (시 37:8, R.V.).

안달하지 않으려면

안달하다는 것은 정신적으로나 영적으로 크게 어긋난 것을 뜻합니다. '안달하지 마라'고 말하는 것과 안달하지 않을 수 있는 기질을 갖는 것은 전혀 다릅니다. 우리의 보금자리가 훼손되지 않고 있을 때는 '주 안에서 쉼을 누리는 것'과 '주님을 참고 기다리는 것'에 대하여 말하기가 아주 쉬워 보입니다.

그러나 우리가 살면서 많은 혼란과 고통을 당할 때도 주 안에서 쉼을 누리는 것이 가능할까요?

하나님이 '하지 말라'고 하신 이 같은 엄한 명령의 말씀에 순종하지 못하게 된다고 하면, 다른 어떤 경우에도 하나님의 엄한 금지 명령들은 아무 소용이 없게 될 것입니다. 이 같은 금지 명령의 말씀은 평화로울 때뿐만 아니라, 혼란스러울 때도 받아 순종할 수 있어야 합니다.

그렇지 않으면, 그러한 말씀은 결코 아무런 소용도 없게 됩니다. 그리고 그러한 말씀이 당신의 특정한 상황에서 받아들여지지 않게 된다면, 다른 사람의 경우에도 소용이 없을 것입니다. 주 안에서 쉼을 누리는 것은 외적인 환경에 결코 달려 있지 않고, 하나님 자신과 당신이 맺고 있는 관계에 전적으로 달려 있습니다.

안달하게 되는 원인

안달하다 보면 마침내는 늘상 죄를 범하고 맙니다. 우리는 흔히 약간의 근심과 걱정은 우리가 참으로 지혜롭기 때문에 하는 것으로 착각하는데, 사실은 반대로 우리가 진짜 사악하다는 것을 보여주는 증거입니다. 안달하게 되는 원인은 우리가 하고자 하는 방식대로 고집을 부리는 데 있습니다.

우리 주님은 결코 근심하시거나 걱정하신 적이 없으셨습니다. 그 이유는 그가 세상에 계시던 때 자기 뜻을 실현하기보다는, 하나님의 뜻을 행하는 것을 목적으로 삼았기 때문입니다. 하나님의 자녀의 경우, 안달하는 것은 사악하여 어울리지 않습니다.

당신의 힘든 상황을 하나님도 감당하실 수 없을 것이라는 어리석은 생각을 지금껏 해 오지 않으셨습니까?

그 같은 어리석은 생각을 한쪽으로 밀쳐내 버리고 전능하신 하나님의 그늘에 머무십시오. 그리고 의도적으로 하나님께 말씀하십시오. '절대 안달하지 않겠습니다.'라고. 우리의 모든 안달과 걱정은 하나님을 제쳐놓고 생각하는 데서 생겨납니다.

하나님을 제쳐놓지 마십시오

7월 5일

네 길을 여호와께 맡겨라. 그분을 신뢰하면 그분이 이루실 것이다 (시 37:5).

하나님을 제쳐 놓고 생각하지 마십시오

하나님께서는 우리가 그분을 제쳐 놓고서 생각하거나 계획하는 것을 뒤엎어 버리시는 대단한 방법을 가지고 계시는 듯합니다. 우리는 하나님이 우리를 위하여 작정해 놓은 것이 아닌 상황을 만나게 되면, 그때가 되어서야 우리가 하나님을 제쳐 놓고서 일들을 계획한 것을 갑자기 깨닫게 됩니다.

살아계시는 하나님께서 우리의 계획에 주요한 분으로 개입하지 않으신 것을 뒤늦게서야 갑자기 인식하게 됩니다. 우리가 근심하지 않고 살 방법에 있어 우리의 모든 계획 가운데 가장 주요한 요소는 하나님을 개입시키는 것입니다.

우리는 신앙 문제에서는 하나님을 제일 먼저 생각하는 것을 당연하게 여깁니다. 그러나 우리의 삶의 실제적인 문제들에서는 하나님을 제일 먼저 생각하는 것이 부적절하다고 여기기 쉽습니다. 만일 우리가 생각하기를, 하나님께 가까이 나아가려고 할 때 주일 예배드리듯 먼저 몸가짐을 해야 한다고 하게 되면, 우리는 결코 하나님께 가까이 나아가지 않게 됩니다. 우리는 우리 모습 그대로 나아가야 합니다.

악한 것을 고려하지 마십시오

하나님은 참으로 우리가 악한 것을 전혀 고려하지 않기를 원하십니다. "사랑은 악한 것을 생각하지 않습니다"(고전 13:5). 사랑은 악한 것이 있다는 것을 모르지 않습니다. 그러나 우리의 삶의 실제적인 문제들을 계획하면서 그것을 주요한 요소로 고려하지 않습니다. 우리가 하나님을 제쳐 놓게 되는 때, 여지없이 악한 것을 고려하게 됩니다. 악한 것을 염두에 두고 모든 생각을 거기에 맞춥니다.

궂은 날을 고려하지 마십시오

우리가 예수 그리스도를 신뢰한다고 해서 궂은 날에 곡식을 쌓아둘 수는 없습니다. 예수님은 말씀하셨습니다. "당신들은 마음에 근심하지 마십시오"(요 14:1). 하나님께서는 당신의 마음이 근심하지 않게 지켜 주시지는 않습니다. 그래서 당신에게 명령하시기를, "말라"(즉, '하지 않게 하라')고 하신 것입니다. 하나님의 이 같은 명령에 따를 수 있도록 하루에 수백 번이라도 스스로 다짐하십시오! 그래서 하나님을 제일 먼저 앞세워 그분을 고려하여 계획하는 습관을 기르도록 하십시오.

7월 6일

비전과 현실

뜨거운 사막이 못이 되고, 마른 땅이 샘이 되며 (사 35:7).

비전이 현실이 되려면

어떤 것이 현실의 실재가 되기 전 우리에게는 항상 비전이 있습니다. 그 비전이 현실이지만 아직 우리 안에서 실재가 아니라는 것을 우리가 깨달을 때는, 사탄이 침투하여 우리를 미혹하게 되고, 우리는 그때 더 노력해 보아도 소용없다고 단념하기 쉽습니다. 그렇게 되면, 비전이 현실로 실재가 되기는커녕, 낭떠러지 아래 계곡으로 굴러떨어져 비참하게 됩니다.

"인생은 쓸모없는 광석과 같지 않고, 어두운 광맥에서 파낸 철광과 같다.
인생은 역경의 함마로 두들겨 다듬어야 쓸모가 있게 된다."

하나님께서는 우리에게 비전을 주신 다음, 낭떠러지 아래 계곡으로 떨쳐 내려다가 우리를 다듬어 그 비전에 맞게 빚어내십니다. 그런데 바로 그 계곡에서 많은 사람들이 정신을 잃고 포기합니다. 우리가 인내하면 비전은 모두 현실이 될 것입니다.

하나님이 빚어 만드시는 모습이 비전입니다

하나님은 엄청나게 여유로우신 분임을 잊지 마십시오. 하나님은 결코 서두르지 않으십니다. 이에 반해, 우리는 항상 과도하게 서두릅니다. 비전이 비추는 영광스런 빛 가운데서 우리는 어떤 일들을 해 나가지만, 그 비전은 우리 안에서 아직 현실이 아닙니다. 그래서 하나님은 우리를 인생의 계곡으로 끌고 내려가 불과 홍수로 연단하여 빚으셔야 합니다. 그런 연후에, 하나님은 우리에게 참된 현실의 실재를 허락하실 수 있으십니다.

하나님은 우리에게 비전을 주시는 때에 우리를 이상적인 모습으로 빚어 만드시는 일을 해 오셨습니다. 그러나 우리는 그 이상을 가진 이후로 줄곧 거듭해서 하나님의 손에서 벗어나 우리 자신이 원하는 모습으로 스스로 빚으려고 노력합니다.

비전은 허공에 있는 산성이 아닙니다. 하나님이 원하시는바 당신의 미래의 모습이 비전입니다. 하나님이 당신을 그분의 수레바퀴에 태우고서 그분이 좋아하시는 대로 당신을 빙빙 돌리게 하십시오. 그래서 하나님이 하나님이시고 당신이 당신인 것이 확실하듯, 그 비전에 당신이 정확하게 일치하게 될 것입니다. 그 과정에서 절대 낙심하지 마십시오. 만일 당신이 하나님의 비전을 가지고 있었다고 하면, 당신은 당신이 좋아하는 대로 낮은 수준에서 만족하려고 할 수 있습니다. 그러나 하나님은 당신을 가만 놓아두지 않으실 것입니다.

고상한 일들은 어렵습니다

7월 7일

좁은 문으로 들어가십시오. … 생명에 이르는 문은 좁고
그 길이 험해서 그곳을 찾는 자들이 적습니다 (마 7:13-14).

그리스도인의 삶은 영광스러우나 어렵습니다

우리가 예수님의 제자로서 살고자 한다면, 모든 고상한 일들은 어렵다는 것을 기억해야 합니다. 그리스도인의 삶은 영광스럽지만 힘들고 어렵습니다. 그 삶이 어렵다고 해서 우리가 약해지거나 움츠러들지 않습니다. 그 어려움 때문에 오히려 분발하여 극복하게 됩니다.

우리는 예수 그리스도께서 성취하신 놀라운 구원을 감사하여 지극히 높으신 그분께 우리의 최선을 드리고 있습니까?

하나님은 그분의 주권적인 은혜로 구원합니다

그분은 주권적인 은혜로 예수님의 속죄 사역을 통해서 우리를 구원합니다. 하나님은 우리가 자원하여 의지적으로 하나님의 기뻐하시는 뜻을 따라 행하도록 우리 안에서 역사하십니다(빌 2:13). 그러나 우리는 우리의 실제적인 삶에서 그 구원을 힘써 이루어야 합니다(빌 2:12).

만일 우리가 그가 성취해 놓은 속죄에 근거하여 그가 명령하신 것을 일단 시작하게 되면, 우리가 그것을 해낼 수 있다는 것을 알게 됩니다. 우리가 실패한다면, 그것은 우리가 실천해 보지 않았기 때문입니다. 우리가 위기를 만나게 되는 때, 실천해 왔는지 아니면 하지 않았는지가 드러나게 됩니다.

우리가 하나님의 성령에게 순종하여 하나님께서 그의 성령으로 우리 안에 넣어 주신 것을 우리의 실제 삶에서 실천한다면, 위기가 닥쳐오는 때에도, 하나님의 은혜뿐 아니라 우리 자신의 본성이 우리를 도와준다는 것을 발견하게 될 것입니다.

제자의 고상한 삶은 훈련이 필요합니다

우리에게 어려운 일들을 치르게 하시는 하나님께 감사하십시오. 하나님의 구원은 기쁜 것이지만, 용기와 담력이 필요한 거룩한 것이기도 합니다. 그것은 우리가 받을 만한 가치가 있는가를 시험합니다. 예수님은 많은 '아들들을 영광으로' 인도하십니다. 이때 하나님은 자녀에게 요구되는 것들을 우리에게 면제해 주지 않습니다(히 2:10).하나님의 은혜는 우리를 유약한 자들이 아니라, 예수 그리스도를 닮은 힘 있는 강한 가족으로 만들어냅니다. 그리고 하나님의 은혜는 실제적 일들에서 예수님의 제자의 고상한 삶을 사는데 엄청난 양의 훈련을 요구합니다. 예수님의 제자로서 고상해지기 위해서는 항상 힘써 노력을 해야 할 필요가 있는 것입니다.

7월 8일

충성을 위한 의지

여러분이 어떤 신들을 섬길 것인지를 오늘 선택하시오.
나와 나의 집은 여호와를 섬길 것이오 (수 24:15).

하나님께 충성하려면

의지는 사람을 전체적으로 활동적이게 합니다. 나는 나의 의지를 포기할 수 없고, 당연히 행사해야 합니다. 나는 나의 의지로 순종하고, 나의 의지로 하나님의 성령을 받게 되는 것이 분명합니다. 하나님은 어떤 사실에 대한 비전을 주시는 때, 문제는 하나님의 의지가 아니고, 우리의 의지입니다. 즉, 하나님이 무엇을 하고자 하시는가보다는, 우리가 무엇을 의지적으로 하고자 하는가가 문제입니다.

주님께서는 우리 모두 앞에 이미 몇 가지 큰 계획들을 세워 놓으셨습니다. 이때 당신이 해야 할 최선의 행동은 당신이 이전에 성령으로 감동하여 행하였던 것을 기억하는 것입니다. 예컨대, 당신이 처음 구원을 받았던 때, 또는 처음 예수님을 만났던 때, 또는 어떤 복음의 진리를 깨달았던 때에 당신이 행한 것을 기억하는 것이 최선입니다. 그때 하나님께 충성을 쉽게 바쳤던 것입니다. 하나님의 성령께서 새로운 어떤 계획을 당신 앞에 제시하시는 지금 이전의 그 순간들을 회상해 보십시오.

의지로 충성을 다짐하십시오

"여러분들이 어떤 신들을 섬길 것인지를 오늘 선택하시오." 이 같은 선택을 위해서는 깊이 생각할 필요가 있습니다. 아무렇게나 쉽게 결정할 수 있는 것이 아닙니다. 당신이 그것을 결정할 때까지는 나머지 모든 일은 보류됩니다. 그 선택은 하나님과 당신 사이의 문제입니다. 혈육의 사람과 의논할 일이 아닙니다. 새로운 선택을 결정해야 할 때마다 다른 사람들은 끼어들어서는 안 되기 때문에 점차 '멀어져 사라집니다.'

그런 까닭에 당신이 긴장하게 됩니다. 하나님은 성도들의 의견을 당신이 중요하게 고려하는 것을 좋게 보십니다. 그러나 당신이 취하고 있는 결정을 다른 사람들이 얼마나 이해하고 있을 것인가에 대해 당신은 점점 더 확신을 갖지 못하게 됩니다. 하나님께서 당신을 어디로 인도하시든 그것은 당신이 상관할 일이 아닙니다. 하나님께서 당신에게 알려 주고자 하는 것은 다만 하나님 자신뿐입니다. 하나님이 인도하는 방향보다는, 하나님 자신을 아는 것이 우리의 유일한 관심사이어야 하는 것입니다.

"제가 충성하겠습니다."라고 주님께 다짐하십시오. 당신이 예수 그리스도에게 충성하기로 다짐하는 순간, 즉시 당신은 당신 자신을 부인하게 될 것입니다. 다른 사람과 상의하지 말고, "제가 주님만 섬기겠습니다."라고 주님 앞에서 다짐하십시오. 충성을 다짐하는 의지를 보이십시오. 그리고 주님께 충성하고 있는 다른 사람을 귀하게 여기십시오.

엄중한 자기 성찰

7월 9일

여러분은 주님을 섬기지 못할 것이오 (수 24:19).

하나님 외에는 다른 어떤 것도 의지하지 마십시오

당신은 하나님 외에 다른 어떤 것을 조금이라도 의지한 적이 있습니까? 당신의 어떤 본성적인 장점이나 어떤 좋은 환경을 아직껏 여전히 조금이라도 의지하고 있습니까? 하나님은 당신 앞에 제시해 놓은 어떤 새로운 계획을 알게 되었을 때 조금이라도 당신 자신을 의지하고 있습니까?

이같이 자신에게 질문을 던져 보는 것이 자기 성찰입니다. "나는 거룩한 삶을 살 수 없습니다."라고 말하는 것은 참으로 옳습니다. 그러나 당신은 예수 그리스도께서 당신을 거룩하게 해 주실 수 있도록 결단할 수 있습니다. 여호수아가 말한 대로, "여러분은 여호와 하나님을 섬길 수 없습니다." 그러나 당신은 전능하신 하나님께서 그의 능력으로 당신을 통해 일하고자 하시는 자리에 당신 자신을 내어놓을 수 있습니다. 당신은 당신 안에 숨겨져 있는 하나님의 놀라운 생명을 하나님이 나타내시리라고 기대할 만큼 하나님과 관계를 충분히 바르게 맺고 있습니까?(참고, 골 3:3, 4)

주님을 섬기는 일은 충동으로 되지 않습니다

"아니요. 우리가 참으로 주님을 섬길 것입니다"(수 24:21). 섬기는 일은 충동으로 되는 것이 아니고, 신중하게 헌신함으로 가능합니다. 당신은 이렇게 말할 지도 모릅니다. "하나님께서는 이것을 위해 나를 결코 부르셨을 리가 없습니다. 나는 너무나 무가치합니다. 내게는 가당치도 않습니다." 하지만, 사실은, 그것은 하나님이 당신을 두고 하시는 말씀입니다. 당신이 연약하면 할수록, 하나님이 보시기에는 더 좋습니다. 기댈만한 어떤 것을 가지고 있는 사람은 "내가 주님을 섬기겠습니다."라고 절대 말하지 않습니다.

우리는 이렇게 말합니다. "내가 정말로 믿을 수 있었다면." 그러나, 중요한 것은, "내가 참으로 자원하여 믿으려 하는 의지가 있는가?" 하는 것입니다.

예수 그리스도께서 불신앙의 죄가 얼마나 큰 것인가를 강조한 것은 놀랄만할 일이 아닙니다. "(예수께서) 그들의 불신앙 때문에 그곳에서는 많은 기적을 행하지 않으셨다"(마 13:58). 하나님이 말씀하신 것의 의미하는 바를 만일 우리가 참으로 믿었다고 하면, 우리가 지금 어떤 모습으로 변화되어 있을까? 내가 아직은 하나님을 잘 알지 못하지만, 하나님이 나의 모든 것이 되시게 할 용기가 참으로 있는가?

7월 10일

영적 게으름뱅이

> 또한, 사랑과 선한 일들을 격려하기 위하여 서로를 보살핍시다. 어떤 이들의 습관처럼, 모이기를 그만두지 말고, 오히려 열심히 모이도록 서로 권하여 그날이 가까워짐을 볼수록 더욱 그렇게 합시다 (히 10:24-25).

우리는 모두 영적 게으름뱅이가 될 가능성이 있습니다

본성적으로 게으름을 좋아하는 까닭에, 우리는 거칠고 험한 인생을 살고 싶어 하지 않습니다. 우리의 한 가지 목표는 안일한 삶을 누리는 것입니다. 그러나 히브리서 10장에 강조된 요점은, 서로 격려하여 함께 사랑과 선행을 지속하라는 것입니다. 이렇게 하기 위해서 그리스도를 실현하는데 솔선해야 하고, 자아실현을 먼저 고려해서는 안 됩니다. 혼자 멀리 떨어져 틀어박혀 사는 삶은 예수 그리스도께서 가르치신 영적 삶과는 정반대되는 삶입니다.

영성(영적 삶)의 시금석

우리가 불의와 천대와 배은망덕과 괴롭힘 등을 직면하는 때에 우리의 영성이 시험대에 오르게 됩니다. 이 모든 것들은 우리가 부딪치기보다는 피하고 싶어서 합니다. 그래서 우리는 영적으로 게으름을 피우게 되기 쉽습니다. 우리는 안일한 삶을 위해서 기도하고 성경을 읽습니다. 즉, 기도와 성경 읽는 일을 이용하여 안일한 삶을 살고자 계획하는 것입니다.

우리는 하나님을 이용하여 평화와 희락을 얻고자 합니다. 즉, 우리는 예수 그리스도를 실현하기보다는, 하나님을 이용하고 즐기려고만 합니다. 이것이 잘못된 방향으로 나아가는 첫걸음입니다. 이 모든 것들(평화와 희락)은 결과적으로 따라오는 것들인데, 우리가 이것들을 처음부터 목표로 삼아서는 안 됩니다.

영적 게으름의 위험

베드로가 말했습니다. "내가 이 장막에 사는 동안 여러분을 일깨워 생각나게 하는 것이 옳다고 생각합니다"(벧후 1:13). 영적 활동력으로 충만한 하나님의 사람에 의해서 우리의 옆구리가 찔리게 되면 아주 기분이 언짢아집니다. 그런데 우리가 유의할 것은, '적극적으로 일하는 것'과 '영적 활동'은 전혀 다르다는 사실입니다. 많은 사람이 적극적으로 일하는 것을 영적 활동으로 착각하기 쉽습니다.

영적으로 게으름에 빠지는 것이 위험한 것은 우리가 영적으로 일깨워지는 것을 싫어하는 데 있습니다. 우리가 원하는 단 한 가지는 영적 안일함입니다. 예수 그리스도께서는 영적 안일을 절대 권하지 않으십니다. "가서 내 형제들에게 전하시오"(마 28:10).

영적인 성도

7월 11일

나는 그리스도와 그분의 부활 능력과 그분의 고난에 참여하는 것을 알고자 하여 (빌 3:10).

성도의 삶의 동기

성도의 삶의 동기는 자아실현을 위한 것이 아니고, 예수 그리스도를 아는 것입니다. 영적인 성도는 자기에게 일어나는 상황들을 결코 우연한 것으로 믿지 않습니다. 또한, 절대 자기의 삶을 성스러운 것과 세속적인 것으로 나누어 생각하지도 않습니다. 그는 자기가 처하게 되는 모든 상황을 예수 그리스도를 아는 데 이르는 수단으로 여깁니다. 그는 자신을 가차 없이 내려놓습니다.

성령께서는 우리가 우리의 모든 삶의 영역에서 예수 그리스도를 실현하게 되기를 간절하게 원하십니다. 그리고 우리가 예수 그리스도를 실현하기까지 계속 거듭해서 같은 상황을 만나게 하십니다. 자아실현을 추구하는 자는 자신의 업적을 자랑하게 되지만, 영적인 성도는 자기가 하는 일에서 예수 그리스도를 높이고 자랑합니다.

우리가 먹든지 마시든지 아니면 제자들의 발을 씻든지, 무엇을 하든, 예수 그리스도를 실현하는 것을 최우선으로 삼아야 합니다. 우리가 실제로 사는 모든 삶은 모든 방면에서 예수님의 삶과 상통합니다. 우리 주님은 가장 사소한 일에서도 성부 하나님과의 그의 관계를 실현하셨습니다. "예수께서는 … 자신이 하나님께로부터 왔다가 하나님께로 돌아가실 것을 아시고 … 수건을 가져다가 허리에 두르시고 … 제자들의 발을 씻기 … 시작하셨다"(요 13:3-5).

영적인 성도의 목표

영적인 성도의 삶의 목표는 "그리스도를 알고자"(빌 3:10)하는 것입니다.

나는 내가 오늘 처해 있는 상황에서 그리스도를 알고 있습니까?

그렇지 않다면, 나는 그분을 실망시키고 있는 것입니다. 내가 지금까지 여기 있는 것은 나 자신을 실현하기 위함이 아니고, 예수님을 알기 위함입니다. 그리스도인이 하는 일을 보면, 흔히 그것의 동기가 어떤 것을 성취하는 것과 그 일을 내가 해야 한다고 하는 자아실현에 있습니다. 그러나 그것은 영적인 성도가 취해야 할 태도가 결코 아닙니다. 영적인 성도의 목표는 자기가 처해 있는 모든 상황에서 예수 그리스도를 실현하는 것이어야 합니다.

7월 12일

영적 사회

우리가 다 … 그리스도의 충만하심의 장성한 분량에까지 이르러야 합니다 (엡 4:13).

예수 그리스도가 속죄 사역을 통해 이루신 일

회복이란 하나님이 본래 계획하셨던 하나님과의 관계 속으로 전 인류를 되돌려 놓는 것을 의미합니다. 이 같은 회복을 예수 그리스도께서 구속 사역을 통해서 이루셨습니다. 교회는 자신의 조직 발전에 관심을 끌게 되는 때에는 영적인 사회가 되지 못합니다. 예수 그리스도의 계획의 관점에서 보면, 전 인류의 회복은 개인의 생활에서뿐만 아니라 공동체적 생활에서 예수 그리스도를 실현하는 것을 뜻합니다.

예수 그리스도께서 사도들과 교사들을 보내신 것은 바로 이 목적을 위해서였습니다. 즉, 공동체로서의 그리스도의 몸이 실현되도록 하기 위함이었습니다. 우리가 지금 여기에 사는 것은 우리 자신의 영적 삶을 발전시키거나, 영적 안일함을 즐기기 위해서가 아닙니다. 우리의 현재 삶의 목적은 예수 그리스도의 몸이 세워질 수 있도록 예수 그리스도를 실현하는 것입니다.

그리스도의 몸을 세우십시오

나는 지금 그리스도의 몸을 세우고 있습니까?

아니면, 나 자신의 개인적인 개발만을 바라고 있습니까?

본질적인 것은 예수 그리스도에 대한 나의 개인적인 관계입니다. 내가 그분을 아는 것이 본질입니다. 하나님의 계획을 성취한다는 것은 하나님께 모든 것을 전적으로 내려놓는 것을 뜻합니다. 자아실현을 원하게 되면, 그때마다 하나님과의 관계가 뒤틀립니다.

예수 그리스도를 나타내는 것 대신, 그리스도께서 나를 위해 행하신 것을 실현하는 데에만 관심을 끌게 되면 이것은 매우 부끄러운 일이 될 것입니다. "나의 목표는 오직 하나님뿐입니다. 희락도, 평화도 아닙니다. 축복마저도 아닙니다. 나의 하나님, 그분뿐입니다."

나는 지금 이 표준으로 나의 삶을 평가하고 있습니까?

아니면, 다른 어떤 것으로 하고 있습니까?

비전의 대가

7월 13일

웃시야 왕이 죽던 해에 내가 높이 들린 보좌에 앉으신 주님을 보았는데 (사 6:1).

대가가 치러지는 때 하나님을 보게 됩니다

하나님과 함께하는 우리의 영혼의 역사는 흔히 "영웅의 사망"의 역사이기도 합니다. 거듭거듭 하나님은 우리의 친구들의 자리에 하나님 자신을 대신 놓아두시기 위해서 그들을 죽게 하십니다. 그러할 때 우리는 흔들리고 실망하고 낙심하게 됩니다. 개인적으로 생각해 보십시오. 하나님처럼 내게 전부였던 사람이 죽었을 경우입니다.

나는 모든 것을 포기했던가요?

아파했던가요?

낙담했던가요?

아니면, 주님을 보았던가요?

하나님만 생각하십시오

내가 하나님을 보게 되는 것은 나의 성품의 상태에 달려 있습니다. 성품에 따라 계시가 결정됩니다. "내가 주님을 또한 보았습니다."라고 말할 수 있으려면, 먼저 나의 성품에 하나님과 일치하는 어떤 것이 있어야 합니다. 내가 성령으로 거듭나 하나님의 나라를 보기 시작하기까지는, 나는 단지 편견에 사로잡혀 볼 뿐입니다. 내게는 외적인 사건들을 통한 수술이 필요하고, 내면적으로는 정결하게 될 필요가 있습니다.

첫째도 하나님, 둘째도 하나님, 셋째도 하나님이셔야 합니다. 그렇게 될 때 비로소, 나의 삶이 하나님과 변함없이 만나게 되고, 그밖에 다른 사람은 전혀 안중에 없게 됩니다.

"온 세상에서 나의 하나님, 당신밖에 없습니다. 오직 당신밖에 없습니다."

지속해서 대가를 지불하십시오. 당신이 비전을 따라 살기를 기뻐하는 것을 하나님이 보시게 하십시오.

7월 14일

핍박을 대하는 자세

> 그러나 나는 여러분에게 말합니다. 악한 자에게 맞서지 마시오. 오히려 누가 당신의 오른쪽 뺨을 때리거든 그에게 다른 쪽도 돌려 대시오 (마 5:39).

핍박을 예수님을 나타낼 기회로 삼으십시오

이 구절은 그리스도인이라는 이유로 당하는 모욕을 언급하고 있습니다. 세상적으로는, 어떤 사람이 뺨을 얻어맞고서도 상대방을 갚아 때리지 않으면, 그를 겁쟁이로 여깁니다. 그러나 영적으로는 어떤 사람이 갚아 때리지 않을 경우, 그 사람 안에 계시는 하나님의 아들을 나타낸 것으로 여깁니다.

당신이 모욕을 당하는 때, 그것을 분하게 생각하지 않을 뿐 아니라 하나님의 아들을 나타내 보이는 기회로 삼을 수 있어야 합니다. 당신은 예수님의 성품을 흉내 낼 수 없습니다. 그분의 성품이 당신에게 있든지, 아니면 없든지 둘 중의 하나입니다. 성도가 받는 인격적 모욕은 주 예수님의 놀라운 아름다운 성품을 나타내는 기회가 됩니다.

산상설교의 참된 뜻

예수님이 산상설교에서 가르치신 것은 '당신의 의무를 다하시오.'가 아니라, '당신의 의무가 아닌 것을 하시오.'입니다. 당신이 일 마일을 더 가는 것이나, 당신이 다른 뺨을 돌려대는 것은 당신의 의무가 아닙니다. 그러나 예수님의 말씀에 의하면, 만일 우리가 그분의 제자라고 하면 우리는 이 같은 일들을 항상 하게 될 것입니다.

예수님의 제자들에게는, "원 참, 나는 더이상 참을 수 없어. 그동안 너무 욕을 먹었고 오해받아 왔어."라는 투의 말은 있을 수가 없습니다. 내가 나의 권리를 주장할 때마다, 하나님의 아들을 욕되게 합니다. 그러나 내가 모욕을 기꺼이 받으면 주님께서 욕을 당하지 않게 될 수 있습니다. 그것이 바로 그리스도의 남은 고난을 우리의 몸에 채운다는 것을 의미합니다. 예수님의 제자에게 자기의 생애에서 위태로운 것은 주님의 명예이고, 자신의 명예가 아님을 압니다.

다른 사람에게서 옳은 것을 절대 기대하지 마십시오. 그러나 당신 자신은 항상 올바르게 행해야 합니다. 우리는 항상 정의를 찾고 있습니다. 그러나 예수님이 산상설교에서 가르치시는 바에 의하면, 결코 정의를 다른 사람에게서 찾지 말고, 대신 중단 없이 스스로 정의를 항상 실행해야 합니다.

영적인 영광의 순간

7월 15일

나는 헬라인이나 야만인이나 지혜 있는 자나 어리석은 자에게 다 빚진 자입니다 (롬 1:14).

예수 그리스도에게 빚진 자

바울 사도는 예수 그리스도에게 빚진 심정으로 몸둘 바를 몰라했습니다. 그래서 그는 그같은 심정을 최선을 다해 표현했습니다. 바울의 생애에서 그가 받은 큰 영감은 예수 그리스도를 그의 영적인 채권자로 본 것입니다.

구원받지 못한 사람들과 관련하여 예수 그리스도에게 빚진 그러한 심정을 나는 느끼고 있습니까?

성도로서 나의 삶에서 영적인 영광은 그러한 사람들과 관련해 그리스도에게 진 나의 빚을 갚는 것입니다. 나의 생애에서 가치가 있는 것은 모두 예수 그리스도의 구속으로 말미암았습니다.

나는 지금 그리스도의 구속 은혜가 다른 사람들의 삶 속에서 실제로 나타나게 하는 데 있어서 그리스도를 위해 조금이라도 무슨 일을 하고 있습니까?

하나님의 성령께서 내 안에 빚진 자의 심정으로 채우시는 때만 비로소 내가 무엇인가를 할 수 있게 됩니다.

예수 그리스도의 몸종

나는 사람들 가운데서 우월한 사람이 되기보다는, 주 예수님의 몸종이 되고 싶습니다. "여러분은 여러분 자신의 것이 아닙니다"(고전 6:19). 바울은 자신을 예수 그리스도에게 팔아 버렸습니다. 그는 말합니다. "나는 예수 그리스도의 복음 때문에 이 세상 모든 사람에게 빚진 자입니다. 나는 전적으로 종이 될 때에만 자유롭습니다."

그것은 영적인 영광의 순간을 깨달을 때 할 수 있는 인생의 고백입니다. 자신을 위해 기도하는 것을 멈추고, 예수님의 몸종으로서 다른 사람들을 위해 헌신하십시오. 그것이 바로 실제로 '찢겨진 빵과 부어진 포도주'(참조, 빌 2:12; 골 1:24; 딤후 4:6)가 된다는 의미입니다.

하나님의 주권적 통제

> 여러분이 악하더라도 여러분의 자녀들에게 좋은 선물들을 줄줄 안다면, 하늘에 계신 여러분의 아버지께서는 자기에게 구하는 자들에게 훨씬 더 좋은 것들을 얼마나 더 잘 주시겠습니까? (마 7:11)

성령의 사람들을 위한 행동 규칙

예수님은 자기가 보내신 성령을 소유하고 있는 자들을 위해 행동의 규칙들을 정하십니다. 이 구절들에 언급된 간단한 질문을 통해서, 예수님은 모든 일의 배후에는 하나님의 주권적 통제가 있다는 것을 우리가 명심해야 할 것을 강력하게 말씀하고 계십니다. 다시 말해서, 예수님의 제자 된 자라면 하나님을 완전히 신뢰하는 태도와 기도로 구하고 찾는 열심을 기본적으로 가지고 있어야 한다는 것입니다.

하나님께서 살아계신다고 하는 생각을 마음속에 간직하십시오. 이 같은 생각을 깊이 품고 있다 보면, 당신에게 어려운 일들이 생기더라도, 나의 하나님 아버지는 이미 이에 대하여 모든 것을 알고 계신다는 것을 아주 쉽게 기억하게 되는 것입니다. 그것은 노력해서 되는 것이 아닙니다. 혼란에 직면하는 때 자연스럽게 됩니다. 이전에는, 어려운 일이 생기면 이 사람 혹은 저 사람을 찾는 버릇이 있었습니다.

이제는, 하나님의 주권적 통제에 대한 확신을 당신이 가지고 있는 까닭에, 그 어려운 일에 대해 곧바로 하나님을 찾아갑니다. 예수님은 그의 성령을 가지고 있는 자들을 위해 행동의 규칙들을 정하십니다. 그 규칙들의 기본 원리는 다음과 같습니다. "하나님은 나의 아버지이십니다. 그분은 나를 사랑하시기 때문에, 그가 내게 생긴 어려움을 잊고 계실 것이라고는 조금도 나는 의심하지 않을 것입니다. 왜 내가 걱정해야 합니까?"

하나님을 온전히 신뢰하십시오

예수님이 말씀하신 바에 따르면, 하나님이 당신에게서 어두움을 거두어 주실 수 없을 때가 있더라도, 하나님을 신뢰해야 합니다. 하나님이 불친절한 친구처럼 보일지도 모릅니다. 그러나 하나님은 사실 그렇지 않으십니다. 하나님께서 애정이 없는 가짜 아버지처럼 보일지도 모릅니다. 사실은 그렇지 않으십니다. 또는, 하나님이 불의한 재판관처럼 보일지도 모릅니다. 그분은 그렇지 않으십니다. 힘들고 어려운 모든 일을 배후에서 하나님이 다 아시고 통제하고 계시다는 것을 잊지 마십시오.

하나님의 뜻이 배후에 있지 않은 한, 즉 하나님이 뜻하신 바가 아니면, 어떤 일도 절대 일어나지 않습니다. 그러므로 당신은 하나님을 완전히 신뢰할 수 있습니다. 기도는 구하는 것만이 아닙니다. 구하는 것이 완전히 자연스러운 분위기를 만들어내는 마음의 태도입니다. "구하십시오. 여러분에게 주어질 것입니다" (마 7:7).

신앙의 기적

7월 17일

나의 말과 나의 선포는 지혜의 설득력 있는 말로 한 것이 아니라,
성령과 능력의 나타나심으로 한 것이니 (고전 2:4).

신앙은 구속의 효능으로 말미암은 기적입니다

바울은 최고의 신학자요 연설가였습니다. 고린도 교회에 그가 하는 말은 얄팍한 겸손에서 한 것이 결코 아닙니다. 만일 그가 복음을 전할 때 '설득력 있는 말'로 솜씨 있게 사람들을 설득하게 되면 하나님의 능력을 가리게 될까 봐서 하는 말입니다. 예수님을 믿는 신앙은 구속의 효능으로 말미암아 결과되는 기적입니다. 이 신앙의 기적은 설득력 있는 말이나, 어르고 달래서 되는 것이 아닙니다. 오직 하나님의 순전한 능력으로만 됩니다.

구속의 창조적 능력은 복음 선포를 통해서 나타납니다

결코, 설교자의 인품 또는 인성 때문이 아닙니다. 설교자의 진정한 금식에서 능력이 나오는바, 이 금식은 음식에 관한 것이 아닙니다. 오히려 열변이나, 인상적인 언변이나, 우아한 말솜씨뿐만 아니라, 하나님의 복음을 가릴 수 있는 모든 것을 일절 삼가는 것입니다.

설교자는 하나님의 대변인입니다

하나님은 설교자를 통해 교회에 권면하십니다(참고, 고후 5:20). 설교자는 인간의 훌륭한 생각들이 아니라 하나님의 복음을 제시하도록 세움을 받았습니다. 만일 오직 나의 말솜씨 좋은 설교 때문에 사람들이 자신들을 개선하고자 하는 것이라면, 그들은 결코 예수 그리스도에게로 가까이 나아가지 않게 될 것입니다.

복음을 전할 때 뛰어난 말재간으로 자기를 자랑하게 되면 결국은 예수님을 배반하는 자가 되고 말 것입니다. 예수님의 구속의 창조적 능력을 막아버리게 됩니다. "내가 땅에서 들리면, 모든 이들을 내게로 이끌 것이다"(요 12:32).

7월 18일

신앙의 신비

그가 말하기를, 주님, 당신은 누구십니까? (행 9:5)

참된 순종

구속의 기적으로 말미암아 다소 성읍의 사울이 순식간에 강퍅하고 고집센 바리새인에서 주 예수님의 겸손하고 헌신 된 종으로 변했습니다.

기적적인 일들은 사람의 말로 설명할 수 있는 것이 아닙니다. 우리가 설명할 수 있는 것이라면 당연히 설명하려고 할 것입니다. 순종은 당연히 할 수 있는 것이 아닙니다. 또한, 불순종도 당연히 죄악된 것은 아닙니다. 명령하는 사람의 우월한 권위를 인정하지 아니하면, 순종하는 것이 도덕적으로 가치가 없습니다.

어떤 사람이 다른 사람에게 순종하지 않는다면, 그는 아마도 다른 사람에게도 자유로운 사람일 것입니다. 어떤 사람이 다른 사람에게 말하기를, "너는 해야 한다" 또는 "하라"고 한다면, 그는 다른 사람의 영혼을 파괴하고, 하나님께 쓸모없는 사람으로 만드는 것입니다. 어떤 사람이 다른 사람에게 순종함에서 거룩하신 하나님을 인식하지 못하고 했다고 하면, 순종을 위한 종에 지나지 않습니다.

오직 한 분의 주인만 있습니다

많은 사람의 경우 종교의 허울을 벗어 던지는 때에 하나님께 나아가기 시작합니다. 그 이유는 인간의 마음의 주인은 오직 한 분뿐이고, 그 주인은 허울뿐인 종교가 아니라, 예수 그리스도이시기 때문입니다. 그래서 내가 주님을 뵐 때에 "내가 하지 않을 것입니다."라고 말하게 되면, 내게 화가 있을 것입니다. 주님은 결코 나의 순종을 강요하지 않으십니다. 그러나 내가 자원하여 순종하지 않으면, 나는 하나님 아들의 사망 확인서에 마음속으로 서명을 이미 한 것이 됩니다.

내가 예수 그리스도와 얼굴을 맞대고서 "내가 하지 않겠습니다."라고 말한다고 해도, 그분은 절대 강요하지 않으실 것입니다. 그러나 불순종하면, 그분의 구속의 재창조 능력을 결코 경험할 수 없습니다. 하나님의 은혜를 귀하게 여기지 않은 채로 하나님의 빛 가운데로 나아오게 되면, 내가 얼마나 비참한가를 알게 됩니다. 내가 그 빛을 거부한다면 내게 화가 있을 것입니다(참고, 요 3:19-21).

신자에 대한 주인 노릇

7월 19일

당신들이 나를 '선생님' 또는 '주님'이라고 부르는데,
당신들의 말이 옳습니다. 내가 과연 그러합니다 (요 13:13).

예수 그리스도의 도덕적 주인 노릇

우리 주님께서는 자기에게 권리가 있다는 것을 절대 주장하지 않으십니다. 그래서 "하라"고 절대 말씀하시지 않습니다. 그는 우리를 완전히 자유롭게 놓아두십니다. 우리는 너무도 자유로운 나머지, 사람들이 했던 대로 그분의 얼굴에 침을 뱉을 수도 있습니다. 사람들이 했던 것처럼, 그분을 죽일 수 있을 만큼 자유롭습니다. 그런데도 그분은 한마디 말도 절대 하시지 않을 것입니다.

그러나 그분의 구속으로 말미암아 그분의 생명이 내 안에서 창조된 때에는, 내게 대하여 절대적인 권위를 주장할 수 있는 권리가 그에게 있다는 것을 나는 즉시로 깨닫게 됩니다. 그 권위는 도덕적인 통치(주인 노릇)입니다. 그래서 "당신은 합당합니다"(계 4:11)라고 고백하게 됩니다. 다만 내 안에 있는 무가치한 것들이 존귀하신 그분께 순복하기를 거부할 따름입니다.

만일 내가 나보다 더 거룩한 어떤 사람을 만나게 되는 때, 그의 가치를 알지 못하고서 그분의 권위에 순종하지 않는다고 하면, 그것은 내 안에 있는 무가치한 것들이 드러난 까닭입니다. 하나님은 우리를 교육하심에 있어서, 지적인 면보다는 거룩함에 있어서 우리보다 별로 나은 것이 없는 사람들을 이용하십니다. 그리하여 마침내 주님의 통치 아래 순복하게 만드십니다. 그렇게 되면, 우리의 삶의 태도는 전적으로 그분께 순종하는 것이 됩니다.

자발적인 순종을 원하십니다

우리 주님께서 우리에게 순종을 강요하셨다고 하면, 그는 근로 현장의 감독관이나 마찬가지였을 것입니다. 그에게는 아무런 권위도 없게 되었을 것입니다. 우리 주님은 결코 우리에게 순종을 강요하지 않으십니다. 우리가 그분을 보는 순간 자발적으로 그에게 순종하는 것입니다. 그래서 그분은 쉽게 우리의 주님이 되십니다.

우리는 온종일 그분을 찬미하며 삽니다. 내가 은혜 속에 성장하고 있는지를 알려면 내가 어떻게 순종하고 있는지를 보면 됩니다. 우리는 진흙탕 속에 묻혀 있는 '순종'이라는 단어를 살려내야 합니다. 순종은 대등한 관계에서만 가능합니다. 주인과 종의 관계가 아니라, 아버지와 아들의 관계에서 순종이 가능한 것입니다. "나와 아버지는 하나입니다"(요 10:30). "그분은 아들이시나, 고난을 통해서 순종을 배우셨습니다"(히 5:8).

아들이신 그분의 순종은 구속주로서 하신 것입니다. 그 이유는 그가 아들이 되기 위해서가 아니라, 아들이셨기 때문입니다.

7월 20일

주님의 임재를 의존하십시오

오직 여호와를 바라는 자들은 새 힘을 얻을 것이니 …
걸어가도 피곤하지 않을 것이다 (사 40:31).

하나님 앞에서 걸으십시오

걷는 데에는 아무런 짜릿함이 없습니다. 걷는 것은 안정된 삶의 질을 위한 시금석입니다. "걸어가도 피곤하지 않다"는 것은 최고로 힘을 얻은 것을 두고 하는 말입니다. 성경에서 '걷는다'는 말은 걷는 사람의 인품을 나타내는 데 사용되고 있습니다. "예수님이 걸으시던 때 세례자 요한이 그를 보고 말하기를, 보라, 하나님의 어린양이십니다고 하였다"(요 1:29). 성경에는 추상적인 것이 전혀 없습니다. 항상 선명하고 실제적입니다. 하나님은 추상적으로 '신령하여라'고 하지 않고, "내 앞에서 걸으라"(창 17:1)고 말씀하십니다.

우리가 신체적으로 또는 정서적으로 건강하지 못한 상태에 있을 때는 항상 짜릿함을 느끼고자 합니다. 이렇게 되면, 신체적인 부분에서는 성령을 흉내 내려고 할 것입니다. 정서적인 삶의 경우에는, 부적절한 감정에 빠지고, 도덕적 파멸에 이르게 됩니다. 그리고 영적인 삶의 경우, 독수리가 날개치고 올라가듯 짜릿함을 느끼기를 계속 원할 것 같으면, 결국 영성이 파멸에 이르게 됩니다.

하나님의 임재 실재

하나님의 임재 여부는 어떤 장소에 좌우되지 않습니다. 주님을 항상 우리 앞에 모시고자 하는 결단에 달려 있을 뿐입니다. 우리에게 문제가 생기는 것은, 우리가 하나님의 임재 앞에서 행하기를 거부하기 때문입니다. 시편 기자가 말하는 바, "그러므로 … 하더라도 우리는 두려워하지 아니할 것입니다."(시 46:2-3)라고 한 체험은 우리가 하나님의 임재의 실재를 확신하는 때에만 우리에게도 가능하게 됩니다. 즉, 하나님의 임재를 머리로 의식하는 것이 아니라, 하나님의 임재를 몸으로 느끼는 때 가능합니다. "그렇습니다. 하나님께서는 항상 여기에 임재하여 계셨습니다."라고 고백하는 때 가능한 것입니다. 위기의 순간들에 하나님의 인도를 구하는 것은 당연합니다.

그러나 "주님, 이곳저곳으로 나를 인도하소서"라고 말하는 것이 버릇되면 안 됩니다. 물론 하나님이 우리를 인도하실 것입니다. 만일 우리의 상식적인 결정들이 하나님의 뜻과 맞지 않으면, 하나님이 그것들을 억제하실 것입니다. 그렇게 되면, 잠잠히 하나님의 임재와 인도하심을 기다려야 합니다.

하나님의 왕국에 이르는 문

7월 21일

영이 가난한 자들은 행복합니다 (마 5:3).

예수님은 선생님이시기 전에 구원자이십니다

우리 주님을 선생님으로 먼저 생각하지 않도록 하십시오. 만일 예수 그리스도께서 단지 선생님에 지나지 않는다고 하면, 그분이 고작 할 수 있는 것이라고는 내가 도무지 이를 수 없는 기준을 세워 놓고 나를 약 올리는 것뿐입니다.

내가 절대로 근접할 수 없는 이상적인 것을 내게 제시한다면 무슨 소용이 있습니까? 그것을 모르는 것이 더 행복할 것입니다. 내가 결코 될 수 없는 그런 사람이 되라고 내게 권면하면 무슨 유익이 있습니까?

내가 할 수 없는 것을 뻔히 알면서도, 마음이 청결하여지라고 한다든지, 내 능력을 벗어나는 것을 하라고 한다든지, 하나님께 온전하게 헌신하라고 하는 것은 아무런 유익이 없습니다. 내가 먼저 예수 그리스도를 나의 구원자로 알아야만, 그분의 가르침이 내게 의미가 있게 되고, 나를 절망으로 이끄는 이상적인 것이 되지 않게 됩니다.

내가 성령으로 거듭나게 되는 때에, 예수 그리스도가 단지 가르치는 선생님으로만 우리에게 오신 것이 아니라는 것을 알게 되는 것입니다. 주님은 그가 가르치시는 대로 내가 마땅히 되어야 할 그러한 사람이 되도록 나를 만들어 주기 위해서 오셨습니다. 구속이란 예수 그리스도께서 그 자신의 삶을 다스렸던 성품과 기질을 우리에게 넣어 주실 수 있다는 것을 의미합니다. 하나님이 제시하시는 모든 수준은 예수님의 성품과 기질에 근거합니다.

하나님 왕국의 첫 번째 원칙

산상설교의 가르침은 일반 사람에게는 좌절을 맛보게 합니다. 바로 그것이 예수님께서 의도하신 것입니다. 우리가 스스로 의롭다고 착각하고서 우리 주님의 가르침을 해낼 수 있다고 믿는 한, 하나님은 우리가 어떤 장애물에 부딪혀 우리의 무지함을 깨닫게 될 때까지 우리를 방치하실 것입니다. 그런 연후에야 우리는 거지처럼 하나님께 기꺼이 나아가 손을 벌리게 됩니다.

"영이 가난한 자들은 행복합니다." 이것이 하나님의 왕국의 첫 번째 원칙입니다. 예수 그리스도 왕국의 기본 원칙은 가난이지 소유가 아닙니다. 예수 그리스도를 위해 내가 무엇인가를 할 수 있다고 하는 결심들이 아니라 '나는 아무것도 아예 할 수 없습니다'라고 철저하게 부족함을 깨닫는 것입니다. 그때 예수님이 말씀하시기를 "너희가 행복하다"라고 하십니다. 그것이 천국의 입구입니다. 우리가 가난하다는 사실을 믿는 데는 오랜 시간이 걸립니다. 우리 자신이 가난하다는 것을 앎으로써, 예수 그리스도께서 일하시는 도덕적 최전방에 우리가 인도되는 것입니다.

7월 22일

거룩하게 됨(성화)
- 죽는 쪽 -

하나님의 뜻은 이것이니 여러분이 거룩하게 되는 것입니다 (살전 4:3).

성화는 죄에 대하여 죽는 것입니다 (롬 6:11 상)

성화에는 죄에 대하여 죽는 것과 하나님께 대하여 사는 것 등 두 가지 쪽이 있습니다. 우리 가운데 많은 사람이 무덤이 있는 죽음과 관련된 쪽에서 너무 많은 시간을 보냅니다. 성화가 되려면 먼저 항상 죄와의 치열한 싸움이 있습니다. 예수 그리스도의 요구에 반항하는 죄성과 항상 싸워야 합니다. 그때 곧바로 성령께서 성화 된다는 것이 무엇을 의미하는지를 알려 주기 시작하시고, 투쟁이 시작됩니다. "누구든지 내게 오는 자는 … 자기 목숨까지도 미워하지 않으면 내 제자가 될 수 없느니라"(눅 14:26).

성화의 조건

성화의 과정에서 하나님의 성령은 오직 '나 자신'밖에는 아무것도 아닐 때까지, 즉 죽음의 자리에 이를 때까지 나를 벌거벗기실 것입니다. 아무 친구도, 아버지도, 아무 형제도 없고, 아무런 자기 유익도 구할 수 없습니다. 오직 죽음만을 기다리는 그러한 '나 자신'이 기꺼이 될 수 있습니까?

그것이 바로 성화의 조건입니다. 예수님께서 다음과 같이 말씀하신 것은 전혀 놀라운 것이 아닙니다. "내가 땅 위에 평화가 아니라 검을 주러 왔노라"(마 10:34). 여기서 싸움이 시작됩니다. 여기서 우리 가운데 많은 사람이 지쳐 버립니다. 여기서 우리는 예수님의 죽음과 함께 하는 것을 거절합니다. 우리는 말합니다. "이것은 너무나 가혹해서, 주님은 내가 그것을 행하기를 원하실 리가 없습니다." 그러나 사실, 예수님은 냉혹하시고, 내가 그것을 행하기를 강력하게 그가 원하십니다.

성화의 의미

정말로 아무것도 없는 벌거숭이 '내'가 기꺼이 되겠습니까? 결단코 나를 생각해주는 나의 모든 친구와 나에 대한 모든 생각을 다 접고서 벌거숭이가 된 나 자신을 하나님께 기꺼이 내드릴 수 있겠습니까?

나만 남는 그 순간에, 하나님은 나를 전적으로 거룩하게 해주시고, 나의 삶은 하나님에 대한 열망으로 충만하게 되고, 모든 다른 것들과의 관계를 청산하게 될 것입니다.

"주님, 성화가 내게 무엇을 의미하는지 알려 주십시오." 기도할 때, 그분이 내게 알려 주실 것입니다. 성화란 예수님과 하나가 되는 것을 의미합니다. 성화란 예수님이 내 안에 집어넣어 주시는 어떤 것이 아니고, 내 안에 계시는 그분 자신입니다 (고전 1:30).

거룩하게 됨(성화)
- 사는 쪽 -

7월 23일

여러분은 하나님께로부터 나서 그리스도 예수님 안에 있고, 예수님은 하나님께로부터 오셔서 우리에게 지혜와 의와 거룩하게 됨(성화)과 구속이 되셨으니 (고전 1:30).

성화의 신비

성화의 신비는 예수 그리스도의 완전한 성품이 내게 부여되는 것입니다. 이것은 점진적으로 되는 것이 아니고, 예수 그리스도께서 나에게 성화가 된 것을 믿음으로 깨닫게 하는 순간 즉시로 됩니다. 성화란 다른 것이 아니라, 예수님의 거룩함이 분명코 내 것이 되는 것을 의미합니다.

거룩한 삶의 놀라운 한 가지 비밀은 예수님을 모방하는 데 있지 않고, 나의 죽을 몸 안에서 예수님의 완전한 성품들이 나타나게 되는 데 있습니다. 성화란 내 안에 계시는 '그리스도'입니다. 그분의 놀라운 생명이 성화가 시작되는 순간 내게 부여됩니다. 그것은 하나님의 은혜의 주권적 선물인바 믿음으로 말미암아 내게 부여되는 것입니다.

주님의 말씀대로 내 안에서 하나님의 성화를 이루어 주시는 것을 기뻐합니까?

성화는 부여받는 것입니다

성화란 예수 그리스도의 거룩한 성품들을 부여받는 것입니다. 그분의 인내, 그분의 사랑, 그분의 거룩성, 그분의 신앙, 그분의 순결함, 그분의 경건함 등이 나의 성화된 영혼 속에서 그리고 영혼을 통해 나타나게 되는 것을 뜻합니다. 성화란 예수님에게서 거룩해지는 능력을 얻어내는 것이 아니고, 예수님 안에서 나타났고, 예수님이 내 안에서 나타내시는 거룩함을 그분에게서 얻어내는 것입니다.

그러기에, 성화는 부여받는 것이지, 모방하는 것이 아닙니다. 모방은 성화와 전혀 관련이 없습니다. 예수 그리스도 안에 모든 완전함이 있습니다. 성화의 신비는 예수님의 모든 완전함이 내 것이 되었다는 것입니다. 그래서 더디지만 확실하게 나는 '하나님의 능력으로 지켜진' 질서 있고 건전하고 거룩한 삶 곧 말로 표현할 수 없는 복된 삶을 살기 시작하게 됩니다.

7월 24일

성질과 행동

> 만일 여러분의 의가 서기관들과 바리새인들의 의보다 더 낫지 않으면,
> 여러분은 결코 천국에 들어가지 못할 것입니다 (마 5:20).

제자의 특징

예수님의 제자의 특징은 그가 선한 일들을 행하는 데 있지 않고, 그의 선행의 동기가 선한 데 있습니다. 이는 그가 하나님의 초자연적 은혜로 말미암아 이미 성품이 선하게 변화되었기 때문입니다. 선한 '행위'보다 유일하게 앞서는 것은 선한 '존재'(성품을 가진 '존재')입니다. 예수님이 말씀하십니다. '만일 당신이 나의 제자라고 하면 당신의 삶뿐만 아니라, 행위의 동기, 꿈, 그리고 속마음까지도 선하고 의로워야 합니다.' 당신의 삶의 동기가 하나님 보시기에 흠잡을 것이 없어야 합니다.

예수 그리스도의 구속의 놀라운 능력

누가 영원한 빛이신 하나님 앞에 흠 잡힐 만한 것이 전혀 없이 설 수 있습니까?

오직 하나님의 아들 예수 그리스도뿐입니다. 그래서 예수님이 확실하게 말씀하시는 대로, 자기가 성취한 구속으로 말미암아 그가 사랑하는 사람 속에 그 자신의 성품과 기질을 넣어 줌으로써 어린아이처럼 흠 없고 순전하게 만들어 주실 수 있는 것입니다.

하나님께서 하시는 순결은 나의 속사람이 재창조되지 않는 한 불가능합니다. 예수님이 그의 구속으로 말미암아 이미 행하여 오신 일이 바로 이것입니다. 예수 안에 있으면 나의 속사람이 그분의 구속으로 말미암아 재창조되어 순결하게 됩니다(참고, 고후 5:17).

아무도 율법에 순종해서는 스스로 순결해질 수가 없습니다. 예수 그리스도께서는 우리가 순종해야 하는 규칙과 규범들을 주시지 않습니다. 그분의 가르침들은 그가 우리 안에 넣어 주신 성품과 기질을 통해서만 해석되고 이해될 수 있는 진리들입니다. 예수 그리스도의 구원의 놀라운 능력은 그가 유전 인자를 바꿔주시는 데 있습니다. 그는 인간의 본성을 바꿔주시는 것이 아니라, 그것의 근원을 바꿔주십니다.

이처럼 나는 행복한가?

7월 25일

···한 자들은 행복합니다 (마 5:3-10).

산상설교에는 성령의 다이너마이트가 장착되어 있습니다

우리가 처음으로 예수님의 산상설교의 말씀들을 읽으면, 놀랍도록 단순하고 평범하게 보입니다. 그래서 그 말씀들이 생각할 것도 없이 우리의 마음속에 깊숙이 들어와 자리를 잡습니다. 예를 들면, '행복'은 세상을 등지고 할 일 없이 노는 사람들에게는 아주 달콤하고 아름다운 말로 들립니다. 그러나 우리가 사는 치열한 일터에서는 실제와 거리가 먼 아주 한가로운 말로 들립니다.

그렇지만 산상설교의 '행복'에는 성령의 다이너마이트가 장착되어 있다는 것을 우리가 곧 깨닫게 됩니다. 말하자면, 우리의 삶의 환경에 여건이 주어질 때 그 다이너마이트가 폭발하는 것입니다.

성령께서 산상설교 말씀 가운데 하나를 우리에게 기억나게 하는 때, "이 얼마나 놀랄 만한 말씀인가!"라고 감탄하게 됩니다.

그리고 우리가 그분의 말씀을 순종하는 때 우리의 환경 속에서 발생하게 될 놀라운 영적 대변혁을 받아들여야 할지 말지를 결정해야 합니다. 그것이 바로 성령께서 폭발시키는 방법입니다.

산상설교는 일련의 규칙이나 규범이 아닙니다

산상설교의 말씀들을 문자적으로 적용하고자 한다면 부디 우리가 성령으로 거듭나야 할 필요가 없습니다. 산상설교를 문자적으로 해석하는 것은 어린아이들이나 하는 짓입니다. 성령께서 우리 주님의 말씀들을 우리의 환경에 적용하시는 때 하시는 그분의 해석이 바로 성도가 해야 하는 엄중한 작업입니다.

예수님의 가르침은 사물을 바라보는 우리의 본성적(육신적) 방법과는 전혀 다릅니다. 그분의 가르침은 처음부터 우리에게는 놀랍도록 불편함을 줍니다. 그러므로 성령께서 그 가르침들을 우리의 환경에 적용시키시는 때, 그분의 말씀을 따라서 우리는 서서히 우리의 행보와 일상생활을 꾸려가야 합니다. 산상설교는 일련의 규칙이나 규범이 아닙니다. 그것은 성령께서 우리와 함께 길을 걸으시는 때 우리가 살게 될 삶이 어떤 것인지에 대한 말씀입니다.

7월 26일

청결합니까?

입에서 나오는 것들은 마음에서 나오는데 … 이것들이 사람을 더럽히며 … (마 15:18-20).

청결한지 진단해 보십시오

우리는 우리의 무지를 신뢰하여 그것을 '무흠'이라고 부르고, 무흠을 신뢰하여 그것을 '청결'이라고 부릅니다. 그래서 본문에 나오는바 주님의 거칠은 말을 듣게 되는 때 우리는 풀이 죽어 이렇게 말합니다. "나는 마음속에 그러한 끔찍한 죄악은 결코 생각해 본 일이 없습니다." 우리는 예수 그리스도께서 나타내 보여 주신 것에 대해 아주 많이 못마땅해합니다. 예수 그리스도는 우리 심령 위에 군림하는 최고의 권위자이시든지, 아니면 우리가 주목할 가치가 없는 분이시든지, 둘 중 하나이십니다.

나는 그분이 나의 심중을 꿰뚫어 보시는 것을 신뢰할 준비가 되어 있습니까? 아니면, 나의 무지를 더 신뢰할 것입니까?

만일 내가 생각하고 있는 나의 무흠을 시험대에 올려놓는다면, 예수 그리스도께서 말씀하신 것이 참되다는 것을 알고서 몸서리치게 놀라게 됩니다. 내 안에 악하고 그릇된 것이 있다는 것을 알고서 간담이 서늘해집니다.

청결의 비결

내가 스스로 무흠하다고 계속 우기는 한, 바보의 낙원에서 사는 것입니다. 만일 내가 악당이 되어 본 적이 전혀 없었다고 하면, 그것은 겁 많은 소심함과 문화생활의 보호 때문입니다. 그러나 내가 하나님 앞에서 벌거벗게 되면, 나에 대한 예수 그리스도의 진단이 옳다는 것을 알게 됩니다.

나를 안전하게 보호해 주는 유일한 것은 예수 그리스도의 구속입니다. 만일 내가 나를 예수 그리스도에게 내맡기게 되면, 내 마음속에 있을 수 있는 끔찍한 죄악의 가능성을 절대 맛보지 않아도 됩니다. 청결은 나의 본성으로는 전혀 불가능합니다. 그러나 성령께서 내 마음속에 임하시면, 예수 그리스도의 삶 속에서 드러나셨던 바로 그 영, 곧 성령님을 나의 삶의 중심 속으로 모셔서 오는 것이 됩니다. 성령님이 흠 없으신 청결이십니다.

진리를 아는 방법

7월 27일

누구든지 하나님의 뜻을 행하기 원한다면, 이 교훈이 하나님에게서 온 것인지, 아니면 내가 스스로 말하는 것인지 알 것입니다 (요 7:17).

영적 이해를 위한 황금률

영적 이해를 위한 황금률은 지성이 아니고, 순종입니다. 과학적인 지식의 경우는 지적 호기심이 안내자입니다. 그러나 예수 그리스도의 깊은 가르침의 경우는 순종을 통해서만이 깨달을 수 있습니다. 만일 어떤 것들이 내가 알 수 없게 깜깜하다고 하면, 그것은 내가 행하고 싶지 않은 어떤 것이 있기 때문이라는 것을 알게 될 것입니다. 지적 깜깜함은 무지 때문에 있습니다. 영적 깜깜함은 내가 순종하고자 하지 않는 어떤 것 때문에 생겨납니다.

영적 성장이 안 되는 이유

하나님으로부터 어떤 말씀을 사람이 받게 되는 때에는 곧바로 반드시 그 말씀에 대하여 시험을 치르게 됩니다. 이때 불순종하게 되면, 왜 영적으로 성장하지 않는가 하고 의아해합니다. 예수님이 말씀하셨습니다. "만일 너희가 제단에 너희의 예물을 드리려고 하다가 거기에서 너희의 형제가 너희에게 원한을 품고 있다는 것이 생각나거든 … 나에게 딴말하지 말고, 먼저 가서 너희의 형제와 화해하라"(마 5:23-24).

예수님의 가르침은 우리의 삶의 현장을 두고 주신 것입니다. 우리는 예수님 앞에서 한순간도 속일 수가 없습니다. 그분은 미세한 부분까지 우리를 가르치십니다. 하나님의 영은 자기변명으로 일관하려는 우리의 마음을 들추어내십니다. 우리가 이전에 전혀 생각하지 못했던 것들에 대하여 성령은 우리로 더욱 민감하게 하십니다.

예수님께서 말씀으로 어떤 것을 생각나게 하실 때, 회피하지 마십시오. 만일 회피하면, 당신은 종교적으로 사기꾼이 될 것입니다. 당신이 몸을 사리며 회피한 것들을 반성하십시오. 그러면 당신이 영적으로 성장하지 않고 있는 이유를 알게 될 것입니다. 우선 순종하십시오. 다시 말해서, 당신이 광신자라고 오해받을 위험이 있더라도, 하나님이 당신에게 말씀하시는 것을 순종해야 합니다.

7월 28일

오직 순종만

> 예수께서 곧 제자들을 재촉하여 배를 타고 벳새다 건너편으로 먼저 가게 하시고 … 새벽에 예수께서 바다 위를 걸어 그들에게 가서서 지나가려고 하시므로 … (막 6:45-52).

우리의 과정이 하나님의 목적입니다

우리는 흔히 예수 그리스도께서 우리를 강권하시므로 우리가 그에게 순종하면, 그가 우리에게 대단한 성공을 가져다주실 것으로 생각하기 쉽습니다. 우리는 성공을 바라는 우리의 꿈을 우리를 향한 하나님의 목적으로 결코 간주하면 안 됩니다. 하나님의 목적은 정반대일 수도 있습니다. 우리는 하나님이 우리가 바라는 어떤 특정한 목적을 향해 우리는 인도하고 계신다는 생각을 합니다. 그러나 사실 하나님은 그렇지 않으십니다. 어떤 특정한 목적을 이루게 된다면 그것은 어쩌다가 그렇게 된 것에 지나지 않습니다. 우리가 '과정'이라고 부르는 것을 하나님은 '목적'이라고 부르십니다.

하나님의 목적에 대한 나의 꿈은 무엇입니까?

하나님의 목적은 내가 지금 하나님을 의지하고 또 그의 능력을 의지하는 것입니다. 만일 내가 혼란 중에서도 당황하지 않고 평온을 유지할 수 있다고 하면, 그것이 하나님의 목적 성취입니다. 하나님은 어떤 특정한 완성을 목표로 삼아 일하시지 않습니다. 그분의 목적(또는, 끝)은 과정입니다. 본문에 언급된 사건을 보십시오.

나는 그가 파도 위를 걷고 계시는 것을 봅니다. 해변이 보이지 않습니다. 아무런 성공도, 아무런 목표도 보이지 않습니다. 그분이 바다 위를 걷고 계시는 것을 내가 보고 있으므로 괜찮다고 하는 절대적인 확신이 내게 있을 뿐입니다. 목적이 아니라 과정이 하나님께 영광을 돌립니다.

하나님의 목적은 지금을 위한 것입니다

하나님의 훈련은 내일이 아니라 오늘을 위한 것입니다. 그의 목적도 지금을 위한 것이지, 미래에 있을 어떤 것을 위한 것이 아닙니다. 우리는 순종 이후의 일들에 대해서는 상관할 필요가 하등에 없습니다. 순종 이후의 일들에 대해 생각하게 되면 잘못되게 됩니다. 사람들이 훈련과 준비라고 부르는 것을 하나님께서는 목적이라고 부르십니다.

하나님의 목적은 바로 지금 나의 삶의 혼돈이라는 바다 위를 하나님이 걸으실 수 있다는 것을 내가 볼 수 있게 해주는 것입니다. 만일 우리가 지금의 목적 이상의 다른 목적을 보고자 한다면, 우리는 당면한 현재에 충분한 주의를 기울이고 있는 것이 아닙니다. 그러나 순종이 목적이라는 것을 우리가 깨닫게 되면, 다가오는 매 순간이 모두 귀중하게 됩니다.

구름 속에서 무엇을 봅니까?

7월 29일

보십시오. 그분이 구름을 타고 오십니다 (계 1:7).

구름이 상징하는 것

성경에서 구름은 항상 하나님과 연관되어 있습니다. 구름은 우리의 일상적인 삶의 안팎에 일어나고 있는 슬픔이나 고통 또는 불행한 사건들을 상징합니다. 이러한 것들은 하나님의 통치를 거스르는 것처럼 보입니다. 그러나 바로 그 구름을 통해서 하나님의 성령께서는 우리가 믿음으로 행하는 방법을 가르쳐 주고 있습니다. 만일 구름이 전혀 없다고 하면, 우리에게 아무런 믿음도 없게 되는 것이 당연합니다.

"구름은 우리 하나님 아버지의 발의 먼지에 지나지 않습니다." 구름은 하나님이 살아 계시다고 하는 증표입니다. 슬픔과 사별과 고통이 하나님과 함께 오는 구름이라는 것을 아는 것은 대단한 계시입니다. 하나님께서는 구름 없이는 우리에게 가까이 오실 리가 없습니다. 그는 햇빛이 청명하게 비치는 가운데서는 오시지 않습니다.

구름을 통한 하나님의 목적

우리가 당하는 시련들 속에서 하나님이 우리에게 어떤 것을 가르치기를 원하신다고 말하는 것은 옳지 않습니다. 하나님은 그가 몰고 오시는 모든 구름을 통해서 우리가 전에 배웠던 것들을 잊어버리기를 원하십니다. 구름을 통한 하나님의 목적은 우리의 믿음을 단순화하는 것입니다. 그리하여 하나님에 대한 우리의 관계가 마치 어린아이의 것처럼 되게 하는 데 있습니다.

하나님과 나 자신의 영혼 외에 다른 사람들은 그림자들에 지나지 않습니다. 다른 사람들이 그림자가 될 때까지는, 구름과 어두움은 지금 매 순간 거듭 나의 것이 될 것입니다. 나 자신과 하나님과의 관계가 이전과는 다르게 점점 더 단순해지고 있습니까?

하나님의 이해할 수 없는 불행한 사건들과 우리가 하나님에 대해 아는 것 사이에는 어떤 연관이 있습니다. 그래서 우리가 아는바 하나님에 대한 지식에 비추어 인생의 신비를 해석하는 것을 배워야 합니다. 하나님의 성품을 손상하지 아니한 채, 가장 어둡고 암담한 현실을 맞부딪칠 수 없다고 하면, 우리는 아직 하나님을 알고 있는 것이 아닙니다.

"그들은 자신들이 구름 속으로 들어가자 두려움에 사로잡혔습니다"(눅 9:34). 당신들을 둘러싼 구름 속에서 '오직 예수님 외에' 다른 누가 있습니까?

"그 소리가 났을 때 예수님만 보였습니다"(눅 9:36). 그렇게 된다면, 점점 더 어두워질 것입니다. 당신은 오직 '예수님 외에는 더 이상 아무도' 없는 곳으로 나아가야 합니다.

7월 30일

환멸을 없애는 훈련

> 예수께서는 그들에게 자신을 맡기지 않으셨으니, 이는 그분께서 친히 모든 사람들을 아셨음이며, 또한 그분께서 사람의 속에 있는 것을 아시므로 … (요 2:24-25).

환멸을 제거한다는 것이 의미하는 것

환멸을 제거한다는 것은 삶 속에서 더 이상 잘못된 판단을 하지 않는다는 것을 의미합니다. 환멸을 제거함으로써 더는 속지 않으려 하다 보면, 다른 사람들을 판단함에서 냉소적이거나 불친절하고 거칠어질 수 있습니다. 그러나 하나님의 은혜 안에서 환멸을 제거하게 되면 사람들을 객관적으로 사심 없이 볼 수 있게 됩니다. 냉소적이지도 않을 뿐더러, 상처를 주거나 거친 말도 하지 않습니다.

우리의 삶에서 생기는 대부분의 잔인한 것들은 환상 때문에 당하는 고통으로 말미암습니다. 우리는 사람을 대할 때 있는 그대로 서로 보기보다는, 단지 자신의 선입관을 가지고 서로를 대합니다. 우리 자신의 선입관을 따라서 사람을 판단하게 되면, 모든 것이 기쁘거나 좋든지, 아니면 형편없거나 비열해 보입니다.

환멸을 제거하지 않음으로 생기는 결과

환멸을 없애지 않게 되면 그로 인하여 우리의 인생에 많은 고통이 생겨납니다. 예를 들면 이렇습니다. 만일 우리가 어떤 사람을 사랑하되 하나님을 사랑하지 않으면, 그 사람에게 일체의 완벽함과 엄격함을 요구하게 됩니다. 그리고 그 사람이 우리의 기대에 미치지 못하면 잔인하게 보복합니다.

사실, 우리는 사람으로서는 할 수 없는 것을 요구하고 있는 것입니다. 인간의 마음의 깊은 곳에 있는 요구들을 만족할 수 있는 분은 오직 한 분뿐입니다. 그분은 바로 주 예수 그리스도이십니다.

우리 주님이 모든 인간관계에 대하여 아주 엄격하신 데는 분명한 이유가 있습니다. 이는 주님에 대한 충성심에 기초하지 아니한 모든 인간관계가 결국 비극으로 끝나게 될 것을 그가 알고 계시기 때문입니다. 우리 주님은 아무도 신뢰하지 않으셨습니다. 자신을 맡기지 않으신 것입니다.

그렇지만 누구를 의심하거나 나쁜 감정을 갖지 않으셨습니다. 우리 주님은 하나님을 확신했을 뿐 아니라 모든 사람에게 힘을 북돋아 줄 수 있는 하나님의 은혜의 위력을 확신했습니다. 이 같은 그분의 확신 때문에 그분은 누구에게도 실망하지 않으셨습니다. 우리가 사람을 신뢰하다 보면, 모두에게 실망하고 말게 될 것입니다.

완전히 주님의 것이 될 때까지

7월 31일

여러분의 인내가 완성된 제품이 되게 하십시오. 이로써 여러분이 성숙하고
온전하여 아무것에도 결코 모자람이 없도록 하십시오 (약 1:4, Moffatt 성경).

육신적인 삶의 잔재

우리 가운데 많은 사람이 삶의 주요한 분야에서는 아주 괜찮습니다. 그러나 어떤 분야에서는 칠칠치 못합니다. 그것은 죄의 문제 때문이 아닙니다. 그것은 우리를 칠칠치 못하게 만드는 육신적인 삶의 잔재 때문입니다. 우리가 칠칠치 못하게 되면 성령님을 욕되게 합니다. 우리가 먹든지 마시든지, 아니면 하나님을 예배하든지, 어떤 일에서도 칠칠치 못해서는 안 됩니다.

하나님께 대한 우리의 관계가 올바르게 되어야 할 뿐 아니라, 그 관계가 외형적으로 표현될 때도 올바르게 되어야 합니다. 궁극적으로, 하나님은 하나도 놓치지 않으시고 모든 것을 세밀하게 지켜보십니다. 하나님은 셀 수 없는 수많은 방법으로 우리를 거듭해서 똑같은 자리에 데려다 놓으실 것입니다.

우리가 교훈을 온전히 터득할 때까지 하나님께서는 줄기차게 우리를 그 한 자리에 데려다 놓고 맙니다. 그 이유는 그분이 우리를 완성된 제품으로 만들고 계시기 때문입니다. 다시 말해서, 하나님은 우리가 하나님 보시기에 성숙하고 쓸모 있는 사람이 되기를 원하셔서 끈질기게 우리를 똑같은 자리에 데려다 놓으시는 것입니다.

끝까지 인내하십시오

우리의 충동적인 성격이 문제일 수도 있고, 아니면 정신적으로 멍청함이나 유아독존식의 개성이 문제가 될 수도 있습니다. 이같은 문제를 두고서, 하나님이 끈질긴 인내심을 가지고 바로 그 특정한 문제의 자리에 우리를 데려다 놓으셨습니다. 하나님은 어떤 문제이든 전혀 옳지 않은 그 한 가지를 놓고서 우리를 계속 압박하시는 것입니다.

우리는 이번 학기에 (※클래펌성경훈련대학) 하나님의 구속 계시에 관하여 함께 배우면서 놀라운 시간을 누려 왔습니다. 하나님을 향한 우리의 마음은 온전합니다. 하나님이 우리 안에서 행하신 놀라운 일은 우리가 주요한 분야에서 하나님과 바른 관계를 맺고 있다는 사실을 알게 해주셨습니다. 이제 성령님이 사도 야고보를 통해 말씀하십니다. "여러분의 인내가 완성된 제품이 되게 하십시오." 조금이라도 빗나가는 일이 없도록 주의하십시오. "오! 지금 해내야겠네요." 우리의 문제가 무엇이든, 하나님은 우리가 온전히 그분의 것이 될 때까지 끈질기게 그것을 지적하실 것입니다.

8월

더 깊이 알아야 할 주님의 방식

주님의 꾸지람을 듣게 될 때
성령을 소멸하지 마십시오

더 깊이 알아야 할 주님의 방식

8월 1일

예수께서 자신의 열두 제자에게 지시하기를 마치시고,
그곳을 떠나 그들의 성읍들에서 가르치시며 선포하셨다 (마 11:1).

순종하지 않으면 훼방꾼 노릇하게 됩니다

당신이 순종하기를 싫어하는 한, 당신은 훼방꾼 노릇을 한 것이 됩니다. 당신이 어떤 점에서 주님과 논쟁을 시작하고 있는지 점검하십시오. 당신이 마땅히 해야 할 일이라고 생각하고서 주님의 명령을 깡그리 거스르고 있는 것이 무엇인지 점검해 보십시오. "하나님께서 나더러 가라고 지시한 것을 알고 있습니다. 그렇지만 그때 내가 할 일이 거기 남아 있었습니다." 이렇게 당신이 우긴다면 그것은 예수님이 말씀하고자 하신 것을 당신이 믿지 않고 있다는 것밖에 안 됩니다.

주님은 우리에게 기다리라고 하신 그곳에서 일하십니다

주님은 우리에게 하지 말라고 알려 주시는 곳에서 가르치십니다. "주님, 우리가 여기에 초막 셋을 짓겠습니다"(눅 9:33). 우리는 영적으로 아직 성숙해 있지 못한데도 다른 사람의 삶에 어설프게 간여하고 있지는 않습니까? 하나님이 그들 곁에 전혀 근접할 수 없을 정도로 요란하게 다른 사람들을 가르치고 있지는 않습니까?

우리는 우리의 입을 다물고 우리의 머리가 깨어 있게 해야 합니다. 하나님은 그의 아들에 관해 우리에게 가르쳐 주시기를 원하고 계십니다. 그래서 우리가 변화 산에서 기도의 시간을 갖게 되기를 원하시는 것입니다. 예수님의 제자들처럼 변화 산에서 예수님의 하시고자 하신 일을 간섭하지 말고, 우리는 황홀한 변화산에서도 기도하는 시간을 가질 수 있어야 합니다. 그것이 하나님의 원하시는 바입니다.

그러나 우리는 하나님의 뜻을 거스릅니다. 하나님이 일하시고자 하는 방식을 우리가 안다고 확신하면, 그때 하나님은 결코 그러한 방식으로는 일하지 않으실 것입니다. 하나님은 우리를 보내어 기다리게 하시는 곳에서 일하십니다. "… 때까지 여러분은 머물러 있으시오"(눅 24:49).

하나님을 기다리십시오. 그리하면 그분이 일하실 것입니다. 그러나 당신은 당신 앞을 한 치도 볼 수 없다고 해서 영적으로 부루퉁하여 기다리지 마십시오. 하나님을 기다릴 수 있을 만큼 영적 발작은 이제 완전하게 멈추었습니까?

기다릴 때 팔짱을 끼고 앉아 있지 마십시오. 우리가 가르침 받은 것을 어떻게 행할 것인가를 곰곰이 생각하는 시간을 가져야 합니다. 이것들이 우리가 더 깊이 알아야 할 주님의 방식들입니다.

8월 2일

고난의 훈련

> 당신들이 세상에서 환난을 당하나 용기를 내십시오.
> 내가 이미 세상을 이겼습니다 (요 16:33).

환난 가운데서 건짐 받으십시오

그리스도인의 삶에 대한 일반적인 견해에 따르면, 우리의 삶은 환난으로부터 건짐받는 것입니다. 그러나 그리스도인의 삶은 환난 가운데서 건짐을 받는 것입니다. 환난 가운데서 건짐을 받는 것과 환난으로부터 건짐을 받는 것은 아주 다릅니다. 지극히 높으신 분의 은밀한 곳에 사는 사람은 … 불행이 너를 덮치지 못하고 …"(시 91:1, 10). 당신이 하나님과 하나로 만나 있는 곳에는 어떤 재앙도 가까이 올 수 없습니다.

당신이 하나님의 자녀일지라도 환난을 겪게 되는 것은 확실합니다. 그래서 예수님은 환난들이 닥칠 때 놀라지 말라고 말씀하신 것입니다. "세상에서는 너희가 환난을 겪게 될 것이지만 힘을 내어라. 내가 이미 세상을 이겼다. 너희는 두려울 것이 하나도 없다." 사람들은 구원받기 전에는 환난에 대해 말하는 것을 경멸하려고 합니다. 그러나 성령으로 거듭난 후에는 성도에 대해 그릇된 생각을 그들이 가지고 있는 까닭에 자주 '맥이 빠지게' 됩니다.

팽팽한 긴장이 힘이 됩니다

하나님께서는 환난을 극복하는 생명을 주시지 않습니다. 대신, 우리가 환난을 극복할 때 하나님은 우리에게 생명을 주십니다. 팽팽한 긴장이 힘이 되는 것입니다. 아무런 긴장도 없으면, 아무런 힘도 없습니다.

당신은 하나님께 생명과 자유와 기쁨을 달라고 구하십니까?

당신이 긴장을 용납하지 않는 한, 하나님께서는 주실 리가 없습니다. 당신이 긴장을 맞닥뜨리는 순간 즉시 당신은 힘을 얻게 될 것입니다.

당신 자신의 소심함을 이겨내십시오. 그리고 앞으로 나아가십시오. 그리하면 하나님께서는 당신이 생명 나무에서 과일을 따 먹을 수 있게 하실 것이고, 당신은 영양분을 얻게 될 것입니다. 만일 당신이 육신적으로 힘을 쓸 것 같으면, 금방 탈진하게 될 것이지만, 영적으로 힘을 쓰면 더 큰 힘을 얻게 됩니다.

하나님께서는 내일 또는 다음 시간을 위하여 결코 힘을 주시지 않고, 그 순간의 긴장을 위하여서만 주십니다. 우리가 당하는 시험은 상식의 관점에서 고난을 대하는 데서 옵니다. 성도는 고난을 겪어 일그러질 때 오히려 크게 기뻐합니다. 이유인즉, 사람들에게는 어이없게도 불가능한 것이 하나님께는 전혀 문제가 되지 않기 때문입니다.

하나님의 강권하심

8월 3일

보십시오. 우리가 예루살렘으로 올라갑니다 (눅 18:31).

하나님의 강권하심 따라 하나님의 목적에 사로잡히십시오

예루살렘은 예수님의 생애에서 가장 중요한 장소였습니다. 아버지 하나님의 뜻을 성취하는 데 있어서 절정에 다다른 곳이었습니다. "이는 내가 내 뜻을 행하려 하지 않고 나를 보내신 아버지의 뜻을 행하려 하기 때문이다"(요 5:30). 그것이 우리 주님의 온 생애를 통해 지배해 온 유일한 관심사였습니다. 그래서 그가 예루살렘으로 가는 도중에 만나는 일들, 그것이 기쁜 일이든 슬픈 일이든, 성공이든 실패이든, 어느 것도 그의 목적을 막지 못했습니다. "예수께서 … 예루살렘으로 가시려고 마음을 확정하시고 … "(눅 9:51).

우리가 기억해야 할 중요한 것은 우리 자신의 목적이 아니라 하나님의 목적(곧, 그의 뜻)을 이루어 드리기 위해 예루살렘으로 올라가는 것입니다. 본성적으로 보면, 우리의 야망은 우리 자신의 것입니다. 그러나 그리스도인의 삶에는 우리 자신의 목표는 아무것도 없습니다. 오늘날 많은 사람이 그리스도를 위한 우리 자신의 결단이나, 그리스도인이 되기 위한 결심, 또는 이것저것을 해보겠다는 우리의 결정 등에 대해 말합니다. 그러나 신약성경에는 우리 자신의 결심 대신에 하나님의 강권하심이 강조되어 있습니다. "너희가 나를 선택한 것이 아니라, 내가 너희를 선택했다"(요 15:16).

아직도 갈 길이 멉니다

우리는 하나님의 목적에 우리가 의식하고서 동의하는 것이 아닙니다. 아무런 의식도 전혀 없이 하나님의 목적에 사로잡히는 것입니다. 우리는 하나님이 무엇을 목적하고 계시는지 전혀 알지 못합니다. 알려고 하면 더욱 그것이 모호해집니다. 우리가 심각한 근시안이어서 하나님이 목적하시는 것을 볼 수 없으므로 하나님의 목적하시는 바가 우리에게는 표적을 놓치고 있는 것처럼 보이는 것입니다.

그리스도인의 삶의 시작 단계에서는 하나님의 목적이 무엇인가에 대해 우리 나름대로 생각하게 됩니다. "나는 이곳저곳으로 가게 되어 있어요. 하나님은 이 특별한 사역을 행하도록 나를 부르셨습니다." 그래서 우리는 가서 그 일을 행합니다. 그러나 하나님의 강권하심은 여전히 남아 있습니다. 우리가 행하는 일은 전혀 고려되지 않습니다. 하나님의 강권하시는 일과 비교하면 아주 하찮을 뿐입니다. "예수께서 열둘을 데리고 가시면서"(눅 18:31). 예수님은 항상 우리를 데리고 다니십니다. 우리가 지금껏 도착한 것보다 아직도 갈 길이 멉니다.

8월 4일

하나님의 과감한 동료 관계

예수께서 열둘을 데리고 가시면서 … (눅 18:31).

하나님의 과감하심

하나님은 과감하게 우리를 신뢰하십니다. "하나님이 나를 선택하신 것은 지혜롭지 못했습니다. 왜냐하면, 내게는 아무런 능력이나 가치가 없기 때문입니다." 이렇게 당신은 말하겠으나, 그것이 바로 하나님께서 당신을 택하신 이유입니다. 당신이 당신 안에 무엇인가 능력이나 가치가 조금이라도 있는 것처럼 생각하는 한, 당신 자신의 목적들을 당신이 가지고 있으므로 하나님은 당신을 선택하실 수가 없습니다. 그러나 만일 당신의 자만심을 하나님 앞에 다 내려놓는다면, 그때 하나님이 당신을 선택하여 예루살렘으로 데리고 가실 수가 있게 되는 것입니다. 다시 말해서, 하나님이 당신과 의논하지 아니하신 목적들을 그렇게 해서 성취하시는 것입니다.

우리는 흔히 어떤 사람에게 타고난 능력이 본래 있으면, 그 능력 때문에 좋은 그리스도인이 될 것으로 생각하기 쉽습니다. 그러나 사실상 그리스도인이 되는 데 있어서 중요한 것은 우리가 얼마나 잘 갖추어져 있느냐가 아니고, 얼마나 가난한가입니다. 우리의 타고난 재능이 아니라, 하나님이 우리에게 주시는 은사가 중요합니다. 타고난 도덕성이나 좋은 성격, 지식이나 경험 등이 아닙니다. 이 모든 것들은 그리스도인이 되는 데 있어서 아무런 쓸모가 없습니다.

하나님의 과감한 동료 관계

그리스도인이 되는 데 있어서 유일하게 중요한 것은 우리가 하나님의 강권적인 부르심에 붙들려 그분의 동료가 되는 것입니다(참고, 고전 1:26-30). 하나님의 동료 관계는 자신의 가난함을 아는 사람들과 맺어집니다. 하나님께 쓸모가 있다고 생각하는 사람과는 하나님께서 아무것도 하실 수가 없습니다.

우리가 그리스도인이 되는 것은 우리 자신의 대의명분이 아니라, 하나님의 대의명분을 위해서입니다. 우리의 대의명분으로 하나님의 대의명분을 결코 대신할 수는 없습니다. 우리는 하나님께서 장차 무엇을 추구하실지 알지 못합니다. 그러나 무슨 일이 일어나더라도 하나님과 우리의 관계를 잘 유지해야 합니다.

하나님과 우리의 관계가 어떤 일이 있어도 훼손되게 해서는 안 됩니다. 만일 훼손되는 경우에는, 시간을 내서 바로 잡아야 합니다.

기독교가 기독교답게 되는 데 있어서 중요한 것은 우리가 하는 사역이 아니고, 우리가 유지하고 있는 하나님과의 관계와 그 관계로 말미암아 생겨나는 주변 상황입니다. 그것이 바로 하나님께서 우리에게 바라시는 모든 것입니다. 그래서 하나님과의 관계는 끊임없이 사탄 마귀로부터 공격을 받습니다.

하나님의 당혹스런 부르심

8월 5일

보십시오. 우리가 예루살렘으로 올라갑니다. 아무것도 깨닫지 못하였습니다 (눅 18:31, 34).

예수 그리스도를 향한 하나님의 당혹스런 부르심

하나님은 예수 그리스도를 부르셔서 지독한 불행처럼 보이는 것을 당하게 하셨습니다. 그리고 예수 그리스도께서는 자기의 제자들을 각각 부르셔서 자기가 죽임을 당하는 것을 목격하게 하셨습니다. 그는 모든 제자를 각각 부르셔서 그들의 심장이 찢어지는 곳으로 인도하셨습니다. 예수 그리스도의 삶은 하나님의 관점이 아닌 세상적인 관점에서 보면 완전한 실패였습니다. 그러나 사람의 관점에서는 실패처럼 보였던 것이 하나님의 관점에서는 엄청나게 놀라운 승리였습니다. 그 이유는 하나님의 뜻이 사람의 뜻과는 전혀 다르기 때문입니다.

우리를 향한 하나님의 당혹스런 부르심

예수 그리스도의 경우처럼, 우리의 삶에도 하나님의 당혹스런 부르심이 있습니다. 하나님의 부르심은 결코 명백하게 말로 표현할 수가 없고, 드러나지 않게 임합니다. 하나님의 부르심은 바다가 부르는 소리와도 같습니다. 바다의 소리는 바다의 속성을 아는 사람만이 들을 수 있습니다. 이처럼, 하나님의 부르심이 무엇을 위한 것인지를 분명하게 말하기란 어렵습니다. 이유인즉, 하나님의 부르심은 하나님 자신의 목적을 위해 하나님 자신과 동료 관계를 맺기 위한 것이고, 그것의 시금석은 하나님이 당신이 추구하고 계시는 것을 알고 계신다는 것을 우리가 믿는 것입니다. 이 땅에서 우연히 일어나는 것은 없습니다. 하나님의 작정 속에서 모든 것이 전적으로 일어납니다. 하나님은 자기의 목적을 힘써 이루고 계시는 것입니다.

그리스도인이라면 하나님의 지혜를 신뢰합니다

우리가 하나님과 교통하는 가운데 있고 하나님이 그의 목적대로 우리를 이끌고 계신다는 것을 알고 있다면, 하나님의 목적이 무엇인지를 우리는 더 알아내려 하지 않게 될 것입니다. 우리가 그리스도인의 삶을 계속 살아가다 보면, 이런 삶은 더욱 쉬워집니다. 이유인즉, "하나님이 왜 이 일이나 저 일을 허락하셨을까?"라고 더 따져 묻지 않게 되기 때문입니다. 모든 사건 배후에는 하나님의 강권적 주권이 있습니다. 하나님의 강권적인 주권(또는 통치)에 의해 우리의 목적들이 다듬어집니다. 그리스도인이란 자신의 지혜가 아니라 하나님의 지혜를 신뢰하는 자입니다. 만일 우리가 우리 자신의 목적이 있다면, 하나님의 자녀가 마땅히 누려야 하는 수수함과 여유로움이 파괴됩니다.

8월 6일

십자가와 기도

그날에는 당신들이 내 이름으로 기도하게 될 것입니다 (요 16:26).

십자가 붙잡고 기도하는 이유

우리는 십자가에 대해 우리가 견디어 내지 않으면 안 될 어떤 것으로 너무 부담스럽게 생각합니다. 우리가 십자가를 지는 것은 단지 십자가를 붙잡기 위해서입니다. 십자가는 우리에게 단 한 가지를 의미할 뿐입니다. 즉, 주 예수 그리스도와 십자가를 통해 온전히 전적으로 하나 되는 것입니다. 그런데 예수님과 우리가 십자가에서 이같이 하나 되는 것은 오직 기도를 통해서만 가능합니다.

"너희 하나님 아버지께서는 너희가 그분께 구하기도 전에 너희에게 필요한 것이 무엇인지 알고 계신다"(마 6:8).

그렇다면 왜 구해야 합니까?

기도란 하나님으로부터 응답을 받아내기 위해서 하는 것이라기보다는, 하나님과 온전하게 하나가 되는 것입니다. 우리가 응답을 받기 원해서 기도하는 것이라면, 하나님께 화를 내게 마련입니다. 왜냐하면, 기도는 항상 응답하지만, 우리가 기대하는 대로 응답이 항상 되는 것은 아니기 때문입니다. 우리가 영적으로 하나님께 화를 내게 되는 것은 기도할 때 우리 주님과 하나 되지 못했기 때문입니다.

우리가 이 땅에서 사는 것은 하나님께서 기도를 응답하는 것을 증명하기 위해서가 아닙니다. 우리가 지금 여기서 사는 것은 하나님의 은혜를 드러내는 살아있는 증거물이 되기 위함입니다.

주님의 대속의 삶이 당신의 활기찬 삶이 됩니다

"내가 너희를 위하여 아버지께 구하겠다는 말이 아니다. … 이는 아버지께서 너희를 친히 사랑하시기 때문이다"(요 16:26-27).

당신이 하나님과 아주 대단히 친밀하게 됨으로써 주 예수 그리스도의 기도의 삶이 당신의 기도의 삶의 유일한 동기가 되어 있습니까?

그리고 우리 주님의 대속의 삶이 당신의 활기찬 삶이 되었습니까?

'그날에는' 당신이 예수님과 온전히 하나가 됨으로써 당신과 그분 사이에 구별이 없게 될 것입니다.

기도가 응답되지 않는 것처럼 보일 때는, 다른 사람을 탓하려는 구실을 찾지 않도록 하십시오. 그것은 항상 사탄의 덫입니다. 기도가 응답하지 않는 것처럼 보이는 데는 하나님께서 다른 사람이 아니라, 바로 당신에게 깊은 교훈을 주고자 하시는 이유가 있다는 것을 당신이 알게 하시기 위함입니다.

아버지의 집에서 드리는 기도

8월 7일

내가 내 아버지 집에 있어야 한다는 것을 모르셨습니까? (눅 2:49)

아버지의 집에서 매 순간 살아야 합니다

우리 주님의 소년 시절은 미성숙한 남성이 아니었습니다. 우리 주님의 유년 시절은 영원한 사실입니다.

나는 우리 주님 구주와 한가지로 하나님의 무흠한 자녀입니까?

나는 나의 삶이 내 아버지 집에 있는 줄로 알고 있습니까?

하나님의 아들이 내 안에 있는 그분의 아버지 집에서 살고 계십니까?

내 안에 거주하는 실재는 하나님이십니다. 하나님이시라고 하는 실재가 내 안에 거하고 계십니다. 하나님의 명령이 매 순간 내려집니다.

나는 항상 실재이신 하나님과 연결되어 있습니까? 아니면, 일들이 잘못되었을 때와 나의 삶의 순간들에 근심되는 것이 있을 때에만 기도합니까?

아직 다른 사람들은 터득하지 못했을지라도 나는 나의 주님과 거룩하게 교통하는 가운데 하나 되기를 배워야 합니다. "나는 내 아버지의 일에 마음을 써야 합니다." 그래서 내 아버지의 집에서 매 순간 살아야 합니다.

주님과 온전한 연합을 유지하십시오

문제를 좁혀서 당신의 개인적인 상황들을 놓고 생각해 보십시오. 당신은 주님의 생명과 잘 하나 되어 있습니까? 그래서 당신은 진짜 하나님의 자녀로서 하나님과 지속해서 대화를 나누고 모든 일이 하나님의 주권으로 말미암고 있는 것을 깨닫고 있습니까? 당신 안에 있는 그 영원한 아들이 아버지의 집에서 살고 계십니까? 그분의 섬김의 삶의 은혜들이 당신의 집이나 사업이나 집안일에서 당신을 통하여 넘쳐나고 있습니까? 당신이 처해 있는 일들을 당신이 왜 겪고 있는지 의아하게 생각해 본 일이 있습니까?

그것들은 당신이 꼭 겪어야 하는 것은 아닙니다. 그것들을 당신이 겪게 되는 것은 당신을 특별히 성도답게 하려는 하나님 아버지의 섭리 가운데서 하나님의 아들이 당신과 맺어 온 관계 때문입니다. 그러므로 하나님이 하시는 대로 지켜보고, 하나님과의 온전한 연합을 유지하십시오.

주님의 대속의 삶이 당신의 활기찬 순진한 삶이 되어야 합니다. 그래서 우리 주님이 사람들 가운데서 일하시고 살아오신 방식이 그분이 당신 안에서 사시는 방식이 되어야 합니다.

8월 8일

아버지의 이름으로 하는 기도

그러므로 태어날 거룩한 이는 하나님의 아들이라 불릴 것이다 (눅 1:35).

내 안에서 태어나신 하나님의 아들

만일 하나님의 아들이 나의 썩어질 육체 안에서 태어난다면, 그의 거룩하심과 무흠함과 순전함과 아버지 하나님과 하나 됨이 내 안에서 나타나게 될 가능성이 있겠습니까?

하나님의 아들이 역사적으로 이 땅에 오시게 되었던 것이 동정녀 마리아에게 실제로 있었기에 오늘 모든 성도에게도 실제로 가능합니다. 다시 말해서, 동정녀 마리아의 몸 안에 하나님의 아들이 이 땅에 오셨던 역사적 사실에 비추어 볼 때, 지금 모든 성도의 몸 안에서도 사실상 태어나실 수가 있습니다. 하나님의 아들이 하나님의 직접적인 행위로 말미암아 내 안에서 태어나십니다.

그런 까닭에, 나는 하나님의 자녀로서 자녀의 권리뿐 아니라, 하나님 아버지와 항상 대면하는 권리를 행사해야 합니다. 나는 나의 상식을 따라 사는 삶을 두고 의아해하며 지속해서 말합니다. "당신은 왜 내가 여기서 멈추기를 원하십니까? 내가 내 아버지의 일에 마음을 써야 하는 것을 당신은 모르고 있습니까?" 이렇게 묻고 있습니까? 상황이 어떻든 간에, 그 거룩하고 무흠하고 영원한 아들께서는 그의 아버지와 항상 붙어 지내실 것이 틀림없습니다.

하나님의 아들이 내 안에서 기도하고 있습니까?

아니면, 내가 그분께 지시하고 있습니까? 그분께서 이 땅에서 육신을 입고서 지내시던 날들에 행하셨던 대로 내 안에서 지금도 일하고 계십니까? 내 안에서 하나님의 아들이 그 자신의 목적을 위해 그의 십자가 고난을 겪고 계십니까? 하나님의 가장 성숙한 성도들의 내면의 삶에 대하여 알면 알게 될수록 하나님의 목적이 무엇인지를 더 많이 알게 됩니다. 그것은 "그리스도의 남은 고난을 채우는 것입니다"(골 1:24). "채운다"는 것은 해야 할 어떤 것이 항상 남아 있다는 것을 의미합니다.

아버지께서 들으시는 기도

아버지, 제 말을 들어주셔서 감사합니다 (요 11:41).

하나님 아들의 기도를 들으십니다

하나님의 아들께서는 기도하실 때 오직 한 가지만을 생각했습니다. 자기 아버지만을 의식했습니다. 그래서 아버지 하나님은 자기 아들의 기도를 항상 응답하시는 것입니다. 하나님의 아들이 내 안에 임하여 계시면 아버지 하나님이 항상 나의 기도도 들어주실 것입니다. 그러므로, 하나님의 아들이 나의 썩어질 육체 안에서 나타나는가를 살펴보아야 합니다. "여러분의 몸은 성령의 전입니다"(고전 6:19). 하나님의 아들의 '베들레헴'입니다. 하나님의 아들이 당신 안에 거할 기회를 얻고 있습니까? 그 아들의 삶의 순전함이 그분이 이 땅에 사시던 때 나타났던 대로 정확하게 당신의 삶 속에서도 지금 이루어져 나타나고 있습니까? 내가 평범한 인간으로서 살면서 부딪치는 일상적인 사건들 속에서, 하나님의 영원하신 아들이 자기 아버지께 드린 기도가 내 안에서도 그대로 기도가 되고 있습니까? "그날에는 당신들이 내 이름으로 기도하게 될 것입니다"(요 16:26). 그날이 언제입니까? 그날은 성령께서 내게 임하셔서 나의 주님과 온전하게 나를 하나 되게 한 날입니다.

내 기도를 하나님이 응답하시려면

주 예수 그리스도께서 당신의 삶에서 충분하게 만족하고 계십니까? 아니면 당신은 영적으로 '거드름' 피우고 있습니까? 당신은 예수 그리스도를 충분히 들어내는 삶을 살고 있습니까? 아니면 영적으로 제자리걸음하고 있습니까?

상식을 앞세우다가 하나님의 아들을 한쪽으로 밀쳐내는 일이 결코 있어서는 안 됩니다. 상식은 하나님이 인간의 본성에 넣어 주신 은사이고, 그의 아들이 주시는 은사가 아닙니다. 그러므로 상식을 절대 앞세우지 마십시오. 하나님의 아들은 하나님 아버지를 찾아내지만, 상식으로는 결코 아버지 하나님을 아직껏 찾아내지 못했고, 앞으로도 결코 찾아내지 못할 것입니다. 우리의 평범한 지혜로는 그것이 우리 안에 거하시는 하나님의 아들에 의하여 변화되지 않는 한 하나님을 결코 예배할 수 없습니다. 이 썩어질 육체가 주님께 온전히 굴복됨으로써 주님이 순간순간 그 육체를 통해서 일하시는지를 유의해서 살펴보아야 합니다. 예수 그리스도의 생명이 "우리의 썩어질 육체에서 나타나게"(고후 4:11) 그분을 우리의 삶 속에서 철저하게 의지하여 살고 있습니까?

8월 10일

성도의 고난의 훈련

> 그러므로 하나님의 뜻을 따라 고난을 받는 자들은 선한 일을 하면서 자신의 영혼을 신실하신 창조주께 맡기십시오 (벧전 4:19).

하나님의 뜻을 따라 받는 고난

무엇인가 잘못되어서 고난을 받게 되는 것과 하나님의 뜻을 따라 고난을 받게 되는 것은 전혀 다릅니다. 건전한 성도라면 아무도 고난을 섣불리 택하지 않습니다. 다만 예수님이 하셨던 대로, 고난을 당하든 당하지 않든 상관없이 성도는 하나님의 뜻을 택하여 따릅니다. 그리고 성도라면 어느 누구도 다른 성도가 당하는 고난의 훈련에 무모하게 간여하지 않습니다.

예수님의 마음을 만족하게 하는 성도는 다른 성도가 하나님을 위해 강하고 성숙하게 살도록 도와줍니다. 우리에게 잘 대해 주는 사람들은 결코 우리를 동정하는 자들이 아닙니다. 동정하는 자들은 사실 항상 우리의 영적 삶을 방해합니다. 왜냐하면, 우리가 동정을 받게 되면 무기력해지기 때문입니다. 구주 예수님과 가장 가까이 있는 성도 외에는 아무도 다른 성도를 이해하지 못합니다.

우리가 어떤 성도에게서 동정을 받게 되면, 그 때문에 느껴지는 감정은 "그래, 맞아, 하나님이 나를 거칠게 다루고 계시는구나!" 하고서 하나님께 서운해합니다. 그래서 예수님이 자기 연민은 마귀가 주는 생각이라고 말씀하신 것입니다 (참고, 마 16:23).

삶의 현장에서 하나님께 영광을 돌리십시오

하나님을 악하게 생각하지 말고 폭을 넓혀 생각하십시오. 하나님이 결코 자신을 변호하여 답변하지 않기 때문에 하나님의 성품을 악평하기 쉽습니다. 예수님이 이 땅에서 사시던 때 동정받고 싶어서 했다는 생각은 얼토당토않습니다. 예수님은 자기가 추구하고 있던 것을 세상에서 아무도 이해하지 못한다는 것을 너무나도 잘 알고 계셨기 때문에 그는 사람에게서 동정받는 것을 거절하셨습니다. 그는 오직 하나님 아버지와 하늘에 있는 천사들에게서만 동정을 받으셨습니다 (참고, 눅 15:10).

하나님이 형언할 수 없을 정도로 성도들을 힘들게 하고 계시는 것에 유의하십시오. 세상적으로 판단할 것 같으면, 하나님은 자기의 성도들을 황막한 광야 같은 곳에서 살게 처박아 두는 것처럼 보입니다. 그러나 우리는 말합니다.

"하나님은 내가 대단히 쓸모가 있으므로 여기에 내가 살기를 원하십니다." 예수님은 자기의 삶을 평가할 때 결코 쓸모를 따지지 않으셨습니다. 하나님은 자기의 성도들이 자기에게 영광을 돌리게 되는 곳에 놓아두시는 것입니다. 그러므로 우리는 그곳이 어떤 곳이든 결코 판단해서는 안 됩니다.

홀로 서는 경험

8월 11일

엘리사가 엘리야를 다시는 볼 수 없게 되자 … (왕하 2:12).

요단강을 혼자 건너야 할 때, 하나님이 당신에게 엘리야와 같은 성령의 사람을 보내주시는 경우 그를 의지하는 것은 괜찮습니다. 그러나 그가 떠나야만 하는 시간이 오게 된다는 것을 기억하십시오. 다시 말해서, 그가 더 이상 당신의 안내자나 지도자 노릇을 해주지 않게 되는 때가 오는 것입니다. 그 이유는 엘리야 같은 분이 계속 살아서 그러한 역할 하는 것은 하나님의 뜻이 아니기 때문입니다. 그러나 당신은 우기기를, "엘리야가 없으면 나는 한 발짝도 더 나아갈 수 없습니다."고 말하겠으나, 하나님은 당신이 홀로 가야 한다고 말씀하십니다.

당신이 요단에 홀로 있을 때 (14절)

요단강은 당신이 교제를 나눌 수 있는 사람이 아무도 없는 곳, 아무도 당신을 대신하여 책임을 질 수 없는 곳, 즉 고독한 장소를 상징합니다. 이제 당신은 당신이 엘리야와 함께 있던 때 배웠던 것을 시험해 보아야 합니다. 당신은 지금까지 엘리야와 함께 거듭 자주 요단강을 다녀왔습니다. 그러나 이제는 당신 홀로 요단강 가에 서 있습니다. 당신이 요단강을 건널 수 없다고 말해도 아무 소용 없습니다.

건너야 할 때가 왔고, 당신은 건너야 합니다. 만일 당신이 믿었던 그 하나님이 앞으로도 당신이 믿어야 할 하나님이신지를 알고자 한다면, 당신 앞에 있는 요단강을 홀로 건너십시오.

당신이 여리고에 홀로 있을 때 (15절)

여리고는 당신의 엘리야가 이적을 행하는 것을 당신이 보았던 곳입니다. 그런데 당신의 여리고에 오게 되면, 앞장서서 하나님을 신뢰하지 못하고 엄청나게 싫증을 느낍니다. 그리고 다른 사람이 대신해 주기를 원합니다. 만일 당신이 엘리야와 함께 경험했던 것을 지금도 진실로 믿는다면, 하나님이 당신과 함께 계신다는 증거를 얻게 될 것입니다.

당신이 벧엘에 홀로 있을 때 (23절)

당신의 벧엘에서 당신의 지혜는 바닥나고 하나님의 지혜가 시작되는 것을 알게 될 것입니다. 당신의 지혜가 바닥나 궁지에 몰려 공황 상태에 빠지고 있다고 느껴질 때, 좌절하지 말고 일어나 하나님을 붙잡으십시오. 하나님께서 진리로 당신의 삶을 하나님이 함께하시는 바 거룩한 성례가 되게 하실 것입니다. 당신이 당신의 엘리야와 함께 배운 것을 실천해 보십시오. 그분의 겉옷을 입고서 기도하십시오. 이제는 하나님만 신뢰하기를 결심하고 더 이상 엘리야를 찾지 마십시오.

8월 12일

안식의 신학

왜 무서워합니까? 당신들은 믿음이 적습니다 (마 8:26).

하나님은 신뢰를 요구하십니다

우리가 두려움 가운데 있게 되면, 하나님께 기도밖에 할 수가 없습니다. 그러나 하나님께서는 자기의 자녀들이 어떠한 위기 속에서도 흔들리지 않을 정도로 그를 변함 없이 신뢰하게 되기를 기대하시는 것입니다.

하나님에 대한 우리의 신뢰에는 한계가 있습니다. 한계점에 이르고 나면, 하나님을 알지 못하는 자들처럼 공포심에 사로잡혀 유치한 기도를 하게 됩니다. 우리가 허둥대며 당황하게 되는 것은 하나님을 조금도 신뢰하지 않을 뿐 아니라 세상에 대한 하나님의 주권적 통치를 전혀 알지 못한 까닭입니다. 하나님이 주무시는 것처럼 보입니다.

위기 때 믿음이 드러납니다

"너희들은 믿음이 작구나!"

제자들이 예수님의 이 같은 실망하는 탄식을 들었을 때, "또 실패했구나!"라고 자책하며 심적으로 고통스러워했을 것이 틀림없습니다.

우리도 마찬가지입니다. 어떤 일이 닥치더라도, 전적으로 예수님을 신뢰하지 못한 것을 우리가 갑자기 깨닫게 될 때 당할 심적 고통도 클 것입니다.

인생에는 폭풍도, 위기도 없이 순탄하여 우리가 인간적으로 최선을 다하면 괜찮을 때도 있습니다. 그런데 위기가 닥치면 우리가 누구를 의지하고 있는가가 금방 들통납니다. 만일 우리가 하나님을 예배하고 신뢰하는 것을 잘 배워왔다고 하면, 하나님에 대한 신뢰를 잃지 않게 되는 것이 위기를 통해 드러나게 됩니다.

우리는 성화, 곧 거룩하게 된다는 것이 무엇을 의미합니까?

그것은 하나님과 하나 됨을 의미하는바 하나님 안에서 안식을 누리게 하는 것이어야 합니다. 하나 됨을 통해 우리는 하나님 보시기에 흠이 없게 될 뿐 아니라 하나님께 큰 기쁨이 되는 것입니다.

성령을 소멸하지 마십시오

성령을 소멸하지 마십시오 (살전 5:19).

산들바람 같은 성령의 음성

성령의 음성은 산들바람같이 부드럽습니다. 너무 부드러우므로 하나님과 온전하게 교통하는 가운데 살지 않으면 그 음성을 결코 듣지 못합니다. 성령께서 꾸지람하는 음성도 최고로 부드러운 방식으로 듣게 하십니다. 그래서 그의 음성을 귀를 쫑긋해서 민감하게 듣지 아니하면 소멸시키게 됩니다. 그리고 당신의 영적 생명이 손상됩니다. 그의 꾸지람은 항상 잔잔하고 작은 소리로 하십니다. 너무나 작아서 성도가 아니면 아무도 알아듣지 못합니다.

개인적인 간증을 할 때 당신이 과거를 되돌아보면서 "과거, 여러 해 전에, 저는 구원받았습니다."라고 말하지 않도록 주의하십시오. 만일 당신이 빛 가운데서 행하고 있다면, 과거를 되돌아볼 필요가 전혀 없습니다. 왜냐하면, 과거가 당신이 현재 하나님과 나누고 있는 놀라운 교통 속으로 녹아들었기 때문입니다. 만일 당신이 빛에서 벗어나 있게 되면 당신은 감상적인 그리스도인이 되어 추억을 되씹으며 살게 되고, 당신의 간증은 딱딱한 쇳소리를 냅니다.

당신이 빛 가운데 걸었던 과거의 경험을 회상하는 것으로 만족한 나머지, 현재 빛 가운데 걷지 않아도 되는 것으로 얼버무리려는 생각을 버리십시오. 성령께서 꾸짖으실 때마다, 당장 걸음을 멈추고서 잘못을 바로잡으십시오. 그렇지 않으면 자신도 모르는 사이에 성령님을 슬프게 해드리게 됩니다.

위기 때 성령을 슬프게 하지 마십시오

하나님께서 당신을 위기 속으로 몰고 가셨는데 당신이 그 위기를 거의 벗어났을 뿐 완전히는 아니라고 가정해 보십시오. 하나님은 다시 위기를 맞게 하실 것입니다. 그러나 이전보다는 덜 아플 것입니다. 하나님을 덜 의식하게 될 것이고, 순종하지 않은 사실을 알고서 더 부끄러움을 느낄 것입니다.

그리고 만일 당신이 계속에서 성령님을 슬프게 해드릴 것 같으면, 당신이 이미 성령님을 소멸해 버렸기 때문에 그 위기가 반복될 리 없는 때가 올 것입니다. 그러나 만일 당신이 위기를 잘 겪어낸다고 하면, 하나님을 향한 찬송이 흘러넘칠 것입니다. 하나님을 마음 아프게 해드리는 일에 결코 마음을 쓰지 마십시오. 하나님께서는 우리의 삶 가운데에서 없어져야 할 것은 기필코 없애 주십니다.

8월 14일

징계

주님의 징계를 가볍게 여기지 말고, 그분께 책망받을 때에 낙심하지 마라 (히 12:5).

주님의 징계를 무시하지 마십시오

성령을 소멸하기는 아주 쉽습니다 주님의 징계를 무시하거나, 주님께 책망받을 때에 낙심하게 되면 우리가 성령을 소멸시키는 것이 됩니다. 우리가 천박한 성화 경험만 가지고 있다 보면, 그림자를 실체로 착각하게 됩니다. 그래서 하나님의 성령께서 책망하시기 시작하는 때에, "오, 그것은 마귀가 하는 짓임에 틀림없을 거야"라고 우리는 말합니다.

성령을 결코 소멸하지 마십시오. 성령께서 다음과 같이 말씀하시는 때에 그분을 멸시하지 마십시오. "더이상 이 부분에 대하여 눈을 감지 말라 네 생각에 네가 있지 말았어야 할 곳에 네가 지금 있구나. 지금까지는 내가 그것을 네게 나타내 보일 수가 없었으나, 이제 그것을 나타내 보여 주마." 주님께서 그와 같이 당신을 훈계하시면, 그분의 방식에 따르십시오. 하나님과 바르게 관계를 맺도록 하십시오.

"그분께 책망받을 때 낙심하지 마라"

우리는 책망을 받으면 하나님께 부루퉁해져 볼멘소리로 말합니다. "오! 이런. 나는 어쩔 수 없습니다. 내가 기도했는데도 일들이 제대로 잘되지 않았습니다. 이제는 모두 포기할 겁니다." 우리의 모든 삶의 영역에서 우리가 이같이 말했다고 하면 어떤 일이 생겨날 것인지 생각해 보십시오.

하나님이 그분의 능력의 손으로 나를 붙잡아 내 안에서 하나님 보시기에 가치 있는 일을 행하시게 할 준비가 되어 있습니까?

성화란 하나님이 나를 위해 행하여 주시기를 내가 원하는 것에 대한 내 생각이 아닙니다. 성화는 하나님이 나를 위해 행하기를 원하시는 것에 대한 하나님의 생각입니다. 내가 어떠한 대가를 치르더라도 하나님께서 나를 온전히 거룩하게 하시는 자리까지 우리의 마음과 정신이 제대로 된 태도를 보이도록 기필코 이끌어 주실 것입니다.

거듭남의 증표들

8월 15일

내가 당신에게 '여러분은 거듭나야만 합니다'라고
말한 것을 이상하게 여기지 마십시오 (요 3:7).

니고데모의 질문에 대한 예수님의 대답에 의하면 새 생명은 의식적인 회개와 무의식적인 거룩으로 나타나게 되어 있습니다.

"누구든지 그분을 영접하는 자들"(요 1:12)
예수님에 대한 나의 지식은 내적인 영적 인식에서 얻어집니까? 아니면 다른 사람들에게 들어서 배운 것일 뿐입니까? 아니면 나의 삶 속에 있는 어떤 것이 내가 주 예수님을 나의 소중한 구주로 영접하게 해주었습니까? 모든 영적 역사를 보면 그 밑바탕에 예수님을 체험한 인격적인 지식이 있기 마련입니다. 거듭난다고 하는 것은 내가 예수님을 본 것을 의미합니다.

사람이 거듭나지 않으면
"사람이 거듭나지 않으면 하나님의 왕국을 볼 수 없습니다"(요 3:3)
나는 하나님의 왕국의 표적들을 찾고 있습니까?
아니면 하나님의 통치를 알고 있습니까?
거듭나게 되면 하나님의 통치를 분별하기 시작하는 새로운 시력이 생겨납니다. 하나님의 통치는 항상 있었고, 그의 본성에 어울립니다. 이제 나는 거듭 나 그의 본성을 받았기에, 그가 통치하는 왕국을 볼 수 있습니다.

"하나님으로부터 난 자마다 죄를 짓지 않으니"(요일 3:9)
나는 죄짓는 것을 멈추고자 하고 있습니까?
아니면 죄짓는 것을 이미 멈추었습니까?
하나님에게서 난다는 것은 내가 하나님의 초자연적인 능력으로 죄짓는 것을 멈추게 되었다는 것을 뜻합니다. 성경에는 그리스도인이 죄를 범해도 되느냐는 말은 결단코 없습니다. 성경은 강조하기를, 그리스도인이라면 죄를 지어서는 안 된다고 하고 있습니다.

우리 안에서 새롭게 거듭난 생명이 활발하게 일하게 되면 우리가 죄를 범하지 않게 됩니다. 우리에게 죄를 범하지 않을 능력이 있게 될 뿐만 아니라, 우리가 죄짓는 것을 이미 멈추었습니다. 요한일서 3:9은 우리가 죄를 지을 리 없다는 말이 아닙니다. 그 구절은 우리 안에 있는 하나님의 생명에 우리가 순종하면, 우리가 죄를 지을 필요가 없게 된다는 것을 말하고 있습니다.

8월 16일

주님이 나를 아십니다

목자는 자기 양들의 이름을 하나하나 불러 그들을 이끌어 냅니다 (요 10:3).

슬픔 때문에 주님을 오해한 적이 있습니까? (요 20:17)
성경의 교리에 대해서는 모든 것을 알 수 있을지 모르나, 예수님을 여전히 알지 못할 수 있습니다. 교리에 대한 지식이 예수님과의 친밀한 교제보다 앞서게 되면 당신의 영혼이 위험합니다.

왜 마리아가 울고 있었습니까?
마리아에게는 교리가 그녀의 발에 밟힌 풀보다 더 나을 것이 없었습니다. 그녀에게 교리는 별다른 의미가 없었습니다. 그래서 바리새인이라면 누구라도 마리아를 교리적으로 조롱할 수 있었습니다. 그러나 그들이 그녀를 조롱할 수 없었던 한 가지는 예수님이 그녀에게서 일곱 귀신을 쫓아내 주셨다는 사실입니다. 하지만 그가 베푸신 복들은 예수님 자신과 비교하면 아무것도 아니었습니다. 마리아는 "예수님께서 서 계신 것을 보았으나 그분이 예수님이신 줄은 알지 못하였다"(요 20:14). 그러나 그녀가 그분의 음성을 듣자 즉시, 그분이 바로 그녀에게 지난날 말씀하셨던 그분이신 것을 알고서 "선생님"하고 불렀습니다(요 20:15-16).

완고함 때문에 예수님을 의심한 적이 있습니까? (요 20:27)
예수님에 대해서 조금이라도 의심해 본 적이 있습니까? 다른 사람들이 간증하는 경험을 당신은 하지 못한 까닭에 의심한 일이 있습니까? 다른 제자들은 도마에게 그들이 보았다고 말했으나 도마는 의심했습니다. "내 손을 주님의 옆구리에 넣어 보지 않고서는 믿지 않겠다"(요 20:25)고 우겼습니다. 도마는 직접 자신이 예수님을 만져 보아야 했습니다. 그런데 언제 어떻게 주님이 우리를 만져 주실지 우리는 모릅니다. 그러나 그분이 만져 주시는 때, 그것은 형언할 수 없이 귀합니다. "나의 주님이시요 나의 하나님이십니다."(요 20:28) 라고 외치게 됩니다.

이기심 때문에 예수님을 부인한 적이 있습니까? (요 21:15-17)
베드로는 맹세하고 저주하며 예수 그리스도를 부인했었습니다. 그렇지만 부활하신 후 예수님은 베드로를 단독으로 만나 주셨습니다. 예수님은 그를 사적으로 먼저 회복시켜 주시고, 그리고 다른 사람들 앞에서 회복시켜 주셨습니다. 그래서, "예, 주님, 제가 주님을 사랑하는 줄 주께서 아십니다"(요 21:15)라고 베드로가 고백하게 됩니다.

내게는 예수 그리스도와 개인적으로 사귐을 가진 역사가 있습니까?
예수님의 제자가 된 자의 한 가지 증표는 그분과의 친밀한 사귐입니다. 곧, 그 무엇도 흔들 수 없는 예수님을 아는 지식입니다.

헌신해야 할 때 낙심하십니까?

8월 17일

아직 당신에게 한 가지가 부족합니다. 당신이 가진 모든 것을 팔아 가난한 자들에게 나누어 주십시오. … 그리고 와서 나를 따르십시오 (눅 18:22).

주님의 말씀은 놀라울 만큼 엄중합니다

당신은 지금껏 당신이 순종하기 힘든 말씀을 주님이 하신 것을 들어본 일이 있습니까?

예수님은 이 부자 청년에게 말한 것을 그가 행해야 한다고 조금도 간청한 것 같지 않습니다. 주님은 그를 붙잡아 자기 곁에 두려고도 애쓰지 않으셨습니다. 주님은 가볍게 말씀하셨습니다. "네가 가지고 있는 것을 팔아라. 그리고 와서 나를 따르라"(눅 18:22). 우리 주님은 절대 강권하지 않으셨습니다. 결코, 감언이설로 속이지 않으셨습니다. 그는 결코 속여 덫에 걸리게 하지 않으셨습니다. 사람들이 지금껏 들은 말들 가운데 가장 엄중한 말씀을 단지 하셨을 뿐입니다. 그 말씀을 사람이 듣고 안 듣고 하는 것에 대해서 주님이 상관하지 않으셨습니다.

헌신하지 못해서 낙심합니까?

예수님이 그에게 말씀하신 것을 분명코 이해했습니다. 그는 들었고, 그 말씀이 무엇을 의미하는지도 확실하게 알았습니다. 그래서 그 말씀이 그의 마음을 산란하게 했습니다. 그가 심란해진 것입니다. 그는 주님의 말씀은 무시한 채 떠나가지 않았습니다. 크게 슬퍼하며 낙심한 채 떠나갔습니다. 그가 예수님께 왔을 때 뜨거운 갈망을 가지고 왔었습니다.

그런데 예수님의 말씀을 듣자 가슴이 얼어붙어 버렸습니다. 열정적인 헌신의 마음을 불러일으키는 대신, 가슴 아픈 낙심만 안겨주었습니다. 예수님은 쫓아가 그를 붙잡지 않고 가게 내버려 두셨습니다. 주님은 그의 말씀을 한 번 듣게 되면 조만간에 그 말씀이 열매를 맺게 될 것을 분명히 알고 계십니다. 안타까운 것은 우리가 실제 삶에서 그 말씀이 열매 맺지 못하게 하는 것입니다.

그러한 특별한 경우 우리가 주님께 헌신하기를 굳게 결심하는 때 우리는 뭐라고 말하게 될지 궁금합니다. 한 가지 분명한 것은, 주님은 절대 우리에게 억지로 어떤 것도 요구하지 않으실 것이라는 점입니다.

8월 18일

슬픔으로 무표정하게 된 적이 있습니까?

그가 이것들을 듣고 큰 슬픔에 빠졌으니, 이는 그가 아주 부유했기 때문입니다 (눅 18:23).

당신도 부자 청년 같을 수 있습니다

그 부자 청년 관원은 슬픔에 빠져 무표정한 얼굴로 떠나갔습니다. 그는 아무 말도 없이 떠났습니다. 그는 예수님이 말씀하신 것에 대하여 전혀 의심하지 않았을 뿐만 아니라, 그 말씀이 의미하는 바에 대해서도 절대 다투지 않았습니다. 그는 너무 슬퍼서 아무런 말도 할 수 없었던 것입니다.

당신도 그런 경험이 있습니까? 당신의 삶 속에서 당신이 남들보다 부유하다고 느낀 어떤 것-예컨대, 성격, 개인적인 기호, 또는 심적 정신적 인간관계 등-에 대하여 하나님의 말씀이 당신에게 임한 적이 있습니까? 그때 당신은 슬픔에 빠져 가끔 무표정했을 것입니다. 그때 주님은 당신을 쫓아 오시지도, 애걸하시지도 않을 것입니다. 그러한 일이 있을 때마다 그는 단지 다음과 같이 거듭 말씀하실 것입니다. "당신이 말한 것이 진심이라면, 당신의 말대로 하면 됩니다."

가난해도 부유할 수 있습니다

"당신이 가진 모든 것을 파십시오." 하나님 앞에서 도덕적으로 당신이 알몸이라고 여겨질 때까지 당신의 소유라고 생각되는 모든 것을 내려놓으십시오. 그리고 모든 것을 하나님께 드리십시오. 하나님 앞에 당신의 의지를 시험하는 싸움이 이제 시작될 것입니다. 당신은 예수님 자신보다는 당신 생각에 예수님이 원하실 것 같은 것에 더 헌신하고 있지는 않습니까?

그렇다면, 당신의 마음속에 슬픔을 가져다가 주게 되는 주님의 엄중한 말씀을 듣게 되기 쉬울 것입니다. 주님의 말씀은 순종하기에 힘들고 엄중해 보입니다. 그 말씀은 그분의 성품을 가지고 있는 자들이 들을 때에는 아주 가볍고 쉽습니다. 예수 그리스도의 엄중한 말씀을 가볍게 만들려는 어떤 시도도 하지 않도록 주의하십시오.

당신은 가난해도 부유할 수 있습니다. 아무것도 아니면서 자아 의식이 아주 강할 수 있습니다. 자아 의식이 강하면 예수님의 제자가 결코 되지 못합니다. 자아 의식이 강하여 자신이 뭐라도 된 것처럼 생각하면 제자가 결코 되지 못하는 것입니다.

당신은 당신이 아무것도 아니고, 또 아무것도 가진 것이 없다는 생각마저도 기꺼이 내려놓을 수 있습니까?

그렇지 못할 때 낙심하게 됩니다. 자기 사랑에 대한 환상이 깨질 때 낙심합니다. 자기 사랑은 예수를 사랑하는 것이 아니라, 예수님께 대한 자신의 헌신을 자랑하고 사랑하는 것일 뿐입니다.

자아 의식

8월 19일

모두 내게로 오십시오 (마 11:28).

자아 의식을 버리면 그리스도 의식이 생겨납니다
하나님께서는 우리가 그리스도 예수 안에서 그분과 온전히 하나가 된 삶을 살기를 원하십니다. 그러나 그 같은 삶은 외부로부터 공격당하는 때가 자주 있습니다. 그때 이미 없어졌다고 생각했던 자아 성찰 곧 자아 의식에 빠져들게 됩니다. 자아 의식은 하나님 안에서의 온전한 삶을 망가뜨리는 첫 번째 요인입니다.

그래서 자아 의식은 지속적으로 내적 갈등을 유발합니다. 자아 의식은 죄가 아닙니다. 그것은 신경질적인 성품이나 새로운 환경에 갑자기 처해 지게 되었을 때 생겨날 수 있습니다.

우리가 하나님 안에서 온전하지 않게 되는 것은 하나님의 뜻이 전혀 아닙니다. 하나님의 뜻은 우리가 하나님 안에서 온전케 되어 평안과 안식을 누리게 되는 것입니다. 그러므로 하나님 안에서 안식을 누리지 못하게 방해하는 것은 무엇이든 당장 고쳐져야 합니다. 그 방해물은 무시해 버린다 해서 고쳐지는 것이 아니고, 예수 그리스도에게 나아옴으로 가능하게 되는 것입니다.

만일 우리가 예수 그리스도에게 나아와 '자아 의식' 대신 '그리스도 의식'을 갖게 해달라고 구하면, 항상 그는 응답하시어 마침내 우리가 그 안에 거하는 것을 배우게 할 것입니다.

그리스도 예수님과 하나 됨을 파괴하는 것은 무엇이든 주의하십시오
당신의 삶에서 그리스도와 분리되게 하는 것이 있다면 그것을 내버려 두지 말고 반드시 제거하십시오. 틈새가 생기는 것을 주의할 뿐 아니라, 친구들이나 새로운 환경의 영향을 받아 당신의 삶이 깨지는 것을 주의하십시오. 그리고 그리스도와 당신의 하나 됨을 파괴하여 당신이 그분에게서 떨어져 있게 만드는 것은 무엇이든 주의하십시오. 영적으로 그리스도와 바른 관계를 유지하는 것보다 더 중요한 것은 결코 없습니다. 해결의 열쇠는 단 하나, "내게로 오라."입니다. 그리스도에게로 나아오면 해결됩니다. 우리의 지적, 도덕적, 영적 실재가 얼마나 깊은가 하는 것은 이 한 말씀 때문에 드러납니다. 우리가 지적으로든, 도덕적으로든, 영적으로든 깊지 못하면, 그분에게 나아오지 않고 시비를 걸 것입니다.

8월 20일

온전한 삶

그러면 내가 여러분에게 안식을 줄 것입니다 (마 11:28).

'자아 의식'을 버리게끔 '그리스도 의식'을 구하십시오

예수 그리스도와 함께 하는 당신의 삶을 허물어뜨리는 것이 생기면 그때마다 즉시 그분께로 향하여 안식을 얻게 해달라고 구하십시오. 안식을 누리지 못하게 하는 것이 있으면 무엇이든 그대로 내버려 두면 안 됩니다. 우리의 삶을 허물어뜨리는 것은 어떤 것이든 간에 우리가 대적하여 싸워야 합니다. 절대 그대로 내버려 두지 마십시오. 그리고 주님께 구하십시오.

"주님, 내 안에 당신만을 깊이 생각하는 '그리스도 의식'을 심어주십시오." 그러면 자아 의식이 사라지고, 그리스도께서 당신에게 모든 것이 될 것입니다. 자아 의식을 내버려 두면 그것이 서서히 자기 연민을 유발하게 되고, 그 자기 연민은 사탄 마귀적인 것이기 때문에 자아 의식이 지속하게 되면 안 됩니다.

"글쎄요. 내가 오해받고 있군요. 이것은 사람들이 내게 사과해야 할 일입니다. 이 점은 내가 진실로 분명하게 했었어야 할 문제입니다." 그러나 다른 사람들은 상관하지 말고 주님께 구하여 당신에게 '그리스도 의식'을 달라고 하십시오. 당신이 그리스도만 깊이 생각하게 되면, 그가 당신을 안정시켜 주시고 마침내 온전한 삶을 완벽하게 누리게 하실 것입니다.

온전한 삶은 어린 아이의 삶입니다

우리가 누리게 되는 온전한 안식의 삶은 어린아이의 삶과 같습니다. 우리가 의식하고 있다는 것을 의식하고 있다면 무엇인가 잘못된 것이 있습니다. 예컨대, 건강에 대하여 의식하는 사람이 있다면 그는 병약한 사람입니다. 하나님의 자녀는 그 자신이 하나님의 뜻이기 때문에 하나님의 뜻에 대해 의식하지 않습니다.

하나님에게서 우리가 조금이라도 벗어났다고 하면, "무엇이 아버지의 뜻입니까?" 이렇게 묻게 될 것입니다. 하나님의 자녀라면 하나님께서 기도를 응답하신다는 것을 의식하기 위해 절대 기도하지 않습니다. 응답하신다는 사실을 이미 믿기 때문에 기도하는 것입니다. 하나님의 자녀가 아주 편안한 마음으로 확신하기 때문에 하나님은 항상 기도를 반드시 응답하십니다.

만일 우리가 상식적인 방법으로 자아 의식을 극복하려고 노력하면, 우리의 자아 의식은 끔찍하게 발전될 것입니다. 예수님이 말씀하십니다. "내게로 오라 그러면 내가 너희에게 안식을 줄 것이다." '그리스도 의식'이 '자아 의식'을 대신하게 되는 것입니다. 예수님이 오시는 곳마다 안식이 있게 됩니다. 온전한 안식은 그 자체를 절대 의식하지 않습니다.

주님의 눈에 띄지 않는 사역

8월 21일

영이 가난한 자들이 행복합니다 (마 5:3).

행복의 비결은 가난입니다

신약성경은 사람들의 기준으로 보면 대수롭지 않아 보이는 것들을 주목합니다. "영이 가난한 자들이 행복합니다." 이런 말은 문자적으로는 '거지들이 행복합니다'인 바, 이것은 상식적으로 있을 수 없는 일입니다. 오늘날 행해지고 있는 예수님의 이 말씀에 대한 설교는 의지의 힘과 아름다운 성품 등 쉽게 눈에 띄는 것들을 흔히 강조합니다. 또 우리가 흔히 듣는바 '그리스도를 위해 결단하시오.'라는 말은 우리 주님이 전혀 원하시지 않도록 강조한 것입니다.

우리 주님은 우리에게 그를 위하여 결단하는 것이 아니라, 그에게 순복하는 것을 요구하십니다. 그를 위해 결단하는 것과 그에게 순복하는 것은 전혀 다릅니다. 예수 그리스도 왕국의 기초에는 평범한 것들의 순수한 아름다움이 있습니다. 나를 행복하게 해주는 것은 나의 가난입니다.

나에게 아무런 의지의 힘도 없고, 성품의 고상함도 전혀 없다는 것을 내가 알고 있다면, 그때 예수님은 "네가 행복하다"라고 말씀해주십니다. 그 이유는 이같은 가난을 통해서 내가 그의 왕국에 들어가게 되기 때문입니다. 내가 선한 사람이기 때문에 그의 왕국에 들어갈 수 있는 것이 아니고, 완전히 거지이기 때문에 다만 들어갈 수 있는 것입니다.

하나님이 인정하시는 진짜 아름다운 성품

진짜 아름다운 성품은 다른 사람을 의식하지 않습니다. 다른 사람을 의식하고서 자기의 아름다운 성품을 드러내는 것은 젠체하는 것일 뿐 아니라 비기독교적인 것입니다. 만일 "내가 무슨 쓸모가 있는지 의심스럽다."고 말하면서 자기를 의식하게 되면, 즉시로 주님의 아름다운 축복의 손길을 놓치게 됩니다.

나를 믿는 자는 … 그의 배에서 생수의 강들이 흐를 것이다 (요 7:38). 만일 내가 생수의 양을 재게 될 것 같으면, 주님의 손길을 놓치게 됩니다.

우리에게 가장 많이 영향을 끼쳤던 사람들은 어떤 사람들입니까?

우리에게 영향을 미쳤다고 생각하는 사람들이 아닙니다. 우리에게 영향력을 행사한 것을 전혀 생각하지 못한 사람들입니다. 그리스도인의 삶에서 암묵적인 것은 절대 의식되지 않습니다.

만일 의식된다고 하면, 그것은 예수님의 손길이 있을 때 나타나는 순수한 아름다움을 잃게 되고 맙니다. 예수님은 평범한 것들에서 영적인 어떤 것들을 끌어내시기 때문에 그분이 일하시는 때를 우리는 항상 아는 것입니다.

8월 22일

나는 … 그러나 그분은

나는 여러분에게 물로 세례를 주지만 … 그러나 그분은 여러분에게 성령과 불로 세례를 주실 것입니다 (마 3:11).

주님이 오시는 바로 그곳

내가 경험한 것 중에 "나는 … 그러나 그분은"이라고 말할 수 있는 경우가 지금까지 있었습니까?

그러한 경우가 생길 때까지는, 성령 세례가 무엇을 의미하는지 결코 알지 못할 것입니다. "나는 …"이라고 하는 한, 나는 아무것도 할 수 없으나, "그러나 그분은 …"이라고 하게 되는 순간, 아무도 지금껏 할 수 없는 것들을 그분이 행하십니다.

나는 그분이 내게 오시는 것을 맞이할 준비가 되어 있습니까?

그분이 오시는 길목에 선한 것이든 악한 것이든 어떤 것이 가로막고 있는 한 오실 리가 없습니다.

그가 오시는 때에 맞추어, 내가 지금까지 행했던 모든 잘못을 그가 빛 가운데로 끄집어내실 것에 대비되어 있습니까?

그렇게 대비되어 있을 때 그가 오십니다. 내가 깨끗하지 않다는 것을 알고 있을 때는 언제나 주님이 그의 발을 내밀어 주실 것이지만, 내가 스스로 깨끗하다고 생각하는 때는 언제든 그가 발을 거두실 것입니다.

성령 세례를 통해서 내가 전적으로 무가치함을 느끼게 됩니다

회개는 죄의식을 불러일으키기보다는, 철저하게 자신의 무가치함을 깨닫게 합니다. 내가 회개할 때, 나 자신이 전적으로 무력함을 깨닫습니다. 주님의 신발을 들고 다닐 자격마저도 없다는 것을 몸으로 느낍니다.

내가 그처럼 회개한 적이 있습니까?

아니면, 나를 감싸주고 싶은 생각이 조금이라도 남아 있습니까?

하나님이 내 삶 속으로 깊이 들어오실 수 없는 이유는 내가 철저하게 회개하지 않고 있기 때문입니다.

"그분은 여러분에게 성령과 불로 세례를 주실 것입니다." 세례자 요한은 성령 세례를 하나의 경험으로 보고 있지 않습니다. 예수 그리스도께서 행하시는 사역으로 소개하고 있습니다. 그래서 그분이 너희에게 세례를 주실 것이라고 말한 것입니다. 성령으로 세례를 받은 자들이 하게 되는 유일한 경험은 전적으로 무가치함을 깨닫게 되는 것입니다.

"나는 …"은 별다른 일이 없었습니다. "그러나 그분"이 오셨을 때는 놀라운 일이 일어났습니다. 그가 무엇이든 행하실 수 있는 가장자리까지 나아가십시오.

기도 골방의 날파리 떼

8월 23일

당신은 기도할 때에 당신의 골방에 들어가 문을 닫고
은밀히 계시는 당신의 아버지께 기도하십시오 (마 6:6).

골방에서 기도할 때 생기는 첫 번째 갈등
"은밀히 계시는 당신의 아버지 하나님에 대해 꿈을 꾸어라."라고 말하지 않고, "은밀히 계시는 당신의 아버지 하나님께 기도하라."고 예수님이 말씀하셨습니다. 기도는 의지로 하는 노력입니다. 우리가 우리의 은밀한 골방에 들어가 문을 닫고 나서, 가장 하기 힘든 일은 기도하는 것입니다.

우리의 마음을 정상적으로 추스를 수가 없기 때문입니다. 골방에서 기도할 때 첫 번째로 오는 갈등은 잡다하게 떠오르는 헛생각들입니다. 개인 기도에서 겪는 어려운 싸움은 정신적 허황된 공상들을 극복하는 것입니다. 그래서 우리는 우리의 마음가짐을 훈련하고 강한 의지를 갖추고 기도에 집중해야 합니다.

은밀하게 기도할 때 하나님을 더욱 확신하게 됩니다
우리가 기도를 위해 특별히 은밀한 장소를 선택하는 것은 당연합니다. 그런데 우리가 그곳에 도착하게 되면 날파리 떼 재앙이 시작됩니다. 이것저것 해야 할 일들이 마음을 혼란스럽게 만듭니다. "문을 닫으십시오." 은밀하게 침묵하라는 것은 감정들이 들끓는 문을 의도적으로 닫고 하나님을 기억하라는 것을 뜻합니다.

하나님은 은밀하게 계십니다. 그리고 그 은밀한 곳으로부터 우리를 보고 계십니다. 그분은 우리를 보실 때 다른 사람들이 우리를 보는 방식이나, 우리가 우리 자신을 보는 방식으로 하지 않으십니다.

우리가 은밀한 곳에서 지낼 때 하나님을 의심하는 것이 불가능해집니다. 무엇보다도 하나님을 더욱 확신하게 됩니다. 예수님이 말씀하시는 대로, 당신의 아버지께서 다른 곳이 아니라 은밀하게 계시기 때문입니다. 은밀한 곳으로 들어가십시오. 거기서 중심에 계시는 하나님을 항상 발견하십시오.

그리고 모든 것에 대해 하나님과 함께 의논하는 습관을 기르십시오. 매일 잠이 깨는 첫 순간에 문을 활짝 열어젖히고 하나님께서 들어오시도록 하십시오. 만일 그렇게 하지 않으면, 당신은 그릇된 차원에서 온종일 지내게 될 것입니다. 문을 활짝 열어 은밀히 계시는 당신의 아버지 하나님께 기도하십시오. 모든 하는 일마다 하나님의 임재가 있게 될 것입니다.

8월 24일

영적 지침

여러분 중에 자기 아들이 빵을 달라고 하는데 돌을 주고, 생선을 달라고 하는데 뱀을 줄 자가 어디 있겠습니까? (마 7:9-10)

하나님의 좋은 자녀입니까?

우리 주님께서 여기서 사용하고 있는바 기도에 대한 예화는 좋은 것을 구하는 좋은 아들에 대한 것입니다. 우리는 하나님에 대한 우리의 관계가 어떠하든지 상관없이 하나님께서 우리의 기도를 들어주신 것처럼 말합니다(참조, 마 5;45). 당신이 구하는 것을 하나님이 당신에게 주시는 것은 하나님의 뜻이 아니라고 절대 말하지 마십시오. 주저앉아 좌절하지 마십시오. 응답되지 않는 이유를 알아내고, 영적 지침을 확인해 보십시오.

당신은 당신의 아내나, 당신의 남편, 당신의 자녀들, 또는 당신의 동료 학생들과의 관계가 제대로 잘 되어 있습니까? 당신은 '좋은 자녀' 입니까?

"오! 주님, 나는 짜증을 잘 부리고 까다롭게 굴었지만 영적 축복을 간절히 원합니다."라고 말할는지 모르겠으나, 당신이 '좋은 자녀'의 태도를 보일 때까지는 축복을 받지 못한 채 지내야 할 것입니다.

오직 빛의 자녀답게 행하십시오

우리는 하나님께 대한 도전적인 태도를 헌신으로 착각하는가 하면, 하나님과 다투는 것을 포기하는 것으로 착각합니다. 그래서 우리는 영적 지침을 보지 않을 것입니다. 돈을 지급하지 아니한 채 어떤 것을 사고서는 그것을 위해 하나님께 돈을 달라고 구하지 않았습니까? 자기에게 속한 어떤 사람에게 자유를 주지 않으면서 자유를 달라고 하나님께 구하지는 않았습니까?

나는 사실 누군가의 과실을 용서하지 않았습니다. 나는 그 누군가에게 친절하지도 않았습니다. 나는 나의 친척들과 친구들 사이에서 하나님의 자녀답게 살지도 않았습니다. 나는 오직 거듭남으로써만 하나님의 자녀가 됩니다. 하나님의 자녀답게 빛 가운데서 행할 때만 나는 선하게 됩니다. 우리 대부분은, 기도가 경건의 모양만 있는 상투적인 것이 되었습니다. 기도에 감정이 섞이고, 하나님과의 신비적인 교통이 있게 되었습니다. 영적으로 우리는 안개들을 만드는 데 아주 익숙합니다.

우리가 영적 지침을 확인해 볼 것 같으면, 무엇이 잘못되어 있는가를 아주 분명하게 알게 될 것입니다. 우정이나, 채무나, 기질 등에 문제가 있을 수 있습니다. 우리가 하나님의 자녀답게 살지 아니하면, 기도하는 것은 아무런 소용이 없습니다. 하나님의 빛의 자녀답게 사는 그때 예수님이 말씀해주십니다. "구하는 자마다 받을 것이다"(눅 11:10).

우정의 풍성한 열매

8월 25일

나는 당신들을 친구라 불렀습니다 (요 15:15).

자기희생의 기쁨

우리가 모든 것을 전반적으로 내려놓지 않으면 자기희생의 기쁨을 결코 알지 못합니다. 자기를 굴복시키는 것은 가장 어려운 일입니다.

"만일에 …하면 할 것입니다."

"글쎄요. 내가 하나님께 내 생명을 꼭 드려야만 합니까?"

이처럼 조건을 달거나 망설일 때 자기희생의 기쁨이 전혀 없습니다.

우리가 자신을 다 내려놓는 순간, 성령께서는 우리에게 예수님이 누리시는 기쁨을 맛보게 해주십니다. 자기희생의 최종 목표는 우리의 친구이신 예수님을 위해서 우리의 생명을 내놓는 것입니다. 성령께서 우리 안에 임하시면, 우리의 큰 열망은 예수님을 위하여 생명을 내놓는 것이 됩니다. 희생은 성령의 뜨거운 사랑에서 나오는 것이기 때문에 우리는 희생하고 있다는 생각조차 절대 하지 않습니다.

자기희생의 삶의 모본

우리 주님은 우리에게 자기 희생의 삶의 모본이십니다. "나의 하나님이시여, 내가 당신의 뜻을 행하기를 즐거워합니다"(시 40:8). 주님께서는 넘치는 기쁨으로 자기희생을 치르셨습니다.

나는 지금까지 예수 그리스도에게 완전히 순복하여 자신을 내어 드렸습니까?

만일 예수 그리스도가 길잡이 별인 북극성이 아니라고 한다면, 자기희생은 아무런 유익이 없습니다. 그러나 주님을 두 눈으로 응시하면서 희생을 하는 때에는, 천천히 그리고 확실하게 내 삶에 좋은 영향이 나타나기 시작합니다.

당신이 사랑으로 행하는데 본성적 취미나 기호가 방해되지 않도록 주의하십시오. 본성적 육신적 사랑을 가장 단호하게 제거하는 방법의 하나는 내가 가지고 있는 본성적 기호에 따라 그것을 경멸하고 혐오하는 것입니다. 성도의 기호는 주 예수님입니다. 예수 그리스도가 성도가 가장 좋아해야 하는 기호입니다. 하나님에 대한 사랑은 감상적이지 않습니다. 하나님이 사랑하시는 것처럼 사랑하는 것은 성도에게 가장 실제적인 일입니다.

"나는 당신들을 친구라 불렀습니다." 예수님과 우리의 우정은 우리 안에 창조된 새 생명 위에서 맺어진 것으로, 우리의 옛 생명과는 전혀 관계가 없고, 오직 하나님의 생명과만 관련이 있습니다. 이 우정은 말로 형용할 수 없을 만큼 겸손하고, 조금도 흠 없이 순결하고, 전적으로 하나님께 헌신하는 것입니다.

8월 26일

여전히 불안합니까?

내가 당신들에게 평안을 남겨주니, 곧 내 평안을 당신들에게 줍니다 (요 14:27).

지금 고통스러울 만큼 불안합니까?

우리는 무지로 인하여 평안해 보이는 때가 있습니다. 그러나 삶에서 일어나는 사건들 때문에 정신을 차리게 되면, 예수님으로부터 주어지는 평안을 받아 누리지 않는 한 우리의 마음은 평안할 수가 없습니다. 우리 주님이 평안을 말씀하시면 평안하게 됩니다. 왜냐하면, 그의 말씀이 "영이고 생명"(요 6:63)이기 때문입니다. "내가 너희에게 평안을 주겠다." 그가 말씀하신 대로 주시는 평안은 우리가 그분의 얼굴을 바라보고 그분이 누리고 있는 평온함을 깨달은 데서 오는 평안입니다.

당신은 지금 고통스러울 만큼 불안하고, 하나님의 섭리로 생겨난 풍랑과 파도로 인하여 혼란스럽습니까? 당신의 믿음의 돌밭을 당신이 다 파헤쳐 보았는데도, 아직껏 평안함이나 기쁨이나 위로의 샘을 전혀 발견해내지 못했습니까? 그렇다면 예수님의 얼굴을 쳐다보고 그분에게서 평온함을 받으십시오. 당신이 예수님의 얼굴에 있는 평온함을 통해 받아 누리는 평화는 당신이 자유롭게 당신의 마음을 주님께로 향하여 있으므로 해서 하나님과 바른 관계에 있다는 것을 보여주는 증거입니다.

만일 당신이 하나님과 바른 관계에 있지 않다고 하면, 당신은 오직 당신 자신에게만 마음을 쏟을 것입니다. 만일 당신이 어떤 것 때문이든 간에 예수 그리스도의 얼굴을 볼 수 없게 된다고 하면, 당신은 혼란에 빠지든지, 아니면 거짓된 안정감에 속아서 살게 됩니다.

당신이 불안하게 되는 이유를 아십니까?

당신은 지금 당신을 옥죄는 당면한 문제를 놓고서 예수님을 바라보고 그분에게서 평안을 받고 있습니까? 그렇다면, 주님께서는 당신 안에서뿐 아니라 당신을 통해서 평안을 주는 은혜로운 축복의 샘이 될 것입니다. 그러나 만일 당신이 애를 써서 문제를 해결해 보려고 한다면, 당신은 예수님을 밀쳐내고 있는 것이기 때문에 그에 따르는 응분의 대가를 치르게 됩니다. 우리가 그분을 깊이 생각하지 않았기 때문에 혼란을 겪는 것입니다.

예수 그리스도와 의논하면 혼란은 사라집니다. 왜냐하면, 그분에게는 전혀 혼란이 없기 때문입니다. 우리의 유일한 관심은 그분 안에 거하는 것이어야 합니다. 그분 앞에 모든 것을 내려놓으십시오. 고통과 사별과 슬픔을 당하거든 그분이 말씀하시는 것을 들으십시오. "당신은 마음에 근심하지도 말고 두려워하지도 마십시오"(요 14:27).

살아있는 신학

8월 27일

빛이 있는 동안에 다녀 어두움이 여러분을 이기지 못하게 하십시오 (요 12:25).

탁상에 머무는 이론 신학을 주의하십시오

당신이 함께 변화 산에 있을 때 보는 것들을 따라 행동하지 않도록 주의하십시오. 하나님이 비전을 통해서 당신에게 보게 하시는 것을 따라 행동으로 옮겨야 합니다. 만일 당신이 빛을 따라 순종하지 않으면, 그 빛이 어두움으로 변할 것입니다.

"만일 당신 속에 있는 빛이 어두움이면, 그 어두움이 얼마나 심하겠습니까?"(마 6:23).

당신에게 하나님께서 빛으로 깨닫게 해주신바 성화(거룩함)나 다른 여타의 문제를 뒤로 미루게 되면, 당신의 영적 생명은 말라 비틀어지기 시작합니다. 하나님의 진리를 지속해서 실천에 옮기십시오. 모든 삶의 영역에서 힘써 이루어내십시오. 그렇지 않으면 당신에게 있는 바로 그 빛이 저주가 될 것입니다.

세상에서 가장 다루기 힘든 사람은 자기가 자주 들먹거리는 과거의 영적 경험으로 거드름 피우고 실제 생활에서는 그 경험을 살려 실천하지 않는 사람입니다. 자신의 영적 경험을 자랑하되 믿음대로 실천하며 살지 않는 사람이 가장 고약합니다. 만일 당신이 성화 되어 있다고 거들먹거리고 싶거든, 그 증거를 삶 속에서 보이십시오.

영적 경험이 참으로 진짜라면 삶 속에서 입증되어야 마땅합니다. 당신을 자만에 빠지게 하는 그릇된 신앙을 삼가십시오. 그러한 신앙은 겉으로는 대단히 그럴듯하게 보일지 모르지만, 사실은 지옥 구덩이에서 나온 것입니다.

신학은 속죄의 은혜를 알고 실천에 옮겨야 합니다

신학은 가장 실제적인 관계들 속에서 실천되어야 마땅합니다. 그러기에 우리 주님이 말씀하셨습니다. "만일 너희의 의가 서기관들과 바리새인들의 의보다 더 낫지 않으면, 너희는 결코 천국에 들어가지 못할 것이다"(마 5:20).

다시 말해서, 당신은 당신이 알고 있는 가장 도덕적인 사람보다 더 도덕적이어야 하는 것입니다. 당신은 성화의 교리에 대하여 신학적으로 잘 알고 있을 것입니다. 그렇다면, 당신의 삶의 실제적인 문제들에 그 교리를 적용하여 행동하고 있습니까? 우리의 삶의 모든 부분은 육체적이든, 도덕적이든, 영적이든 간에, 속죄의 은혜에 비추어 판단되어야 합니다.

8월 28일

기도의 유익을 아십니까?

주님, 우리에게도 기도하는 것을 가르치소서 (눅 11:1).

기도는 하나님의 생명을 공급해줍니다

본성을 따라 사는 사람의 삶에는 기도가 없습니다. 그런데 기도하지 않는 사람의 삶에는 고통이 있다고 흔히 말합니다. 나는 이 말을 사실로 믿지 않습니다. 고통을 당하게 되는 것은 기도하지 않는 사람 안에 있는 하나님의 아들의 생명입니다. 그 생명이 음식이 아니라 기도 때문에 공급되기 때문입니다. 사람이 위로부터 거듭나는 때, 하나님의 아들의 생명이 그 안에서 태어납니다.

그래서 기도하지 않으면 그 생명이 굶어 죽게 되고, 기도하면 그 생명이 영양분을 공급받게 되는 것입니다. 기도에 대한 우리의 일반적인 견해들은 신약성경의 가르침과 다릅니다. 일반적인 견해에 따르면, 기도는 우리 자신을 위해 무엇인가를 얻는 수단으로 간주하고 있습니다. 이에 반해, 성경이 가르치고 있는 기도는 하나님 자신을 알게 하는 수단입니다.

기도는 나를 변화시킵니다

"구하는 이마다 받을 것이다"(눅 11:10). 우리는 하나님 앞에서 투덜댑니다. 기도한다고 하지만, 변명하거나 아무런 감정도 없고, 구하는데 별다른 관심도 없습니다. 이에 반해, 어린아이 같은 하나님의 자녀는 아주 놀랍도록 대담하게 구합니다. 그래서 우리 주님이 말씀하시기를, "너희가 어린아이같이 되지 아니하면"(마 18:3) 하십니다. 구하십시오. 그러면 하나님이 해주실 것입니다. 예수 그리스도께 기회를 드리십시오.

예수님이 자유롭게 행하실 수 있게 해드리십시오. 아무도 자신이 난감하게 될 때까지는 결코 구하려 하지 않을 것입니다. 사람이 난감하고 절박하게 되는 때에 기도하는 것은 비겁한 짓이 아닙니다. 기도만이 실재이신 하나님을 만날 수 있는 유일한 길입니다. 하나님 앞에서 당신의 문제들을 털어놓으십시오. 당신을 난감하고 당혹스럽게 만들었던 것들을 아뢰십시오. 당신은 자기만족에 빠져 있는 한, 하나님께 아무것도 구하려 하지 않을 것입니다.

"기도가 상황을 변화시킨다"라고 하기보다는, 기도가 나를 변화시키고 나는 상황을 변화시킨다고 하는 것이 맞는 말입니다. 하나님이 만사를 아주 잘 설정해 놓으신 까닭에 그리스도의 속죄 사역을 기초로 해서 드리는 기도는 사물을 보는 세계관을 변화시킵니다. 그러기에 기도는 외적으로 사물들을 변화시키는 수단이라기보다는, 사람의 내적 성품에 기적을 일으키는 수단입니다.

숭고한 친밀

8월 29일

그대가 믿으면 하나님의 영광을 볼 것이라고 내가 그대에게 말하지 않았소? (요 11:40)

신앙과 상식은 충돌합니다

당신이 신앙생활을 힘차게 살아갈 때마다 당신의 신앙과 전적으로 충돌하는 일들을 만나게 될 것입니다. 그러한 일들이란 상식이 통하는 곳에는 얼마든지 있는 법입니다. 그런데 상식은 신앙이 아니고, 신앙은 상식이 아닙니다. 상식은 본성적 육신적인 것과 관련되어 있고, 신앙은 영적인 것과 관련되어 있습니다. 당신의 상식으로는 예수 그리스도를 신뢰할 수 없는 경우 그분을 신뢰할 수 있습니까? 당신의 상식적인 삶의 경험들에 비추어 판단할 때 거짓말처럼 보일지라도, 당신은 예수 그리스도를 과감하게 믿고 나아갈 수 있습니까?

변화 산과 같은 곳에서는 "오! 예, 하나님이 넉넉히 하실 수 있으리라 믿습니다."라고 쉽게 말할 수 있습니다. 그러나 악령에 사로잡혀 있는 계곡과 같은 곳으로 내려와야 합니다. 거기서 당신의 변화 산 신앙을 전체적으로 비웃는 사실들 앞에 직면해야 합니다. 나의 신앙의 여정이 내 마음에 뚜렷하게 확인될 때마다, 그것과 충돌되는 어떤 것을 실생활에서 만나게 됩니다. 그러할 때, 하나님이 내 모든 궁핍을 채워 주실 줄로 나는 믿는다고 말했으나, 모든 것이 바닥나고 앞이 캄캄해져 아무것도 보이지 않게 되면 당신은 어찌하겠습니까?

믿음의 시련을 극복해 내겠습니까? 아니면, 더 낮은 차원으로 물러나 주저앉겠습니까?

신앙은 시련을 극복해야 합니다

신앙은 시련을 거쳐야 합니다. 왜냐하면, 신앙은 오직 충돌과 갈등을 통해서만 개인적으로 체험될 수 있기 때문입니다. 당신의 신앙은 지금 어떤 시련에 직면하고 있습니까? 시련은 당신의 신앙이 옳다는 것을 입증해 주거나, 아니면 신앙을 죽이게 될 것입니다. "나 때문에 걸려 넘어지지 않는 자는 행복합니다"(마 11:6). 최종적으로 중요한 것은 예수님을 신뢰하는 것입니다. 예수님을 견고하게 끝까지 믿으십시오. 그러면 당신이 부딪치는 모든 것들로 인하여 오히려 당신의 신앙이 발전될 것입니다. 신앙생활에는 시련이 계속 있습니다. 마지막 시련은 사망입니다. "하나님, 우리가 싸울 때 우리를 온전하게 지켜 주옵소서!" 신앙은 형언할 수 없을 만큼 하나님을 신뢰하는 것입니다. 그래서 하나님이 우리를 지켜 주시지 않을 것이라고는 꿈에도 생각하지 않습니다.

8월 30일

성공적인 사역을 기뻐하지 마십시오

> 악령들이 여러분에게 복종하는 이것을 기뻐하지 말고 여러분의 이름이 하늘에 기록된 것을 기뻐하십시오 (눅 10:20).

사역의 성공을 기뻐하지 마십시오

당신은 성공적인 사역을 기뻐하는 대신, 당신이 예수 그리스도와 바르게 관계를 맺고 있으므로 기뻐해야 합니다. 그리스도인의 사역에서 덫은 사역의 성공을 기뻐하고, 하나님께 유용하게 쓰임 받은 사실을 기뻐하는 데 있습니다. 만일 당신이 예수 그리스도와 바르게 관계를 맺고 있다고 하면, 하나님이 당신을 통해 무엇을 하시게 될 것인가에 대해 당신은 결코 헤아릴 수가 없습니다.

당신은 예수님과 바른 관계를 잘 유지하면 됩니다. 당신이 어떤 상황에 부닥치든지, 당신을 통해 하나님이 하시고자 하는 일을 알려주지 않는 것은 그분이 당신을 긍휼히 여기시는 까닭입니다.

당신이 일단 구원과 성화로 말미암아 하나님과 바른 관계가 맺어지게 되면, 당신이 어떤 상황에 부닥치든 하나님이 당신을 거기에 두셨다는 사실을 기억하십시오. 하나님이 빛 가운데 계시는 것처럼 당신이 빛 가운데 거하여 있는 한, 당신의 주변 상황에 대해 당신이 삶을 통해 반응하는 가운데, 당신은 하나님의 뜻을 성취하게 될 것입니다.

하나님 아버지와의 가치 있는 관계를 유지하십시오

오늘날의 경향을 보면, 사역을 강조합니다. 사람의 유용성을 따지는 사람들을 주의하십시오. 만일 유용성을 가지고 사람을 검증한다면, 예수 그리스도는 이 세상에서 살았던 사람들 가운데 가장 실패한 자였습니다. 성도의 북극성은 하나님 자신이고, 유용성으로 평가되지 않습니다.

하나님께서 우리를 통해서 하시는 사역이 중요할 뿐, 우리가 하나님을 위해서 하는 사역이 중요한 것이 아닙니다. 우리 주님이 사람의 삶에서 가장 주목하시는 것은 하나님 아버지와의 가치 있는 관계입니다. 예수님은 많은 하나님의 자녀들을 영광에 이르게 하고 계십니다(참조, 히 2:10).

내 기쁨 … 당신들의 기쁨

8월 31일

내 기쁨이 당신들 안에 있고, 또한 당신들의 기쁨이 충만하게 하려는 것입니다 (요 15:11).

예수님의 기쁨

예수님이 누리셨던 기쁨은 어떤 것이었습니까?

예수 그리스도와 관련해 행복이라는 단어를 사용하는 것은 그분께 모독입니다. 예수님의 기쁨은 그의 아버지께 자신을 완전하게 복종시키고 희생시키는 데서 오는 것이었습니다. 아버지께서 그를 보내어 하라고 하신 것을 행하는 기쁨이 있습니다. "내가 당신의 뜻을 행하기를 기뻐합니다"(시 40:8).

예수님은 기도하시기를, 우리가 누리는 기쁨이 예수님의 것과 같은 것이 될 때까지 충만하게 되도록 하셨습니다. 나는 예수 그리스도께서 내게 당신의 기쁨을 주시도록 마음의 문을 열어 드린 바 있습니까?

내 삶에 파도처럼 넘치는 기쁨

내 삶에 넘치는 기쁨은 신체적인 건강이나, 외적인 사건들이나, 하나님의 사역을 성공시키는 데 있지 않습니다. 내 기쁨은 하나님을 온전히 이해하는 데 있고, 또 예수님 자신이 누리셨던바 하나님과 교통하는 데 있습니다. 이 기쁨을 가로막는 첫 번째 요인은 내가 처한 환경을 생각하면서 감정이 상해서 내는 짜증입니다. 예수님이 말씀하신 대로, 이 세상에 대한 염려는 하나님의 말씀을 질식시킬 것입니다.

우리는 우리의 신분과 본분을 알기도 전에, 눈에 보이는 세상의 것들로 마음이 사로잡혀 있습니다. 하나님이 우리를 위해 행하신 모든 것은 단지 출발점에 불과합니다. 우리가 하나님이 하신 일들을 출발점으로 삼을 때, 하나님은 우리를 그분의 증인으로 세워 예수님이 누구이신가를 선포하는 자리로 이끄시기를 원하십니다.

하나님과 바르게 관계를 맺으십시오. 당신의 기쁨을 하나님과 바른 관계 속에서 찾으십시오. 그리하면 당신 속에서 생수의 강이 흐르게 될 것입니다. 당신은 예수 그리스도께서 생수를 쏟아부으실 수 있는 중심점이 되십시오. 자기를 의식하는 것을 멈추십시오. 거룩한 체하는 사람이 되지 마십시오.

예수 그리스도와 함께 감추인 생명으로 사십시오. 하나님과 바르게 관계를 맺고 있는 생명은 어떠한 경우라도 숨 쉬는 것처럼 자연스럽습니다. 당신에게 최상의 복이 되었던 삶을 산 사람들은 자신들이 누구에겐가 복이 되었다는 것을 의식하지 아니한 자들입니다.

9월

거룩의 목적

위기와 시험 가운데서도
예수님과 동행하고 있습니까?

거룩의 목적

9월 1일

너희는 거룩하여라. 이는 내가 거룩하기 때문이다 (벧전 1:16. R.V.).

인생의 목적

당신의 인생 목적이 무엇인지 자신에게 계속해서 다짐하십시오. 사람의 궁극적 목적은 행복이나 건강이 아니고 거룩함입니다(참조, 살전 5:7). 오늘날 우리에게는 너무나 많은 기호(좋아하는 것)들이 있습니다. 우리는 그것들로 삶이 탕진되어 있습니다. 바르고 선하고 고상해 보이는 기호들을 좇아 누리려고 안달합니다.

그렇지만 하나님이 그러한 기호들을 제재하시는 것이 당연합니다. 한 가지 중요한 것은 사람이 자기를 거룩하게 만들어 주고자 하시는 하나님을 받아들이느냐 하는 것입니다. 어떤 희생을 치르더라도 사람이라면 하나님과 바르게 관계를 맺어야 합니다.

나는 거룩해질 필요가 있다고 생각합니까?

하나님이 내 속으로 들어오시어 나를 거룩하게 하실 수 있다고 믿습니까?

당신의 설교를 통해 내가 거룩하지 않다는 것을 설득한다면, 나는 당신의 설교에 분노할 것입니다. 복음의 설교는 그것이 내가 거룩하지 않다는 것을 밝히 들추어내기 때문에 강한 분노를 일으킵니다. 그러나 한편으로는, 거룩함을 향한 강한 열망도 일으킵니다.

인류를 위한 하나님의 유일한 목적

하나님은 인류를 향해 한 가지 정하신 목적이 있습니다. 그것은 거룩함입니다. 그분의 한 가지 목표는 성도들을 많이 만들어 내는 것입니다. 하나님은 영원한 '복덕 방망이'가 아니십니다. 하나님은 사람들을 긍휼히 여겨 구원하러 오시지 않았습니다.

하나님께서 사람들을 거룩하게 하려고 창조하셨기 때문에 사람들을 구원하러 오신 것입니다. 속죄는 하나님께서 예수 그리스도의 죽음을 통해서 나를 하나님 자신과 완전한 연합을 이루게 하시어 하나님과 나 사이에 아무런 틈도 없게 하시는 것을 의미합니다. 당신 자신이나 다른 사람들에 대한 동정심 때문에 거룩하신 하나님과의 관계를 해치는 행동은 어떤 것이라도 결코 용납해서는 안 됩니다.

거룩함이란 발걸음이 더럽혀지지 않는 것, 더러운 것을 혀로 말하지 않는 것, 더러운 것을 마음으로 생각하지 않는 것입니다. 즉, 삶의 모든 부분이 철저하게 하나님 앞에서 판단을 받아야 합니다. 거룩은 하나님이 내게 주시는 은혜일 뿐 아니라, 하나님이 내게 주신 은혜를 내가 몸으로 드러내는 삶입니다.

9월 2일

희생의 성례

나를 믿는 자는 성경이 말한 것같이 그의 배에서 생수의 강들이 흐를 것입니다 (요 7:38).

하나님의 아들은 자기를 다 내어주셨습니다

예수님은 말씀하실 때, "나를 믿는 자는 하나님의 충만한 복을 받아 누리게 될 것이다."라고 하시지 않았습니다. "나를 믿는 자는 그가 하나님으로부터 받은 모든 것이 그로부터 흘러나오게 될 것이다."라고 말씀하셨습니다. 우리 주님의 가르침은 항상 자아실현과는 정반대입니다. 그의 목적은 인간 개발이 아닙니다. 그의 목적은 정확하게 하나님 자신을 사람이 닮게 만드는 것입니다. 그런데 하나님 아들의 특징은 자신을 다 내어주어 희생하는 것입니다.

만일 우리가 예수님을 믿는다고 하면, 그것은 우리가 무엇을 얻는 것이 아니고, 우리를 통해 중요하고 가치 있는 것을 부어주시는 것입니다. 하나님이 우리를 모양과 빛깔이 좋은 포도송이로 만드는 것이 아니라, 그가 우리를 짓이겨서 우리에게서 포도 진액이 나오게 하시는 것입니다.

영적으로 말하자면, 우리는 성공을 잣대 삼아 우리의 삶을 평가할 수 없습니다. 오직 하나님이 우리를 통해 흘러나오게 하시는 것으로 해야 하는데, 우리로서는 그것을 결코 헤아릴 수 없습니다.

마리아가 귀한 향유를 쏟아 드렸습니다

베다니 마을의 마리아가 귀중한 향유 병을 깨뜨려 예수님의 머리에 부어 드렸습니다. 그것은 누구도 본 일이 없는 엉뚱한 사건이었습니다. 제자들은 그것이 쓸데없는 낭비라고 말했습니다. 그러나 예수님은 그녀의 엉뚱하기 짝이 없는 헌신의 행위를 인하여 그녀를 크게 칭찬하셨습니다. 그의 복음이 전파되는 곳마다 "이 여자가 행한 일도 말하여 이 여자를 기억하게 될 것이다"(막 14:9)고 하셨습니다.

우리 주님께서는 우리가 마리아처럼 이것저것 계산하지 않고 모든 것을 주님께 다 내드린바 마리아가 했던 행위를 우리도 하는 것을 보시면 기쁨을 이기지 못하십니다. 하나님께서는 세상이 구원을 받을 수 있게 하시려고 자기 아들의 생명을 쏟아 주셨습니다.

우리는 그분을 위해 우리의 생명을 쏟을 준비가 되어 있습니까?

"나를 믿는 자는 그의 배에서 생수의 강들이 흐를 것이다." 다시 말해서, 수많은 생명이 예수님을 믿는 자를 통해서 지속해서 회복될 것입니다. 지금은 나의 생명을 깨뜨릴 시간입니다. 내 만족을 열망하는 것을 멈추고 다 쏟아부을 시간입니다. 우리 주님은 우리 가운데서 누가 주님을 위해 이 일을 할 것인가를 묻고 계십니다.

만족의 물을 쏟아버리십시오

9월 3일

세 용사가 블레셋 진영을 뚫고 지나가 베들레헴 성문 곁에 있는 우물물을 길어서 다윗에게 왔으나, 다윗이 그것을 마시려 하지 아니하고 여호와께 부어 드리면서 (삼하 23:16).

하나님께 받은 복으로 자신을 만족시키지 마십시오

최근에 '베들레헴의 샘'에서 길어온 물과 같은 것으로 당신에게 무엇이 있습니까? 사랑입니까? 우정입니까? 아니면 영적인 복입니까? 그런데 당신은 당신의 영혼이 위험할 수 있는데도, 그것을 가지고 당신 자신을 만족하게 하고 있습니다. 그러나 당신의 만족을 위하고자 한다면, 당신은 그것을 하나님 앞에 부어 내드릴 수가 없습니다.

당신 자신을 만족하게 하는 데 사용하고자 하는 것을 당신은 하나님께 결코 바쳐 드릴 수가 없을 것입니다. 만일 하나님께 받은 복을 가지고 당신 자신을 만족하게 하고자 한다면, 그 복이 당신을 부패하게 할 것입니다. 당신은 그것을 희생제물로 드려야 합니다. 쏟아버려야 합니다. 상식적으로는 어리석게 허비하는 것처럼 보이는 것을 행하십시오.

하나님께 받은 복을 움켜쥐지 마십시오

주님께 나의 본능적 사랑이나 영적인 복을 어떻게 부어 드려야 합니까?

오직 한 가지 방법뿐입니다. 마음으로 결단하면 됩니다. 어떤 사람이 하나님을 알지 못했다고 하면 결코 받아들일 수 없는 다른 사람들의 어떤 선한 행실들이 있습니다. 그것을 받아들이지 못하는 이유는 그것들을 갚을 능력이 사람에게는 없기 때문입니다. 그러나 내가 즉시 결심하고서, "이것이 내게는 너무나 대단하고 가치가 있어서, 사람으로서는 감당할 수가 없습니다. 그래서 주님께 부어 드려야 마땅합니다."라고 말한다면, 이것들이 생수의 강물들이 되어 주변으로 넘쳐 흐르게 되는 것입니다. 만일 이것들을 주님 앞에 부어 드리지 않으면, 이것들이 탐욕을 불러일으키기 때문에 나 자신뿐 아니라 내가 사랑하는 사람들까지 위험에 빠뜨리게 됩니다. 우리는 본래 더럽고 사악하지 않은 것들이라도 탐욕에 빠지게 할 수 있습니다. 탐욕을 피하려면 사랑이 주님께 부어 드리고자 하는 변화의 지점에까지 이르러야 합니다.

만일 당신의 마음이 비통하고 언짢아졌다고 하면, 그것은 하나님이 당신에게 복을 주셨을 때 그것을 자신을 위해 움켜쥐었기 때문입니다. 반면, 만일 당신이 그 복을 주님께 부어 드렸었다고 하면, 당신은 하늘에서 내려온 가장 멋진 사람이 되었을 것입니다. 만일 당신이 항상 복들을 움켜쥐기만 하고 아무것도 주님께 부어 드리지 않을 것 같으면, 당신을 통해 다른 사람들의 삶의 폭이 넓혀지지 않을 것입니다.

9월 4일

주님의 것이 되십시오

그들은 아버지의 것이었는데 아버지께서 그들을 내게 주셨으며 (요 17:6).

당신은 당신 자신의 것이 아닙니다

선교사는 "당신은 당신 자신의 것이 아니다."라는 이 사실을 성령께서 깨우쳐 주신 사람입니다. "나는 나 자신의 것이 아닙니다."라고 말할 수 있다는 것은 높은 영적 경지에 이르렀다는 것을 의미합니다. 현실의 소용돌이 속에서 참된 삶의 본질은 참으로 즐거운 마음으로 다른 사람에게 나 자신을 내어주는 것입니다. 그런데 그 다른 사람은 다름 아닌 예수 그리스도이십니다.

성령님께서는 예수님의 본성을 내게 자세히 알려 주심으로서 내가 나의 주님이신 예수님과 하나가 되게 하십니다. 성령님은 내가 전시장의 진열품처럼 나를 드러내는 것을 원하지 않습니다. 우리 주님께서는 자기 제자들을 위해 그가 행하셨던 일에 근거해서 그들을 내보내신 적이 전혀 없으셨습니다. 성령의 권능으로 말미암아 예수님이 누구이신가를 제자들이 알게 되었던 때, 곧 부활 후에야 드디어 예수님은 그들에게 "가라"고 말씀하셨습니다.

선교사의 비밀은 주님의 것이 되는 것입니다

"누구든지 내게 오는 자는 자기 아버지나 … 자매들이나 자기 목숨까지도 미워하지 않으면 내 제자가 될 수 없다"(눅 14:26). 예수님의 이 말씀은 그 누군가가 선하고 올바르게 될 수 없다는 것이 아니고, 예수님이 '나의 것'이라는 말을 쓸 수 있는 사람이 될 수 없다는 것을 뜻합니다. 우리 주님이 언급하고 있는 인간관계들은 어느 것이나 경쟁적인 관계가 될 수 있습니다. 나는 내 어머니나, 내 아내나, 나 자신의 것이 더 되고 싶어서 할 수 있습니다. 그러면 예수님께서는 당신은 내 제자가 될 수 없다고 말씀하십니다. 이 말씀의 뜻은 내가 구원받을 수 없다는 것이 아니고, 내가 '주님의 것'이 될 수 없다는 것입니다.

우리 주님께서는 제자라면 그분 자신의 것이 되게 하십니다. 그리고 그 제자에 대해서 자기의 것으로 삼으신 까닭에 책임을 지게 됩니다. "당신들은 나의 증인이 되시오." 우리 안에 임하시는 성령은 우리가 예수님을 위해 무엇인가를 행하게 하시는 분이 아니고, 우리가 그분에게 완전한 기쁨이 되게 하시는 분이십니다. 선교사의 비밀은 주님의 것이 되는 것입니다. 그러면 주님이 나를 통해 그분의 큰일들을 행하십니다.

온전히 주님의 것이 되십시오.

선교사는 깨어 있어야 합니다

9월 5일

나와 함께 깨어 있을 수 없습니까? (마 26:40)

"나와 함께 깨어 있으십시오"
　이 말씀은 당신 자신의 개인적인 관점은 모두 내려놓고서 온전히 나와 함께 깨어 있으라는 것입니다. 신앙의 초보 단계에서는 우리가 예수님과 함께 깨어 있는 대신, 그를 바라보기만 합니다. 성령의 계시를 통해 우리의 삶의 환경 속에서 우리는 그분과 함께 깨어 있지 않습니다.
　우리 주님은 겟세마네라고 하는 특별한 상황에서 우리가 그분과 하나가 되도록 하려고 애쓰시지만 우리는 가려고 하지 않습니다. 그리고 말합니다. "아닙니다. 주님, 나는 왜 이렇게 주님이 하시는지 도무지 이해할 수가 없습니다. 너무 비통합니다."
　어떻게 우리가 불가해하신 주님과 함께 감히 깨어 있을 수 있겠습니까?
　주님이 무엇 때문에 고통을 당하고 계시는지조차 우리가 모르면서, 우리가 그분의 겟세마네에서 그와 함께 깨어 있을 만큼 그분을 어떻게 충분히 이해할 수 있겠습니까?
　우리는 그와 함께 어떻게 깨어 있어야 하는지 방법도 모릅니다. 단지 예수님께서 우리와 함께 깨어 계신다는 생각에만 익숙해져 있습니다. 우리는 예수님이 항상 깨어서 우리와 함께 계신다는 이 사실만큼은 잘 알고 있는 것입니다. 그렇지만 우리는 주님과 함께 무엇 때문에 어떻게 깨어 있어야 할지 아무것도 모르고 있습니다.

　성령이 임하시면 깨어있게 됩니다
　제자들은 인간적으로 할 수 있는 데까지 최선을 다해 예수 그리스도를 사랑했습니다. 그러나 예수님께서 무엇을 추구하고 계셨는지를 그들은 알지 못했습니다. 겟세마네 동산에서 그들은 그들 자신의 슬픔 때문에 잠이 들었습니다. 예수님과의 가장 친밀했던 3년의 세월이 끝날 때 그들 모두 예수님을 버리고 도망쳤습니다(막 14:50).
　"그들이 모두 성령으로 충만해졌고"(행 2:4). 본문의 '그들'은 바로 도망쳤던 자들입니다. 그러나 주님의 죽으심과 부활과 승천 사이에 놀라운 일이 일어났습니다. 제자들에게 성령이 강하게 임하였던 것입니다. 우리 주님은 앞서 말씀하셨었습니다. "성령이 너희에게 임하시면 너희가 능력을 받게 될 것이다"(행 1:8). 이 말씀은 제자들이 그들의 남은 전 생애 동안 그분과 함께 깨어 있는 것을 배웠다는 것을 의미했습니다.

9월 6일

널리 넘쳐 흐르는 생명

생수의 강들이 흐를 것입니다 (요 7:38).

강은 모든 장애물을 극복합니다

강은 그것의 근원에서 시작해 정처 없이 먼 곳으로 퍼져 흘러갑니다. 예수님이 말씀하신 바에 따르면, 만일 우리가 예수님의 충만한 데서 받게 되면, 우리의 삶의 보이는 부분이 아무리 작더라도, 우리에게서 강들이 흘러나와 땅의 가장 먼 곳까지 축복하게 됩니다. 우리는 그 강들의 흐름에 대해서 전혀 상관할 것이 없습니다. 어디로 어떻게 흘러가든 우리가 알 바 아닙니다. "하나님께서 보내신 이를 믿는 것이, 곧 하나님의 일입니다"(요 6:29). 하나님은 어떤 사람이 세상을 향해 얼마나 대단한 복인지를 아는 것을 좀처럼 허락하지 않으십니다.

강은 승리를 구가하며 줄기차게 흘러 모든 장애물을 극복합니다. 잠시 강은 서서히 꾸준하게 흐릅니다. 그러다가 장애물을 만납니다. 그러면 한동안 잠시 막힙니다. 그러나 곧 장애물을 빙 돌아 길을 만들어 흐릅니다. 어떤 강은 수 마일이나 땅 밑으로 흘러 보이지 않다가 이전보다 훨씬 넓고 거대한 모습으로 다시 드러나기도 합니다.

성령의 강도 모든 장애물을 극복합니다

당신은 하나님께서 어떤 사람들의 삶을 쓸모 있게 사용하시는 것을 볼 수 있습니다. 그런데 당신의 삶은 장애물 때문에 아무 쓸모도 없어 보입니다. 그때 강의 근원이신 예수님을 계속 주목하십시오. 하나님께서 당신이 장애물을 빙 돌아가게 하시든지, 아니면 장애물을 제거하실 것입니다. 하나님의 성령의 강은 모든 장애물을 극복합니다.

어떤 장애물이나 난관을 만나도 전혀 신경 쓰지 마십시오. 만일 당신이 강의 근원과 바른 관계를 잘 유지하고 있다면, 장애물은 당신을 통해서 꾸준하게 흐르게 될 강에게 아무런 문제가 되지 않습니다. 당신과 예수 그리스도 사이에 어떤 것도 결코 끼어들지 못하게 하십시오. 어떤 감정이나, 어떤 경험도 괘념치 마십시오. 아무것도 유일하고 위대한 주권자이신 우리의 근원 예수 그리스도로부터 당신을 떼어놓게 해서는 안 됩니다.

우리의 영혼 속에서 스스로 치유하고 돌보는 가운데 널리 퍼져 흐르는 강들을 생각해 보십시오. 하나님은 우리의 마음속에 놀라운 진리들을 열어 보여 주셨습니다. 그가 열어 보여주신 진리마다 우리를 통해 흐르게 하실 강이 더 힘을 얻고 있다는 것을 가르쳐 줍니다. 만일 당신이 예수님을 믿고 있다면, 하나님께서 당신 안에서 다른 사람들을 위한 축복의 엄청난 강물을 솟아나게 하셨다는 것을 당신은 알게 될 것입니다.

은혜의 샘물

9월 7일

내가 주는 물은 그 사람 안에서 영생에 이르도록 솟아나는 샘물이 될 것입니다 (요 4:14).

당신에게서 생수의 강이 흐르게 하십시오

오늘의 성경 말씀에서 우리 주님이 보여주고 있는 그림은 물줄기가 아니라 상수원지에 대한 것입니다. "가득 채우라." 그리하면 예수님에 대한 생동력 있는 관계의 향기가 성도에게 부어진 그대로 남김없이 그에게서 흘러나오게 될 것입니다. 만일 당신의 생명이 마땅히 흘러야 하는데 그렇지 못하다고 하면 이는 당신 탓입니다. 당신에게 있는 어떤 문제가 그 흐름을 막고 있었던 것입니다.

근원이신 예수님과 바른 관계를 유지하십시오. 그리하면 당신이 개인적으로 복을 누리게 될까요? 아닙니다. 당신에게서 생수의 강물이 솟아나게 될 것입니다. 그 누구도 막을 수 없는 생명이 당신에게서 흐르게 됩니다.

생수의 강물의 중심이 되십시오

우리는 우리를 통해 예수님이 모든 사람에게 축복의 생수의 강물이 되어 흐르는 중심이 되어야 합니다. 우리들 가운데 몇 사람은 사해와도 같습니다. 물을 항상 받아들이기만 하고 전혀 흘러 내보내지를 않습니다. 그 이유는 우리가 주 예수님과 바른 관계를 맺고 있지 않기 때문입니다. 우리가 그분에게서 받은 만큼 확실하게, 그분이 우리를 통해 흘러나게 하실 것입니다.

그러나 그분이 우리를 통해 흘러나게 하시지 않고 있다면, 그분과 우리와의 관계에 흠이 있기 때문입니다. 당신과 예수 그리스도 사이에 어떤 장애가 있습니까? 예수님을 믿는 당신의 믿음을 방해하는 어떤 것이 있습니까?

그렇지 않다면, 당신에게서 생수의 강들이 흐르게 될 것이라고 예수님이 말씀하십니다. 이 생수의 강은 한 번 지나쳐 가는 복이 아닙니다. 한 번의 경험도 아닙니다. 지속적으로 흐르는 강물입니다. 그러므로 근원이신 예수 그리스도에게 밀착하십시오. 그분을 믿는 믿음뿐 아니라 그분과의 관계를 잘 지키십시오. 그러면 다른 사람들의 생명을 위해 꾸준하게 강물이 흐르게 될 것입니다. 메마름도 죽음도 전혀 없게 됩니다.

성도 개인에게서 강물이 흐르게 될 것이라고 하는 말은 지나친 과장일까요? "내 눈에는 강물이 안 보입니다."라고 당신은 말합니다. 그러나 "내가 누구인가?" 이런 관점에서 잘난 체하는 당신 자신을 바라보지 마십시오. 하나님이 행하신 일의 역사를 보면, 그 강물은 세상에서 보잘것없고, 이름도 없고, 무시당하고 살아왔지만, 예수님께 변함없이 진실한 자들에게서 시작되었다는 것을 당신은 쉽게 발견할 것입니다.

9월 8일

스스로 하십시오 (1)

> 우리 싸움의 무기는 … 하나님을 아는 지식을 대적하여 높아진 것을 모두 파괴하고, 모든 생각을 사로잡아 그리스도께 순종하게 합니다 (고후 10:5).

단호하게 파괴해야 할 것들이 있습니다

죄에서 구원받는다는 것은 인간의 본성이 아니라, 인간의 본성에 있는 어떤 것(예, 편견)들로부터 구원받는 것입니다. 하나님의 성령이 주시는 영적인 힘을 가지고 거칠게 제거해야 합니다. 어떤 것들은 하나님의 구원 손길을 지켜보아야 합니다.

하지만 하나님을 아는 지식을 대적하여 방어벽을 높이 쌓는 모든 이론이나 사상은 하나님의 능력을 의지하여 단호하게 파괴되어야 마땅합니다. 인간의 육신적인 노력이나 타협을 통해서 하면 안 됩니다(4절).

연속적인 도덕적 선택

우리의 싸움이 시작되는 시점은 하나님께서 우리의 기질과 성격을 고쳐주시고 우리가 성화를 경험하게 되는 때입니다. 싸움은 죄를 대적하는 것이 아닙니다. 예수 그리스도께서 구속을 통해 죄를 다루어 주십니다. 우리의 내적 싸움은 우리의 본성적 육체적 삶을 영적 삶으로 바꾸는 과정에서 벌어집니다. 이 싸움은 결코 쉽게 끝나지 않습니다. 이 싸움은 연속적인 도덕적 선택을 통해서만 승리할 수 있습니다.

하나님께서는 우리의 성품을 거룩하게 만드시는 것이 아닙니다. 죄 용서받게 하심으로 우리를 거룩하게 하십니다. 그러므로 우리가 연속적인 도덕적 선택을 통해서 죄 사함의 은혜로 거룩한 성품이 개발되게 해야 합니다. 이 도덕적 선택들 때문에 본성적 삶의 악한 습성들뿐 아니라, 하나님을 아는 지식을 대적하여 방어벽을 쌓는 이론과 사상들도 지속해서 반발하게 됩니다.

이 싸움에서 우리는 후퇴하여 하나님의 나라와 아무 관련 없는 삶을 살든지, 아니면 이 같은 이론과 사상 등을 단호하게 파괴하여 예수님이 다른 영혼을 영광으로 인도하게 하시든지 둘 중 하나를 할 수 있게 됩니다.

스스로 하십시오 (2)

9월 9일

모든 생각을 사로잡아 그리스도께 순종하게 합니다 (고후 10:5).

단호하게 훈련시키십시오

우리가 단호하게 훈련해야 할 것들이 또 있습니다. 이 구절의 말씀은 성도가 분투하는 삶의 다른 면을 보여주고 있습니다. 바울이 말하는 바에 따르면, "나는 나의 모든 사역 계획을 사로잡아 그리스도께 순종하게 합니다"(Moffatt 성경). 오늘날 얼마나 많은 그리스도인의 사역이 전혀 훈련되지 아니한 채 행해지고 있습니까! 단지 즉흥적으로 되는 것들이 많습니다. 우리 주님의 삶을 보면 모든 사역 계획이 그의 아버지의 뜻에 따라 훈련되었습니다. 그의 아버지의 뜻과 다르게 자기 뜻을 충동적으로 행하는 일이 전혀 없었습니다. "아들은 아버지께서 하시는 것을 보지 않고서는 아무것도 스스로 할 수 없으니"(요 5:19).

그렇다면 우리 자신은 어떠한지 생각해 보십시오. 생생한 종교적 체험과 즉흥적으로 만들어진 모든 사역 계획을 마구잡이로 실천에 옮기고 있을 뿐, 경험과 계획을 사로잡아 훈련해 그리스도께 순종하게 하지 않습니다.

모든 사역 계획은 하나님께 순종하려는 열심히 있어야 합니다

오늘의 시대에는 실용적인 사역이 지나치게 강조되고 있습니다. 그래서 모든 사역 계획을 한데 모아 시간을 두고 검토하는 성도들의 경우 비난을 받고, 하나님이나 다른 영혼들을 위한 열심이 없다는 말을 듣습니다. 그러나 참된 열심히 하나님께 순종하는 데서 나타납니다. 훈련되지 않은 인간의 본성에서 나오는 마음으로 하나님을 섬기는 데 있지 않습니다.

참으로 생각할 수조차 없지만, 사실인 것들이 있습니다. 성도들이 모든 사역 계획을 한데 모아 검토하지 않고, 전혀 영적으로 훈련되지 아니한 인간적인 본성의 충동을 따라 하나님의 일을 하고 있다는 사실입니다.

우리가 잊기 쉬운 것이 있습니다. 사람은 구원과 관련해 예수 그리스도를 전적으로 따라야 할 뿐 아니라, 하나님과 세상과 죄와 마귀와 관련해서도 예수 그리스도의 견해를 온전히 따라야 한다는 것을 쉽게 잊고 있습니다. 사람이라면 자기의 마음을 새롭게 함으로써 변화를 받아야 할 책임을 인식하고 있어야 합니다.

9월 10일

선교사의 탄약 (1)

당신이 무화과나무 아래 있을 때 내가 당신을 보았습니다 (요 1:48).

기회가 있을 때 예배하십시오

우리는 어떤 큰 위기가 생기더라도 괜찮을 것으로 생각합니다. 그러나 큰 위기는 우리가 얼마나 연약한 인간인가를 들추어낼 뿐, 우리에게 아무것도 주는 것이 없습니다. "만일 하나님이 부르신다면, 나는 당연히 기회를 보아 일어설 것입니다."라고 장담할 것입니다. 하지만, 당신이 일터에서 기회를 얻어 일어선 경험이 없거나, 하나님 앞에서 제대로 살아오지 않았다고 하면 당신은 일어서지 않을 것입니다.

만일 당신이 가장 하기 쉬운 것도 하지 않는다면, 하나님이 그 일을 하도록 해 놓으셨던 것이기 때문에, 위기가 올 때 당신은 적합한 자로 드러나는 대신, 부적합한 자로 드러나게 될 것입니다. 위기가 오면 항상 사람의 성품이 드러납니다.

하나님을 예배하는 개인적 관계가 위기 때 드러나는 적합성의 중요한 기본 요소입니다. '무화과나무 아래'에서의 삶이 더 이상 가능하지 않게 되는 위기의 때가 옵니다. 야외로 나갈 수도 없고, 대낮에 일하러 나갈 수도 없는 위기가 옵니다. 그때, 당신이 당신의 가정에서 기회가 있는 대로 예배를 드려오지 않았다고 하면 당신은 당신 자신이 아무 가치도 없는 존재임을 발견하게 될 것입니다.

하나님과 개인적인 관계 속에서 바르게 예배드리십시오. 그리하면 하나님이 당신을 자유롭게 하시는 때, 당신은 준비가 되어 있을 것입니다. 이유인즉, 하나님 외에 아무도 보지 않는 삶을 살면서 당신이 온전히 적합한 자가 되었기 때문입니다. 그래서 위기가 오는 때에 하나님은 당신을 신뢰하실 수 있을 것입니다.

선교사의 탄약 창고

"내가 처해 있는 지금의 상황에서는 거룩한 삶을 사는 것을 기대할 수가 없습니다. 나는 지금 기도할 시간이 전혀 없습니다. 성경을 읽을 시간도 아예 없습니다. 아직은 내게 기회가 오지 않았습니다. 그때가 오면, 물론 나는 모든 것을 잘하게 될 것입니다."

당신은 이렇게 변명할 것이지만, 기회가 와도 절대 하지 않을 것입니다. 만일 당신이 기회가 주어지는 대로 예배를 드려오지 않았다고 하면, 당신이 사역하러 나가게 되는 때에, 당신은 전혀 쓸모없는 사람일 뿐 아니라, 당신과 연관된 자들에게 엄청난 방해꾼일 것입니다.

선교사의 탄약 창고는 보이지 않는 가운데 드리는 성도의 개인적인 예배하는 삶입니다.

선교사의 탄약 (2)

9월 11일

내가 주이며 선생으로서 당신들의 발을 씻겨 주었으니,
당신들도 서로 발을 씻겨 주어야 합니다 (요 13:14).

기회 있는 대로 섬기십시오

이 말은 우리 주변의 환경들을 취사선택하라는 것이 아닙니다. 어떠한 우연한 주변 환경일지라도 하나님이 우리를 위해 주관하시는 것이기 때문에 하나님이 선택하신 것으로 알라는 것입니다. 우리가 직접 부딪치는 주변 환경들에서 드러내 보이는 특징들은 다른 환경들에서 우리가 어떻게 될 것인가를 가르쳐 줍니다.

예수님께서 하신 일들은 지극히 보잘것없고 보통 있는 것이었습니다. 이것이 가리키는 바에 의하면, 가장 일상적인 보통의 일들을 하나님의 방식으로 하려고 할 때 내 안에 있는 하나님의 모든 능력을 사용해야 합니다.

예수님이 사용하신 것처럼 한 장의 수건을 내가 사용해도 됩니까?

수건과 접시와 신발 등 우리의 삶의 모든 일상적이고 지저분한 것들은 무엇보다도 우리의 사람 됨됨이를 가장 빠르게 드러내 보여줍니다. 가장 하찮아 보이는 일이라도 그것이 제대로 되게 하려면 우리 안에 계시는 성육신하신 전능한 하나님이 필요한 것입니다.

예수님의 본을 따르십시오

"내가 너희에게 행한 것 같이 너희도 행하라고 내가 너희에게 본을 보여주었다"(요 13:15). 하나님이 당신 주변에 데려오시는 사람들이 어떤 사람들인가를 살펴보십시오. 이것은 당신이 바로 주님께 어떤 사람이었던가를 당신에게 드러내 보여주는 하나님의 방식입니다. 당신이 이것을 발견하게 될 때 당신은 겸손해질 것입니다. 이때 주님이 말씀하셨습니다. "내가 너희에게 본을 보여주었던 대로 정확하게 그 사람에게 행하라."

그러면 당신은 이렇게 대답할 것입니다. "오! 예, 제가 훗날 외국에 있는 선교지에 가게 되는 때에 모든 것을 행하겠습니다." 이런 식으로 말하는 것은 한창 전쟁 중에 참호 속에서 탄약을 생산하려는 것과도 같습니다. 탄약을 생산하는 동안에 당신은 살해될 것입니다.

하나님과 1킬로를 더 가야만 할 때가 있습니다. 그런데 우리 가운데 어떤 사람들은 10미터도 안 가고 밖에서 놀아납니다. 이는 우리가 길을 알 수 없는 곳으로 하나님께서 우리더러 가라고 강요하신 까닭입니다. 그리고 우리는 변명합니다. "큰 위기가 닥칠 때까지 나는 기다릴 것입니다." 그러나 만일 우리가 꾸준하게 조금씩 준비해 나가지 않으면, 위기를 당할 때 우리는 아무것도 하지 않게 됩니다.

9월 12일

영적 혼란으로 말미암아

당신들은 당신들이 무엇을 요청하고 있는지 알지 못합니다 (마 20:22).

영적 생활에 혼란이 있는 때들이 있습니다. 영적 생활에는 혼란이 있어서는 안 된다고 말한다고 해서 혼란이 해결되는 것은 아닙니다. 혼란이 있는 것은 옳고 그름의 문제가 아닙니다. 그것은 하나님의 문제입니다. 당신이 잠시 이해하지 못하는 방식으로 하나님이 당신을 이끌어 가고 계시는 데서 생겨납니다. 오직 이 같은 혼란을 겪음으로써 당신은 하나님이 원하시는 뜻을 깨닫게 되는 것입니다.

주님의 우정이 가려질 때

누가복음 11:5-8에서, 예수님은 자기 친구를 돌보지 않는 것처럼 보이는 사람을 예화로 말씀하셨습니다. 예수님이 가르치고자 하시는 바에 따르면, 하늘에 계시는 아버지께서도 당신에게 때때로 그런 무심한 사람처럼 보이게 되리라는 것입니다. 그래서 당신은 하나님이 불친절한 친구 같은 분이시라고 오해할 것이나, 하나님은 그런 분이 아니시다는 것을 꼭 기억하십시오.

모든 오해가 풀리게 되는 때가 올 것입니다. 마음에서 나오는 우정에도 구름이 끼는 때가 있습니다. 가끔은 따스한 사랑도 고통과 눈물 속에서 기다려야 더 깊은 교통의 축복을 가져다줍니다. 하나님의 우정이 전적으로 가려진 것처럼 보일 때, 당신은 하나님을 신뢰하는 가운데 기다리십시오.

주님의 부성애가 가려질 때

누가복음 11:11-13에서, 예수님은 당신의 하나님 아버지께서 친아버지가 아닌 분처럼 냉담하고 무심하게 보이는 때들이 있다고 말씀하십니다. 그러나 하나님 아버지는 그런 분이 아니시다는 것을 기억하십시오. 예수님은 말씀하셨습니다. "구하는 이마다 받을 것이다"(눅 11:10).

지금 하나님 아버지의 얼굴이 그림자로 가려져 있다고 할지라도, 하나님은 마침내 분명하게 자기를 드러내 보이시고 그가 왜 이 모든 것들을 허용하셨던가를 스스로 밝히실 것을 믿고 기다리십시오.

주님의 신실하심이 의심스러울 때

누가복음 18:1-8에서, 예수님이 말씀하십니다. "인자가 올 때에 세상에서 믿음을 찾아보겠느냐?"(8절) 혼란에도 흔들리지 않는 믿음을 그가 찾아볼 수 있겠습니까? 하나님이 하시는 일을 당신이 잠시 이해하지 못하더라도, 예수님이 말씀하신 것이 참되다는 것을 믿는 믿음으로 비켜서서 지켜보십시오. 당신이 기도로 구하는 것보다 더 중대한 문제들을 그가 해결하고 계시는 것입니다.

순복 이후의 삶

9월 13일

아버지께서 내게 하라고 주신 일을 완성하여,
내가 땅에서 아버지께 영광을 돌렸습니다 (요 17:4).

순복한다는 것은 외적 삶에 대한 것이 아니고, 의지의 순복을 의미합니다. 의지를 꺾고서 순복하면 모든 것이 순복되는 것입니다. 의지의 순복이 모든 것의 순복입니다. 삶에는 몇 안 되는 위기들이 있습니다. 그 가운데서 큰 위기는 의지를 꺾어 순복하는 것입니다. 하나님은 결코 강압적으로 사람이 의지를 꺾어 순복게 하지 않으십니다. 그는 절대 간청하시지도 않습니다. 사람이 자기의 의지를 그분께 스스로 내어놓을 때까지 기다리십니다.

구원을 위한 순복

"내게로 오라. 그러면 내가 안식을 주겠노라"(마 11:28). 우리가 구원이 의미하는 것을 경험하기 시작한 후에, 우리는 안식을 얻기 위해 예수님께 우리의 의지를 순복시킵니다. 마음을 혼란스럽게 하는 것은 무엇이든 의지에 대한 하나님의 부르심입니다. "내게로 오라." 당신더러 자원하여 오라고 하시는 주님의 부르심입니다.

헌신을 위한 순복

"누구든지 나를 따라오려거든 자기를 부인하고"(마 16:24). 여기서 예수님이 말씀하시는 순복은 나 자신을 예수님께 내맡기는 것입니다. 즉, 내가 심중에서 그분이 주시는 안식을 누리는 가운데 나 자신을 순복하는 것입니다. "만일 당신이 내 제자가 되고자 하는 뜻이 있다고 하면, 당신 자신에 대한 당신의 권리를 내게 내어 맡겨라."

그렇게 되면, 남은 삶은 이 같은 순복의 구체적인 결실입니다. 일단 순복하게 되면, 우리는 결코 '만일'을 생각할 필요가 없습니다. 우리의 상황들이 어떠하든 염려할 필요가 없습니다. 우리에게는 예수님이 모든 것이요, 예수님으로 충분합니다.

죽음을 위한 순복

요한복음 21:18-19에 보면, "다른 이가 너에게 띠를 띠워 …"(18절)라고 예수님이 베드로에게 말씀하십니다. 죽음을 위해 결박당한다는 것이 무엇을 의미하는지 당신은 알고 있습니까? 당신은 황홀한 상태에서는 하나님께 순복하지 않도록 하십시오. 왜냐하면, 그러한 상태에서 하면 취소하기 쉽기 때문입니다. 순복이란 예수님께 관심을 끌지 못했던 것이 당신에게도 역시 마찬가지일 때까지 그분의 죽으심에서 그분과 연합되는 것을 뜻합니다. 순복 이후의 삶은 어떤 것입니까?

순복 이후의 모든 삶은 하나님과의 지속적인 깊은 교통을 열망하는 것입니다.

9월 14일

상상 대 영감

그리스도 안에 있는 진실함 (고후 11:3).

상상을 버리고 그리스도에게 순종하십시오
진실성은 사물들을 분명하게 보는 비결입니다. 성도라면 한동안은 분명하게 생각하지 못해도, 아무 어려움 없이 분명하게 보이는 것이 당연합니다. 당신은 영적으로 혼란스러운 것을 분명하게 이해할 수 없을 경우, 그것을 분명하게 순종해야 합니다. 지적인 문제라면 그것들을 논리적으로 생각해낼 수 있으나, 영적인 문제의 경우는 아무리 생각한다고 해도 더 혼란에 빠질 뿐입니다.

그러므로 하나님이 당신에게 압력을 가하는 일이 있다고 하면 순종하십시오. 그 일과 관련해 당신의 모든 상상을 사로잡아 그리스도에게 순종하게 하십시오. 그러면 모든 것이 대낮처럼 분명하게 될 것입니다. 그리고 이성적으로 생각하는 능력이 뒤따라 옵니다. 그러나 우리는 이 같은 맥락에서 절대 보지 않고 어린아이들처럼 봅니다. 우리가 지혜로워지려고 하면 우리는 아무것도 보지 못합니다 (마 11:25).

순종을 통해서 영적으로 혼란스러운 것을 분명하게 하십시오
우리의 삶 속에서 아무리 사소한 것이더라도 성령의 인도하심을 받지 않으면, 그것이 영적 혼란을 일으키는 원인이 충분히 될 수 있습니다. 그리고 그 문제를 두고 시간을 쏟아부어 아무리 골똘히 생각한다 해도 결코 분명하게 이해되지 않습니다. 영적으로 혼란스러운 일은 순종을 통해서만 분명하게 이해되는 것입니다.

우리가 순종하는 순간 곧바로 분간하게 됩니다. 이것이 우리의 부끄러운 모습입니다. 왜냐하면, 우리가 혼란에 빠져 있을 때 그 이유가 우리 마음의 어떤 기질에 있다는 것을 우리가 알기 때문입니다.

우리의 어떤 기질 때문에 우리가 혼란에 빠지게 된 것을 알기에 우리는 부끄러운 것입니다. 우리의 타고난 본성적 판단력을 성령의 인도하심에 따르게 하면, 그것은 하나님의 뜻을 이해하는 능력이 되고 우리의 전체 삶이 항상 진실하게 됩니다.

버려야 할 것

9월 15일

오히려 우리는 부끄러움의 숨은 일들을 버렸고 …
하나님의 말씀을 혼잡하게 하지 않습니다 (고후 4:2).

부끄러운 일들을 계속 경계하십시오
부끄러운 일들이란 밝히 드러나게 되면 당신의 명예가 훼손되는 것들입니다. 당신이 그것들을 감추기는 쉽습니다.

빛 가운데 드러나는 것을 숨기고 싶은 어떤 것이 당신의 마음속에 자리 잡고 있습니까?

그것이 떠오르는 순간 즉시 버리십시오. 부정직함이나 교활함, 시기, 질투, 분쟁과 같은 것들은 죄의 기질에서 나온다기보다는 지난 과거에 이 같은 종류의 악을 위해 사용되었던 당신의 몸의 체질에서 생겨납니다(참고, 롬 6:19; 벧전 4:1-2). 당신이 부끄러워할 어떤 것도 당신의 삶에서 생겨나지 않도록 지속해서 깨어 경계하십시오. 끊어 버리십시오.

지극히 높으신 분께 당신의 최선을 확실하게 다하십시오
"교활함 가운데 행하지 않으며"(고후 4:2). 교활하면 자기 뜻을 관철하기 위해 수단과 방법을 가리지 않습니다. 이것은 아주 위험한 덫입니다. 그러므로 사람들을 다른 방식으로 절대 이끌지 않도록 주의해야 합니다. 당신이 하나님의 방식을 따르지 않으면, 당신에게 하나님의 채찍이 가해질 것입니다. 다른 사람의 경우, 당신이 볼 때 교활함 가운데서 행하면서도 그들은 그것을 괜찮게 여길지도 모릅니다.

지극히 높으신 하나님께 당신의 최선을 다해야겠다는 생각이 절대 무뎌지지 않게 하십시오. 최상의 목적이 아닌 다른 것을 위하여 당신이 어떤 것을 행하게 되면 교활함이 틈타게 되고, 하나님이 당신에게 주신 동기를 무디게 하게 됩니다. 많은 사람이 하나님의 관점에서 사물들을 바라보는 것을 두려워하기 때문에 그들은 과거의 삶으로 되돌아갔습니다. 사람이 자기가 신봉하고 있는 신조에서 조금이라도 벗어나 있는 것이 드러나게 되면 영적으로 위기가 찾아옵니다.

9월 16일

종교에 대한 하나님의 영역

당신은 기도할 때에 당신의 골방으로 들어가 문을 닫고
은밀히 계시는 당신의 아버지께 기도하십시오 (마 6:6).

기도의 가장 중요한 동기

종교의 영역에서 중요한 요소는 우리의 시선을 사람이 아니라 하나님께 고정하는 것입니다. 당신이 기도하는 사람으로 알려지고 싶어서 하는 열망이 당신의 기도 동기가 되지 않게 하십시오. 당신이 기도하고 있는 것을 아무도 모르는 곳에서 기도할 때 문을 닫고 은밀히 계시는 하나님께 구하기 위해 골방으로 들어가십시오.

하늘에 계시는 당신의 아버지를 아는 것 외에 어떤 다른 동기도 가지지 마십시오. 은밀한 기도를 위해 정해놓은 시간이 없으면 당신은 제자의 삶을 사는 것이 불가능합니다.

하나님과 깊이 교통하는 기도

"너희은 기도할 때에 이방인들처럼 의미 없는 말을 되풀이하지 마라"(7절). 하나님은 우리의 열심을 보시고 감동하는 것이 결코 아닙니다. 그분이 우리의 기도를 응답하시는 것은 우리의 열심 때문이 아니고 그리스도의 구속에 근거하여 기도하기 때문입니다. 기도는 하나님으로부터 단지 어떤 것을 받아 얻는 것이 아닙니다. 그러한 것은 기도의 초보적 형태입니다.

기도는 하나님과의 온전하고 깊은 교통으로 들어가는 것입니다. 만일 하나님의 아들 형상이 우리가 거듭남으로 말미암아 우리 안에 이루어지면, 하나님은 우리가 상식을 넘어서게 하시고, 우리가 기도하는 것들에 대해 우리의 태도를 바꿔주실 것입니다.

기도는 우리의 의지를 꺾는 것입니다

"구하는 이마다 받을 것이다"(마 7:8). 우리는 우리의 의지를 빠뜨린 채 경건의 모양만 있는 상투적인 말로 기도합니다. 그리고서는 하나님께 응답하시지 않는다고 투덜댑니다. 사실 우리는 아무것도 전혀 구하지 않았던 것입니다. 예수님은 말씀하시기를 "무엇이든지 너희들이 뜻하는 것을 구하여야 할 것이다"(요 15:7)고 했습니다. 구한다는 것은 그 안에 우리의 의지(뜻)가 포함되어 있다는 것을 의미합니다.

예수님이 기도에 대하여 말씀하던 때마다, 어린아이와 같이 가장 진실하게 해야 한다고 하셨습니다. 그러나 우리가 투덜대며 말합니다. "네, 그렇지만 …" 예수님은 "구하라."고 말씀하셨습니다. 그러나 예수 그리스도께서 계시하신바 하나님께 합당한 것들을 우리가 구해야 한다는 것을 기억하십시오.

무엇이 시험의 유익입니까?

9월 17일

사람이 감당할 수 없는 시험을 여러분은 당한 적이 없으니 (고전 10:13).

시험은 본성의 가능성을 드러냅니다
'시험'이라는 단어가 세상에서 줄곧 사용됐는데, 우리는 그것을 잘못 사용하기 쉽습니다. 시험은 죄가 아닙니다. 그것은 우리가 사람이라면 당연히 만나게 되어 있는 어떤 것입니다. 그래서 시험을 당하지 않으려 하게 되면 치욕스럽게 될 수 있습니다. 그런데 우리 가운데 많은 사람이 고생할 필요가 전혀 없는 시험들로 고생합니다.

그 이유는 단순합니다. 하나님이 우리를 더 높은 단계로 끌어올리시고자 하는 것을 우리가 거절했기 때문입니다. 더 높은 단계에서는 우리가 또 다른 차원의 시험들을 만나게 됩니다.

사람이 외적으로 어떤 시험을 받는가 하는 것은 그 사람의 내면적 기질, 곧 그 사람이 어떤 인성을 소유하고 있는가에 따라 결정됩니다. 시험은 시험받는 사람의 본성대로입니다. 그래서 그 사람의 본성의 가능성을 드러냅니다. 사람마다 자신의 시험의 배경을 가지고 있습니다. 그리고 시험은 그 사람의 지배적인 기질에 따라 틈타서 찾아옵니다.

시험은 목표 실현의 지름길입니다
시험은 내가 세운 최고의 목표를 실현할 수 있는 확실한 지름길입니다. 그 목표는 내가 악하다고 생각하는 어떤 것이 아니고, 내가 선하다고 생각하는 어떤 것을 지향합니다. 시험은 잠시 나를 완전히 혼란스럽게 만든 어떤 것입니다. 그래서 그것이 옳은지 아니면 그릇된 것인지를 알지 못해 혼란스럽습니다.

내가 이겨낸 시험은 사실은 신성의 탈을 쓴 정욕이요, 내가 소심해서 이전에 죄를 범하지 않게 되었다는 증거입니다. 다시 말해서, 시험을 이겨내기는 했지만 내 속에 있는 정욕 때문에 시험을 자초했고, 그러나 내가 소심해서 죄에 빠지지는 않게 되었던 것뿐입니다.

시험은 우리가 피할 수 있는 어떤 것이 아닙니다. 그것은 정상적인 궤도의 삶에 필수적입니다. 당신이 시험을 받고 있을 때 다른 아무도 받지 않는 시험을 당신만이 받고 있다고 생각하지 않도록 주의하십시오. 당신이 겪고 있는 것은 모든 인류가 누구나 공통으로 겪어온 것입니다. 이전에 아무도 겪지 않은 어떤 것이 결코 아닙니다. 하나님은 우리에게 시험을 면제해 주시지 않습니다. 시험 가운데서 우리를 도와주십니다(히 2:18).

9월 18일

주님의 시험과 우리의 시험

우리에게 계신 대제사장은 우리의 연약함을 동정하지 못하는 분이 아니시니, 모든 면에서 마찬가지로 시험을 받으셨으나 죄는 없으신 분이시기 때문입니다 (히 4:15).

우리 주님 예수님이 받으신 시험

우리가 거듭날 때까지는 우리가 이해하는 유일한 종류의 시험은 야고보가 언급한 것입니다. "각 사람이 시험을 받는 것은 자기의 욕심에 이끌려 미혹되기 때문입니다"(약 1:14). 그러나 거듭난 후에는 우리가 다른 영역을 알게 되는바, 그 영역에는 여러 종류의 시험, 곧 우리 주님이 당하셨던 종류의 시험들이 있습니다. 예수님이 당하신 시험들은 우리가 가늠할 수가 없습니다. 그 시험들은 우리의 인간적인 본성과는 전혀 관계가 없습니다.

우리 주님의 시험과 우리의 시험은 우리가 거듭나 그분의 형제가 될 때까지는 차원이 전혀 다른 영역에 속합니다. 예수님이 당하신 시험들은 보통의 사람이 당하는 것들이 아니고, 사람이 되신 하나님이 당하는 시험입니다.

사람인 우리가 받는 시험

우리가 거듭나게 되면 하나님의 아들 형상이 우리 안에 이루어집니다. 이로써 우리의 육체적 삶에 그분이 이 땅에 계셨을 때 보유하셨던 것과 동일한 시험의 배경을 만들어 주십니다. 사탄은 우리를 시험할 때 그릇된 것들을 하게 하지 않습니다. 우리가 거듭날 때 하나님이 우리에게 넣어주신 것, 곧 하나님께 가치 있는 존재가 될 가능성을 잃게 하려고 사탄은 우리를 시험합니다. 사탄이 우리를 시험할 때 죄를 범하게 하려 하기보다는, 가치관을 바꾸게 합니다. 이 같은 사탄의 교활한 시험은 오직 하나님의 성령님만이 간파해내실 수 있습니다.

시험이란 외부의 힘, 곧 사탄 마귀에 의해 우리의 인성의 성품들이 받는 검증입니다. 이 같은 검증을 통해서 우리 주님의 시험을 이해할 수 있게 됩니다. 예수님은 그가 세례받으시던 때 세상 죄를 짊어지고 가는 소명을 받아들이셨습니다.

그리고서 즉시로 하나님의 성령에 이끌려 마귀의 검증대에 서게 되셨던 것입니다. 그러나 그는 검증을 받는 동안 지치지 않으셨습니다. 그는 '죄 없이' 시험을 통과하셨습니다. 그리고 그의 인성의 성품을 손상 없이 지키셨습니다.

예수님과 계속 동행하고 있습니까?

9월 19일

여러분은 내가 여러 가지 시련들을 겪을 때 줄곧 나와 함께한 자들입니다 (눅 22:28).

시험받을 때 예수님과 동행하십니까?
우리가 시험받을 때 예수 그리스도께서 우리와 함께하시는 것은 사실입니다. 그러나 예수님이 시험받을 때 우리는 그분과 함께할까요?
우리 가운데 많은 사람은 예수님께서 넉넉히 이겨내실 수 있는 시험을 경험하는 순간부터 예수님과 동행하는 것을 포기합니다. 하나님이 당신의 상황들을 바꾸실 때, 당신이 예수님과 동행하려 하는지, 아니면 세상과 육신과 마귀 편에 서려고 하는지 살펴보십시오.
우리는 우리의 가슴판에 주님의 배지(견장)를 차고 있으나, 그분과 동행하고 있습니까? "그분의 제자 중 여럿이 떠나가 버리고 더 이상 그분과 함께 다니지 아니하였다"(요 6:66). 예수님이 당하신 시험들은 이 땅에 계시는 동안 계속 있었습니다. 그 시험들은 우리 안에 계시는 하나님의 아들의 생명을 통해서 계속될 것입니다. 그렇다면 지금 예수님과 동행하렵니까?

우리가 받는 시험은 주님의 시험입니다
우리는 우리 주변에 하나님이 조성하시는 환경들로부터 자신을 방어해야 한다는 생각을 하고 있습니다. 결코, 그래서는 안 됩니다. 하나님이 환경들을 조성하십니다. 그 환경이 어떤 것일지라도, 그가 받으시는 시험들에서 그와 함께 지속해서 거하면서 그 환경들을 우리가 직면해야 합니다.
우리의 환경들 속에서 받는 시험들은 주님의 시험들이고, 우리에게 주어지는 시험들이 아닙니다. 우리 안에 있는 하나님의 아들의 생명에게 주어지는 시험들입니다. 예수 그리스도의 명예가 당신의 육신의 생명에 달려 있습니다.
당신 안에 있는 하나님의 아들의 생명을 위협하는 것들을 극복하고 하나님의 아들에게 계속 충성하렵니까?
당신은 예수님과 계속 동행하고 있습니까?
당신이 동행해야 하는 길은 겟세마네를 지나고, 성문을 지나 영문 밖으로 나갑니다. 그 길은 고단합니다.

9월 20일

그리스도인의 삶의 규칙

그러므로 여러분의 하늘 아버지께서 온전하신 것같이 여러분도 온전하십시오 (마 5:48).

그리스도인의 삶은 호불호에 좌우되면 안 됩니다

이 구절들에서 우리 주님이 권면하시는 것은 모든 사람을 대하는 우리의 태도가 관대하라는 것입니다. 영적 생활에서 본성적 호불호에 따라 행하는 것을 주의하십시오. 사람마다 본래 호불호가 있습니다. 어떤 사람은 우리가 좋아하고, 다른 사람은 우리가 싫어합니다. 우리 그리스도인의 생활에는 그 같은 좋아함과 싫어함이 괜찮은 것으로 여겨지면 안 됩니다. "하나님께서 빛 가운데 계신 것 같이 우리가 빛 가운데 행하면"(요일 1:7). 우리가 본성적으로 싫어하는 사람들과도 사귐을 가질 수 있게 하나님이 우리를 도우십니다.

우리 주님께서 우리에게 보여주신 본은 선한 사람이나 선한 그리스도인의 본이 아니고, 하나님 자신의 본입니다. "그러므로 너희의 하늘 아버지께서 온전하신 것 같이 너희도 온전하라"(마 5:48).

하나님께서 당신에게 보여주신 대로 당신도 다른 사람에게 행하여 보이십시오. 하늘에 계시는 우리의 아버지께서 온전하신 것처럼 우리가 온전한지를 우리의 실제 생활에서 행하여 보일 많은 기회를 하나님께서 우리에게 주실 것입니다. 예수님의 제자가 된다는 것은 다른 사람에 대한 하나님의 관심에 우리도 의도적으로 함께 하는 것을 의미합니다. "내가 너희를 사랑한 것같이 너희도 서로 사랑하라"(요 13:34).

당신의 삶에서 하나님의 성품을 드러내십시오

그리스도인의 성품은 선을 행할 때보다는 하나님을 닮은 데서 드러납니다. 만일 하나님의 성령께서 당신의 내면을 변화시켰다고 하면, 당신은 당신의 삶에서 인간의 선한 성품이 아니라, 하나님의 성품을 드러내게 될 것입니다.

우리 안에 있는 하나님의 생명은 하나님 생명임을 스스로 드러냅니다. 스스로 경건해지려고 애쓰는 인간적인 생명을 드러내는 것이 아닙니다. 그리스도인의 비밀은 하나님의 은혜로 그 안에서 초자연적인 것이 자연적인 것이 되는 것입니다.

이 같은 경험이 하나님과 교통할 때가 아니라, 삶의 실제적인 영역들에서 이루어집니다. 그래서 혼란스럽게 하는 일들을 우리가 만날 때, 그 혼란의 와중에도 놀랍게 평정을 취할 수 있는 힘이 우리에게 있다는 것을 발견하고 깜짝 놀랍니다.

선교사의 예정

나를 태에서부터 지어 자기 종으로 삼으신 여호와께서 이제 말씀하신다 (사 49:5).

인간 창조의 목적

그리스도 예수 안에서 하나님께 우리가 선택되었다는 것을 깨달은 후에 일어나는 첫 번째 일은 우리의 편견과 편협한 생각들과 애국심 등이 무너지는 것입니다. 그리고 우리가 하나님 자신의 목적을 위한 종이 된 것입니다. 하나님이 전 인류를 창조하신 목적은 하나님께 영광을 돌리고 영원토록 충만하게 하나님을 즐거워하는 것입니다. 죄로 인하여 인류가 다른 길로 방향을 돌렸지만, 하나님의 목적은 조금도 변경되지 않았습니다.

우리가 거듭나게 되면 인류를 향한 하나님의 거대한 목적을 깨닫게 됩니다. 즉, 내가 하나님을 위해 창조되었고, 하나님께서 나를 창조하셨다는 사실을 깨닫습니다. 하나님의 선택을 깨닫는 것은 이 세상에서 가장 기쁜 깨달음입니다. 그래서 하나님의 놀라운 창조의 목적을 따라 사는 법을 우리가 배워야 합니다.

하나님께서 제일 먼저 우리와 함께하고자 하시는 일은 "일편단심을 통로로 삼아" 전 세계에 관한 관심을 불러일으키는 것입니다. 하나님의 참된 본성인 하나님의 사랑이 우리에게 임하게 되고, 전능하신 하나님의 본성은 "하나님께서 세상을 이처럼 사랑하시어"(요 3:16)라는 말씀에 잘 요약되어 있습니다.

선교사의 창조 목적

우리의 영혼은 하나님의 창조 목적을 향해 항상 열려 있어야 합니다. 그 목적을 자기 생각으로 망쳐서는 안 됩니다. 만일 우리가 망치면, 우리가 상처를 아무리 크게 받을지라도, 하나님 편에서는 한쪽으로 치우쳐 있는 우리의 생각들을 분쇄하시는 것이 당연합니다. 하나님이 선교사를 창조하신 목적은 그가 하나님의 종이 되어 하나님께 영광을 돌리는 자가 되게 하는 데 있습니다.

예수 그리스도의 구원을 통해서 우리가 하나님께 온전히 적합하게 된 것을 깨닫게 되면, 우리는 예수 그리스도께서 왜 냉혹하게 요구하시는지 그 이유를 이해하게 될 것입니다. 하나님은 그의 종들에게 전적으로 정직하고 정확한 것을 요구하십니다. 이는 하나님이 하나님의 참된 본성을 그들 속에 넣어주셨기 때문입니다.

당신의 삶을 향한 하나님의 목적을 잊지 않도록 주의하십시오.

9월 22일

선교사의 선생님

당신들이 나를 선생님 또는 주님이라고 부르는데,
당신들의 말이 옳습니다. 내가 과연 그러합니다 (요 13:13).

선생님은 어떤 분입니까?

선생님(주인님)을 모시는 것과 선생님(주인님)에게 지배를 받는 것은 같은 것이 아닙니다(※ 역자 주: 영어 'master'는 '선생' 또는 '주인'을 가리키고, 동사의 경우 '지배하다'로 번역됨). 선생님을 모시고 있다는 말은 나 자신보다 나를 더 잘 알고 계시는 분, 친구보다 더 가까운 분, 내 마음의 가장 깊은 곳까지도 헤아려 만족하게 해 주시는 분, 내 마음속에 있는 모든 혼란스러운 것과 고민을 해결해 나를 안심시켜 주시는 분이 내 곁에 함께 있다는 것을 의미합니다. 선생님을 모시고 있다는 것이 바로 이것입니다. "당신의 선생님은 오직 그리스도 한 분뿐이십니다" (마 23:10).

우리 주님은 결코 순종을 강요하지 않으십니다. 그분은 그가 원하시는것을 내게 시키시고 수단들을 동원하지 않으십니다. 어떤 때에는 하나님이 나를 다스리시어 그 일을 내게 시키셨으면 하고 원하지만, 하나님은 그렇게 하지 않으십니다. 다른 어떤 때에는 하나님이 나를 내버려 두셨으면 하고 원하지만, 하나님은 그렇게 내버려 두지 않으십니다.

선생님이시요 주님이신 그분께 순종해야 합니다

"당신들이 나를 선생님 또는 주님이라고 부릅니다." 그분이 정말 선생님이시요, 주님이신 것이 맞습니까? 우리 사전에는 선생님과 주님이라는 말은 찾아보기 어렵습니다. 대신 구주, 거룩하게 해주시는 분, 치유자라는 단어들을 우리가 선호합니다. 경험상 선생님이심을 서술하는 유일한 단어는 사랑입니다.

그러나 하나님께서 계시하고 있는바 사랑에 대해서는 우리가 아는 것이 거의 없습니다. 이 같은 우리의 무지는 우리가 순종이라는 단어를 어떤 방식으로 사용하고 있는지에 드러나 있습니다. 성경에는 순종이 동등한 관계에 기초하고 있습니다. 즉, 아들과 아버지의 관계에서 되는 것입니다.

우리 주님은 하나님의 종이 아니셨습니다. 그는 자기 아들이셨습니다. 그분은 아들이시나 고난으로 순종을 배우셨습니다 (히 5:8). 만일 우리의 생각에 우리가 지배를 받고 있다고 여긴다면, 그것은 우리에게 아무 선생님도 없다는 증거입니다. 만일 예수님에 대한 우리의 태도가 그런 것이라면, 예수님에 대한 우리의 관계는 예수님이 원하시는 것과는 사뭇 거리가 멉니다. 우리에게 그가 원하시는 관계는 우리가 일부러 의식하지 않고서도 쉽게 선생님이신 그런 관계입니다. 우리가 아는 모든 것은 우리가 예수님의 것으로 순종해야 한다는 것입니다.

선교사의 목표

9월 23일

보십시오. 우리가 예루살렘으로 올라갑니다 (눅 18:31).

선교사의 목표는 하나님의 뜻을 행하는 것입니다

우리의 본성적 육체적 삶의 경우 우리가 발전함에 따라서 우리의 야망도 바뀝니다. 그러나 그리스도인의 삶의 경우는 목표가 시작 단계에서 주어집니다. 시작과 끝이 동일하게 우리 주님 자신이 그리스도인의 삶의 목표인 것입니다. 우리는 그리스도와 함께 시작해서 그리스도와 함께 끝납니다.

우리 나름대로 생각하는바 그리스도인의 삶이 아니라, "그리스도의 충만하심의 장성한 분량에까지"(엡 4:13) 이르는 것이 목표입니다. 선교사의 목표는 하나님의 뜻을 행하는 것입니다. 쓸모있는 사역자가 된다거나 이방인들을 몇 명이나 구원하는 것이 아닙니다. 선교사가 쓸모있는 사역자로서 이방인을 구원해야 마땅하지만, 그것이 그의 목표가 아닙니다. 그의 목표는 주님의 뜻을 행하는 것입니다.

우리 주님의 삶에서 예루살렘은 십자가에서 아버지 하나님의 뜻을 행함에 있어 절정에 이른 장소였습니다. 우리가 예수님과 함께 그 예루살렘에 올라가지 않는다면 우리는 주님의 친구가 결코 아닙니다. 우리 주님께서 예루살렘으로 올라가시던 때 아무것도 그의 발걸음을 막지 못했습니다.

그가 핍박받은 어떤 마을들을 통과할 때는 결코 발걸음을 재촉하지 않으셨으나, 그가 환영받은 다른 마을들에서는 머뭇거리지도 않았습니다. 사람들의 감사나 배은망덕이 예루살렘으로 올라가시고자 하는 그의 뜻을 결코 조금도 바꾸지 못했습니다.

우리도 예수님처럼 우리의 예루살렘으로 올라가야 합니다

"제자가 스승 위에 있지 않고"(마 10:24). 우리가 예루살렘으로 올라가는 길에도 동일한 일들이 일어날 것입니다. 우리를 통해 하나님의 일들이 나타나게 될 것이고, 사람들은 복을 받게 될 것이며, 한두 사람은 감사를 표현할 것이고 나머지 사람들은 배은망덕하게 될 것입니다. 그러나 예루살렘으로 올라가는 우리의 발걸음을 아무것도 가로막지 못하게 해야 합니다.

"거기에서 그들이 예수님을 십자가에 못 박고"(눅 23:33). 우리 주님이 예루살렘에 이르렀을 때 바로 그 일이 일어났습니다. 그 십자가 사건이 우리의 구원을 향한 대문입니다. 성도들의 삶은 십자가에 못 박히는 것으로 끝나지 않습니다. 주님의 은혜로 영광중에 끝납니다. 우리의 삶이 진행되는 동안 우리의 표어는 '나 또한 예루살렘으로 올라간다.'입니다.

9월 24일

준비를 위한 '가라'

그러므로 당신이 제단에 당신의 예물을 드리려고 하다가 거기에서 당신의 형제가 당신에게 원한을 품고 있다는 것이 생각나거든, 당신의 예물을 제단 앞에 놓아두고, 먼저 가서 당신의 형제와 화해하고 그 후에 돌아와서 당신의 예물을 드리십시오(마 5:23-24).

준비하고 또 준비하십시오

우리가 온전하게 잘 준비된 지점까지 언젠가는 이르게 될 것으로 생각하기 쉽습니다. 그러나 준비하는 일은 갑자기 이루어지지 않습니다. 그것은 꾸준하게 진행되는 과정입니다. 일반적으로 시간이 걸리게 되어 있습니다. 우리가 경험한 것의 현 상태에 안주하는 것은 위험합니다. 언제나 준비하고 또 준비해야 합니다.

젊은 그리스도인의 경우 희생정신을 높이 평가하기 쉽습니다. 인간적으로 말하자면, 예수 그리스도에게 매력을 느끼는 한 가지 이유는 우리의 영웅 심리 때문입니다. 그러나 우리 주님의 말씀을 면밀하게 살피게 되면 갑자기 우리의 열심의 파도가 자지러지게 됩니다.

하나님의 말씀 빛을 가지고 면밀히 살피십시오

"먼저 당신의 형제와 화해하라." 준비를 위해 '가라'는 것은 하나님의 말씀으로 자세히 살피는 것을 뜻합니다. 영웅적 희생정신으로는 충분하지 않습니다. 성령께서 당신 안에서 찾으시고 있는 것은 주님을 섬기는 데 전혀 도움이 되지 않는 기질입니다. 오직 하나님만이 당신 안에 있는 그 기질을 찾아내실 수 있습니다.

당신은 하나님께 숨기고 있는 것이 하나라도 있습니까? 만일 숨기고 있는 것이 있다면, 하나님께서 그분의 빛을 가지고 당신을 살피게 하십시오. 만일 죄가 있다면, 인정하는 것으로 끝내지 말고, 고백하십시오.

당신 자신에 대한 당신의 권리가 어떠한 모욕을 당할지라도, 당신의 주님이시요, 선생님이신 그분께 기꺼이 순종하겠습니까?

성령의 책망을 절대 무시하지 말고 염두에 두십시오(참고, 요 16:8). 성령님이 그것을 당신의 마음에 떠오르게 하실 만큼 중요하다고 하면, 그것이 바로 성령님이 찾고 있는 것입니다. 당신은 큰 것을 포기하려고 찾고 있었습니다. 그러나 하나님은 어떤 작은 것에 대해서 말씀하고 계십니다. 그러나 그 작은 것 배후에는 완고함이라고 하는 큰 바윗덩어리가 한가운데 자리 잡고 있습니다. "나는 나 자신에 대한 내 권리를 포기하지 않을 것입니다." 이같이 자기 권리를 포기하는 것이야말로, 만일 아직도 당신이 예수 그리스도의 제자가 되고자 한다면 하나님은 당신이 포기하기를 원하시는 것입니다.

관계를 위한 '가라'

9월 25일

또 누가 당신에게 강제로 천 걸음을 가자고 하거든,
그와 이천 걸음을 가 주십시오 (마 5:11).

주님이 요구하시는 관계는 초자연적으로 맺어집니다

우리 주님의 가르치심을 요약해 보면, 그분이 요구하시는 관계는 우리 안에서 초자연적으로 그가 맺어주시지 않았다고 하면 불가능한 것입니다. 예수 그리스도께서 요구하시는 바에 따르면, 제자라면 포학과 불의를 당하는 때에라도 그의 머릿속에는 조그마한 분노의 흔적도 남아 있어서는 안 됩니다.

예수 그리스도께서 자기 사역자에게 떠안기는 부담은 열정만 가지고서는 결코 감당하지 못할 것입니다. 오직 한 가지, 곧 예수님 자신에 대한 인격적인 관계를 통해서만 감당해낼 것입니다. 그 인격적 관계를 통해 그분이 정결케 하는 물레방아를 통과하게 되면 한 가지 목적만이 남게 됩니다. "내가 여기 있사오니 하나님이시여, 원하시는 대로 나를 보내주십시오"(참고, 사 6:8). 모든 다른 것들은 희미해진다고 할지라도, 예수 그리스도와의 이 관계만큼은 결코 희미해져서는 안 됩니다.

우리는 초자연적으로 예수님의 제자가 되어야 합니다

산상설교는 하나의 이상이 아닙니다. 그것은 예수 그리스도께서 나의 성질을 고쳐주시고 그 자신의 것과 같은 성질을 내게 넣어주시는 때 내 안에서 일어나게 되는 것을 두고 말씀하신 것입니다. 예수 그리스도는 산상설교를 성취하실 수 있는 유일한 분이십니다. 만일 우리가 예수님의 제자들이 되고자 하면, 초자연적으로 제자가 되어야 합니다. 우리가 제자가 되고자 하는 목적을 가지고 필사적으로 노력한다고 해서 결코 제자가 될 수는 없습니다. "내가 너희를 택했다"(요 15:16).

이 같은 선택이 하나님의 은혜가 시작되는 방식입니다. 그것은 우리가 결코 피할 수 없는 하나님의 강권하는 은혜입니다. 우리가 택함을 받는 것을 원하지 않을 수는 있겠으나, 우리는 선택할 권리가 있을 수 없습니다. 선택받아 주님께 이끌리는 것은 하나님의 초자연적 은혜로 말미암습니다. 그 초자연적 은혜의 사역이 어디서 어떻게 시작되는지 우리는 결코 알 수 없습니다.

우리 주님의 제자 삼는 방식은 초자연적입니다. 그분은 사람의 타고난 능력을 전혀 고려하지 않습니다. 하나님은 우리가 본래 쉽게 할 수 있는 것들을 하라고 요구하시지 않습니다. 하나님의 은혜로 우리가 하기에 적합한 것들을 행하라고 요구하실 뿐입니다. 그런데 하나님의 일을 하려 하면 항상 십자가가 따라올 것입니다.

9월 26일

나무랄 데 없는 태도

당신의 형제가 당신에게 원한을 품고 있다는 것이 생각나거든 (마 5:23).

먼저 형제와 화해하십시오
　당신이 제단 앞으로 나아가는 때 거기에서 만일 당신의 형제가 당신에게 원한을 품고 있다는 것이 생각난다고 하면, 다시 말해서, 하나님의 성령으로 말미암아 당신이 마음으로 깨닫게 된다고 하면, "먼저 당신의 형제와 화해하고 그 후에 돌아와서 당신의 예물을 드리십시오."
　"생각나거든"이라는 말은 병적으로 예민한 탓에 어떤 것을 샅샅이 생각해낸다는 것을 의미하지 않고, 단순히 기억이 나게 된 것을 가리킵니다. 성령께서 아주 작은 일까지 당신에게 떠오르게 하여 가책을 느끼게 하는 때에 당신 안에서 역사하시는 성령님의 민감하심에 대해 절대 거스르지 마십시오.
　"먼저 너희의 형제와 화해하라." 우리 주님의 지시는 단순합니다. "먼저 화해하십시오."입니다. 왔던 길을 되돌아가십시오. 제단에서 생각난 책망대로 하십시오. 당신에게 원한을 품고 있는 형제를 향해 숨 쉬는 것처럼 자연스럽게 화해할 수 있는 마음의 태도를 보이십시오. 예수님은 당신 아닌 다른 사람에게 지시하시지 않습니다. "너가 가라."라고 말합니다. 당신의 권리 따위는 결코 물어서는 안 됩니다. 성도의 표시는 그의 권리들을 포기하고 주 예수님께 순종하는 것입니다.

"그 후에 돌아와서 당신의 예물을 드리십시오"
　화해를 향한 과정이 분명하게 드러나 있습니다. 먼저, 자기를 희생하는 영웅적인 정신을 발휘해야 합니다. 그 후에 성령의 민감함으로 말미암아 갑작스럽게 생각이 납니다. 책망을 받는 순간에 예물 드리는 것을 멈춥니다. 그리고서 당신이 잘못한 사람을 향하여 나무랄 데 없는 마음의 태도를 보이고서 하나님의 말씀에 순종하는 방법을 따릅니다. 그다음 하나님께 당신의 예물을 기쁘고 거리낌 없이 드리는 것입니다.

단념을 위한 '가라'

9월 27일

주님, 저는 주님께서 어디로 가시든지 주님을 따르겠습니다 (눅 9:57).

냉정하게 실망시키시는 예수님

이 사람을 향한 우리 주님의 태도는 그 사람 마음속에 무엇이 있는가를 알고 계셨기 때문에 그를 낙심시킬 만큼 냉혹했습니다. 우리 같으면 이렇게 말했을 것입니다. "그 사람을 구원할 수 있는 기회를 놓치시다니." "괜히 냉정하게 대하시어 그가 실망하고 떠나가게 하다니."

당신은 주님에 대하여 이처럼 유감스럽게 생각할 수 있습니다. 주님의 말씀들은 더 이상 상처받을 것이 남아 있지 않을 정도로 아픔과 상처를 줍니다. 예수 그리스도께서는 사람이 하나님을 섬기는 데 궁극적으로 방해가 될 만한 것은 무엇이든 조금도 용납하지 않으십니다.

우리 주님의 대답은 변덕스러운 것이 아니고, 사람 속에 있는 것을 아시고서 하신 것입니다. 만일 하나님의 성령께서 당신에게 상처를 주는 주님의 말씀을 생각나게 하시거든, 주께서 철저하게 어떤 상처를 없애 주시고자 하는 것이 당신에게 있다는 것을 확신하면 좋습니다.

충성의 우선순위

"인자는 머리 둘 곳도 없다"(58절). 이 말씀은 기쁨으로 예수 그리스도를 섬기고자 하는 사람의 마음에 찬물을 끼얹었습니다. 이 같은 가혹한 거절은 나의 주님과 나 자신 그리고 비참한 희망만 남게 만듭니다. "수많은 일이 거듭되더라도, 당신의 좌표는 나에 대한 당신의 관계여야 합니다. 나는 머리 둘 곳도 전혀 없습니다."

"주님, 제가 먼저 가서 제 아버지의 장례를 치르도록 허락하소서"(59절). 이 사람은 예수님을 실망시키고 싶지 않았습니다. 또한, 자기 아버지에게 상처를 주고 싶지도 않았습니다. 우리는 예수 그리스도에게 충성하기보다는 가족들에게 충성하는데 더 민감합니다. 예수님은 맨 마지막입니다. 그러나 충성을 누구에게 할 것인가 충돌이 있을 때, 어떤 희생을 치르더라도 예수 그리스도에게 우선 충성하십시오.

"그러나 먼저 제 집에 있는 자들에게 작별 인사를 하도록 허락하소서"(61절). "먼저…"라고 말하는 사람은 따르고 싶은 마음은 불같이 뜨겁게 준비되어 있으나, 결국은 따르지 않습니다. 이 사람에게는 한두 가지 단서가 있었습니다. 그러나 예수 그리스도의 엄한 부르심은 작별 인사할 여유를 전혀 주지 않습니다. 작별 인사는 이교적이고, 기독교적이 아닙니다. 하나님의 부르심이 있으면, 일단 첫 발걸음을 내딛고서 절대 멈추지 말고 나아가십시오.

9월 28일

무조건적인 하나됨을 위한 '가라'

당신에게 부족한 것이 한 가지 있으니 … 십자가를 지고, 그리고 나를 따르십시오
(막 10:21).

자기 권리를 포기할 때 예수님과 하나됩니다

이 젊은 부자 관원은 완전해지고 싶은 강렬한 열정을 가지고 있었습니다. 그가 예수 그리스도를 보자 그분과 같은 사람이 되고 싶었습니다. 그러나 우리 주님께서는 제자를 부르실 때 인격적 거룩함, 곧 완전함을 결코 앞세우지 않습니다. 대신 자신에 대한 권리를 철저하게 포기하고 예수님 자신과 하나 되는 것을 앞세우십니다. 즉, 다른 어떤 인간관계보다 예수님과 관계를 가장 우선적으로 보십니다. 누가복음 14:26, "자기 목숨까지도 미워하십시오."라는 말씀은 구원이나 성화와는 아무런 관계가 없고, 예수 그리스도와 무조건적으로 하나 되는 것을 가리킵니다. 거의 대부분의 사람들은 예수님에게 모든 것을 다 내맡기는바 절대적인 '가라'를 모르고 있습니다. 예수님을 전적으로 따르려면 자기의 권리를 예수님에게 다 양도해야 하는 것입니다.

오직 한 가지 선한 것은 예수님과의 연합입니다

"예수께서 그를 바라보시고 그를 사랑하셔서." 예수님께서 바라보신다는 것은 어떤 사람에 대한 깊은 애착으로부터 나오는바 상한 심정을 가지고 보시는 것을 뜻합니다. 깊이 사랑하기에 찢어지고 상한 마음으로 어떤 사람을 바라보고 계신 것입니다. 예수님이 당신을 그렇게 바라보신 적이 있습니까? 예수님이 그같이 바라보시는 눈빛이 당신을 변화시키고 당신의 시선을 바꾸십니다. 하나님과 당신의 관계가 다소 '느슨한' 경우가 바로 주님께서 당신을 바라보신 경우입니다. 만일 당신의 마음이 강퍅하고 복수심이 있으며, 고집을 부리고, 다른 사람이 당신보다 더 잘못하고 있는 것 같다고 여긴다면, 당신의 본성이 전체적으로 주님의 시선에 의해 전혀 변화되지 않았다는 것을 가리킵니다.

"당신에게 부족한 것이 한 가지 있으니." 예수 그리스도의 관점에서 유일하게 '선한 것'은 그분과의 연합입니다. 그분과 당신 사이에 아무것도 끼어 있어서는 안 됩니다.

"당신이 가진 모든 것을 팔아." 아무것도 내놓을 것이 없을 때까지 자신을 내려놓아야 합니다. 모든 소유를 근본적으로 포기해야 하는데, 이는 내 영혼을 구원하기 위해서가 아니라 오직 예수 그리스도를 따르기 위해서입니다. (사람의 영혼을 구원하는 유일한 길은 예수 그리스도를 전적으로 의지하는 것입니다.) "그리고 와서 나를 따르라." 그가 따라야 할 길은 바로 그분이 가신 길입니다.

소명 의식

9월 29일

내가 복음을 전한다 해도 내게는 자랑할 것이 없으니, 내가 부득불 해야 할 일입니다. 내가 만일 복음을 전하지 않는다면 내게 화가 있을 것입니다 (고전 9:16).

하나님의 소명은 초자연적입니다

우리는 하나님의 신비하고 초자연적인 손길을 잊기 쉽습니다. 만일 당신이 언제 어디서 하나님의 부르심을 받았고 또 그 부르심에 대한 모든 것을 안다고 말할 수 있다고 하면, 나는 당신이 부르심을 정말 받았는지 의심스럽습니다. 왜냐하면, 하나님의 부르심은 그런 방식으로 오지 않고, 훨씬 더 초자연적이기 때문입니다.

사람이 살면서 소명을 깨닫게 되는 것은 갑작스런 천둥·번개처럼 올 수도 있고, 아니면 서서히 떠오르는 아침 해처럼 올 수 있습니다. 그 소명은 초자연적인 깊은 물 흐름과도 같아서 말로 표현할 수 없는 어떤 것입니다. 이 소명에는 벅찬 감격과 희열이 항상 따릅니다. 예측하지 못한 어느 순간에, 당신의 인생을 확 휘어잡은 초자연적인 소명 의식이 생겨날 수 있습니다. 이 소명은 헤아릴 수도 없고 아주 놀라운 것이며, 소명 의식은 갑작스러운 것일 수 있습니다. 왜냐하면, 예수님이 "내가 너희를 택했다."라고 말씀하신 대로이기 때문입니다.

소명은 부득이한 것입니다

하나님의 소명은 구원이나 성화와는 아무 관계가 없습니다. 당신이 복음을 선포하도록 부르심을 받은 것은 당신이 거룩하게 되었기 때문이 아닙니다. 복음을 선포하는 소명은 전혀 다릅니다. 바울이 설명하는 바에 의하면, 그것은 부득이한 것입니다.

만일 당신이 당신의 삶에서 하나님의 초자연적 소명을 망각하고 지내왔다면, 당신의 환경들을 잘 점검해보십시오. 어디에서 하나님보다 사역에 대한 당신의 생각이나 당신의 타고난 능력이 먼저 앞세워졌던가를 확인하십시오. 바울은 말했습니다. "내가 만일 복음을 전하지 않는다면, 내게 화가 있을 것입니다." 그는 하나님의 소명을 이미 깨달았습니다. 그 어떤 것도 그를 막을 수가 없었습니다.

만일 어떤 사람이 남녀를 불문하고 하나님의 부르심을 받는다면, 환경이 아무리 힘들더라도 그것은 문제가 되지 않습니다. 어떤 장애 요소가 힘들게 했을지라도, 그것은 결국 하나님의 뜻을 드러낼 뿐입니다. 만일 당신이 하나님의 뜻에 순응한다면, 하나님은 당신의 의식 세계뿐만 아니라 더 깊은 무의식 세계까지 조화를 이루게 하실 것입니다.

9월 30일

소명의 수행

이제 나는 여러분을 위하여 당하는 괴로움을 기뻐하고, 그분의 몸인 교회를 위하여 그리스도의 남은 고난을 내 육체에 채웁니다 (골 1:24).

소명은 우리가 부서지고 으깨어지게 합니다

우리는 흔히 우리 자신의 영적 헌신의 경험에서 소명을 확인합니다. 그러나 우리가 하나님과 바른 관계를 갖게 되는 때 하나님은 이 모든 경험을 제쳐 버리십니다. 그리고 우리가 전혀 꿈에도 생각하지 못했던 어떤 것에 지독한 고통을 느끼는 가운데 우리의 시선을 집중케 합니다. 번뜩이는 한순간에 하나님이 원하시는 것을 우리가 알고서, "주님 제가 여기 있사오니, 나를 보내소서."(사 6:8)라고 말합니다.

이 같은 하나님의 소명은 개인적인 성화와는 아무 상관이 없고, "찢겨진 빵과 부어진 포도주"가 되는 것과 관련이 있습니다. 하나님이 우리를 짓이기려고 사용하시는 하나님의 손가락을 거절하면 하나님은 우리를 포도주로 결코 만드실 수가 없습니다. 하나님은 오로지 자신의 손가락을 사용하시어 특별한 방법으로 우리를 "찢겨진 빵과 부어진 포도주"로 만들고자 하시기 때문입니다.

그러나 하나님이 우리가 싫어하는 어떤 사람을 사용하시거나, 절대로 순복할 수 없을 것 같은 일련의 환경들을 사용하시어 우리를 짓이기실 경우, 우리는 거부합니다. 우리는 우리 자신의 순교의 길을 결코 스스로 선택해서는 안 됩니다. 만일 우리가 좋은 포도주가 되고자 한다면, 짓이겨져야 마땅합니다. 당신은 포도알을 마실 수 없습니다. 포도알은 으깨어졌을 때만 포도주가 됩니다.

먼저 하나님과 바른 관계를 유지하십시오

하나님께서 당신을 으깨기 위해서 어떤 종류의 손가락과 엄지를 사용해 오셨는지 궁금합니다.

그런데 당신은 빤질빤질한 조약돌처럼 빠져나갔지 않습니까?

당신은 아직 익지 않은 포도알과 같습니다. 그래서 만일 하나님이 아직 익지 않은 당신을 으깨셨다고 하면, 그 포도주는 분명 엄청나게 쓴맛을 냈을 것입니다.

하나님께서 거룩하게 쓰실 수 있는 인격을 가진 사람이 된다는 것은 당신의 본성적인 삶의 요소들이 하나님을 섬기는 데 하나님의 섭리 때문에 깨어진 대로 하나님이 사용하시는 것을 의미합니다. 우리가 하나님의 손안에서 '찢겨진 빵'이 될 수 있으려면 하나님께 먼저 순응되어야 합니다. 즉, 하나님과 바른 관계를 유지하고 하나님이 원하시는 대로 하시게 해야 합니다. 그러면 하나님은 그분의 자녀들에게 유익한 다른 종류의 빵과 포도주로 당신을 빚으실 것입니다.

10월

높아진 곳에서

높아진 곳에서 낮은 곳으로
내려올 줄 알아야 합니다

10월 1일

높아진 곳에서

예수께서 베드로와 야고보와 요한을 데리고 따로 높은 산으로 올라가셔서 … (막 9:2).

영적인 삶에는 내려오는 능력이 필요합니다

우리 모두에게 산 정상 높은 곳에 있던 때들이 있었습니다. 거기서 모든 것을 하나님의 관점에서 보았었고, 그곳에 계속 머물러 있고 싶어 했습니다. 그러나 하나님은 우리가 그곳에 머물러 있는 것을 절대 허락하시지 않으실 것입니다. 우리의 영적인 삶에는 내려오는 능력이 있어야 합니다.

만일 우리에게 올라가는 능력만 있다고 하면, 무엇인가 잘못이 있습니다. 그러나 사람이 높은 곳에 오르는 것은 오직 다음에 악령 들린 사람들 가운데로 내려와 그들을 살려주기 위함입니다. 우리가 예수님의 제자들로 세움을 받은 것은 산 정상이나 해돋이에서 얻는 환희나 신비로운 체험들을 위한 것이 아닙니다. 이러한 환희의 신비 체험들은 순간적으로 영감을 얻게 하지만, 그것이 전부입니다.

높은 곳에는 영적 이기주의의 덫이 있습니다

우리가 세움 받은 것은 오히려 낮은 계곡을 위함입니다. 우리의 삶의 현장인 일상생활 속에서 열정적인 패기를 보여주어야 합니다. 산 정상 높은 곳에 자주 머물고 싶어하는 것은 영적 이기심입니다. 만일 우리가 산정상 높은 곳에 머물 수만 있다고 하면, 우리는 천사처럼 말하고 천사처럼 살 수 있을 것처럼 생각합니다.

높은 곳에 머물 수 있는 것은 예외적인 영적 경험입니다. 그 경험들은 우리가 하나님과 함께 삶을 나누는 때에만 의미가 있습니다. 우리가 영적 이기심의 덫에 사로잡혀 높은 곳에만 머물기를 원해서는 안 됩니다. 우리는 흔히 세상에서 일어나는 일마다 유익한 가르침을 얻을 수 있을 것으로 생각하기 쉽습니다. 그러나 사실은, 가르침보다 더 나은 어떤 것, 곧 인격을 빚어내는 것이 되어야 합니다. 산 정상 높은 곳은 우리에게 어떤 가르침을 주기보다는 우리의 인격을 다듬는 데 의미가 있습니다.

"산 정상에서의 체험이 무슨 유익이 있지?"

이렇게 묻는다면 그 물음에는 큰 덫이 있습니다. 영적인 일들에서는 우리가 그같이 결코 계산할 수 없습니다. 산 정상 높은 곳에서의 순간들은 아주 희귀한 순간들로서, 하나님의 목적 안에서 다소간의 의미가 있는 것입니다.

낮아진 곳으로

10월 2일

만일 하실 수 있다면, 저희를 불쌍히 여기시고 저희를 도우소서 (막 9:22).

높은 곳에서는 하나님의 영광을 보고 얕은 곳에서는 하나님께 영광을 돌리십시오

높아진 다음에는 그때마다 갑자기 현실의 삶 속으로 돌진하다시피 내려오게 됩니다. 그곳은 아름답지도 않고 서정적이지도 않으며 신나지도 않습니다. 산 정상이 얼마나 높은가 하는 것은 얕은 계곡의 단조로움에 의해서 평가됩니다. 그러나 계곡에서 우리는 하나님의 영광을 위해서 살아야 합니다. 산 정상 높은 곳에서는 하나님의 영광을 보며 즐기기만 하고, 하나님의 영광을 위해서 절대 살지 않습니다.

얕은 계곡에서 우리는 하나님께 참으로 가치 있는 존재로 발견되고, 우리의 신실한 믿음이 드러납니다. 우리의 타고난 이기심 때문에 우리가 항상 영웅 같은 위치에 있다고 생각될 때는 대부분 사람은 일할 수 있습니다.

그러나 하나님께서 우리에게 원하시는 것은 단조로운 일상적인 위치에서, 즉 얕은 계곡에서 하나님과의 인격적인 관계를 따라 사는 것입니다. 베드로는 산 정상 높은 곳에 머무는 것이 좋을 것 같다고 생각했습니다. 그러나 예수 그리스도께서는 베드로와 다른 제자들을 산 정상으로부터 계곡으로, 즉 높은 곳에서 낮은 곳으로 데리고 내려왔습니다. 그곳에서 그들이 앞서 산 정상에서 보았던 환상의 의미를 깨닫게 됩니다.

낮아진 계곡에서는 의심이 뿌리내리기 쉽습니다

"만일 하실 수 있다면." 낮아진 계곡은 우리의 의심을 뿌리 뽑을 수 있는 곳입니다. 당신 자신의 경험을 되짚어 생각해 보십시오. 당신이 예수님께서 누구이신가를 알게 되기까지는 당신은 그분의 능력에 대해서 교활하게 의심하였던 것을 발견할 것입니다. 그런데 당신이 산 정상 높은 곳에 있었을 때는 당신은 무엇이든 믿을 수 있었습니다.

그러나 얕은 계곡에서 어떤 사건들에 부딪혔을 그때는 어떠했습니까?

당신은 성화 된 증거를 보여줄 수 있을지 모릅니다.

하지만, 지금 당신을 낮추고 멸시를 당하게 하는 일에 대해서는 어떤 태도를 보이겠습니까?

당신은 지난번 하나님과 함께 산 정상에 있었을 때, 하늘과 땅의 모든 권세가 예수님께 속해 있는 것을 보았습니다.

그런데도 지금 낮아진 계곡에서 의심할 것입니까?

10월 3일

사역의 현장에서

이런 종류의 것은 기도 외에는 어떤 것으로도 나가게 할 수 없습니다 (막 9:29).

하나님의 일은 예수님께 집중할 때에만 가능합니다

"어찌하여 저희는 그 악령을 쫓아내지 못했습니까?"(28절) 그 질문에 대한 대답은 예수 그리스도와의 인격적인 관계에서 찾을 수 있습니다. 이같은 종류의 악령을 쫓아낼 수 있는 것은 다름 아닌 오직 예수 그리스도에게 집중하고 또 집중함으로써만 가능합니다. 예수님의 능력에 집중하지 않고서 하나님의 일을 하려고 하거나, 아니면 우리 자신의 본성에서 나온 생각들을 따르게 되면, 예수님의 제자들이 그러했듯이, 우리도 무기력한 상태로 남아있게 될 수 있습니다. 하나님을 알지 못한 채 하나님을 위해 일하겠다고 열심을 내면, 오히려 그 열심으로 말미암아 하나님을 욕되게 하는 것입니다.

당신이 어려운 일을 직접 당하고 있는데도 외관상으로는 아무런 일도 일어나지 않는 경우가 있습니다. 그렇지만 당신이 예수 그리스도에게 집중함으로 인해서 오히려 자유함을 누리게 됩니다. 당신이 사역할 때 주의할 것은 예수님과 당신 사이에 아무것도 끼어들지 않게 하는 것입니다.

그러나 사이에 어떤 방해물이 있다고 하면, 당신은 그것을 견뎌 내야 합니다. 그것에 대해 짜증을 내며 무시하거나 내버려 두지 말고, 부딪히고 극복해 예수 그리스도 앞으로 가지고 나가야 합니다. 그렇게 되면, 바로 그 문제뿐 아니라 그와 관련된 것들까지 모두 견뎌 냄으로써 당신이 예수님을 직접 대면하여 보기까지는 결코 알지 못하는 방식으로 그에게 영광을 돌리게 됩니다.

성도의 능력은 낮아짐의 삶을 통해서 나타납니다

우리는 독수리처럼 날개 치며 오를 수 있어야 합니다. 그러나 우리는 내려오는 방법도 알아야 합니다. 성도의 능력은 낮은 데로 내려와 낮아진 상태로 사는 데 있습니다. 바울이 말하기를, "내게 능력 주시는 분 안에서 내가 모든 것을 할 수 있습니다."(빌 4:13)라고 했을 때, 그가 언급한 것들은 대부분 가장 창피스러운 것들, 예컨대, 배고픔과 궁핍함과 비천한 것들입니다.

우리에게는 수치를 당하는 것을 거부할 권한이 있습니다. "싫습니다. 나는 하나님과 함께 산 정상 높은 곳에 더 있고 싶습니다."라고 말할 수 있습니다. 당신은 다음의 두 가지 중 하나를 택하게 되어 있습니다.

당신에게 일어나는 일들을 실제 있는 그대로 예수 그리스도의 빛 가운데서 부딪히든지, 아니면 그 일들 때문에 예수님을 믿는 믿음을 송두리째 잃고서 공포 가운데 빠지게 되는데 어느 것을 택하겠습니까?

비전과 현실

10월 4일

성도로 부르심을 받은 자들 (고전 1:2).

비전의 실현을 위해서는 다듬어져야 합니다

우리가 아직껏 경험하지 못했던 모든 것을 보게 하신 하나님께 감사하십시오. 당신에게 비전이 있었으나, 아직껏 당신은 그 비전에 접근도 하지 못하고 있습니다. 우리가 얕은 계곡에 있을 때, 곧 우리가 선택된 자들이 맞는지를 입증하게 되는 때, 대부분 사람이 돌아서 등을 돌립니다. 우리가 비전을 현실로 이루려면 반드시 겪게 되어 있는 혹독한 시련들에 대해 전혀 준비되어 있지 않은 것입니다.

우리는 지금은 아니지만, 하나님이 우리가 어떤 사람이 되기를 원하시는가를 보았습니다. 그렇다면 우리가 가지고 있는 비전이 하나님에 의해 '다듬어져 쓸모 있게' 되도록 하는 것을 기꺼이 우리는 원하고 있습니까? 비전은 항상 통상적인 방식으로 보통의 사람들을 통해서 다듬어집니다.

비전이 현실이 되는 것은 우리에게 달려 있습니다

하나님의 목적이 무엇인지를 우리가 알게 되는 때들이 있습니다. 비전이 현실이 되게 하는 것은 하나님이 아니라 우리에게 달려 있습니다. 만일 우리가 산 정상 높은 곳에서 빈둥거리며 비전을 추억하고 사는 편을 택한다면, 얕은 계곡에서의 일상적인 삶에서 우리는 사실상 아무 쓸모가 없게 됩니다. 우리는 황홀 상태나 하나님을 의식적으로 명상하는 것을 통해서가 아니라 우리가 비전을 통해서 본 것에 의지하여 사는 법을 배워야 합니다.

그리고 현실에 이르게 될 때까지 비전의 빛 가운데서 현실적으로 사는 법을 배워야 합니다. 우리가 받는 모든 훈련마다 그러한 방향으로 됩니다. 주님의 요구가 무엇인가를 알게 해 주신 것에 대해 하나님께 감사하는 법을 배우십시오. 작은 '나이다'는 하나님께서 '하라'고 말씀하시는 때 항상 못마땅해합니다 (역자 주: '나이다'는 'I am'으로 하나님의 호칭 '나이다'를 반영한 것임). 이 작은 '나이다'는 모세를 이스라엘 백성에게 보내셨던 '내가 나이다'이신 하나님의 분노 앞에서 움츠러들게 마련입니다(참고, 출 3:14, 역자 주: 여호와를 '스스로 있는 자'라고 번역해 왔으나, 여호와는 언약의 하나님이시기에 '내가 나이다'라고 번역하는 것이 옳음. 요한복음에서 예수님도 이 호칭을 염두에 두고 자기를 가리켜 일곱 번 '나이다'라고 하셨음). 하나님이 다스리셔야 마땅합니다. 우리가 어디에서 살고, 죽으면 어디로 가게 되는가를 하나님이 알고 계신다는 것을 깨닫게 되면 소름이 끼치지 않습니까?

어느 사람도 하나님이 아시는 만큼 사람을 아는 자는 없습니다.

10월 5일

타락에 대한 편견

> 이러므로 한 사람으로 말미암아 죄가 세상에 들어오고, 그 죄로 말미암아 사망이 들어왔으며, 그리하여 사망이 모든 사람에게 이르렀으니, 이는 모든 이들이 죄를 지었기 때문입니다 (롬 5:12).

죄성의 전가

하나님께서 한 사람의 죄 때문에 전 인류를 벌하게 되셨다고 성경은 말하지 않습니다. 죄성 곧 나 자신에 대한 자기 권리 주장이라고 하는 그 죄성이 한 사람을 통해서 전 인류에게 들어왔고, 다른 한 사람이 인류의 죄를 자기 몸에 짊어지시고 없애 버렸다고 말합니다(히 9:26). 이것은 한없이 심오한 계시입니다.

죄성은 부도덕함이나 그릇된 행동이 아니고, '내가 나의 신이다.'라고 하는 자기 실현의 기질입니다. 이 죄성이 예의 바른 도덕성이나 예의 없는 도덕성으로 나타날 수 있습니다. 어떤 경우이든 그것의 유일한 근거는 나에 대한 자기 권리 주장입니다.

우리 주님께서는 악한 세력들로 가득 찬 사람들뿐 아니라, 청렴하게 살고 도덕적이고 의로운 사람들을 만나셨을 때, 어떤 사람들의 도덕적 타락이나 다른 사람들의 도덕적 업적에 주목하지 않으셨습니다. 그분은 우리가 보지 아니한 어떤 것, 곧 죄성을 보셨습니다.

죄의 유전

죄는 내가 타고난 것이기 때문에 나로서는 어찌할 수가 없습니다. 하나님이 구속을 통해서 죄를 다루십니다. 예수 그리스도의 십자가에서 하나님은 죄의 유전으로 말미암아 저주로부터 온 인류를 구속하셨습니다. 하나님은 어디에서도 죄의 유전 때문에 사람에게 책임을 묻지 않습니다.

내가 정죄 받는 것은 죄의 유전과 함께 내가 태어났기 때문이 아니라, 예수 그리스도께서 나를 죄의 유전으로부터 구하려고 오셨다는 것을 알면서도, 내가 예수님의 구원을 거절함으로써 그 순간부터 정죄의 인침을 받기 시작한 것입니다. "그 심판은 이것이니(위기의 순간) 곧 빛이 세상에 왔으나 사람들이 자기 행위가 악하므로 빛보다 어두움을 더 사랑한 것입니다"(요 3:19).

중생의 성향

10월 6일

자기 아들을 내 안에 나타내기를 하나님께서 기뻐하셨을 때 (갈 1:16).

중생케 하시는 분은 예수 그리스도이십니다

예수 그리스도께서 나를 중생케 하고자 하신다면, 그가 해결하셔야 하는 문제는 무엇입니까?

내가 가지고 있는 유전 형질은 "나는 거룩하지 않고 거룩하게 될 가능성도 없습니다."라고 말할 수 있는 어떤 것이 아닙니다. 만일 예수 그리스도께서 할 수 있는 것이 고작 내가 거룩해져야 한다고 말하는 것이라고 하면, 그의 가르침은 내게 절망을 안겨줍니다. 그러나 만일 예수 그리스도께서 중생케 하시는 분이시라면, 그 자신의 거룩의 유전 형질을 내게 넣어주실 수 있는 분이십니다.

그러기에 그분이 내가 거룩해져야 한다고 말씀하시는 때 그가 무엇을 내게 넣어주려 하시는가를 알게 되는 것입니다. 구속이란 예수 그리스도께서 그 자신 속에 있던 유전적 성질을 누구에게나 넣어주실 수 있다는 것을 의미합니다. 주님께서 제시하시는 모든 기준은 바로 그 성질에 기초하고 있습니다. 그의 가르침은 그가 넣어주시는 생명에 대한 것입니다. 내 편에서 도덕적으로 해야 할 일은 예수 그리스도의 십자가에서 죄에 대하여 하나님이 내리신 판결에 동의하는 것입니다.

구속의 도덕적 기적

중생에 대한 신약성경의 가르침이란 어떤 사람이 자신의 영적 궁핍함을 절박하게 느낄 때, 하나님이 그 사람의 영 안에 성령을 넣어주시고, 그래서 그 사람의 영이 하나님 아들의 영으로 말미암아 "그리스도의 형상이 너희 안에 이루어지기까지"(갈 4:19) 생기를 얻게 되는 것을 가리킵니다. 구속의 도덕적 기적은 내가 전적으로 새로운 생명을 살 수 있게 해주는 새로운 성질을 내 안에 하나님이 넣어주실 수 있는 것입니다.

내가 완전히 궁핍하게 되고 나의 한계를 깨닫게 되는 때에, 예수님은 "당신은 행복합니다"(마 5:3)라고 말씀하십니다. 그러나 문제는 내가 궁핍의 한계점에 이르러야 합니다. 만일 내가 나의 궁핍함을 알지 못하고 있다면, 예수 그리스도 속에 있는 그 새로운 성질을 도덕적 책임의 존재인 내 안에 하나님이 넣어주실 수가 없습니다.

죄성이 한 사람으로 말미암아 인류 속으로 들어온 것처럼, 성령께서 다른 사람(예수님)으로 말미암아 인류에게 들어오셨습니다(참고, 5:18, 19). 그러기에 구속이란 내가 죄의 유전 형질로부터 구원받고 예수 그리스도를 통해 흠 없는 유전 형질, 곧 성령을 받을 수 있게 되는 것을 의미합니다.

10월 7일

화목

하나님께서는 죄를 알지도 못하시는 분을 우리를 대신하여 죄로 삼으셨습니다. 이는 우리가 그분 안에서 하나님의 의가 되게 하시려는 것입니다 (고후 5:21).

기독교만이 유일하게 죄의 유전 형질을 다룹니다

죄는 근본적으로 관계의 문제입니다. 기독교라고 하는 종교는 전적으로 죄의 적극적이고 근원적인 성질을 다룹니다. 다른 종교들은 행위로서의 죄악들을 다루는 데 반하여, 성경은 죄성과 관련하여 죄를 다룹니다.

예수 그리스도께서 사람들 안에서 첫 번째로 직시한 것은 죄의 유전 형질이었습니다. 우리는 복음을 제시할 때 이것을 무시했기 때문에 복음의 메시지가 사람의 마음을 찔러 쪼개는 파괴력을 잃었던 것입니다.

예수 그리스도께서 인류를 회복하여 하나님과 화목케 하셨습니다

예수 그리스도는 우리의 육신적인 죄악들이 아니라, 죄의 유전 형질을 스스로 짊어지셨습니다. 하나님은 자기 아들이 죄가 되게 하심으로써 죄인이 성도가 되도록 하셨습니다. 성경이 시종일관하여 계시하고 있는 것은, 우리 주님이 세상과 하나 되심으로써 세상의 죄를 담당하셨다는 것입니다.

우리 주님은 인류의 모든 죄의 덩어리를 자신의 어깨에 짊어지시고 자신의 몸으로 친히 담당하셨습니다. "하나님께서는 죄를 알지도 못하시는 분을 우리를 대신하여 죄로 삼으셨습니다." 하나님은 그렇게 하심으로써, 온 인류를 위한 구속의 기초를 놓으셨던 것입니다. 예수 그리스도께서는 인류를 회복시키셨습니다. 하나님께서 본래 계획하신 자리로 인류를 되돌려 놓으셨습니다. 그래서 누구든지 우리 주님이 십자가상에서 성취하셨던 것을 근거 삼아 하나님과의 연합을 이루어 화목할 수 있습니다.

사람은 자신을 구속할 수 없습니다. 구속은 하나님의 '일'입니다. 그것은 하나님에 의해 온전하게 이루어지고 완성되었습니다. 그 구속이 개인에게 베풀어지는 것은 개인의 결단 문제입니다. 십자가상에서 성취된 구속의 계시와 개인의 삶에서 실제로 누리는 구원 경험은 구별되어야합니다.

그리스도의 유일한 명령

10월 8일

모두 내게로 오십시오 (마 11:28).

"내게로 오라"는 명령의 말씀으로 자신을 시험해 보십시오

우리가 예수님께로 나아가야 한다는 명령의 말씀은 우리에게 수치가 아닙니다. 우리가 예수 그리스도에게로 나아가지 않으려고 하는 이유에 대하여 생각해 보십시오. 당신이 얼마나 진실한가를 알고 싶다면, "내게로 오라"는 이 명령의 말씀으로 당신 자신을 시험해 보십시오. 당신이 진실하지 않으면 어느 경우이든, 당신은 나아가는 대신 논쟁하거나 입씨름할 것이고, 슬픔을 곱씹어야 할 것입니다. 당신은 예수님께로 나아가지 않으려고 어떤 짓이든 할 것입니다. 마지막으로 지극히 어리석게도 '내 모습 이대로' 괜찮다고 핑계할 것입니다.

당신에게 영적 완고함이 조금이라도 남아 있는 한, 당신은 하나님이 당신에게 큰일을 행하라고 명령할 것으로 기대하고 있다고 항상 둘러댈 것이 분명합니다. 그러나 하나님이 당신에게 하라고 명령하시는 것은 고작 '오라'는 이 한 마디입니다.

"내게로 오라"고 말씀하시는 주님의 인내를 생각해 보십시오

'내게로 오라'는 그 말씀을 들을 때 당신은 당신이 나아갈 수 있기 전에 당신 안에서 어떤 일이 일어나야 한다는 것을 알게 될 것입니다. 성령께서는 당신이 해야 할 것이 무엇인지를 보여 주실 것입니다. 당신이 예수님께 나아가는 것을 막는 것의 뿌리를 도끼로 찍어 내는 일을 과감하게 해야 합니다. 당신이 그 한 가지 일을 기꺼이 하려 하지 않는 한 당신은 한 발짝도 앞으로 결코 나아가지 못하게 될 것입니다. 성령께서는 당신 안에 난공불락의 장애물이 있음을 지적해 주실 것입니다. 그러나 당신이 기꺼이 성령님께서 하실 수 있도록 하지 않는 한 그분은 그것을 제거하지 않으실 것입니다.

얼마나 자주 당신은 하나님께 기도로 간구하러 나아가서, '오! 이번은 제대로 잘한 것 같아'라는 느낌이 들고 기도를 마무리하고 자리를 떠났습니까?

그렇지만 당신은 아무런 응답도 받지 못한 채 빈손으로 떠나갑니다. 한편 항상 하나님은 손을 내밀고 서 계시면서 당신의 손을 잡아 주고자 하실 뿐 아니라, 하나님이 내미신 손을 당신이 잡기를 원하셨습니다. "내게로 오라"고 말씀하시는 예수님의 아무도 꺾을 수 없고 지칠 줄 모르는 인내를 생각해 보십시오.

10월 9일

정신을 차리십시오

이제는 여러분의 지체를 의의 종으로 드려 거룩함에 이르도록 하십시오 (롬 6:19).

그리스도의 구속은 경험이 아닙니다

나는 나 자신을 구원하거나 거룩하게 할 수가 없습니다. 죗값을 갚을 수도 없습니다. 이 모든 것은 하나님의 주권으로 하시는 일입니다.

나는 예수 그리스도께서 성취하신 일을 믿는 믿음을 가지고 있습니까?

그는 온전한 속죄를 이루셨습니다.

나는 계속 그의 속죄 사역을 피부로 느끼고 있습니까?

우리에게 가장 필요한 것은 어떤 일들을 행하는 것이 아니라, 예수님이 성취하신 일들을 믿는 것입니다.

그리스도의 구속은 나의 경험이 아니라, 하나님이 그리스도를 통해 행하신 하나님의 행위입니다. 그래서 하나님의 그 행위 위에 나의 믿음을 세워야 합니다. 만일 나의 경험 위에 나의 믿음을 건축하게 되면, 그것은 가장 비성경적인 형태가 되어 하나님에게서 격리된 삶을 살게됩니다.

주님의 속죄 위에 믿음을 세우십시오

주님의 속죄를 전제로 하지 않는 경건을 주의하십시오. 그러한 잘못된 경건은 은둔 생활 외에는 아무 데도 쓸모가 없습니다. 하나님에게는 무익하고, 사람에게는 해롭습니다. 우리가 그리스도의 속죄를 의도적으로 전제로 삼지 않는 한, 하나님을 기쁘시게 하는 일을 결코 할 수 없습니다.

예수님의 속죄는 나의 삶에서 실제적이면서도 신중한 방식으로 이루어져야 합니다. 내가 순종할 때마다, 절대자 하나님이 내 편에 계시고, 이로써 하나님의 은혜와 나의 본성적 순종이 서로 합치하게 됩니다. 순종이란 내가 예수님의 속죄 위에 모든 것을 쌓아 올리는 것을 의미합니다. 그리하여 나의 순종을 통해 하나님의 초자연적 은혜의 기쁨을 즉시 맛보게 되는 것입니다.

하나님이 주신바 본성적 삶을 아예 부인하는 경건을 경계하십시오. 그러한 금욕주의적 경건은 거짓된 것입니다.

어떻게 내가 알게 될까요?

10월 10일

하늘과 땅의 주님이신 아버지, 이것들을 지혜롭고 현명한 자들에게는 숨기시고 어린아이들에게는 계시하시니 아버지께 감사합니다 (마 11:25).

영적 관계는 순종으로 완성됩니다

영적 관계의 경우 우리가 단계적으로 성장하지 않습니다. 영적 관계를 맺고 있든지, 아니면 영적 관계가 없든지 둘 중 하나입니다. 하나님은 점차 우리를 죄에서부터 깨끗하게 하지 않으시고, 우리가 빛 가운데 있고, 빛 가운데서 행할 때 모든 죄에서 깨끗해집니다. 그것은 순종의 문제이고, 순종하면 즉시 영적 관계가 완성됩니다. 일 초만이라도 순종하지 않고 하나님께 등을 돌리면, 어두움과 죽음이 즉시 임하게 됩니다.

하나님의 모든 계시는 순종 때문에 우리에게 열리게 될 때까지 봉인되어 있습니다. 당신은 하나님의 계시를 철학적 사고를 통해서는 결코 열 수가 없을 것입니다. 당신이 순종하는 즉시 섬광이 번득입니다. 하나님의 진리는 안달함으로 깨달아지는 것이 아니고, 그 속으로 빠져들어 감으로 깨달아집니다.

조금만 순종해도 하늘이 열립니다

하나님의 진리를 아는 데 이르는 유일한 길은 발견해내려고 노력하는 것을 멈추는 것입니다. 그 진리는 우리가 거듭남으로 말미암아 알게 됩니다. 하나님이 당신에게 보여주시는 일에서 하나님께 순종하십시오. 그러면 즉시 다음 것이 열립니다. 우리는 성령의 사역에 관한 방대한 책들을 읽습니다. 이에 비해, 5분간의 철저한 순종이 모든 것을 햇빛처럼 선명하게 밝혀 줄 것입니다.

"언젠가는 내가 이 일들을 이해하게 될 줄로 생각합니다."라고 말하겠지만, 당신은 지금 그것들을 이해할 수 있습니다. 연구를 통해서가 아니라 순종함으로 이해할 수 있게 됩니다. 조금만 순종해도 하늘이 열리고, 하나님의 가장 오묘한 진리들이 곧바로 당신의 것이 됩니다. 당신이 이미 알고 있는 것들을 순종하기까지는 하나님이 자신에 대한 더 많은 진리를 절대 계시하지 않으실 것입니다.

10월 11일

하나님의 침묵의 은혜

나사로가 병들었다는 것을 들으시고도 계시던 곳에 이틀이나 더 머무르셨다 (요 11:6).

하나님의 침묵은 특별한 응답입니다

하나님은 당신에게 침묵하실 만큼 당신을 신뢰하십니까? 침묵에는 큰 의미가 있습니다. 그리고 하나님의 침묵은 하나님의 응답이기도 합니다. 베다니 나사로의 집에 있었던 예수님의 침묵의 이틀에 대해 생각해 보십시오. 당신의 삶 가운데도 그와 비슷한 날들이 있습니까? 하나님이 그같이 당신을 신뢰하실 수 있습니까? 아니면, 당신은 눈에 보이는 응답을 여전히 구하고 있습니까? 만일 당신이 하나님의 축복을 받지 않고서는 만족하지 않을 것 같으면, 하나님은 당신이 구하는 축복을 주실 것입니다. 그러나 하나님이 침묵하시는 것은 당신이 하나님 자신에 대해 놀라운 지식을 갖게 하려는 신호입니다. 당신이 하나님에게서 응답을 귀로 듣지 못했기 때문에 하나님 앞에서 신음하고 있습니까?

그러나 당신은 하나님이 절망이 아니라 기쁨의 깊은 침묵 가운데서 가능한 한 가장 친밀한 방법으로 당신을 신뢰하셨는데, 그 이유인즉 당신이 더 큰 계시를 능히 감당할 수 있다는 것을 하나님이 아셨기 때문이라는 사실을 알게 될 것입니다.

하나님의 침묵은 은혜입니다

만일 하나님께서 당신에게 침묵하셨다면, 하나님을 찬양하십시오. 하나님이 그의 목적을 이루시기 위해 당신을 인도하고 계시기 때문입니다. 하나님의 응답하시는 시간표는 하나님의 주권에 속한 일입니다. 시간은 하나님께 아무것도 아닙니다. 한동안 당신은 이렇게 말했습니다.

"나는 하나님께 빵을 달라고 구했으나, 하나님께서는 나에게 돌멩이를 주셨습니다." 그러나 사실인즉, 하나님이 생명의 빵을 당신에게 주셨다는 것을 당신은 오늘에야 깨닫습니다. 하나님의 침묵이 놀라운 것은 그의 고요함이 당신 속으로 파고들어와 당신이 하나님을 완벽하게 신뢰하게 된다는 것입니다. "하나님께서 나의 기도를 들으셨다는 것을 압니다."라고 고백하게 됩니다. 그의 침묵은 그가 응답하셨다는 증거입니다. 하나님께서 당신의 기도에 응답하여 당신에게 복을 주실 것으로 생각하는 한, 하나님은 복을 주시기는 하겠지만, 침묵의 은혜를 절대 주시지 않을 것입니다. 기도가 하나님께 영광을 돌리기 위한 것이라는 것을 예수 그리스도께서 당신이 이해하도록 인도하신다면, 그는 당신에게 그의 친밀한 관계의 첫 신호로 침묵하십니다.

하나님과 보조를 맞추십시오

10월 12일

에녹은 하나님과 동행하였는데 (창 5:24).

하나님과 보조를 맞추는 것은 결코 쉬운 일이 아닙니다

어떤 사람의 신앙생활과 성품을 확인하려면 인생의 특별한 순간들에 그가 무엇을 하였느냐가 아니라, 놀랍거나 신날 것이 전혀 없는 일상의 시간에 그가 무엇을 했는가를 보아야 합니다. 사람의 가치는 그가 아직 각광을 받고 있지 아니하는 때 일상적인 일들을 대하는 그의 태도에서 나타납니다(참고, 요 1:36). 하나님과 보조를 맞추는 것은 고통스러운 일입니다. 영적으로 헐떡거리며 '숨 고르기'를 해야 하는 것을 의미하기 때문입니다.

하나님과 동행하는 법을 배우는 데는 그와 보조를 맞추어야 하는 어려움이 항상 있습니다. 그러나 보조를 맞추는 데 익숙하게 되면, 유일하게 특징적으로 드러나는 것은 하나님의 생명입니다. 사람이 하나님과 인격적으로 연합하게 되면 그 사람 개인은 보이지 않게 되고, 하나님의 능력의 발걸음만 나타나게 됩니다.

하나님과 보조를 맞춘다는 것은 그분과의 연합을 의미합니다

하나님과 보조를 맞추는 데는 힘이 듭니다. 왜냐하면, 우리가 하나님과 함께 걷기를 출발하는 때 우리가 세 걸음도 떼기 전에 벌써 하나님이 우리보다 앞서 계신 것을 발견하기 때문입니다. 그는 일들을 행하실 때 우리와는 다른 방식으로 하십니다. 그래서 그의 방식으로 하는 것을 훈련받아야 합니다. 성경이 예수님에 대해서 "그는 쇠하지 아니하고 낙담하지 아니할 것이다"(사 42:3)고 말씀합니다. 그 이유는 그가 자신의 개인적인 관점이 아니라 그의 아버지의 관점에서 항상 일하셨기 때문입니다. 우리도 그와 같이하는 것을 배워야 합니다.

영적 진리는 지적인 논리에 의해서가 아니라 분위기를 통해서 배우게 됩니다. 하나님의 성령은 사물을 바라보는 우리의 방식의 분위기를 바꾸십니다. 그렇게 되면 전에는 전혀 불가능했던 것이 가능해지기 시작합니다. 하나님과 보조를 맞춘다는 것은 다름 아닌 그분과의 연합을 의미합니다. 보조를 맞추게 되기까지는 오랜 시간이 걸리지만 계속 노력하십시오. 지금처럼 고통이 심하더라도 포기하지 말고 버티십시오. 머지않아 당신은 새로운 비전과 새로운 목적을 가지게 될 것입니다.

10월 13일

개인적인 좌절과 인격적인 성장

모세가 장성한 후, 어느 날 그의 형제들에게 나가 그들이 고되게 노동하는 것을 보았다 (출 2:11).

모세의 개인적인 좌절

모세는 자기 백성이 학대받는 것을 보자 자기가 그들을 구원할 자라는 것을 확신했습니다. 그래서 그 자신의 의로운 분노로 그들이 당하는 불의를 바로 잡고자 첫걸음을 내디뎠습니다. 하나님과 정의를 위하여 첫걸음을 당차게 내디뎠으나, 하나님은 모세가 심한 좌절을 맛보게 하셨습니다. 하나님께서 그를 광야로 보내셔서 40년간 양 떼를 치도록 하셨던 것입니다. 40년이 끝날 무렵에, 하나님이 모세에게 나타나셔서 가서 당신 백성을 인도해내라고 말씀하셨습니다.

"그러자 모세가 대답하기를 제가 누구이기에 바로에게 가야 합니까?"(출 3:11)

시작 단계에서 모세는 자기가 백성들을 구해야 할 사람이라고 여겼으나, 그는 하나님께 먼저 훈련받고 단련되어야 했습니다. 그는 개인적인 소견으로 보면 옳았습니다. 그러나 하나님과 깊은 교통을 그가 배우기 전까지는 그 일을 하기에 적합한 사람이 아니었습니다.

모세의 인격적인 성장

우리는 하나님의 비전을 가질 뿐만 아니라 하나님이 원하시는 것이 무엇인가를 아주 분명하게 아는 지식도 가질 수 있습니다. 그래서 일을 벌입니다. 그러다가 모세의 광야의 40년에 버금가는 일을 당합니다. 마치 하나님이 모든 것을 무시하신 것처럼 보입니다. 우리가 철저하게 좌절을 맛보고 있을 때 하나님이 다시 찾아오시어 부르심을 상기시키십니다. 그때 우리는 떨리는 목소리로 "내가 누구입니까!"라고 말하게 됩니다. 우리는 하나님의 위대한 첫걸음, 곧 "'내가 나이다'인 자가 너를 보내셨다"(출 3:14)를 배워야 합니다(역자 주: 'I Am That I Am'은 '스스로 있는 자'가 아니라 '내가 나이다'라고 번역해야 함).

우리는 하나님을 위한 우리의 개인적인 사사로운 노력이 주제넘은 것이라는 것을 알아야 합니다. 우리의 개성은 하나님과의 인격적인 관계 때문에 다듬어져야 합니다(참고, 마 3:11). 우리는 사물의 개인적인 면만 집중해서 봅니다. 그리고는 스스로 판단하기를 "이것은 하나님께서 내가 하기를 원하시는 것이 분명해."라고 단정합니다. 그러나 우리는 하나님과 보조를 맞춘 것이 아니었습니다. 만일 우리가 좌절의 시간을 통과하고 있으면, 우리 앞에 큰 인격적인 성장이 기다리고 있게 됩니다.

선교사의 열쇠

10월 14일

하늘과 땅의 모든 권세를 나에게 주셨으니,
그러므로 너희는 모든 민족에게 가서 … 가르쳐라 (마 28:18-20).

선교의 기초는 최고의 주님의 절대 주권입니다

선교사의 사역의 기초는 예수 그리스도의 권위입니다. 이방인들의 필요 때문이 아닙니다. 우리는 우리 주님을 대할 때 하나님을 위한 우리의 사역을 보조하는 분으로 간주하기 쉽습니다. 그러나 우리 주님은 자기의 제자들에 대하여 절대 주권을 가지신 최고의 주님이십니다.

그는 만일 우리가 가지 않으면 이방인들이 망하게 될 것이라고 말씀하시지 않았습니다. 단지 "그러므로 너희는 모든 민족에게 가서 가르쳐라."고만 말씀하셨습니다. 우리 주님의 주권 계시에 기초하여 가서 주님에 대한 산 체험으로부터 가르치고 선포하십시오.

"그 후에 열한 제자들이 갈릴리로 가서 예수께서 그들에게 분부하신 산에 이르렀다"(16절). 만일 내가 그리스도의 우주적인 주권을 알고 싶다면, 나 자신 스스로 예수 그리스도를 알 뿐 아니라 그분과 함께 지내는 방법도 알아야 합니다. 나는 예수 그리스도라는 이름을 가지신 분을 시간을 내어 예배해야 합니다. "내게로 오라."고 하신 말씀대로 나아가는 것이 예수님을 만나는 길입니다.

당신은 지쳐 있고 무거운 짐에 눌려 있습니까?

얼마나 많은 선교사가 지쳐 있는지 모릅니다. 우리는 이 세상을 다스리시는 우주적 주권자의 그 놀라운 말씀들을 쓰레기같이 구석진 곳 아무 데나 내던져 버립니다. 사실, 그 말씀들은 예수님이 당신 제자들에게 친히 하신 말씀들입니다.

"그러므로 너희는 가라"

'가라'는 명령의 말씀은 단지 가서 살라는 것을 뜻합니다. 사도행전 1:8의 말씀은 가는 방법을 묘사하고 있습니다. 예수님은 예루살렘과 유대와 사마리아를 향하여 가라고 하지 않으시고, 이 모든 지역에서 "너희가 내 증인이 될 것이다."라고 말씀하셨습니다. 예수님은 계속 가도록 하십니다.

"너희가 내 안에 거하고 내 말이 너희 안에 거하면"(요 15:7) '거하는' 것이 우리의 인격적인 삶에서 계속해서 가는 방법입니다. 우리가 어디에 가서 머무느냐 하는 것은 중요한 것이 아닙니다. 하나님이 우리가 계속해서 가는 것을 기획하십니다. "이것들(결박과 환난 등) 가운데 아무것도 나를 막지 못합니다"(행 20:24. KJV). 바울의 이 같은 일사 각오의 정신이 당신이 죽을 때까지 계속 나아가야 하는 방법입니다.

10월 15일

선교사의 메시지 열쇠

> 그분은 우리 죄를 위한 속죄 제물이시니,
> 우리 죄 뿐만 아니라 온 세상의 죄를 위한 것입니다 (요일 2:2).

선교사의 메시지 열쇠

선교사의 메시지 열쇠는 그리스도 예수의 속죄 제물 되심입니다. 그리스도의 사역의 어느 부분이든 택하여 생각해 보십시오. 치유 사역이든, 구원하고 거룩하게 하시는 사역이든 그 어느 것도 무한하지 않습니다. "세상 죄를 지고 가는 하나님의 어린 양"(요 1:29)은 무한하십니다. 선교사의 메시지는 우리 죄를 위한 속죄 제물이신 예수 그리스도께서 무한하게 중요하신 것을 선포하는 것입니다. 그래서 선교사는 그 같은 계시에 사로잡힌 자입니다.

선교사의 메시지의 열쇠는 예수 그리스도의 친절함이나 선함도 아니고, 하나님의 아버지 되심을 그가 계시하시는 것도 아니고, 그리스도의 선교사로 사는 삶입니다. 예수 그리스도께서 우리 죄를 위한 속죄 제물이 되셨다는 것은 무한한 의미가 있습니다. 선교사의 메시지는 한 민족이나 어느 개인만을 위한 것이 아니고, 온 세계를 위한 것입니다. 성령이 내 안에 임하시면 나의 편견을 고려해 주지 않으십니다. 대신 주 예수님과 내가 연합하게 해 주십니다.

선교사는 '하나님의 어린 양'을 선포해야 합니다

선교사란 그의 주님이요 선생님이신 분의 복음선포에 헌신 되어 있는 자입니다. 그는 자신의 견해를 선포해서는 안 되고, 오직 '하나님의 어린 양'을 선포해야 합니다. 예수 그리스도께서 나를 위해 무엇을 행하셨는가를 말하는 부류의 사람들에게 속하기가 쉽습니다. 치유 사역이나 특별한 형태의 성화나, 성령 세례 등에 헌신 된 자가 되기 쉽습니다.

바울이 말한 것은 "만일 내가 그리스도께서 나를 위해 행하신 것을 선포하지 않는다면 내게 화가 있을 것입니다."가 아니고, "만일 내가 복음을 선포하지 않는다면, 내게 화가 있을 것입니다."(고전 9:16)입니다. "세상 죄를 지고 가는 하나님의 어린 양."(요 1:29) 이것이 선교사가 전해야 하는 유일한 복음입니다.

선생님의 명령들을 위한 열쇠

10월 16일

그러므로 추수하는 주께 그의 추수를 위한 일꾼들을 보내 달라고 간절하게 기도하십시오 (마 9:38, ESV).

선교사의 문제를 푸는 열쇠
선교사의 문제를 푸는 열쇠는 하나님의 손안에 있습니다. 그 열쇠는 사역이 아니고 기도입니다. 오늘날 일반적으로 이해되고 있는바 사역이 아닙니다. 사역은 하나님께 집중하는 것을 회피하게 하는 것이 될 수 있기 때문입니다. 선교사의 문제를 푸는 열쇠는 상식이라고 하는 열쇠도 아니고, 의료나 문명이나 교육이나 심지어 복음화 사역의 열쇠도 아닙니다. 열쇠는 기도입니다.
"그러므로 추수하는 주께 간절하게 기도하십시오."(역자 주: '주인'(lord)이 아니고 '주'(Lord)입니다.) 불신자들의 측면에서 보면, 기도는 실제적이지 않고 터무니없습니다. 일반 상식의 관점에서 보면 기도가 어리석다는 것을 우리는 알아야 합니다.

기도는 특별한 사역이 아니라 주님 자신에게로 부르시는 수단입니다
예수 그리스도께서 내다보시는 것은 민족들이나 국가가 아니고 온 세상입니다. 우리 가운데 얼마나 많은 사람이 사람들과는 상관없이, 오직 한 분 예수 그리스도와 관련해 기도하고 있습니까?
그분은 죄에 대한 고민과 책망으로 말미암아 무르익게 되는 추수의 주인이십니다. 이것이 우리가 추수할 일꾼들을 보내달라고 기도해야 하는 그 추수입니다. 우리 주변에는 사람들이 무르익어 추수를 기다리고 있으나, 우리는 적극적으로 사역에만 매달려 있는 까닭에, 그들 중에 한 사람도 추수하지 않습니다. 과도한 활동들에 주님의 시간을 허비하고 있습니다. 당신 아버지의 인생이나 당신 형제의 인생에 지금 위기가 다가오고 있다고 가정해 보십시오. 예수 그리스도를 위해 추수할 일꾼으로 당신은 그들의 위기 가운데 함께 하고 있습니까? "오! 내게는 지금 해야 할 특별한 사역이 있어서 그러지 못하고 있습니다."라고 변명하고 싶을지 모릅니다. 아무도 그리스도인에게는 해야 할 특별한 사역은 없습니다.
그리스도인은 예수 그리스도의 것으로 부르심을 받은 자입니다. 그러기에 그는 자기 선생님보다 위에 있지 않고, 그가 원하는 것을 선생님이신 예수 그리스도에게 지시하는 자가 아닙니다. 우리 주님께서는 어떠한 특별한 사역을 위해 부르시지 않습니다. 오직 자신에게로 부르십니다. "그러므로 추수하는 주께 간절하게 기도하십시오." 그러면 주께서 상황을 조정하시어 당신을 추수할 밭으로 내보내실 것입니다.

10월 17일

더욱더 큰 사역

나를 믿는 자는 내가 하는 … 일보다 더 큰일도 할 것입니다.
이는 내가 아버지께로 가기 때문입니다 (요 14:12).

기도가 더 큰 사역입니다

기도가 더 큰 사역들을 위해서 우리를 적합하게 준비시켜 주는 것은 아닙니다. 기도 자체가 더 큰 사역입니다. 우리는 기도에 대하여 흔히 오해하고 있는 것이 있습니다. 하나님의 사역을 위해 우리를 준비시키는 데 있어서 고차원의 능력을 우리가 다반사로 행사할 수 있는 수단으로 기도를 생각합니다.

예수 그리스도께서 가르쳐 주신 것에 의하면, 기도는 내 안에서 그리스도의 구속 기적을 이루는 것으로서 하나님의 능력으로 말미암아 다른 사람들 안에서도 구속의 기적을 낳습니다. 구속의 열매가 남아 있게 되는 방법은 기도입니다. 그리스도께서 겪으셨던바 구속 성취를 위한 고뇌에 근거한 기도가 구속의 열매를 맺습니다. 내 고뇌에 근거한 기도가 아닙니다. 오직 어린아이와 같은 기도에 응답합니다. 지혜로운 자는 응답받지 못합니다.

기도는 전투입니다

당신이 어떤 처지에 놓여 있는지는 기도에서 중요하지 않습니다. 기도가 전투이기 때문입니다. 하나님께서 당신을 어떤 상황에 놓이게 하시든지, 당신의 본분은 기도하는 것입니다. '내가 지금 있는 이곳에서는 아무 쓸모가 없어.'라는 생각은 아예 하지 마십시오. 왜냐하면, 그러한 생각을 하고 있게 되면, 당신이 어떤 처지에 놓이게 되든 쓸모없게 될 것이 확실하기 때문입니다.

하나님께서 당신을 어떤 상황 가운데로 몰아넣으시든지 어디에서든 하나님께 항상 기도하고 울부짖으십시오. "너희가 내 이름으로 구하는 것은 무엇이든지 내가 그것을 행할 것이다"(13절). 짜릿한 감동이 없으면 우리가 기도하지 않으려 하는데, 그것은 영적 이기심의 가장 강력한 표현입니다. 우리는 하나님의 지시를 따라서 힘써야 하는데, 하나님은 기도하라고 말씀하십니다. "그러므로 추수하는 주께 그의 추수를 위한 일꾼들을 보내 달라고 간절하게 기도하십시오"(마 9:38. ESV).

일꾼이 하는 일에는 짜릿한 감동이 전혀 없습니다. 그런데 기발한 생각들을 실제로 가능케 만드는 것은 일꾼입니다. 일하는 성도, 곧 기도하는 성도가 그의 주인이신 주님의 생각들을 실제로 가능하게 만드는 것입니다. 힘써 기도하십시오. 하나님의 관점에서 보면 항상 결과들이 응답으로 주어집니다. 가림막이 벗겨지고, 당신이 추수했던 영혼들을 보게 될 때 당신이 느끼는 놀라움은 대단할 것입니다. 사실 당신은 예수 그리스도에게서 받은 지시를 따라 습관적으로 단지 기도하는 수고를 했었기 때문입니다.

선교사의 헌신을 위한 열쇠

10월 18일

그들이 그분의 이름을 위하여 나갔으며 (요삼 7절).

예수 그리스도를 향한 충성
우리 주님은 주님에 대한 사랑이 어떻게 드러나야 하는가를 말씀해주셨습니다.
"네가 나를 사랑하느냐?
내 양을 먹여라"(요 21:25).
'다른 사람들에 대한 나의 관심에 집중하고, 다른 사람들에 대한 너의 관심에 나를 끌어들이지 말라'고 말씀하신 것입니다. 고린도전서 13:4-8에 이 같은 사랑의 성격이 나타나 있습니다. 하나님의 사랑 자체가 드러나 있는 것입니다. 예수님에 대한 나의 사랑의 시금석은 실제적인 것이어야 합니다. 그렇지 않은 것은 감상적인 빈말일 뿐입니다.
예수 그리스도를 향한 충성은 내 마음에 하나님의 사랑을 넘쳐나게 하시는 성령님의 역사로 되는 초자연적인 구속의 사역입니다. 그 사랑은 내가 만나는 사람에게서 나를 통해 효과적으로 역사합니다. 모든 일상적인 사실이 하나님을 거짓말쟁이로 만들고, 하나님에게는 아침 안개처럼 아무런 능력도 없다고 말할지라도, 그분의 이름에 대한 나의 충성은 변함없이 그대로입니다.

선교사의 충성은 예수 그리스도의 본성에 집중하는 것입니다
선교사의 헌신을 위한 열쇠는 외적으로는 세상일들로부터 분리되어 있지 않고서, 오직 우리 주님 자신에게만 우리의 마음을 내어드리는 것입니다. 다시 말하자면, 외형적으로는 세상일에 관여하면서도 영적, 심적으로는 우리 주님께만 마음을 집중하는 것이 선교사의 충성입니다.
우리 주님은 놀랍게도 일상적인 일들 가운데서 자유롭게 넘나들며 행동하셨습니다. 그는 내면으로 하나님을 향해 있을 때는 세상의 것들과 거리를 두셨습니다. 그가 외적으로 세상일들로부터 거리를 두신 것은 우리가 외적으로 거리를 두고 있는 것들에 그가 은밀하게 깊이 관여되어 있다는 것을 흔히 가리킵니다. 선교사의 충성은 그의 영혼이 주 예수 그리스도의 본성에 집중적으로 열린 상태를 유지하는 것입니다.
선교사는 영혼과 마음을 열고 예수 그리스도의 본성에 집중함으로써 충성해야 합니다. 예수 그리스도께서 자기의 일을 위해 보내시는 남자와 여자들은 보통 사람들입니다. 다만 그들은 성령으로 말미암아 우리 주님께 온전히 헌신 되어 있는 점이 다릅니다.

10월 19일

간과된 비밀

내 나라는 이 세상에 속해 있지 않습니다 (요 18:36).

오늘날 예수 그리스도의 큰 대적

오늘날 우리 주님 예수 그리스도에게 큰 대적은 사역의 실용성 개념입니다. 우리가 주님을 위해 하는 사역이 실제로 유용한가를 따지는 이 같은 생각은 신약성경과는 전혀 관계가 없습니다. 무한한 힘과 활동들만 강조되고, 하나님과의 개인적인 삶은 전혀 고려되지 아니한 세상의 가치 체계로부터 온 개념입니다. 강조점이 틀려 있습니다.

예수님은 말씀하셨습니다. 하나님 나라는 볼 수 있게 오지 않습니다. "… 보십시오, 하나님 나라는 당신들 가운데 있습니다"(눅 17:20-21).(* 역자주: '당신들 안에'가 아니고. '당신들 가운데' 입니다.) 하나님 나라는 사람들의 눈에 감추어져 보이지 않는 것입니다. 사역을 중요시하는 그리스도인 사역자는 대체로 사람들의 눈에 띄게 일하며 삽니다. 그러나 삶의 능력은 가장 내면적인 것을 통해 드러납니다.

하나님 나라에서 중심되는 것

우리는 우리가 사는 시대의 종교 정신의 질병을 제거해야 합니다. 우리 주님의 생애에는 우리가 높게 평가해주는바, 눈코 못 뜨고 정신없이 해대는 활동은 전혀 없었습니다. 그의 제자 된 자라면 그의 선생님처럼 되어야 마땅합니다. 예수 그리스도의 나라에서 중심되는 것은 사람들에 대한 사역의 유용성이 아니라, 예수님 자신에 대한 인격적 관계입니다.

우리 클래펌성경훈련대학의 강점은 실용적인 활동에 있지 않습니다. 이 대학의 핵심적인 강점은 여기에서 여러분이 하나님 앞에 푹 빠져 사로잡혀 있다는 사실에 있습니다. 당신들은 하나님이 당신들이 앞으로 처하게 될 환경들을 어떻게 인도하실지 전혀 모르고 있습니다. 국내에서든 국외에서든 어떤 위기가 당신들에게 몰려올지도 모르고 있습니다.

만일 당신들이 하나님의 구속의 위대한 기본적인 진리들에 근거해서 하나님 앞에 빠져드는 대신 지나치게 활동적 일들에 시간을 낭비하고 있다면, 위기의 순간이 올 때 '아차!' 하며 후회할 것입니다. 그러나 만일 하나님 앞에 빠져들어 사로잡히는 이 시간을 통해서, 비록 실용적이지는 않지만, 하나님께 깊이 뿌리를 박고 기초를 다지고 있다면, 무슨 일을 당할지라도 당신들은 하나님께 진실하게 될 것입니다.

하나님의 뜻이 내 뜻입니까?

10월 20일

하나님의 뜻은 이것이니, 여러분의 거룩함입니다 (살전 4:3).

예수님이 나의 거룩함이 되게 하십시오

문제는 하나님께서 기꺼이 나를 거룩하게 하실 것인가가 아니고, 하나님의 그 같은 뜻이 나의 뜻인가 하는 것입니다. 예수님의 속죄 사역으로 말미암아 가능하게 되었던 모든 것을 하나님이 내 안에서 행하시는 것을 나는 기꺼이 원합니까? 예수님이 나에게 거룩함이 되는 것을 기꺼이 원하고 있습니까? 그리고 예수님의 생명이 죽을 내 육체 속에서 나타나도록 하겠습니까? "오! 나는 거룩하게 되기를 열망하고 있습니다."라고 말하는 것을 삼가십시오.

당신이 열망한다고 해서 거룩해지는 것이 아닙니다. 열망하는 것을 멈추고 실제로 거룩해지도록 행동으로 옮기십시오. 우선 먼저 "빈손 들고나오십시오." 분명하고 확실한 믿음으로 예수 그리스도를 영접하여 그분이 당신에게 거룩함이 되게 하십시오.

그리하면 속죄의 놀라운 은혜가 당신 안에서 실제로 이루어질 것입니다. 예수님께서 가능하게 하신 모든 것이 그가 성취하신 속죄에 근거해 하나님의 값없는 사랑의 은혜로 말미암아 내 것이 됩니다.

거룩함으로 말미암아 나는 예수님과 하나가 됩니다

구원받고 거룩해진 영혼을 가진 자로서 나의 태도는 참으로 겸손한 거룩의 태도입니다(교만한 거룩은 결코 있을 수 없습니다). 겸손한 거룩은 통렬한 회개와 말로 표현할 수 없는 수치와 타락에 대한 인식에 근거하고 있습니다. 또한, 그 거룩은 내가 하나님을 위해 아무것도 한 것이 없는데도 하나님의 사랑이 넘치게 베풀어진 것을 놀랍게 깨달음으로 가능케 됩니다.

하나님은 나의 구원과 거룩함을 위해 모든 것을 다하셨습니다. 그래서 바울의 감탄은 전혀 놀랍지가 않은 것입니다. "어떤 것도 우리를 그리스도 예수 우리 주님 안에 있는 하나님의 사랑에서 끊을 수가 없을 것입니다"(롬 8:39).

거룩함으로 말미암아 나는 예수 그리스도와 하나가 됩니다. 그리고 예수 그리스도 안에서 하나님과 하나가 됩니다. 이렇게 하나가 되는 것은 그리스도의 놀라운 속죄를 통해서만 가능합니다. 결코, 결과를 원인으로 헷갈리지 마십시오. 내 안에서 나타나는 결과는 순종과 섬김과 기도입니다. 그 결과란 그리스도의 속죄 때문에 내 안에서 이루어진 놀라운 거룩함에 대한 말 없는 감사와 찬양에서 나온 것입니다. 다시 말해서, 그리스도의 속죄가 원인이요, 그로 인해 거룩하게 되면 예수 그리스도 및 하나님과 하나가 되고, 그 결과 순종, 섬김, 기도, 감사와 찬양이 있게 됩니다.

10월 21일

충동에 의한 행동

여러분은 지극히 거룩한 믿음 위에 자기를 건축하고 (유다서 20절).

충동은 제자의 삶의 방해물입니다

우리 주님의 본성은 충동적이지 않고 냉혹함이 전혀 없으셨습니다. 오직 절대 당황하지 않는 침착한 힘이 있으셨습니다. 우리 대부분은 하나님을 따르기보다는 우리의 성질을 따라 신앙을 발전시킵니다. 충동은 육신의 본성적 삶의 특징입니다. 그러나 우리 주님은 충동을 모르셨습니다. 왜냐하면, 그것이 제자의 삶의 개발을 방해하기 때문입니다. 하나님의 성령께서 충동을 어떻게 억제하시는지 지켜보십시오.

성령께서 억제하게 되면, 스스로 어리석음을 곧장 깨닫고서 즉시 자신을 변호할 마음을 갖게 됩니다. 충동은 어린아이의 경우는 괜찮습니다. 그러나 나이를 먹은 남자나 여자의 경우는 재앙을 불러옵니다. 충동적인 사람은 항상 버릇없는 사람입니다. 충동은 연단을 통해 직관적 지식이 되도록 훈련되어야 합니다.

제자는 하나님의 초자연적 은혜를 필요로 합니다

제자도는 하나님의 초자연적 은혜 위에 전적으로 세워집니다. 물 위로 걷는 것은 충동적인 담력이 있는 사람에게 쉽습니다. 그러나 예수 그리스도의 제자가 마른 땅 위를 걷는 것은 전혀 다른 성격의 일입니다. 베드로는 예수님께 가려고 물 위를 걸었습니다. 그러나 땅 위에서는 멀찍이 떨어진 채 예수님을 따랐습니다.

우리는 위기를 당할 때는 하나님의 은혜가 필요하지 않습니다. 인간의 본성과 긍지로 아주 훌륭하게 이겨낼 수 있기 때문입니다. 그러나 매일 24시간 성도로 살아가고, 제자로 단조로움을 극복하고, 평범하고 아무도 알아주지 않고 무시받는 존재가 되어 예수님의 제자로 사는 데는 하나님의 초자연적 은혜가 필요합니다. 우리에게는 하나님을 위해서는 예외적인 일을 해야만 한다는 고정관념이 있습니다. 그러나 그렇게 하지 않아도 됩니다. 우리는 평범하고 일상적인 일들에서 예외적인 존재가 되어야 하고, 지저분한 길거리에서, 평범한 사람들 가운데서 거룩해야 합니다. 이같이 예외적이고 거룩하게 되는 것은 짧은 시간에 되지 않습니다.

성령의 증거

10월 22일

성령께서 친히 우리 영으로 더불어 우리가 하나님의 자녀인 것을 증언하십니다 (롬 8:16, R.V).

논쟁을 일삼는 무례함을 멈추십시오

우리가 하나님께 나아갈 때 하나님과 흥정하는 계산 심리에 빠질 위험이 있습니다. 하나님이 우리에게 행하라고 말씀하신 것을 행하기도 전에 우리는 하나님께 증거를 보여 달라고 요구합니다. "어찌하여 하나님은 우리에게 자신을 나타내 보여주지 않습니까?"라고 하며 증거를 원합니다. 그러나 하나님은 증거를 주실 수가 없습니다. 그는 주실 뜻이 없어서가 아니고, 주실 수가 없는 것입니다. 그 이유인즉, 당신이 하나님께 전적으로 내려놓지 않는 한 오히려 당신이 방해하고 있기 때문입니다.

당신이 내려놓는 순간 즉시 하나님은 자신에게 증거하십니다. 당신에게는 증거하실 수 없습니다. 그러나 당신 안에 있는 하나님 자신의 본성을 향해 즉각적으로 증거하시는 것입니다. 만일 당신이 실재를 보기 전에 증거를 먼저 가지고 있었다면 감상적인 감정에 빠지고 말았을 것입니다. 당신이 속죄에 근거해서 행동하고 무례한 논쟁을 멈추면 즉시 하나님이 당신에게 증거를 주십니다.

당신이 논리와 논쟁을 그만두는 순간, 하나님은 그분이 이미 성취해 놓으신 것을 증거해 주십니다. 그러면 당신은 하나님을 여태껏 기다리게 한 당신의 무례함을 깨닫고서 놀랄 것입니다. 만일 하나님이 죄에서 구원하실 수 있는지에 대해 마음에 의심이 생기거든, 하나님이 구원하시도록 하든지, 아니면 하실 수 없다고 하나님께 말하십시오. 이 사람 저 사람의 말을 인용하지 말고, 마태복음 11:28에 "내게로 오십시오."라고 하신 말씀을 시험해 보십시오. 당신이 지치고 무거운 짐에 눌려 있거든 나아오십시오. 당신이 악하다는 것을 알고 있다면 구하십시오 (눅 11:13).

성령님은 우리의 이성에 증거할 수 없습니다

하나님의 성령은 우리 주님의 속죄를 증거하십니다. 그밖에 다른 것은 증거하시지 않습니다. 그는 우리의 이성에게는 증거하실 수가 없습니다. 우리의 본성적 상식에서 나온 우둔함 때문에 인간적인 판단을 성령의 증거로 오해하기 쉽습니다. 그러나 성령께서는 오직 그 자신의 본성과 속죄의 사역을 증거하실 뿐, 결코 우리의 이성에게는 증거하지 않습니다. 만일 우리가 성령님이 우리의 이성에게 증거하게 하려고 시도하면, 우리가 어둠과 혼돈에 빠지게 되는 것은 당연합니다. 이 모든 것을 멀리 내던져 버리고, 하나님을 신뢰하십시오. 그러면 하나님이 증거를 주실 것입니다.

10월 23일

천만의 말씀!

> 그런즉 누구든지 그리스도 안에 있으면 새로운 피조물입니다. 이전 것은 지나갔으니, 보십시오, 새 것이 되었습니다 (고후 5:17).

편견을 버리고 무조건 복종하십시오

우리 주님은 우리의 편견을 절대 조장하지 않으시고, 제지하고 깨끗하게 없애십니다. 우리의 어떤 편견들에 대해서는 하나님께서 특별한 관심을 기울이고 계시는 것으로 여깁니다. 그래서 확신하기를, 하나님은 다른 사람들을 대하는 것처럼 우리를 대하지 않으실 것으로 생각합니다. "하나님은 다른 사람들에 대해서는 엄격하게 다루셔야 마땅해. 그러나 내 편견은 옳다는 것을 하나님께서는 아실 거야."라고 생각하는 것입니다. "천만의 말씀!"임을 알아야 합니다.

하나님은 우리의 편견을 편드시는 대신에, 오히려 의도적으로 씻어 제거하십니다. 하나님이 그분의 섭리를 통해 우리의 편견이 어떻게 바로 잡히는가를 지켜보는 것은 우리가 영적으로 교육받아야 할 부분입니다. 하나님은 우리가 그분께 가지고 오는 것에 대해서는 아무것도 전혀 관심이 없습니다. 하나님이 우리에게 원하는 단 한 가지는 우리의 무조건적인 복종입니다.

우리 믿음의 대상은 하나님의 축복이 아니고 하나님 자신입니다

우리가 거듭나게 되면, 성령님께서는 우리 안에 새로운 창조의 역사를 시작하십니다. 그래서 옛것이 조금도 남아 있지 않게 되는 때가 오게 됩니다. 점잖은 체하는 것이 사라지고, 사물을 대하는 과거의 태도도 없어지고, "모든 것이 하나님에게서 새로 나옵니다."

그러면 아무 정욕도 없고, 자기 유익을 전혀 구하지도 않고, 사람들의 험담에 전혀 구애받지 않고 사는 삶을 우리가 어떻게 살 수 있게 될까요?

그리고 성내지 않고 악한 것을 생각하지 않으며 항상 친절한 사랑을 어떻게 베풀며 살 수 있게 될까요?

유일한 방법은 옛 생활을 완전히 청산하고 오직 하나님만을 온전하게 한마음으로 신뢰하는 것입니다. 이런 신뢰는 하나님이 주시는 축복을 더 이상 원하지 않고 오직 하나님 자신만을 원하는 믿음입니다.

하나님께서 주신 축복들을 다 거두어 가실지라도 하나님에 대한 신뢰가 전혀 흔들리지 않는 수준에까지 당신이 도달해 있습니까?

하나님이 우리 안에서 살아 역사하시는 것을 우리가 일단 알게 되면, 무슨 일이 일어나도 결코 골치가 아프지 않게 될 것입니다. 왜냐하면, 세상이 볼 수 없는 하늘에 계시는 우리 하나님 아버지를 우리가 실제로 신뢰하고 있기 때문입니다.

관점

10월 24일

항상 우리를 그리스도 안에서 승리하게 하시고 …
향기를 나타내시는 하나님께 감사합니다 (고후 2:14).

하나님의 사역자의 유일한 관점

하나님을 위해서 일하는 사역자의 관점은 그가 할 수 있는 한 지극히 높으신 분께 가까이 가는 것으로 끝나서는 안 되고, 지극히 높으신 하나님이 그의 관점이어야 합니다. 하나님의 관점을 꾸준히 유지하도록 주의하십시오. 매일 조금씩 유지되어야 합니다. 유한한 존재에 신경을 쓰지 마십시오. 어떠한 외부 세력도 그 관점을 손댈 수 없습니다.

우리가 유지해야 하는 관점은 우리가 오직 하나의 목적을 위해서만 이 땅에서 살고 있다는 것입니다. 즉, 그리스도의 승리 대열에서 포로가 되는 것이 우리의 관점입니다. 우리는 하나님의 진열장에 놓여 있는 것이 아닙니다. 우리가 이 땅에 사는 것은 단 한 가지, 곧 우리의 삶이 예수 그리스도에게 전적으로 사로잡혀 포로가 된 것을 보여주는 것입니다

다른 관점들은 하찮은 것들입니다. "나는 예수님을 위해 홀로 싸우며 버티고 있습니다." "나는 그리스도의 대의명분을 지켜야 할 뿐 아니라, 그를 위해 이 요새를 사수해야 합니다." 바울은 말합니다. "나는 승리자의 대열에 있습니다. 어떤 고난이 있더라도 괜찮습니다. 나는 항상 승리하게 됩니다."

이 같은 바울의 관점이 실제로 우리 안에서 제대로 이루어지고 있습니까?

하나님 사역자의 유일한 관심

바울의 은밀한 기쁨은 예수 그리스도를 대적하여 살기 가득했던 반역자를 하나님께서 붙잡아 그리스도에게 포로가 되게 하신 데 있었습니다. 이제는 예수 그리스도의 포로가 된 그것이 그가 여기에 사는 유일한 목적입니다. 바울의 기쁨은 주님의 포로가 되는 것이었습니다. 그는 하늘과 땅에서 다른 어느 것에도 관심이 없었습니다. 그리스도인이라면 승리를 얻는 것에 대하여 말하는 것은 수치스러운 일입니다.

우리는 승리자의 대열에 온전히 합류되어 있으므로 항상 그분의 승리를 누리고 있는 것입니다. 우리는 그분 때문에 정복자 이상의 존재들로서 항상 넉넉히 여기며 삽니다(참고. 롬 8:37).

"우리는 하나님께 드리는 그리스도의 향기입니다"(고후 2:15). 우리는 예수님의 냄새가 몸에 깊이 배어 있으므로, 우리가 어디를 가든지 우리는 하나님께 놀라운 향기입니다.

10월 25일

여러 모습이 되게 한 하나님의 선택

모든 이들에게 내가 모든 모습이 된 것은 어떻게 해서든지
몇몇 사람이라도 구원하려는 것입니다 (고전 9:22).

십자가에 못 박힌 그리스도만 생각하십시오

그리스도인 사역자라면 많은 하찮은 일들 속에서도 하나님의 품위 있는 사람이 되는 방법을 배워야 합니다. "내가 다른 곳에 있었더라면!"하고서 절대 핑계하지 마십시오. 하나님의 모든 사람은 본래 보통 사람들인데, 하나님이 맡겨주신 일로 말미암아 비범하게 된 사람들입니다. 만일 우리가 하나님이 맡겨주신 그 일을 우리의 마음속에서 지성적으로 생각하고 우리의 가슴 속에서 열정적으로 수행하지 않을 것 같으면, 우리는 하나님께 쓸모없는 자로 여지없이 밀려날 것입니다.

우리는 스스로 원해서 하나님의 사역자가 된 것이 아닙니다. 많은 사람이 의도적으로 사역자 되기를 선택합니다. 그러나 전능하신 하나님의 은혜나 하나님의 능력 있는 말씀이 그들에게 중요하게 여겨지고 있지 않습니다. 바울의 경우는, 그의 가슴과 마음과 영혼이 예수 그리스도께서 행하러 오신 목적을 가장 중요하게 여겨 거기에 온전히 사로잡혀 있었습니다. 그는 결코 그 한 가지를 놓치지 않았습니다. 우리도 그 한 가지 핵심 되는 사실, 곧 예수 그리스도와 십자가에 못 박히신 그분을 놓쳐서는 안 됩니다.

하나님이 당신을 여러 모습으로 빚으십니다

"내가 당신들을 택하여 세웠습니다"(요 15:16). 이 위대한 말씀을 당신의 신조에 넣어두십시오. 당신이 하나님을 선택한 것이 아니고, 하나님이 당신을 선택하셨습니다. 여기 이 성경훈련대학에서 하나님이 지금 일하고 계십니다. 그분이 원하시는 대로, 구부리시고 깨고 빚으셔서 여러 모습으로 만들고 계십니다. 하나님이 왜 그렇게 하시는지 우리는 알지 못합니다.

하나님은 단지 한 가지 목적을 위해서 그렇게 행하십니다. "이 사람은 내 사람이다."라고 그가 말씀하실 수 있게 하기 위함입니다. 우리는 하나님께서 우리를 세우셨던 대로 반석이신 예수 그리스도 위에 사람들을 세우실 수 있도록 우리가 하나님의 수중에 있어야 합니다.

사역자가 되겠다고 결코 섣불리 선택하지 마십시오. 그러나 하나님이 당신을 부르셨을 때, 좌로나 우로나 한쪽으로 치우치게 되면 당신에게 화가 미칩니다. 당신이 하나님의 소명을 받게 되면, 소명을 받기 전에 하나님이 당신을 대하셨던 것과는 전혀 다르게 당신을 다루실 것입니다. 그리고 소명 받지 아니한 다른 사람들을 대하는 것과는 전혀 다른 방식으로 당신을 다루실 것입니다. 하나님께서 자기 방식대로 하게 하십시오.

선교사란 어떤 사람입니까?

10월 26일

아버지께서 나를 보내신 것같이 나도 너희를 보낸다 (요 20:21).

선교사 사역의 근원

선교사는 예수 그리스도께서 하나님에 의해 보내심을 받은 것처럼 그에 의해 보냄을 받은 자입니다. 보냄을 받음에 있어서 중요한 것은 사람들의 필요 때문이 아니라 예수님의 명령이라는 사실입니다. 하나님을 위한 사역에서 우리의 영감의 근원은 우리 배후에 있고, 앞에 있지 않습니다.

오늘날의 경향은 영감을 앞에 놓는 것입니다. 그리하여 우리 앞에 있는 모든 것을 쓸어버리고 우리의 성공에만 집착하여 영감을 발휘하는 경향이 있습니다. 신약성경에서 영감은 우리 배후에 있는 주 예수님이십니다. 이상적인 것은 예수님에게 진실하여, 그의 일을 실행하는 것입니다.

선교사의 사역에서 위험한 것

주 예수님과 그분의 관점에 대한 우리의 인격적 애착은 결코 간과되어서는 안 되는 중요한 요소입니다. 선교사의 사역에서 큰 위험은 하나님의 소명이 사람들의 필요로 말미암아 희미해지는 것입니다. 이로써 인간적인 동정심이 예수님에 의해 보냄 받은 것의 의미를 완전히 압도해 버리는 것입니다.

소명의식이 사람들의 필요에 대한 동정심 때문에 희미해지는 것이 선교사의 사역에서 큰 위험입니다. 사람들의 필요는 너무 크고 여건들은 너무 열악하다 보니 선교사의 모든 정신력이 흔들리고 바닥납니다.

우리가 잊고 있는 것이 있습니다. 선교사의 모든 사역의 저변에 있는 한 가지 큰 이유는 먼저 사람들의 생활 수준을 향상하는 것이나, 사람들을 교육하는 것이나, 그들의 필요를 위한 것이 아닙니다. 가장 최우선적인 이유는 바로 예수 그리스도의 명령, "그러므로 너희는 가서 모든 민족에게 가르쳐라."(마 28:19-20)입니다.

하나님 사람들의 생애를 되돌아보면서 사람들은 이렇게 말하는 경향이 있습니다.

"그들은 얼마나 놀랄 만큼 예리한 지혜를 가지고 있었던가!

그들은 얼마나 완벽하게 하나님께서 원하시는 모든 것을 이해하고 있었던가!"

하지만 배후에 있는 예리한 마음은 하나님의 크신 마음이요, 결코 인간적인 지혜가 아닙니다. 하나님의 지혜와 하나님의 초자연적인 지식을 신뢰할 만큼 순진한 어린아이 같은 사람들을 통해 보여 주신 하나님의 신령한 인도하심을 우리가 신뢰해야 하는 때, 도리어 우리는 인간적인 지혜를 신뢰합니다.

10월 27일

선교의 수단

그러므로 너희는 가서 모든 민족에게 가르치라(제자 삼으라)(마 28:19-20).

선교사의 기본

예수 그리스도께서는 "가서 영혼들을 구원하라."고 말씀하지 않고, "가서 가르쳐라." 곧 제자 삼으라고 하셨습니다(영혼을 구원하는 일은 하나님의 초자연적 사역입니다). 그런데 당신 자신이 먼저 제자가 되지 않고서는 제자로 삼을 수가 없습니다. 예수님의 제자들이 첫 선교 여행에서 돌아왔을 때, 그들은 악령들이 그들에게 항복했기 때문에 기쁨으로 충만해 있었습니다. 그때 예수님이 말씀하셨습니다.

"사역의 성공을 기뻐하지 마십시오. 기쁨의 큰 비밀은 여러분이 나와 바른 관계를 맺고 있다는 데 있습니다"(참고, 눅 10:20). 선교사의 주요한 기본은 하나님의 소명에 진실하고, 그에게 있는 하나의 목적이 사람들을 예수님의 제자로 삼고 있는 것임을 깨닫는 것입니다. 영혼에 대한 열정이 하나님에게서 나오지 않고, 우리의 관점에 따라 회심자를 만들고자 하는 욕심에서 나오는 것을 주의해야 합니다.

선교사가 받는 도전

선교사가 받는 도전은 사람들을 구원해 내는 것이 어렵다거나, 믿다가 넘어진 자들을 다시 일으켜 세우는 것이 어렵다거나, 냉담과 무관심 때문이 아니고, 예수 그리스도와의 자신의 인격적 관계가 어떠한가에 따라서 옵니다.

"너희는 내가 이 일을 할 수 있다고 믿느냐?"(마 9:28)

우리 주님은 이 질문을 꾸준하게 물으십니다.

우리는 우리가 만나는 모든 경우마다 이 질문을 받게 됩니다. 큰 도전 한 가지는 이것입니다. "부활하신 나의 주님을 알고 있는가?"

그가 보내신바 우리 가운데 내주하시는 성령의 능력을 알고 있는가?

하나님이 보시기에 매우 지혜로운가? 세상적으로 판단하면 어리석은가? 예수 그리스도께서 말씀하신 것에 의지하고 있는가? 아니면, 선교사를 향한 유일한 소명인 초자연적인 지위뿐 아니라 예수 그리스도를 믿는 한 없는 신뢰를 포기하고 있는가?

만일 내가 어떤 다른 수단을 취한다고 하면, 우리 주님께서 마련해 놓으신 수단을 깡그리 저버리는 것이 됩니다. "하늘과 땅의 모든 권세를 내게 주셨으니, … 그러므로 너희는 가라"(마 28:18-20) 하신 이 수단을 저버린 것입니다.

믿음으로 말미암은 칭의

10월 28일

우리가 원수 되었을 때에, 그분의 아들의 죽으심으로 말미암아 화목하게 되었으니, 화목하게 된 우리는 더욱 그분의 생명으로 말미암아 구원을 받을 것입니다 (롬 5:10).

칭의의 원인

나는 믿음으로 말미암아 구원받은 것이 아닙니다. 믿음으로 말미암아 구원받은 것을 깨달은 것입니다. 믿음이 구원의 원인이 아닙니다. 또한, 회개가 나를 구원하는 것도 아닙니다. 회개는 하나님이 그리스도 예수 안에서 성취하신 것을 내가 깨닫고 있다는 증표입니다. 우리가 빠지기 쉬운 위험은 원인 대신 결과를 강조하는 데 있습니다. "나의 순종이 원인이 되어 내가 하나님과 바른 관계에 있게 되고 내가 거룩해지는 것"이 결코 아닙니다. 무엇보다도 앞서, 그리스도께서 죽으셨기 때문에 그것이 원인이 되어 내가 하나님과 바른 관계에 있게 된 것입니다.

내가 하나님께로 회개하여 돌이키고, 하나님이 계시하신 것을 믿음으로 말미암아 받아들일 때, 즉시 예수 그리스도의 놀라운 속죄가 내가 하나님과 바른 관계를 맺게 만듭니다. 그리고 하나님의 은혜의 초자연적 기적으로 말미암아 내가 의롭다 함을 받게 된 것은, 내가 죄를 슬퍼했기 때문도 아니고, 내가 회개했기 때문도 아니며, 예수님이 성취하신 속죄 때문입니다. 하나님의 영이 모든 것을 꿰뚫는 빛을 가지고 속죄의 은혜를 깨닫게 하면, 나는 내가 어떻게 구원받았는지 알지 못하지만, 내가 구원받은 사실을 압니다.

하나님의 구원 근거

하나님의 구원은 인간적인 논리에 근거하지 않습니다. 그것은 예수 그리스도의 희생 죽음에 근거합니다. 우리는 우리 주님의 속죄 때문에 거듭날 수 있습니다. 죄악 된 사람들이 새로운 피조물로 변화될 수 있는 것은 그들의 회개나 신앙으로 말미암지 않고, 그리스도 예수 안에서 성취된 하나님의 놀라운 사역으로 말미암습니다. 이 같은 하나님의 사역은 인간의 모든 경험에 앞섭니다. 칭의와 성화가 흔들림 없이 안전한 것은 하나님 자신 때문입니다.

우리가 이 칭의와 성화를 힘써 이루지 않아도 됩니다. 그것들은 속죄로 말미암아 그리스도 안에서 이루어졌기 때문입니다. 초자연적인 것이 하나님의 기적으로 말미암아 자연스러운 것이 된 것입니다. 예수 그리스도께서 이미 성취하신 것을 우리는 깨닫습니다. "다 이루었다"(요 19:30).

10월 29일

대속

하나님께서는 죄를 알지도 못하시는 분을 우리를 대신하여 죄로 삼으셨습니다. 이는 우리가 그분 안에서 하나님의 의가 되게 하시려는 것입니다(고후 5:21).

하나님께서 우리를 용납하시게 된 이유

예수님의 죽음에 대한 오늘날의 어떤 견해에 의하면, 예수님이 동정심에서 우리 죄를 위하여 죽으셨습니다. 그러나 신약성경의 가르침을 보면, 동정심이 아니라 우리와 일체 됨을 통하여 우리 죄를 담당하셨습니다. 즉, 예수님이 우리를 위해 죄가 되신 것입니다. 우리 죄가 예수님의 죽으심 때문에 제거됩니다. 그의 죽음은 자기 아버지께 순종하시는 것으로 표현되었습니다.

예수님은 우리를 동정해서 결코 죽으신 것이 아닙니다. 우리가 하나님과 화목하고 용납되는 것은 우리가 순종하거나, 모든 것을 포기하기로 약속했기 때문이 아니고, 그리스도의 죽음 때문입니다. 다른 이유는 전혀 없습니다. 우리가 생각하기로는, 예수 그리스도께서는 하나님의 아버지 되심과 그의 인애 하심을 계시하러 오셨습니다.

그러나 신약성경에 의하면, 그는 세상 죄를 가져다 버리기 위해 오신 것입니다. 예수님께서 하나님 아버지를 계시하신 것은 자기를 구주로 알고 영접한 자들에게 하셨습니다. 예수 그리스도는 세상을 향해 자신에 대해 말씀하실 때 아버지를 계시하는 자로 절대 말하지 않으시고, 거침돌이라고 하셨습니다(참고, 요 15:22-24). 요한복음 14:9은 세상이 아니라 예수님이 자기 제자들에게 하신 말씀입니다.

대속의 이중적 의미

신약성경에 가르치는 바에 의하면, 그리스도께서 '나'를 위해 죽으신 고로 '내'가 죄에서 자유롭게 되는 것이 결코 아닙니다. "그리스도께서는 모든 이들을 대신하여 죽으셨습니다"(고후 5:15)고 성경은 가르칩니다. (예수 그리스도께서는 내가 죽어야 할 죽음을 죽으신 것이 아닙니다.) 그분의 죽으심과 연합하여 내가 죽음으로써 죄에서 자유롭게 될 수 있고 (참고, 롬 6:1-7), 그분의 참된 의를 내가 부여받게 된 것입니다. 신약성경이 가르치는 대속의 의미는 이중적입니다. "하나님께서는 죄를 알지도 못하시는 분을 우리를 대신하여 죄로 삼으셨습니다. 이는 우리가 그분 안에서 하나님의 의가 되게 하시려는 것입니다"(고후 5:21). 그리스도의 형상이 내 안에 이루어지도록 내가 결심하지 않는 한 그리스도는 내게 아무런 의미가 없습니다.

믿음

10월 30일

믿음이 없이는 하나님을 기쁘시게 할 수 없습니다 (히 11:6).

믿음과 상식

상식에 어긋나는 믿음은 광신주의이고, 믿음에 어긋나는 상식은 합리주의입니다. 이 둘은 믿음의 생활 때문에 서로 어울릴 수 있습니다. 상식은 믿음이 아닙니다. 그리고 믿음은 상식이 아닙니다. 이 둘은 본성적인 것과 영적인 것, 충동과 영감이 서로 다른 것과도 같습니다. 예수 그리스도께서 여태껏 말씀하신 것은 어느 것도 상식이 아니고, 계시 감각입니다.

믿음은 상식이 미치지 못하는 영역까지 이를 수 있습니다. 믿음의 실재가 현실로 드러나려면 시험을 거쳐야 합니다. "우리는 모든 것이 합력하여 선을 이룬다는 것을 압니다"(롬 8:28). 그러기에 어떤 일이 생기더라도, 하나님의 섭리는 비법을 발휘하여 이상적인 믿음을 현실적인 실제로 바꾸어 놓습니다. 믿음은 항상 인격적인 것을 통해서 일합니다. 하나님의 전체 목적은 이상적인 믿음이 자녀들에게서 실재가 되는 것을 보는 데 있습니다.

믿음의 본질

상식적인 삶은 어느 부분이든, 하나님의 계시 사실이 있습니다(역자 주: 저자가 사용하고 있는 '계시 감각'은 '감각으로 느끼는 계시'이고, '계시 사실'은 '사실로 드러나는 계시'입니다). 이 계시 사실을 통해서 우리가 믿는 하나님이 어떤 분이신가를 실제적인 경험으로 입증할 수 있는 것입니다. 믿음은 예수 그리스도를 항상 첫 자리에 두는 놀랍도록 활동적인 원리입니다.

"주님, 주님은 이것저것 말씀하셨는데"(예, 마 6:33).무모해 보입니다. 그렇지만 주님의 말씀에 의지하여 과감하게 순종하려고 합니다." 머리로 믿는 믿음을 개인적인 체험이 되게 하려면 가끔이 아니라 항상 싸워야 합니다. 하나님은 우리의 믿음을 단련시키기 위해 어떤 환경들을 조성하십니다. 그 이유는 믿음의 본질이 그것의 대상을 실재가 되게 하는 것이기 때문입니다. 믿음은 환경을 통해서 참되다는 것이 드러나는 것입니다.

우리가 예수님을 제대로 알지 못하면, 하나님은 단지 추상적인 것에 지나지 않습니다. 그래서 그분을 믿는 믿음을 가질 수 없습니다. 그러나 "나를 본 자는 아버지를 보았다"(요 14:9)라고 예수님이 말씀하시는 것을 듣는 즉시로, 우리는 실재인 어떤 것을 붙잡게 됩니다. 이때 믿음이 무한하게 됩니다. 믿음이란 예수 그리스도의 성령 능력으로 말미암아 우리가 전인격적으로 하나님과 바른 관계를 갖게 되는 것입니다.

10월 31일

믿음의 분별력

겨자씨 한 할만한 믿음 (마 17:20).

초기 단계의 믿음

우리는 우리의 믿음 때문에 하나님이 상급을 주시는 것으로 생각합니다. 믿음의 초기 단계에서는 그럴지도 모릅니다. 그러나 우리가 믿음으로 말미암아 어떤 것을 보상받는 것이 아닙니다. 믿음은 우리가 하나님과 바른 관계를 맺게 하고, 하나님께 기회를 얻게 해 줍니다. 만일 당신이 성도라면 하나님께서 당신이 그분 자신과 가까이 접촉하게 하려고 당신의 경험 밑바닥을 자주 흔드실 것입니다.

하나님은 믿음의 삶이 어떤 것인가를 알게 되기를 원하십니다. 당신의 초기 단계에 믿음의 삶은 편협하고 격렬했습니다. 믿음과 감각이 혼합되어 달콤했습니다. 초기 단계를 지나게 되면, 당신에게 믿음으로 행하는 것을 가르쳐 주시기 위해 하나님은 당신이 하나님의 복으로 알고 있는 것들을 거두어 버리십니다. 초기 단계에서 하나님의 축복들로 인해 기뻐하고 감격했을 때보다 이제 당신이 하나님께 훨씬 더 가치가 있게 됩니다.

믿음의 시련은 삶의 훈련과 다릅니다

믿음은 그것의 본질로 말미암아 시련을 겪기 마련입니다. 믿음의 참된 시련은 하나님을 신뢰하기 어렵게 만드는 것이 아니고, 우리 마음속에서 하나님의 성품을 분명하게 깨닫게 해 줍니다. 우리의 삶 속에서 실제로 살아 움직이는 믿음은 말로 표현할 수 없는 고립된 기간을 통과해야 합니다. 그런데 믿음의 시련을 삶의 일상적인 훈련과 절대 혼동하지 마십시오.

우리가 믿음의 시련으로 알고 있는 것 대부분은 우리가 삶을 살아가는데 불가피하게 생겨나는 결과입니다. 성경에 있는 믿음은 하나님과 모순되는 모든 경우에도 하나님을 믿는 믿음입니다. 하나님께서 어떤 것을 하실지라도 하나님의 성품을 참으로 신뢰하는 것입니다.

"주께서 나를 죽이실지라도 나는 그를 신뢰할 것입니다"(욥 13:15, KJV). 성경 전체에서 욥의 이 같은 말은 믿음의 가장 고상한 고백입니다.

11월

당신은 당신의 것이 아닙니다

오직 주님 안에서 성령으로
하나님의 능력만 드러내십시오

11월 1일

당신은 당신의 것이 아닙니다

여러분은 여러분의 몸이 성령의 전이라는 것과,
… 여러분 자신의 것이 아니라는 것을 알지 못합니까? (고전 6:19)

사생활이 있어서는 안 됩니다

예수 그리스도의 고통에 깊이 참여하게 되는 성도에게는 '세상 속에 있는 또 다른 세상'과 같은 사생활이란 것은 없습니다. 하나님께서는 성도들의 사생활을 파괴하셔서 한편으로는 세상을 향하고, 다른 한편으로는 하나님을 향한 신작로가 되게 하십니다. 어느 사람도 예수 그리스도와 하나가 되지 않고서는 이를 감당할 수 없습니다.

우리는 우리 자신을 위해서 거룩해진 것이 아닙니다. 우리는 복음의 교제 속으로 부르심을 받은 것입니다. 나와 아무런 관계도 없는 일들이 일어나면, 하나님께서는 그 일을 통해 하나님 자신과 교제를 나누게 하십니다. 하나님께서 하시는 대로 두고 보십시오. 만일 그렇지 않으면, 이 세상에서 하나님의 구속 사역에 조금이라도 쓸모가 있는 대신에, 당신은 못된 걸림돌이 될 것입니다.

고통의 관문을 통과하십시오

하나님께서 가장 먼저 우리를 대하여 하시는 일은 험한 십자가 위에 굳게 서게 하시는 것입니다. 그리하여 하나님이 그의 구속의 목적대로 행하시는 한 우리가 우리의 개인적인 소원을 단념하게 되는 것입니다.

어찌하여 마음 아픈 일들을 우리가 겪지 않으려 합니까?

하나님은 이 고통의 문들을 통해 그의 아들과의 교제의 길들을 열어놓고 계십니다. 우리 대부분은 첫 번째 고통의 쓴맛을 보는 때에 넘어지고 무너집니다. 하나님의 목적의 문턱에 주저앉아 자기 연민에 빠져 죽어갑니다. 소위 기독교적인 동정심으로 인하여 죽음에 이르게 되는 것입니다. 그러나 그것은 하나님의 뜻이 아닙니다. 하나님께서는 자기 아들의 못에 찔린 손으로 우리를 붙잡고 말씀하십니다. "나와 함께 교제를 갖자. 일어나 빛을 발하라"(사 60:1).

만일 하나님께서 찢기고 아픈 가슴을 통해서 자기 구속의 목적을 세상에서 이루실 수 있다고 하면, 당신의 가슴을 아프게 하신 것을 인하여 하나님께 감사하십시오. 하나님은 당신의 찢기고 아픈 가슴을 통해서 자기의 구속의 목적을 세상에 이루고 계시는 것입니다.

권위와 자주성

11월 2일

당신들이 나를 사랑한다면, 내 계명들을 지키게 될 것입니다 (요 14:15, R.V.).

주님의 권위 앞에 순종합니다

우리 주님은 결코 순종을 우리에게 강요하지 않습니다. 주님은 우리가 행해야 하는 일을 말씀하실 때 아주 강하게 힘주어 말씀하시지만, 강압적인 수단을 써 우리에게 억지로 하게 하지 않으십니다. 우리는 주님과 마음으로 하나가 되어 자원하여 순종하는 것이 마땅합니다. 바로 그 같은 이유로, 우리 주님이 제자도에 대하여 말씀하시던 때, '만약 … 한다면'이라는 말로 서두를 시작하셨습니다. 즉, 당신이 원하지 않으면 할 필요가 없다고 말씀하신 것입니다.

그는 말씀하셨습니다. "만일 누구든지 내 제자가 되고자 하면, 자신을 부인해야 한다"(눅 9:23). 제자가 되고자 하는 자는 예수님에게 자기 자신에 대한 권리를 포기해야 합니다. 우리 주님은 영원한 신분의 보장이 아니라, 예수님에게 가치 있는 존재가 되는 비결에 대하여 말씀하고 계십니다. 그래서 그의 말씀이 엄중하게 들리는 것입니다(참고, 눅 14:26). 그러므로 이 말씀을 해석할 때 말씀을 하신 주님을 고려하지 않은 채 절대로 하지 마십시오.

자발적인 순종

나의 자발적인 순종으로 말미암아 많은 사람이 하나님의 구속 은혜를 입게 됩니다. 주님은 내게 규칙들을 정해 주시는 것이 아니라, 주님의 기준을 분명하게 해 놓으십니다. 그래서 만일 주님에 대한 나의 관계가 사랑의 관계라고 하면, 그가 말씀하시는 것을 나는 주저 없이 할 것입니다. 만일 내가 주저한다면, 그것은 주님 외에 그와 경쟁하여 다른 사람, 곧 나 자신을 더 사랑하는 까닭입니다.

예수 그리스도께서는 나를 도와 그에게 순종하도록 하지 않으십니다. 내가 그에게 순종해야 합니다. 그래서 내가 그분께 자원하여 순종하는 때, 나는 나의 영적 소임을 다하게 됩니다. 나의 개인적인 삶은 모두 자질구레하여 아주 사소해 보이는 사건들로 가득 차 있을지도 모릅니다. 그러나 만일 내가 우연히 보이는 환경들에서 예수 그리스도에게 순종하면, 그 환경들은 내가 하나님의 얼굴을 볼 수 있는 작은 구멍들이 됩니다. 그리고 내가 하나님과 대면하게 되는 때 나의 순종을 통해서 수많은 사람이 복을 받게 된다는 것을 발견하게 될 것입니다.

하나님의 구속이 한 사람의 영혼 속에서 순종을 열매 맺으면, 재창조의 역사가 일어납니다. 만일 내가 예수 그리스도에게 순종하면, 하나님의 구속은 나를 통해 다른 생명을 엄청나게 살려냅니다. 그 이유는 순종의 행위 배후에 전능하신 하나님의 실재인 예수 그리스도가 계시기 때문입니다.

11월 3일

예수님의 종

내가 그리스도와 함께 십자가에 못 박혔으니, 이제는 내가 사는 것이 아니라, 그리스도께서 내 안에 사시는 것입니다 (갈 2:20).

자신의 자주성을 스스로 파기하십시오
바울이 한 말씀들은 내 손으로 나의 자주성을 파기하고 주 예수님의 최고의 권위에 복종한다는 것을 뜻합니다. 아무도 나를 대신해서 이 일을 할 수 없고, 나 스스로 해야 합니다. 하나님은 일 년 365일 내내 순종하라고 하실지 모르지만, 내게 강요하실 리 없습니다. 다시 말하자면, 하나님에게서 독립하려는 나의 개인적인 자주성의 껍질을 벗기고서, 나의 인성에서 해방되어 하나님 자신과 하나 된 것을 바울이 말하고자 한 것입니다.

이는 나 자신의 생각을 위한 것이 아니고, 예수님에 대한 절대적인 충성을 위한 것입니다. 내가 일단 나의 자주성을 파기하고 예수님께 전적으로 순종하기에 이르면, 더 이상 갈등의 소지가 없게 됩니다. 우리 대부분 사람은 그리스도에게 충성하는 것이 무엇인지를 모르고 있습니다. 주님은 말씀하셨습니다. "나 때문에 자기 목숨을 잃는 자는 그것을 얻을 것이다"(마 10:39). 예수님께 드리는 충성이 나를 강철 같은 성도로 만들어 줍니다.

기독교의 열정은 자신의 권리를 포기하고 예수님의 종이 되는 것입니다
자아가 깨졌습니까?
그렇지 않다면 모든 것이 경건의 모양만 있는 기만입니다. 왜냐하면, 결단해야 하는 한 가지가 의지의 포기이기 때문입니다.
예수 그리스도께 두 손 들고 복종할 의지가 있습니까?
어떤 방식으로 자아가 깨지든 아무 조건도 달지 마십시오. 자아실현의 의지가 박살 나야 합니다. 박살 나는 순간 초자연적으로 하나님과 하나 됨이 실제로 즉시 이루어집니다. 그리고 하나님의 성령께서 한 치의 실수 없이 "내가 예수 그리스도와 함께 십자가에 못 박혔습니다."라는 고백을 증거해 주십니다.

기독교의 열정은 나 자신의 권리를 의도적으로 포기하고 예수 그리스도의 종이 되는 데 있습니다. 그렇게 하기 전에는 아직 성도가 아닙니다. 만일에 한 명의 학생이라도 하나님의 소명을 듣는다면, 하나님이 이 성경훈련대학을 세우신 충분한 이유가 될 것입니다. 이 대학은 조직이나 학문적인 면에서나 부족한 점이 많습니다. 하나님이 친히 도움이 되어주지 않으시면 이 대학은 아무것도 아닙니다.
하나님이 우리의 도움이 되기를 원하십니까?
아니면 우리가 원하는 바 우리의 미래에 대한 생각에 사로잡혀 있습니까?

하나님의 진리의 권위

11월 4일

하나님을 가까이하십시오. 그러면 그분도 여러분을 가까이하실 것입니다 (약 4:8).

하나님의 진리대로 행하면 삽니다

사람들에게 하나님의 진리에 근거하여 행할 기회를 주는 것은 기본적으로 중요합니다. 행할 책임은 개인에게 주어져야 하고, 다른 사람이 대신할 수가 없습니다. 개인 자신의 의도적인 행위여야 합니다. 그러나 복음 메시지를 통해서 사람이 행동할 수 있게 항상 이끌어 주어야 합니다. 사람의 의지가 마비되어 복음대로 행하기를 거부하게 되면 그에게는 변화가 일어나지 않아 이전과 똑같게 됩니다. 일단 행동하게 되면, 결코 이전과 같을 수가 없습니다.

하나님의 성령에 의해 책망을 받은 많은 사람 가운데 끼어 있는 것은 어리석기 때문입니다. 그러나 나 자신을 재촉하여 복음의 진리대로 행하게 되면 그 즉시 살아나게 됩니다. 즉, 존재하게 되는 것입니다. 내가 참으로 사는 순간들은 내가 온 뜻을 다해 행동하는 순간들입니다.

주님께 오는 자마다 하나님의 생명을 얻습니다

하나님의 진리가 당신의 영혼에 임하는 때에 그것에 근거해 행하지 아니하고서 그냥 스쳐 지나가게 하면 절대로 안 됩니다. 반드시 육체적으로는 아닐지라도, 의지를 다해 행해야 합니다. 잉크로 하든 피로하든 그 진리를 기록해 두십시오. 아무리 연약한 성도일지라도 예수 그리스도와 함께 진리를 행하게 되면 그가 행하는 즉시 자유롭게 됩니다. 하나님의 전능하신 모든 능력이 그를 대신해 줍니다.

우리가 하나님의 진리에 가까이 다가가게 되면, 우리는 우리가 잘못되어 있는 것을 고백하고 회개합니다. 그러나 다시 과거로 돌아갑니다. 그리고서 다시 진리에 다가갑니다. 그리고 다시 돌아갑니다. 다시는 되돌아갈 필요가 없게 되는 때까지 반복합니다. 우리는 우리를 구속하시는 주님의 어떠한 말씀을 정확하게 붙잡고서 주님과 함께 그 말씀을 행해야 합니다. 우리가 붙잡아야 할 주님의 말씀은 '오라'입니다. 이 '오라'는 '행하라'를 의미합니다.

"내게로 오라"(마 11:28). 그런데 우리는 고집스럽게도 주님께로 나아오지 않습니다. 그러나 주님께 나아오는 자마다 그 즉시 하나님의 초자연적인 생명이 자기에게 파고드는 것을 알게 됩니다. 세상과 육체와 마귀가 지배하는 힘은 마비되고 맙니다. 이렇게 마비가 되는 것은 당신의 행위를 말미암은 것이 아니고, 당신의 행위로 말미암아 당신이 하나님과 그분의 구속 능력으로 연결되기 때문입니다.

11월 5일

주님의 고난에 동참하는 자들

오히려 여러분이 그리스도의 고난에 참여하는 것이니, 기뻐하십시오 (벧전 4:13).

주님의 고난은 하나님의 뜻대로 받은 것입니다
만일 당신이 하나님께 쓰임 받고자 한다면, 하나님은 당신에게 하등의 의미가 전혀 없는 많은 경험을 겪게 하십니다. 그런데 그 경험들은 하나님의 손안에서 당신을 유용하게 만들어 주게 되어 있습니다. 그리고 당신이 만나는 일을 보고서도 절대 놀라지 않을 정도로 다른 사람들에게서 일어나는 일을 이해할 수 있게 해 줍니다.
"오! 나는 저 사람을 감당할 수 없어요."라고 말할지 모르지만, 왜 할 수 없습니까? 하나님은 그러한 일을 해결할 수 있도록 충분한 기회를 당신에게 주셨습니다. 그런데 그런 식으로 시간을 보내는 것이 어리석다고 생각하고서 당신이 그 기회를 '외면했기' 때문입니다. 그리스도가 받으신 고난은 보통 사람들이 받는 고난과는 다릅니다. 그는 "하나님의 뜻을 따라" 고난을 받으셨습니다. 우리가 개인적으로 받는 고난과는 차원이 다릅니다.

주님의 고난에 동참하면 하나님이 보호합니다
예수 그리스도와 바른 관계를 맺고 있을 때만 하나님이 우리를 왜 이렇게 다루고 계시는가를 이해할 수 있습니다. 하나님의 목표가 무엇인지를 아는 것은 기독교 문화의 몫입니다. 그런데 그리스도 교회의 역사를 보면 예수 그리스도의 고난에 동참하는 것을 회피해 온 경향이 있었습니다. 사람들은 자신들이 만들어 낸 지름길로 하나님의 명령을 수행하려고 추구해 왔던 것입니다. 하나님의 길은 항상 고난의 길이요, '아주 길게 늘어진' 길입니다.
우리는 그리스도의 고난에 동참하고 있는 자들입니까?
하나님이 우리의 개인적인 야망들을 바로 분쇄해도 괜찮습니까?
우리의 개인적인 결심들을 변형시켜 망그러뜨려도 괜찮습니까?
그렇다고 해서 하나님께서 왜 그런 식으로 우리를 인도하고 계시는지를 정확하게 우리가 알고 있는 것은 아닙니다. 만일 안다고 하면 영적으로 시건방진 사람이 될 것입니다. 우리는 왜 하나님이 우리가 고난을 겪게 하시는지 그 당시에는 결코 이해하지 못합니다. 그래서 다소간 오해하는 가운데 겪게 됩니다.
그러나 우리의 처지가 밝아지고 나면 "하나님이 나를 지켜 주고 계셨는데 내가 왜 몰랐을까!"라고 말하게 됩니다.

믿음의 프로그램

그대가 이것을 믿습니까? (요 11:26)

11월 6일

믿음은 자신의 것이 되어야 합니다

마르다는 예수 그리스도께서 자유자재로 하시는 능력을 믿었습니다. 그녀는 그분이 계셨었더라면 그녀의 형제 나사로를 치료해 주실 수 있었을 것으로 믿었습니다. 또한, 예수님이 하나님과 특별히 친밀하셔서 그가 하나님께 구하는 것은 무엇이든 하나님이 응답해 주실 것으로 그녀는 믿었습니다.

그러나 아직 마르다는 예수님과 인격적으로 깊이 있게 친밀하지는 못했습니다. 마르다의 믿음의 프로그램은 미래에 가서야 성취되었습니다. 예수님은 마르다의 믿음이 자신의 것이 될 때까지 계속 그녀를 이끌어 주셨습니다. 그리고 나서 서서히 온전히 자신의 것이 되자 그녀는 고백했습니다. "예, 주님, 당신이 그리스도이심을 제가 믿습니다"(요 11:27). 주님이 당신을 다루심에서도 그와 같은 것들이 있습니까? 예수님이 자신과 인격적으로 친밀해지도록 당신을 훈련하고 계십니까? 마침내 당신에게 예수님이 질문을 던지실 것입니다.

"당신은 이것을 믿습니까?" 당신은 무슨 의심으로 고통받고 있습니까? 마르다처럼, 당신이 처한 상황에서 당신을 압도하는 어떤 말씀을 받으셨습니까? 그리하여 그 말씀으로 말미암아 당신의 믿음 프로그램이 개인적인 성숙한 믿음으로 발전하게 되어 있습니까? 이렇게 되려면 개인적인 필요가 개인적인 문제로부터 생겨나야만 가능합니다. 당신 자신의 부족함이 무엇인지를 알아야만 신앙의 프로그램이 완성 단계로 진행되는 것입니다.

믿는 것은 맡기는 것입니다

정신적 믿음의 프로그램에서는 나 자신을 맡기고, 맡기는 데 방해되는 모든 것을 포기합니다. 정서적인 믿음에서는 도덕적으로 확신하는 것에 나 자신을 맡기고 다른 어떤 것과도 타협하는 것을 거부합니다. 그리고 의지적인 믿음에서는 영적으로 예수 그리스도에게 나 자신을 맡기고 오직 주님에 의해서만 모든 일에 다스림을 받기로 합니다.

내가 예수 그리스도와 얼굴을 맞대고 있을 때 그분은 내게 "이것을 너가 믿느냐?" 이렇게 물으십니다.

그때 나는 신앙이 숨 쉬는 것처럼 자연스러운 것임을 발견하게 될 것입니다. 그리고 내가 너무나 어리석어서 이전에 주님을 신뢰하지 못한 것을 부끄러워할 것입니다.

11월 7일

하나님의 성역인 환경

하나님을 사랑하는 자, 곧 그분의 뜻대로 부르심을 받은 자들에게는 모든 것이 합력하여 선을 이룬다는 것을 우리는 압니다 (롬 8:28).

성도의 삶에는 우연이 없고, 모든 것이 하나님의 손안에 있습니다
성도의 삶의 환경은 하나님께서 작정해 놓으십니다. 그래서 성도의 삶에는 우연이란 것이 결코 있을 수 없습니다. 하나님은 그분의 섭리를 통해 당신이 전혀 이해할 수 없는 환경 속으로 인도하십니다.

하나님은 당신을 특정한 장소들과 사람들과 환경들 속으로 인도하심으로써 당신 속에서 성령님이 중보기도할 수 있게 하십니다. 절대로 어떤 환경들을 당신의 손으로 가로막고서 "여기는 내 마음대로 할 거야. 이것은 지켜 보고, 저것은 막아야겠다."라고 말하지 마십시오. 당신의 모든 환경은 하나님의 손안에 있습니다.

그러므로 당신이 처해 있는 환경들에 관해서 결코 이상하게 생각하지 마십시오. 중보기도에서 당신이 맡아야 할 몫은 중보기도를 어떻게 할 것인가를 고민하는 대신에 하나님의 섭리로 말미암아 당신이 처하게 된 일상적인 환경들과 사람들을 하나님 보좌 앞으로 가져다가 당신 안에 계시는 성령님에게 그것들과 그 사람들을 위해 중보기도할 기회를 드리는 것입니다. 이런 방식으로 하나님은 자기 성도들과 함께 온 세상을 품어 안고자 하십니다.

성령의 중보기도
당신이 흐리멍덩함으로써, 또는 성령님이 하시는 일을 대신하려고 함으로써 성령님의 사역을 어렵게 만들고 있지는 않습니까? 중보기도와 관련해서 나는 사람의 편을 맡아야 합니다. 사람의 편은 내가 처해 있는 환경들과 내가 접촉하는 사람들입니다. 나는 나의 의식 세계를 성령님의 성전으로 지켜야 합니다. 그리고 나서 여러 부류의 사람들을 하나님 앞으로 데려오면, 성령님께서 그들을 위해 중보기도하십니다.

당신의 중보기도는 결코 내 것을 대신할 수 없고, 내 중보기도는 결코 당신의 중보기도를 대신할 수 없습니다. 그러나 성령께서는 우리의 삶 속에서 중보기도하십니다. 성령님의 중보기도가 없으면 누군가 영적으로 허약해질 것입니다.

비할 데 없는 기도의 능력

11월 8일

우리는 마땅히 기도해야 할 것을 알지 못하나, 오직 성령께서는 친히
말로 표현할 수 없는 탄식으로 우리를 위하여 중보기도하십니다 (롬 8:26).

성령님이 하나님의 뜻대로 중보기도하십니다

우리는 성령으로 말미암아 기도할 힘을 얻습니다. 우리는 성령 안에서 기도한다고 하는 것이 무엇인지도 압니다. 그러나 우리가 말로 할 수 없는 기도들을 성령께서 우리 안에서 친히 하고 계신다는 사실은 잘 모르고 있습니다. 하나님의 성령이 우리 안에 거하시게 되면, 성령께서 우리를 위하여 간구해 주십니다.

당신 안에 계시는 성령께서 "하나님의 뜻대로 성도들을 위하여 중보기도하십니다"(롬 8:27). 하나님께서 당신의 마음을 살피시는 것은 당신이 의식하며 하는 기도가 어떤 것인지를 알기 위해서가 아니고, 성령께서 하시는 기도가 어떤 것인지를 알아내기 위해서입니다.

성령님은 성도의 몸을 성전 삼아 중보기도하십니다

하나님의 성령은 그의 중보기도를 드리기 위한 성전으로 성도의 몸을 필요로 합니다. "여러분의 몸이 성령의 전입니다"(고전 6:19). 성령께서는 당신의 몸을 당신 자신의 편리를 위해 사용하는 것을 허락하지 않으실 것입니다. 예수님께서는 성전 안에서 물건을 사고파는 사람들을 모두 가차 없이 쫓아내시면서 말씀하셨습니다. "'내 집은 기도하는 집이라고 불릴 것이다.'라고 기록되었는데, 너희가 그것을 강도들의 소굴로 만들고 있다"(마 21:13).

우리의 몸이 성령의 전이라는 것을 인식하고 있습니까?

그렇다면, 성령님을 위하여 우리의 몸이 더럽혀지지 않도록 유의해야 합니다. 그리고 우리의 의식 세계가 비록 우리의 인성의 지극히 작은 부분에 지나지 않지만, 성령의 전으로 여겨져야 한다는 것을 기억해야 합니다. 성령님께서는 우리가 아무것도 알지 못하고 있는 우리의 무의식 세계도 돌보실 것입니다. 우리의 의식 세계는 우리가 책임지고 지켜야 합니다.

11월 9일

성례전적 봉사

이제 나는 여러분을 위하여 당하는 괴로움을 기뻐하고, 그분의 몸인 교회를 위하여 그리스도의 남은 고난을 내 육체에 채웁니다 (골 1:24).

사역자의 복음 선포를 통한 그리스도의 실제적 임재

그리스도인 사역자는 성례전적 희생의 '매개자'가 되어야 합니다. 주님과 구속의 실재와 하나가 됨으로써 그 사역자를 통해 주님의 창조적 생명을 지속적으로 공급되게 해야 합니다. 그것은 사역자의 뛰어난 인성이 다른 사람에게 영향을 미치는 것이 아니고, 그 사역자의 삶의 열매들을 통해서 그리스도께서 실제로 임재하시는 것입니다.

신약성경에 가르쳐져 있는 대로 우리 주님의 삶과 죽음의 역사적 사실들을 선포하는 때에, 우리가 전하는 말씀들이 성례전이 됩니다. 즉, 그리스도께서 그 말씀을 통해 성령으로 우리 가운데 임재하시는 것입니다. 하나님이 그리스도 안에서 성취된 구속을 근거로 하여 말씀을 듣는 자들 속에서 그 말씀들을 사용하여 놀라운 일을 행하십니다. 만일 예수님에 관한 계시 대신에 우리의 삶에 나타난 구속의 결과들을 선포하게 되면, 말씀을 듣는 사람들 속에서 맺어지는 열매는 새로운 생명이 아니라, 세련된 기독교 문화입니다.

그러한 말씀 선포는 성령과는 직접 관계가 없으므로 성령께서 그 같은 선포를 통해서는 역사하실 수가 없습니다. 우리가 하나님과 마음이 제대로 잘 통하여 하나님의 진리를 선포하면, 하나님께서만 하실 수 있는 일들을 말씀을 듣는 영혼들 속에서 하나님이 행하실 수가 있게 된다는 것을 우리는 깊이 유의해야 합니다.

사람을 자랑하는 것은 위험합니다

"저분은 사람 됨됨이가 정말 놀랍습니다."

"얼마나 매력적인 사람입니까." "통찰력이 대단하십니다."

이 같은 찬사들을 통해서 하나님의 복음이 어떻게 역사할 수 있겠습니까?

복음이 결코 역사할 리가 없습니다. 그 이유는 인간적인 매력이 사람을 끌기 때문입니다. 어떤 사람이 그의 인격을 통해서 사람을 끌면, 그의 호소력은 복음이 아니라 그의 인격에 있습니다. 그러나 그 사람이 주님의 인격과 하나가 되어 있다면, 사람들에게 호소력이 있는 것은 그 사람이 아니라 예수 그리스도이십니다. 사람을 자랑하는 것은 아주 위험합니다. 예수님이 말씀하시는 대로, 우리는 그분을 높여 드리고 자랑해야 합니다(참고, 고전 1:31).

복음으로 갖는 교제

11월 10일

우리의 형제이며, 하나님의 일꾼이고, 그리스도의 복음으로
우리의 동역자인 디모데를 보냈으니 (살전 3:2) (KJV).

세상을 향한 하나님의 목적에 따라 사십시오

거룩하게 된 이후에는 당신 인생의 목표가 무엇인지를 말하는 것은 어렵습니다. 왜냐하면, 하나님이 성령으로 말미암아 당신을 하나님의 목적 속으로 끌어올려 놓으셨기 때문입니다. 하나님은 우리를 구원하시려는 목적을 위해 자기 아들을 사용하신 것처럼 이제는 세상을 향한 자기의 목적을 위해 당신을 사용하고 계십니다. 만일 당신이 당신 자신을 위해 큰일들을 구하고서 "하나님께서 이것과 저것을 위해 나를 부르셨습니다."라고 주장한다면, 당신은 하나님께서 당신을 사용할 수 없게 장애물을 설치한 꼴이 됩니다.

당신이 당신 자신의 성품이나 어떤 확정된 야망에 개인적으로 관심이 있는 한, 당신은 하나님의 관심에 결코 마음을 같이 할 수 없습니다. 하나님의 관심을 당신의 인생 목표로 삼을 수 있으려면 당신 자신에 대한 모든 생각을 싹 다 완전히 버리고 하나님께서 세상을 향한 자기 목적으로 당신을 바로 인도하도록 하십시오. 당신의 행로가 주님께 속해 있으므로, 당신은 당신의 가는 길들을 결코 이해할 수 없습니다.

하나님만을 신뢰하십시오

인생의 목표를 정할 때 내 것이 아니라, 하나님의 것으로 삼는 법을 배워야 합니다. 하나님의 목표를 내 것으로 삼으십시오. 하나님께서는 그의 위대한 입장에서 나를 사용하고 계시며, 하나님이 내게 요구하시는 모든 것은 그를 신뢰하는 것입니다. 그러므로 "주님, 이렇게 하시면 내 마음이 너무 아프게 됩니다."라는 투의 말은 절대 하지 마십시오. 그런 식으로 말하면 내가 문제아가 되고 맙니다.

내가 원하는 것을 하나님께 더 이상 말하지 않게 될 때, 하나님께서는 아무런 장애 없이 자기가 원하시는 것을 위해 나를 들어 쓰실 수가 있습니다. 그는 나를 낮출 수도 있고 높일 수도 있으며, 그가 원하시는 것은 무엇이나 하실 수 있습니다. 그가 단지 우리에게 요구하시는 것은 하나님 자신과 그의 선하심을 확실하게 신뢰하는 것입니다.

자기 연민은 마귀에게서 나온 것입니다. 내가 만일 자기 연민에 빠져 있다면 하나님은 이 세상에서 하나님의 목적을 위해 나를 쓰실 수가 없습니다. 자기 연민이 있다는 것은 내가 사는 세상 가운데 또 하나의 세상을 가지고 있는 것을 의미합니다. 그래서 자기 연민에 빠져 있게 되면 내가 나의 세상 밖으로 나오면 위험해질까 봐 두려워하기 때문에 하나님이 나를 밖으로 결코 끌어내실 수가 없게 됩니다.

11월 11일

지금 높은 곳으로 오르십시오

지금 네 아들을 데리고 (창 22:2, KJV, NASB).

지금 당장 오르십시오

하나님의 명령은 '조금 후에'가 아니라, '지금' 데리고 가라 하십니다. 우리는 얼마나 엄청나게 따지기를 좋아합니까! 우리는 어떤 일이 옳다는 것을 알면서도 지금 당장은 하지 않으려고 핑곗거리를 찾으려 애씁니다. 하나님이 보여 주시는 높은 곳으로 오르는 일은 결코 조금 후에 할 수 있는 일이 아닙니다. 그것은 지금 당장 해야 합니다. 희생 제물을 드리는 일은 실제로 행해지기 전에 의지로 먼저 결심되어야 합니다.

"아브라함은 아침에 일찍 일어나 … 하나님이 말씀하신 곳으로 갔다"(3절). 아브라함은 얼마나 단순합니까! 하나님이 말씀하셨을 때, 그는 혈육 곧 아내나 가족과 의논하지 않았습니다. 당신이 혈육과 의논하고 싶을 때 주의할 것이 있습니다. 동정심이나 통찰력 또는 하나님과의 인격적인 관계에 기초하지 아니한 어떤 것 등을 주의해야 합니다. 이것들은 하나님께 순종하는 것을 방해합니다.

자기가 좋아해서 선택한 희생 제물은 안 됩니다

아브라함은 스스로 희생 제물을 선택하지 않았습니다. 하나님을 위해 스스로 좋아해서 선택한 봉사는 항상 경계해야 합니다. 스스로 선택한 자기희생은 질병이 될 수 있습니다. 만일 하나님께서 달콤한 잔을 당신에게 주셨다면 혼자서 은혜롭게 마시십시오. 그러나 쓴 잔을 주셨다면 하나님과 함께 자리하고 마시십시오. 만일 당신을 향한 하나님의 섭리로 힘들고 고통스러운 시간이 주어진다면, 그것을 이겨내십시오. 그러나 절대로 순교할 생각은 하지 마십시오.

하나님은 아브라함에게 가혹한 시련을 택하여 주셨으나, 아브라함은 전혀 항변하지 않았습니다. 그는 흔들림 없이 겪어냈습니다. 만일 당신이 하나님과 손을 잡고 동행하는 가운데 살지 아니하면, 하나님을 잔인하게 혹평하기 쉽습니다. 당신은 하나님께 대해 혹평하는 권리를 사용하기 전에 시련을 이겨내야 합니다. 왜냐하면, 시련 가운데서 하나님을 더 잘 알게 되기 때문입니다. 하나님은 하나님의 목적과 사람의 목적이 하나로 일치될 때까지 자기의 최상의 목적을 향해 일하고 계십니다.

변화된 삶

11월 12일

그런즉 누구든지 그리스도 안에 있으면 새로운 피조물입니다.
이전 것은 지나갔으니, 보십시오, 새것이 되었습니다 (고후 5:17).

구원의 경험은 변화입니다
구원에 대해 당신은 어떤 생각을 하고 있습니까?
구원의 경험이란 당신의 실제 생활에서 모든 것이 실제로 변화되는 것을 의미합니다. 당신의 욕구는 새로워졌고, 옛것들은 그것들이 가지고 있던 의미를 잃었습니다. 구원 경험의 한 가지 시금석은 하나님이 당신의 가치관을 바꾸셨는가 하는 것입니다. 만일 당신이 여전히 옛것들을 동경하고 있으면서도, 당신이 위로부터 거듭났다고 말하는 것은 터무니없는 거짓말입니다.

구원의 경험이 가져 온 변화
만일 당신이 거듭났다고 하면, 하나님의 성령께서 당신의 실제 생활과 생각에 변화가 나타나게 하실 것입니다. 그리고 위기가 왔을 때 당신은 당신 안에 있는 엄청난 변화를 보고 세상에서 가장 소스라치게 놀랄 것입니다. 이 완벽하고 놀라운 변화는 당신의 영혼이 구원받았다는 증거입니다.
내가 구원받고 거룩하게 됨으로써 어떤 변화가 생겨났습니까?
예를 들면, 내가 고린도전서 13장의 빛 가운데서 서 있을 수 있습니까?
아니면 얼버무리어야겠습니까?
성령으로 말미암아 내 안에서 이루어지고 있는 구원은 나를 전적으로 자유롭게 합니다. 그리고 하나님이 빛 가운데 계시는 것처럼 내가 빛 가운데서 행하는 한, 성령께서는 아무것도 나를 책망하실 것이 없게 됩니다. 왜냐하면, 성령의 생명이 나의 의식 세계뿐만 아니라, 더 깊은 무의식의 세계까지 모든 부분에서 역사하고 계시기 때문입니다.
나의 변화된 삶은 하나님이 자기의 유일한 아들을 내어주시는 가운데 보여 주신 절대적인 사랑을 깨닫고서 아무런 보상도 기대하지 않은 채 무조건적으로 베푸는 희생적인 사랑을 실천하는 데 있습니다. 나의 최고선은 주님의 하늘 보좌의 영광을 누리는 것입니다(참고, 롬 5:2)

11월 13일

믿음과 경험

> 나를 사랑하셔서 나를 위해 자신을 내어 주신 하나님의 아들을 믿는 믿음으로 사는 것입니다 (갈 2:20).

믿음으로 하나님의 보좌 앞에 서게 됩니다

우리가 주 예수님께 전적으로 헌신하려면 우리의 감정적 기분을 극복해야 합니다. 그리고 우리 자신을 완전히 내려놓고 주님께 헌신하려면 우리의 경험을 은밀하게 자랑하려는 생각에서 벗어나야 합니다. 신약성경이 말하고 있는 예수 그리스도가 누구이신지 생각해 보십시오. 그리고 당신의 믿음이 얼마나 비루하고 천박한가를 생각해 보십시오.

"나는 이런 경험도 저런 경험도 해보지 못했어요."라고 하면서도 경험을 추구하고 있지 않습니까? 예수 그리스도를 믿는 믿음이 무엇을 요구하는지 생각해 보십시오. 우리 주님께서는 하나님의 보좌 앞에 우리를 흠 없이 설 수 있게 하고자 하십니다. 형언할 수 없이 순결하고, 전적으로 변화되고, 철저하게 의로운 존재로 우리가 서게 되기를 원하십니다. 확실하게 믿음으로 굳게 서십시오. 예수 그리스도는 우리에게 "지혜와 의와 거룩함과 구속"(고전 1:30)이 되셨습니다.

우리가 감히 어떻게 하나님의 아들을 위하여 우리 자신을 희생 제물로 삼는다고 말할 수가 있습니까? 우리의 구원은 지옥 형벌에서 건짐을 받는 것입니다. 그런데 어떻게 우리가 희생 제물에 대해 운운합니까?

믿음이 경험의 원천입니다

우리는 예수 그리스도를 믿는 믿음 속으로 지속적으로 힘써 들어가야 합니다. 우리가 힘써 믿어야 하는 분은 기도 모임의 예수 그리스도나, 신학책 속의 예수 그리스도도 아니고, 신약성경의 예수 그리스도입니다. 그분은 성육신하신 하나님이시오, 우리를 그분의 발 앞에 죽은 자같이 꿇어 엎드리게 하기에 합당하신 분이십니다.

우리의 믿음은 우리의 경험의 원천이신 그분을 믿는 것이어야 합니다. 예수 그리스도께서는 우리 자신을 전적으로 내려놓고 그분께 헌신하기를 원하십니다. 우리는 결코 예수 그리스도를 경험할 수 없습니다. 또한, 우리 마음의 좁은 울타리 안에 결코 붙잡아 둘 수도 없습니다. 우리의 믿음은 그분을 신뢰하는 것이어야 합니다.

이러한 맥락에서 불신앙에 대한 성령님의 진노를 보게 됩니다. 우리가 느끼고 있는 두려움은 모두 악합니다.

예수 그리스도와 연합하여 하나된 자라면 어느 누가 어떻게 의심이나 두려움 때문에 고통을 당할 수 있습니까? 결코, 그럴 수 없습니다. 우리의 믿음은 절대 눌리지 않고 승리하는 믿음의 힘찬 찬양으로 표현되어야 합니다.

하나님의 계획의 발견

11월 14일

주께서는 … 길에서 저를 인도하셔서 (창 24:27).

거듭 난 자는 하나님의 계획을 봅니다

하나님의 인도하심을 지속으로 구할 필요가 없을 정도로 우리는 하나님과 하나가 되어야 합니다. 성화(거룩하게 됨)란 우리가 하나님의 자녀가 되고 자녀로서의 삶이 자연스럽게 순종하는 것을 의미합니다. 그래서 하나님의 자녀 된 그가 불순종하려는 마음이 생겨나면 즉시로 직관적인 갈등이 있게 되는 것입니다. 영적인 세계에서 직관적인 갈등이 있게 되는 것입니다. 영적인 세계에서 직관적인 갈등은 하나님의 성령이 주시는 경고입니다.

성령께서 견제하여 경고를 하시면 우리가 즉시 순종해야 하고, 하나님의 뜻이 무엇인지를 분별할 수 있도록 우리 마음의 영이 새로워져야 합니다. 만일 우리가 하나님의 성령으로 거듭나 있다면, 여기저기로 우리를 인도해 달라고 하나님께 구하는 것은 경건을 포기하는 것입니다. "주께서 나를 인도하셨습니다."라고 고백하면서 뒤로 돌아보면 하나님의 놀라운 계획이 있었음을 알게 됩니다. 만일 우리가 하나님께로부터 나게 되면, 그 계획을 인하여 우리는 하나님을 신뢰하게 되는 것입니다.

충실한 영혼은 하나님의 마음을 압니다

우리는 모두 누구나 특별한 일들에서는 쉽게 하나님을 볼 수 있습니다. 그러나 일상적인 삶의 현장에서 하나님을 볼 수 있으려면 영적 훈련을 받아야 할 필요가 있습니다. 우연히 보이는 것이라고 해서 하나님의 정해진 섭리와 관계없는 것으로 절대 단정하지 마십시오. 어디에서나 하나님의 계획들을 발견해내도록 하십시오.

하나님께 헌신하기보다는 당신의 일관된 확신에 열광하는 것을 주의하십시오. "나는 그것만큼은 절대로 하지 않겠습니다."라고 당신이 말한 그것을, 만일 당신이 성도라면, 십중팔구 당신이 하게 될 수도 있습니다. 세상의 눈으로 보면, 우리 주님처럼 일관성 없는 분은 결코 없었습니다. 그러나 주님은 자기 아버지에게만큼은 절대 일관성 없는 분이 아니셨습니다. 성도의 한 가지 일관성은 원칙에 대한 것이 아니라, 신령한 생명에 대한 것입니다. 이 신령한 생명으로 말미암아 하나님의 마음에 대하여 더 많이 지속해서 발견하게 됩니다. 충실한 영혼을 가진 사람이 되기보다는 광신자가 되기가 더 쉽습니다. 왜냐하면, 하나님께 충성하게 될 때, 놀랄 만큼 우리를 겸손케 하는 일, 특히 우리의 종교적 자만을 꺾는 일이 있기 때문입니다.

11월 15일

그것이 네게 무슨 상관이냐?

주님, 이 사람은 어떻게 되겠습니까? ·
… 그것이 네게 무슨 상관이냐? 너는 나를 따라오너라 (요 21:21-22).

다른 사람을 향한 하나님의 섭리를 상관하지 마십시오

우리가 다른 사람들을 향한 하나님의 섭리에 개입하는 것이 위험하다는 것을 깨닫는 데는 오랜 시간이 걸립니다. 당신은 어떤 사람이 고통당하는 것을 보고서는 "그 사람이 고통을 받아서는 안 되는데, 그 사람이 고통받지 않게 해야겠어."라고 말합니다. 당신이 하나님의 허용적 의지(역자 주: 예, 욥에게 시련을 당하게 하는 하나님의 뜻)를 방해하려고 손을 사용할 때 하나님이 말씀하십니다. "네게 그것이 무슨 상관이냐?"

만일 당신에게 영적으로 침체되는 일이 있다면, 아마도 당신이 다른 사람의 삶에 간섭하고, 당신이 나서지 않아도 될 일에 나서고, 충고하지 않아도 되는데 당신이 충고하는 등 쓸데없는 짓을 하고 있었기 때문이라는 것을 깨닫게 될 것입니다.

만일 당신이 다른 사람에게 꼭 충고를 주어야 한다고 하면, 당신은 성령의 인도하심을 받아 잘 이해하고서 다른 사람에게 충고를 주어야 합니다. 그러므로 당신이 할 일은 하나님과 바른 관계를 잘 맺음으로써 다른 사람의 영혼이 잘 되는 복을 얻도록 항상 하나님이 주시는 분별력을 기르는 것입니다.

성도라면 자기가 성도인 것을 특별히 의식할 이유가 없습니다

우리 대부분은 의식 세계의 한계 내에서 살고 있습니다. 그래서 의식적으로 하나님을 섬기고, 의식적으로 하나님께 헌신합니다. 이 모든 것은 당신이 미성숙한 탓입니다. 우리가 하나님께 온전히 자신을 내드림으로써 하나님께 쓰임을 받고 있다는 생각을 전혀 하지 않게 되는 것이 성숙한 단계입니다.

만일 우리가 "찢겨진 빵과 부어진 포도주"처럼 쓰임 받고 있다는 것을 의식하고 있다면, 성숙한 단계에 아직 이르지 못했기 때문입니다. 우리 자신뿐만 아니라 하나님이 우리를 통해서 일하고 계신다는 것까지도 우리 머릿속에서 지워야 합니다.

진정으로 인간적인 삶의 목표

11월 16일

먹든지 마시든지 무엇을 하든지 다 하나님의 영광을 위하여 하십시오 (고전 10:31).

사람의 이목을 끌려고 하지 마십시오

예수님의 성육신의 경이로움은 사실 그의 평범한 유년 시절 속에 파묻혀 감춰져 있습니다. 그리고 그의 변화산에서의 경이로움은 악령에 사로잡힌 계곡에서 사라졌습니다. 그의 부활의 영광은 바닷가에서의 아침 식사 자리에서 퇴색되었습니다. 그러나 이것은 예수님의 성육신이나 변화산 사건이나 부활의 영광이 용두사미가 된 것이 아니고, 하나님의 위대한 계시입니다.

우리는 우리의 경험에서 경이로움을 찾으려합니다. 그런데 위기를 멋지게 극복해내는 것과 일상생활에서 하나님께 영광을 돌리며 지내는 것은 전혀 다릅니다.

우리는 중세 시대적인 후광을 원하는 것은 아닐지라도, 우리는 사람들이 우리를 보고서 "얼마나 훌륭한 기도의 사람인가!" "얼마나 경건하고 헌신 된 여자인가!"라고 말해주기를 원합니다. 만일 당신이 주 예수님께 바르게 헌신 되어 있다고 하면, 최고의 경지에 당신은 이미 이른 것입니다. 사람의 눈길을 끄는 것은 하나님의 능력이 항상 당신을 통해서 흘러나오고 있는 것이 전부입니다.

성도의 삶의 진정한 목표

"오, 나는 하나님으로부터 놀라운 부르심을 받았습니다."라고 자랑하지 마십시오. 하나님께 영광이 되도록 하려면 가장 하찮은 일을 하는데도 우리 안에 계시는 성육신하신 전능한 하나님의 도움이 필요합니다. 우리 안에 계시는 하나님의 성령께서 우리를 온전하게 인간답게 만들어 자기 것으로 삼으시면 우리가 전혀 사람들의 눈에 띄지 않게 됩니다.

성도의 삶의 시금석은 성공이 아니라, 삶의 진실성입니다. 우리의 목표는 일상적인 인간의 삶에서 하나님의 영광을 나타내는 것이요, 인간적인 환경에서 그리스도와 함께 하나님 안에 감추어져 있는 삶을 사는 것입니다(골 3:3). 우리의 인간관계들은 하나님의 이상적인 생명이 드러날 수 있는 실제 환경들입니다.

11월 17일

영원한 목표

내가 내 스스로 맹세한다. 네가 이 일을 행하여 네 외아들을 아끼지 않으니 내가 반드시 네게 복을 주어서… (창 22:16-17).

나의 목표는 하나님 자신입니다

아브라함은 하나님의 참된 본성을 접할 수 있는 경지에 이르렀기에, 하나님의 실체를 이제 이해하게 되었습니다. "나의 목표는 하나님 자신입니다 … 어떤 대가를 치르더라도, 사랑하는 주님, 어떤 길을 가더라도." "어떤 대가를 치르고, 어떤 길을 가더라도"라는 말은 하나님께서 목표를 향하여 우리를 인도하는 길에서 스스로 선택한 것은 아무것도 없다는 것을 뜻합니다. 만일 하나님께서 내 안에 있는 하나님 자신의 본성에 말씀하신다면 그가 말씀하시는 때 아무것도 의심할 여지가 없습니다. 즉각적인 순종만 하면 됩니다.

예수님께서 "오라."고 하면, 그저 가면 됩니다. 주님이 "가자."라고 말씀하시면 따르면 됩니다. "이 일에 하나님을 신뢰하라."고 하시면, 신뢰하면 됩니다. 이렇게 온전하게 순종하는 것은 하나님의 본성이 내 안에 있다는 증거입니다. 내게 주시는 하나님 자신에 대한 계시는 하나님의 성품에 의해서가 아니라, 나의 성품에 의해 결정됩니다. "주님의 길이 내게 흔히 거칠게 보이는 것은 내 성품이 거칠기 때문입니다."

순종함으로 하나님의 본성을 이해하게 됩니다

순종의 훈련을 통해서 아브라함이 있었던 곳에 내가 이를 수 있고, 거기서 하나님이 누구이신지를 알게 됩니다. 예수 그리스도 안에서 하나님을 직접 대면하기까지는 하나님을 참되게 결코 알지 못합니다. 예수 그리스도 안에서 하나님을 대면하고 나면, "온 세상에서, 나의 하나님, 오직 주님 외에 아무도 없습니다. 오직 주님밖에 없습니다"(시 73:25)는 것을 알게 됩니다.

하나님의 약속들은 우리가 순종을 통해서 하나님의 본성을 이해할 때까지는 우리에게 아무런 가치가 없습니다. 우리가 1년 365일 매일같이 성경에서 어떤 것을 읽더라도 그것들이 우리에게 아무런 의미가 없습니다. 그러다가 갑작스럽게 하나님이 의미하시는 바를 깨닫게 되는데, 그것은 어떤 일로 하나님께 순종하자 즉시 하나님의 본성이 드러났기 때문입니다.

"하나님의 약속은 그분 안에서 '예'가 되고, 그분 안에서 '아멘'이 되어 우리로 말미암아 하나님께 영광을 돌립니다"(고후 1:20. KJV). "예"는 순종으로 말미암아 돼야 합니다. 우리의 삶의 순종으로 말미암아 하나님의 약속을 따라 '아멘'이라고 말하는 그때 그 약속이 우리의 것이 됩니다.

자유를 위한 승리

11월 18일

그러므로 아들이 당신들을 자유롭게 하면 당신들은 참으로 자유롭게 될 것입니다 (요 8:36).

본성적 개성은 영적 삶에 도움이 되지 않습니다

만일 개성적으로 교만의 잔재가 조금이라도 남아 있다고 하면, 개성은 항상 말하기를 "나는 할 수 없어."라고 할 것입니다. 그러나 인성은 결코 "나는 할 수 없어요."라고 말하지 않습니다. 대신 다만 열중하고 또 열중할 것입니다. 인성은 항상 더 많이 원합니다. 이것이 우리가 성장해 가는 방식입니다. 그런데 죄와 개성이 우리가 하나님에게 이르는 데 방해를 놓습니다. 하나님께서는 우리를 죄에서 건져 주십니다. 우리는 우리 자신을 개성으로부터 건져내야 합니다. 다시 말해서, 우리의 본성적인 삶을 하나님께 내드리고, 그것이 순종을 통해서 영적인 삶으로 변화될 때까지 희생 제물로 그것을 바쳐야 합니다.

하나님의 명령 말씀과 우리의 본성적인 삶이 마주칠 때, 우리는 하나님의 편에 서야 하고, 하나님을 맞서서 "나는 그것을 할 수 없습니다."라고 말하는 일이 없도록 주의해야 합니다. 하나님께서 우리를 훈련하지 않으실 것이기 때문에, 우리가 우리 자신을 훈련해야 합니다. 하나님께서는 우리의 모든 생각이나 이론을 사로잡아 파괴하지 않으실 것이기 때문에, 우리가 사로잡아 그것들을 파괴해야 합니다(고후 10:4,5). 생각들이 헷갈리지 않도록 하십시오. 당신의 개성이라고 하는 폭군의 말을 듣지 말고, 그 폭군에게서 해방되어 인성을 붙잡으십시오.

주님과 연합됨으로 인성의 자유를 누립니다

"그러므로 아들이 당신들을 자유롭게 하면 …" '아들'을 '구주'로 바꾸지 마십시오. 구주께서는 우리를 죄에서 자유케 하십니다. 그러나 본문에서 말하고 있는 자유는 아들에 의해서 자유롭게 되는 자유입니다. 바울이 갈라디아서 2:20에서 "내가 그리스도와 함께 십자가에 못 박혔습니다."고 말하는 자유입니다.

바울의 본성적 개성이 깨지고 그의 인성이 주님과 연합된 것입니다. 주님께 흡수된 것이 아니고 연합된 것입니다. "당신들은 참으로 자유롭게 될 것입니다."라고 하신 말씀은 본질적인 자유, 곧 내면으로부터 자유롭게 된 것을 뜻합니다. 우리는 십자가에 못 박힘으로 힘을 얻어 예수님과 하나 됨을 누리는 것 대신 우리 자신이 가지고 있는 힘을 고집하려 할 것입니다.

11월 19일

성령님이 오실 때

그분께서 오실 때 죄에 대하여, 의에 대하여, 심판에 대하여 세상을 책망하실것입니다 (요 16:8, R.V.).

하나님의 은혜로 예수님의 죽음 때문에 용서받습니다
죄를 성령께서 책망하시는 것에 대하여 아는 사람이 극히 드뭅니다. 우리는 그릇된 일들을 행함으로 인하여 양심의 가책을 경험합니다. 이에 비하여, 성령으로 말미암아 죄가 책망받게 되면 세상에 있는 모든 관계는 없어지고 오직 한 가지 관계만 남게 됩니다. "내가 주께, 주께만 죄를 지었습니다."(시 51:4)라고 다윗이 고백한 대로 하나님과의 관계만 생각하게 되는 것입니다.

사람이 이 같은 방식으로 죄를 책망받게 되면, 하나님께서 자기를 결코 용서하실 수 없다는 것을 양심으로 뼈저리게 알게 됩니다. 그래서 하나님께서 용서하셨다고 할지라도, 그 사람은 하나님보다 더 강한 정의감을 갖게 될 것입니다. 하나님이 그를 용서하시는 것이 사실이지만, 하나님께서 그렇게 용서하실 수 있으려면 그리스도의 죽음에서 하나님의 가슴이 찢어지는 아픔을 당하십니다. 하나님의 은혜가 놀라운 것은 하나님이 죄를 용서하시는 데 있습니다. 예수 그리스도의 죽으심만이 하나님의 본성에 아무런 훼손됨이 없이 용서를 가능케 합니다.

죄 용서로 말미암아 그리스도 안에서 하나님과 새로운 관계를 맺습니다
하나님은 사랑이시기 때문에 그가 우리를 용서하신다고 말하는 것은 천박하기 짝이 없는 어리석은 말입니다. 우리가 죄에 대하여 책망을 받고 나면, 결코 다시는 이렇게 말하지 않을 것입니다. 하나님의 사랑은 오직 갈보리만을 의미합니다. 하나님의 사랑이 오직 갈보리에 세워진 그 십자가에만 새겨져 있습니다. 하나님께서 나를 용서하실 수 있는 유일한 근거는 내 주님의 십자가입니다. 그 십자가를 통해서 하나님의 공의가 충족되는 것입니다.

용서를 받았다는 것은 내가 지옥으로부터 구원되고 천국을 누리게 되었다는 것만을 의미하지 않습니다(아무도 이런 차원의 용서로는 만족하지 않을 것입니다). 용서를 받았다는 것은 내가 죄를 용서받아 하나님과 새로운 관계를 맺게 되고, 그리스도 안에서 하나님과 연합하여 하나가 된 것을 의미합니다. 구속의 기적은 거룩하지 못한 자인 나를 거룩한 분이신 하나님 자신의 수준으로 하나님께서 변화시킬 것입니다. 이 같은 변화의 기적은 새로운 품성, 곧 예수 그리스도의 품성을 내게 넣어 주심으로서 가능합니다.

하나님의 용서

11월 20일

우리가 그분 안에서 … 그분의 피로 말미암아 구속, 곧 죄 용서를 받았습니다 (엡 1:7).

죄 용서의 유일한 근거는 예수 그리스도의 십자가입니다

하나님께서는 아주 친절하고 사랑이 많으시며 우리의 좋으신 아버지이시기에, 우리를 당연히 용서하시기를 좋아하실 것이라는 사탕발림의 달콤한 가르침을 주의하십시오. 그같은 감상적인 가르침은 신약성경 어디에도 전혀 없습니다. 하나님이 우리를 용서하실 수 있는 유일한 근거는 그리스도의 십자가의 처참한 비극입니다. 용서의 근거를 다른 데서 찾는 것은 신성 모독입니다.

하나님께서 죄를 용서하시고 우리를 그의 은총 안에 새롭게 있게 하실 수 있는 유일한 근거는 오직 그리스도의 십자가뿐입니다. 용서는 우리가 받기에는 아주 쉽지만, 갈보리의 형언할 수 없는 고통을 대가로 지불한 것입니다. 죄 용서와 성령의 은사와 오직 믿음으로 우리가 거룩하게 되는 것을 얻으면서도, 이 모든 것을 우리가 얻어 누리는 데 있어서 하나님께서 얼마나 큰 대가를 치르셨는가에 대해서는 잊기 쉽습니다.

죄 용서는 하나님의 은혜의 기적입니다

하나님께서 죄를 용서하시고서도 그의 거룩성을 유지할 수 있었던 까닭은 하나님이 그리스도의 십자가를 대가로 치르셨기 때문입니다. 하나님의 아버지 되심에 대한 견해가 만일 속죄를 무시하는 것이라면 그 같은 견해를 결코 받아들여서는 안 됩니다. 하나님이 계시하시는 바에 의하면, 그는 용서하실 수가 없습니다. 그는 거룩하시고 의로우시므로 그가 죄를 용서할 것 같으면 그의 본성에 모순되는 것입니다. 우리가 용서받을 수 있는 유일한 방법은 속죄 때문에 하나님께로 돌아가는 것뿐입니다. 하나님의 죄 용서는 초자연적인 영역에서만 자연스럽습니다.

죄 용서의 기적과 비교해 보면, 성화(거룩하게 됨)의 경험은 하찮은 것에 지나지 않습니다. 성화는 우리의 삶에서 맺어지는 죄 용서의 놀라운 열매일 뿐입니다. 우리 안에서 감사의 깊은 샘이 솟아나게 하는 것은 하나님께서 죄를 용서하셨다는 사실입니다. 바울은 이 사실을 결코 잊은 적이 없었습니다. 만일 당신이 하나님께서 당신을 용서하시기 위해 치르신 모든 대가를 깨닫게 된다면, 당신은 전에 악습에 사로잡혔던 것처럼, 이제는 하나님의 사랑에 강권적으로 붙잡히게 될 것입니다.

11월 21일

다 이루어졌다

아버지께서 내게 하라고 주신 일을 완성하여,
내가 땅에서 아버지께 영광을 돌렸습니다 (요 17:4).

예수님이 이 땅에 오신 참된 이유

예수 그리스도의 죽음은 역사 속에서 하나님의 마음이 실현된 것입니다. 예수 그리스도를 순교자로 보는 것은 천부당만부당합니다. 그의 죽으심은 그에게 안 일어날 수도 있었는데 일어난 사건이 아닙니다. 그의 죽으심은 그가 이 땅에 오신 바로 그 이유이었습니다.

당신이 죄 용서에 대하여 설교할 때 하나님이 우리 아버지 시요 그가 우리를 사랑하시는 까닭에 우리를 용서하실 것이라는 사실을 절대 내세우지 마십시오. 그러한 설교는 하나님에 대한 예수 그리스도의 계시와 맞지 않습니다. 그 설교는 십자가를 무용지물로 만듭니다. 그리스도가 십자가에서 성취하신 구속이 "공연한 수고"가 됩니다. 만일 하나님께서 죄를 꼭 용서하셔야 한다면, 그것은 그리스도의 죽음 때문입니다.

하나님은 오직 자기 아들의 죽음을 통해서만 사람들을 용서하실 수 있었습니다. 예수님은 자기 죽음 때문에 구주로 높여지셨습니다. "오직 우리가 … 죽음의 고난을 받으심으로 영광과 존귀로 관을 쓰신 예수님을 보니"(히 2:9). 우주를 깜짝 놀라게 하며 널리 울려 퍼진 가장 위대한 승리의 외침은 그리스도의 십자가상에서 들렸던바 "다 이루었다."이었습니다. 그 외침은 사람을 구속하던 때 외친 마지막 말씀입니다.

예수님은 우리를 위해 저주가 되셨습니다

하나님의 사랑에 대한 잘못된 견해로 말미암아 하나님의 거룩성을 경시하거나 무시하는 것은 무엇이든 예수 그리스도께서 주신바 하나님에 대한 계시와 맞지 않습니다. 예수 그리스도께서 연민이나 긍휼 때문에 우리를 위해 하나님께 변호하고 있다거나, 우리에 대한 동정심 때문에 우리를 위해 저주가 되셨다고 결코 생각해서는 안 됩니다.

예수 그리스도께서는 하나님의 작정으로 말미암아 우리를 위해 저주가 된 것입니다. 그 저주의 엄청난 의미를 우리가 깨닫게 하는 것이 바로 죄에 대한 책망입니다. 이와 함께 부끄러움과 회개의 선물이 우리에게 주어집니다. 이것이 바로 하나님의 크신 긍휼입니다. 예수 그리스도는 사람의 잘못을 미워하십니다. 갈보리는 그의 증오심이 어떠했는가를 보여 주고 있는 것입니다.

하찮음과 대단함

11월 22일

그러므로 여러분은 먹든지 마시든지 무엇을 하든지
다 하나님의 영광을 위하여 하십시오 (고전 10:31).

하찮은 일들도 하나님이 작정하셨습니다

인생에 하찮아 보이는 일들은 하나님께서 작정하지 않으신 것으로 절대 생각하지 않도록 주의하십시오. 그것들도 인생에 대단한 일들처럼 하나님이 다 작정하셨습니다. 당신이 하나님께 헌신 되어 있다고 해서 하찮아 보이는 것들을 당신이 거절해도 되는 것은 아닙니다. 당신은 당신이 하찮다는 인상을 다른 사람들에게 주고 싶어서 하나, 그것은 당신이 영적인 체하는 사람이라는 것을 보여주는 확실한 증거입니다.

당신 속에 다른 사람들을 경멸하는 마음이 생기지 않도록 주의하십시오. 영적인 체하다 보면 항상 다른 사람들을 경멸하게 됩니다. 다른 사람들이 당신보다 훨씬 더 하찮아 보이기 때문에 여기저기 돌아다니며 다른 사람들을 책망하게 되는 것입니다. 당신은 '걸어 다니는 꾸지람 꾼'입니다. 당신이 대단한 사람인 체하지 마십시오. 우리의 대단하신 하나님은 갓난아이가 되셨습니다.

하찮아 보이는 일상생활에서 그리스도인답게 사십시오

만물의 찌끼처럼 하찮다는 것은 악하다는 증거도 아니고, 깊이가 없다는 증거도 아닙니다. 깊은 대양에는 얕은(역자 주. 영어 'shallow'는 '하찮은', '얕은'을 뜻함) 해변이 있습니다. 먹고 마시고, 말하고 걷는 것과 같은 인생에 하찮게 보이지만 즐거운 일들은 모두 하나님이 작정하셨습니다. 이것들은 우리 주님도 즐겨 행하셨던 일들입니다. 그분은 하나님의 아들로서 이것들을 행하며 사셨던 것입니다. 그런데 주님은 말씀하시기를, "제자는 자기 선생보다 위에 있지 않다"(눅 6:40)라고 하셨습니다.

우리의 안전장치는 하찮은 일들에 있습니다. 상식적으로 보이는 삶을 우리는 상식적인 방식으로 살아야 합니다. 심오하고 대단한 일들이 생기게 되는 때에는, 하찮은 일들과 별도로 그 일들을 우리에게 하게 하십니다. 그 심오하고 대단한 일들은 하나님 외에는 아무에게도 절대 보여 주지 마십시오. 우리는 지나치게 신중하고 우리 자신의 체면에 관심이 많아서 인생의 하찮은 일들은 그리스도인답게 행동하기를 거부합니다.

하나님 외에는 아무도 엄중하게 대하지 않기로 다짐하십시오. 당신이 여태껏 만나 본 최고의 사기꾼으로 당신이 가차 없이 가장 먼저 멀리해야 할 사람은 바로 당신 자신입니다.

11월 23일

반감에서 오는 산만함

> 여호와시여, 우리를 긍휼히 여기시고 우리를 긍휼히 여기소서. 우리가 많은 멸시를 넘치게 받고 있습니다 (시 123:3).

믿음을 식게 만들 수 있는 성미

우리가 조심해야 할 것은 하나님을 믿는 우리의 믿음이 입는 손상보다는 우리 그리스도인의 성미가 입는 손상입니다. "그러므로 너희가 자기 심령을 지켜서 배신하지 마라"(말 2:16). 마음의 성미는 영향력이 대단하여, 영혼을 관통하여 마음을 하나님에게서 멀어지게 하는 원수 노릇을 하기도 합니다.

우리가 결코 빠져서는 안 되는 어떤 성미들이 있습니다. 그러한 성미들에 빠져들면, 우리가 하나님을 믿는 믿음에서 멀어진 것을 발견케 됩니다. 우리가 하나님 앞에서 평온한 상태로 되돌아가기까지는 하나님을 믿는 우리의 믿음은 전혀 없고, 육신과 인간적인 죄가 우리를 지배하게 됩니다.

'이 세상의 염려들'을 조심하십시오. 왜냐하면, 이런 염려들로 인하여 영혼의 나쁜 성미들이 생겨나기 때문입니다. 사소한 염려들이 우리의 관심을 하나님에게서 멀어지게 하는데 대단한 힘이 있습니다. 이생의 염려들로 질식되지 않도록 하십시오.

변명하려는 욕구를 조심하십시오

우리를 영적으로 산만하게 하여 하나님에게서 멀어지게 하는 또 다른 것은 자신을 변호하려는 욕구입니다. 그래서 어거스틴은 이렇게 기도했습니다. "오, 주님, 나 자신을 항상 변호하려는 욕구에서 나를 건져 주소서." 그 같은 성미가 하나님을 믿는 영혼의 믿음을 파괴합니다. "나는 나를 해명해야 합니다. 사람들에게 나를 이해시켜야 합니다."라고 고집부립니다.

우리 주님은 오해들을 해명하지 않았습니다. 사람들이 영적으로 성장하지 않는 것을 두고 비난하게 되면, 하나님께 나아가는 우리의 길이 막힙니다. 하나님께서는 남들을 비난하게 하려고 우리에게 분별력을 주신 것이 아니고, 그들을 위해 중보기도하게 하려는 것입니다.

갈망의 방향

11월 24일

종들의 눈이 상전의 손을 바라듯, 우리 눈이 여호와
우리 하나님을 바라며 … 기다립니다 (시 123:2).

영적 누수 현상

이 본문의 말씀은 하나님을 전적으로 의지하는 모습을 보여 주고 있습니다. 종의 눈이 그의 주인을 뚫어지게 바라보듯이, 우리의 눈은 하나님을 바라보며 기다려야 합니다. 그러면 하나님의 얼굴을 알아보는 지식을 얻게 됩니다. 영적 누수 현상이 생기는 것은 우리의 눈을 들어 하나님을 향하지 않기 때문입니다. 누수 현상은 외부의 괴로움보다는 잘못된 생각에서 생겨납니다.

"나는 평범하고 겸허한 사람으로 살아야 했는데 너무 지나치게 무리했었고 우쭐대며 하나님처럼 보이려고 했던 것 같아."라고 잘못 생각하는 때에 누수 현상이 생겨나는 것입니다. 그러나 우리의 영적 생활에는 아무리 노력을 해도 결코 지나침이 없다는 것을 우리는 알아야 합니다.

영적으로 쇠약해지는 위험

당신이 위기를 만나게 된 것은 당신이 하나님 편에 굳게 섰고 또 모든 것이 다 잘되었다고 성령께서 증거도 해 주셨으나, 세월이 흐르면서 서서히 당신이 결론 짓기를, "결국은 내가 지나치게 건방졌고 너무 우쭐했던 것이 아닌가?"라고 생각을 하게 된 때입니다. 이때 이성적으로 논리적인 당신 친구들이 찾아와서 이렇게 말할 것입니다.

"바보짓 그만둬. 네가 이 같은 영적 각성에 대하여 말하던 때 그것이 일시적인 충동적인 것을 우리는 이미 알고 있었다. 너는 더 이상 부담을 견디어 낼 수가 없어, 하나님도 네게 기대하지 않아." 그러면 당신은 대답할 것입니다. "글쎄. 내가 너무 많이 욕심을 부렸던 것 같아." 이 같은 당신의 말은 겸손한 것처럼 들리지만, 사실은 하나님을 의지하는 믿음이 사라지고 대신 세속적인 의견을 신뢰하게 된 것을 의미합니다.

당신이 맞은 위험은 당신이 더 이상 하나님을 의지하지 않고, 당신의 눈을 들어 하나님을 바라보지 않은 데 있습니다. 하나님께서 당신을 갑자기 멈추게 하시는 때에야, 비로소 당신이 어떻게 해서 영적으로 빗나가고 있었다는 것을 깨닫게 될 것입니다. 영적 누수 현상이 있을 때마다, 즉시 치료하십시오. 하나님과 당신 사이를 어떤 것이 끼어들어 갈라놓은 것을 알아채십시오. 그리고 즉시 재조정하여 관계를 바로잡으십시오.

11월 25일

영적 일관성의 비결

내게는 우리 주 예수 그리스도의 십자가 외에는 결코 자랑할 것이 없습니다 (갈 6:14).

영적 일관성의 가장 큰 기반

사람이 처음으로 거듭난 때에는 영적으로 일관성이 결여 되어 있습니다. 아무런 관련이 없는 데도 감정이 생겨나고, 아무런 관련이 없는 외적 환경들에 민감하기도 합니다. 그러나 사도 바울을 보면, 그의 영성의 저변에는 강하고 견실한 일관성이 있었습니다. 그래서 그는 자기 삶의 외적 환경이 어떻게 변할지라도 상관하지 않았고, 그것이 바울을 괴롭히지 못했습니다. 왜냐하면, 그가 하나님 안에 깊이 뿌리를 박고 하나님을 기반으로 삼고 있었기 때문입니다.

우리 대부분은 외적인 부분에서 일관성을 유지하는 데 더 많이 관심을 두기 때문에 영적으로는 일관성이 많이 부족합니다. 바울은 지하실에서 살았고, 그를 끈질기게 비난하는 자들은 살림살이가 잘 정돈된 위층에 살고 있어서, 이 둘은 서로 접촉하지 못했습니다. 바울의 일관성은 복음의 기본 진리들에 있었습니다. 그의 일관성의 가장 큰 기반은 세상의 구속을 위한 하나님의 고통, 곧 예수 그리스도의 십자가였습니다.

십자가에 못 박힌 그리스도를 전하십시오

당신이 믿고 있는 바를 당신 자신에게 상세히 말해 보십시오. 그리고서 당신이 믿는 것 중에서 가능한 대로 많이 제거하고, 그리스도의 십자가 기반으로 돌아가십시오. 세상의 역사에서 보면 십자가는 보잘 것 없는 미미한 사건입니다. 그러나 성경의 관점에서 보면 그것은 세상의 제국들을 합쳐 놓은 것보다 더 중요합니다.

우리가 설교할 때 십자가 위에서 벌어진 하나님의 비극을 깊이 묵상하지 않고 하면, 그 설교는 아무것도 아니게 됩니다. 그것은 사람에게 아무런 감동이나 하나님의 힘을 전달하지 못합니다. 흥미는 있을지 모르나 아무런 능력이 없습니다. 십자가를 선포하십시오. 그러면 하나님의 힘이 전달될 것입니다. "하나님께서는 선포의 어리석은 것으로 믿는 자들을 구원하기를 기뻐하셨습니다."(고전 1:21) "우리는 십자가에 못 박히신 그리스도를 전합니다."(고전 1:23)

영적 에너지의 집중

11월 26일

내게는 우리 주 예수 그리스도의 십자가 외에는 결코 자랑할 것이 없습니다 (갈 6:14).

객관적인 근원에서 주관적인 에너지가 생겨납니다

만일 당신이 당신의 죽을 육체 안에서 하나님의 에너지(곧, 예수님의 부활 생명)를 알고 싶다면, 하나님의 비극인 그분의 아들의 십자가를 깊이 묵상해야 합니다. 당신 자신에게 나타나는 영적 증상들에 대한 개인적인 관심을 물리치고 하나님의 비극을 맨정신으로 깊이 생각하십시오. 그러면 즉시 하나님의 에너지가 당신 안에서 생겨날 것입니다.

"나를 바라보라."는 말씀대로 객관적인 근원에 주목하게 되면 주관적인 에너지가 생겨날 것입니다. 십자가가 가져다주는 유익은 구원, 성화, 치유 등 말로 다 할 수 없이 많습니다. 그러나 이것들 가운데 어느 것도 선포하지 말고, 예수 그리스도와 십자가에 못 박힌 그리스도만 선포하십시오.

영적 에너지의 근원인 십자가

예수님을 선포하면 역사가 일어납니다. 당신은 설교할 때 하나님의 핵심 진리에 집중하십시오. 당신의 회중이 처음에는 분명코 시큰둥하겠지만, 금방 곧 그들은 전혀 다르게 될 것입니다. 만일 내가 내 말을 한다면, 당신의 말이 내게 별다른 의미가 없는 것처럼 내 말도 당신에게 별다른 의미가 없을 것입니다. 그러나 내가 하나님의 진리를 말한다면, 당신은 그 진리를 다시 만나게 되고, 나도 그리할 것입니다.

우리는 영적 에너지의 근원인 십자가에 집중해야 합니다. 그리고 모든 능력의 그 근원을 계속해서 붙잡고 묵상하십시오. 그리하면 에너지가 흘러나기 시작할 것입니다. 성결 운동이나 영적 체험을 강조하는 집회들에서는 예수 그리스도의 십자가 보다는 그 십자가의 결과들에 초점을 맞추는 경향이 있습니다.

오늘날 교회들이 힘을 잃고 연약해짐으로써 비난을 받고 있습니다. 그러한 비난은 당연합니다. 교회가 연약해지는 한 가지 이유는 이같이 영적 에너지의 근원에 초점을 맞추지 않는 까닭입니다. 우리가 갈보리의 비극적 사건이나 구속의 의미를 유감스럽게도 충분하게 생각하지 않았던 것입니다.

11월 27일

영적 에너지의 봉헌

그리스도로 말미암아 세상이 나에 대하여 십자가에 못 박혔고,
내가 또한 세상에 대하여 그렇게 되었습니다 (갈 6:14).

예수님은 영적 에너지를 하나님 아버지께 봉헌했습니다

만일 우리가 그리스도의 십자가를 깊이 묵상한다면, 우리 자신의 결백함에 관심을 두는 주관적인 경건주의자가 되지 않습니다. 예수 그리스도께서 가지고 계시는 관심들에 철저하게 집중하게 됩니다. 우리 주님은 은둔주의자나 금욕주의자가 아니셨습니다. 그는 사회로부터 자신을 격리하지 않으셨습니다. 다만 내적으로만 항상 관계를 끊으셨습니다.

그는 사회로부터 멀리 떨어져 계시지 않았으나, 다른 세상에서 사셨습니다. 그는 통속적인 세상에서 아주 통속적으로 사셨기 때문에 그 시대의 종교인들이 그를 탐식 자요. 주정뱅이로 불렀습니다. 그렇지만 그는 자신의 영적 에너지를 봉헌(성별하여 드림)하는 일을 어느 것도 방해하지 못하게 하셨습니다.

영적인 힘을 쌓아두지 마십시오

거짓된 봉헌을 주의하십시오. 어떤 사람들은 영적 에너지를 다음에 사용할 목적으로 쌓아두려는 생각에서 일상적인 일들을 의식적으로 끊습니다. 이것이 거짓된 봉헌입니다. 그러나 그같은 거짓된 봉헌은 절망적인 실수입니다. 하나님의 성령께서는 많은 사람의 죄를 많이 감소시키셨습니다. 그렇지만 그들의 삶에는 아직도 참된 자유나 충만함이 없습니다.

오늘날 우리가 흔히 볼 수 있는 종류의 종교 생활은 예수 그리스도의 삶에서 볼 수 있는 온전한 거룩함과는 전혀 다릅니다. "내가 기도하는 것은 아버지께서 그들을 세상에서 데려가시기 위함이 아니라 그들을 악한 자에게서 지켜 주시기 위한 것이다."(요 17:15) 우리는 세상에 살되 세상에 속하면 안 됩니다. 근본적으로는 세상과 관계를 멀리하되 외형상으로는 세상 속에서 살아야 합니다.

봉헌은 우리 몫이고 성화 곧 거룩하게 하는 것은 하나님 몫입니다

우리의 영적 에너지를 봉헌하는 일을 어느 것도 결코 방해하도록 놓아두어서는 안 됩니다. 성별하여 드리는 봉헌은 우리 몫이고 거룩하게 하는 성화는 하나님 몫입니다. 우리는 하나님께서 관심을 가지시는 그 일에만 관심을 두도록 마음을 굳게 다짐해야 합니다. 혼란스러운 문제들을 하나님께서 해결하시는 방법은 다음과 같이 물어보는 것입니다. "이것이 예수 그리스도께서 관심을 가지고 계시는 종류의 일인가, 아니면 예수님을 반대하는 악령이 관심이 있는 종류의 일인가?"

가난 속의 부요

11월 28일

하나님의 은혜로 값없이 의롭다 하심을 받았습니다 (롬 3:24).

영적 가난을 가볍게 여기지 마십시오
하나님의 은혜의 복음은 인간의 영혼 속에서 강한 열망뿐 아니라 동일하게 강한 거부감도 불러일으킵니다. 이는 복음의 계시가 듣기에 달가운 것만은 아니기 때문입니다. 사람에게는 주고 또 주고자 하는 어떤 자존심이 있어서 거저 받는 것은 좋아하지 않습니다. 그래서 사람들은 흔히 말합니다.

"내 생명을 순교의 제물로 바치겠습니다. 나 자신을 온전히 성별하여 드리고 싶습니다. 나는 무엇이든 다 하겠습니다. 그렇지만 지옥에 가야 마땅할 아주 못된 죄인으로 취급하지는 마십시오. 그리고 내가 해야 할 전부는 예수 그리스도를 통해서 구원의 선물을 받는 것뿐이라고 말하지는 마십시오."

영적 가난을 통해 성령을 받아 부요하게 됩니다
우리는 하나님으로부터 어떤 것을 얻을 수 있는 자격이 없다는 것을 깨달아야 합니다. 우리는 하나님에게서 선물로 받든지, 아니면 그냥 없이 지내든지 해야 합니다. 영적으로 가장 큰 복은 우리가 가난하다는 것을 아는 지식입니다. 우리가 이 지식을 얻기까지는 우리 주님은 아무것도 하실 수가 없습니다. 우리가 자신에 대해 충분하다고 생각하고 있다면 하나님께서는 우리를 위해 아무것도 해 주실 수가 없는 것입니다. 우리는 가난이라고 하는 문을 통해서 하나님 나라에 들어가야 하기 때문입니다.

우리가 부요하여 자존심과 자립심을 가지고 있는 한, 하나님께서는 우리를 위하여 어떤 것도 해 주실 수가 없습니다. 영적으로 우리가 굶주리게 되는 때에라야 우리는 성령을 받게 됩니다. 우리가 하나님의 본성을 선물로 받는 것은 성령으로 말미암아 가능하게 되는 것입니다.

성령께서는 예수님의 살리는 생명을 우리에게 부여하십니다. (역자 주: 예수님은 생명을 주시는 영이시기에[고전 15:45] 그는 살리는 생명이십니다). 그 생명이 우리 안에 '초월적인 것'을 넣어주심으로써, 즉시 '초월적인 것'이 우리 안에 들어왔습니다. 이로써 '저 위' 하늘로 올라가 예수님이 살고 계시는 그 하나님 나라로 우리가 들어가게 되는 것입니다(요 3:5).

11월 29일

예수 그리스도의 절대성

그분께서 나를 영화롭게 하실 것이니 … (요 16:14).

경건주의 운동의 약점

오늘날의 경건주의 운동에는 신약성경에서 가르치고 있는 경건 곧 험한 십자가의 복음이 전혀 없습니다. 다시 말해서 예수 그리스도의 죽음과 관련된 것이 아무것도 없습니다. 경건주의 운동이 요구하는 것은 경건의 모양과 기도와 헌신 등 뿐입니다. 이런 종류의 경험은 초자연적이지도 않고 기적적이지도 않으며, 하나님께서 치르신 수난도 없고, 어린 양의 피로 물들어져 있지 않으며, 성령의 인장으로 인쳐지지도 않았습니다.

사람들이 두려움과 놀라움을 가지고 보면서 "그것은 전능하신 하나님이 하신 일이다."라고 말하게 하는 그러한 증거가 없는 것입니다. 그 증거만이 신약성경이 말하고 있는 경건입니다.

신약성경이 말하는 영적 경험

신약성경이 말하고 있는 유형의 그리스도인 경험은 예수 그리스도에 대한 인격적이고 열정적인 헌신의 경험입니다. 이른 바 다른 유형의 그리스도인 경험은 모두 예수 그리스도와 관련되어 있지 않습니다. 그 같은 경험에는 중생도 없고, 그리스도가 계시는 왕국에 들어가기 위한 거듭남도 없습니다. 단지 그리스도를 우리의 모본으로 생각할 뿐입니다.

그러나 신약성경에 보면 예수 그리스도는 우리의 모본이기 훨씬 전에 구주이십니다. 오늘날에는 예수님이 기독교라는 종교의 상징적인 대표요 단지 하나의 모범으로만 간주되고 있습니다. 그렇지만 예수님은 훨씬 무한하시고, 구원 자체이시며, 하나님의 복음이십니다.

예수님이 말씀하시기를, "그분, 곧 진리의 영이 오시면 … 나를 영화롭게 하실 것이니"(요 16:13, 14)라고 하셨습니다. 내가 신약성경에 알려진 계시를 온전히 믿으면, 하나님으로부터 성령을 선물로 받게 됩니다. 성령님께서는 예수님께서 행하신 것을 내게 풀이하여 알려 주시고, 예수 그리스도께서 나를 위해 객관적으로 행하신 일을 주관적으로 내 안에서 경험되게 하십니다

하나님의 은혜로 된 나

11월 30일

내가 지금의 나 된 것은 하나님의 은혜로 된 것입니다.
내게 주신 그분의 은혜가 헛되지 않아 … (고전 15:10).

사람 앞에서 겸손하게 들리는 말

우리 자신의 무능력에 대해서 지속해서 우리가 말하게 되면 그것은 창조주 하나님을 모독하는 것입니다. 그리고 우리 자신이 쓸모가 없다고 탄식하는 것은 하나님께서 우리를 챙겨주지 않으셨다고 하나님을 비방하는 것이 됩니다. 사람들 앞에서 겸손하게 들리는 말들을 하나님의 눈으로 검토하는 습관을 지니십시오. 그러면 그 말들이 얼마나 어리석고 무례한 것인지를 알고서 당신은 깜짝 놀랄 것입니다.

예컨대, "오, 나는 거룩해졌다고 말해서는 안 됩니다. 나는 성도라고 할 수 없습니다."라고 하나님 앞에서 말한다면, 그것은 "주님, 주님이 나를 구원하시고 거룩하게 하시는 것은 불가능합니다. 저는 그렇게 되지 않았을 가능성이 많은 놈입니다. 제 머리와 몸에는 너무 많은 부족한 점들이 있어서, 주님, 저는 애초에 불가능합니다."라고 말하는 것이나 마찬가지입니다. 그같이 말하는 것은 사람들 앞에서는 굉장히 겸손하게 들릴지 모르나, 하나님 앞에서는 그것은 하나님을 무시하는 태도입니다.

하나님 앞에서 겸손하게 들리는 말

하나님 앞에서 겸손하게 들리는 말들은 사람들 앞에서는 정반대로 들릴 수 있습니다. 예컨대, "하나님께 감사드립니다. 나는 구원받았고 거룩하게 되었음을 알고 있습니다."라고 말하는 것은 하나님이 보시기에 최고로 겸손한 것입니다. 이 말이 의미하는 바에 의하면, 당신이 하나님께 당신 자신을 철저하게 내려놓음으로써 하나님이 참되시다는 것을 당신이 알게 되었다는 것입니다. 당신이 말한 것이 사람들 앞에서 겸손하게 들릴지 아닐지는 전혀 신경 쓰지 마십시오. 하나님 앞에서 항상 겸손하고 하나님만이 모든 것이 되게 하십시오.

오직 하나의 관계만이 중요합니다. 그 관계란 당신의 구속자요 주님이신 하나님에 대한 당신의 인격적인 관계입니다. 다른 것은 다 잃더라도, 어떤 대가를 치르더라도 그 관계만큼은 유지하십시오. 그러면 하나님께서 당신의 삶을 통해 그의 목적을 성취하실 것입니다. 한 개인의 삶이 하나님의 목적을 이루는 데 무한한 가치를 가질 수 있습니다. 당신의 삶이 바로 그 삶일 수 있습니다.

12월

율법과 복음

성령의 능력으로 영적 싸움에서
승리하여 빛 가운데 거하십시오

율법과 복음

12월 1일

누구든지 온 율법을 지키다가 그 하나를 범하면 전체를 범한 것이 됩니다 (약 2:10).

율법은 언제나 죄를 책망하여 우리를 절망케 합니다

도덕적 율법은 인간으로서 우리가 연약한 것을 전혀 고려하지 않습니다. 우리가 절대적으로 도덕적이기를 요구합니다. 도덕법은 결코 변경되는 일이 없으며, 항상 동일합니다. 하나님이 정하신 도덕법은 약한 자들을 배려해 주지 않고, 항상 영원히 절대적입니다.

"전에 율법이 없을 때에는 내가 살아있었으나 계명이 이르자 죄는 살아나고 나는 죽었습니다"(롬 7:9). 우리가 이것을 깨달을 때, 하나님의 성령께서 우리의 죄를 책망하십니다. 사람이 이 같은 사실을 알기에 이르고, 이제는 자기에게 아무런 희망도 없다는 것을 알게 되기까지는, 예수 그리스도의 십자가가 그에게는 웃음거리에 지나지 않습니다.

죄에 대한 책망은 항시 율법의 가공할 만한 압박감을 가져다줍니다. 그것은 사람을 절망하게 만듭니다. "나는 죄 아래 팔려"(롬 7:14) 죽임을 당하게 된다고 읍소합니다(롬 7:11-13).

복음은 하나님과 바른 관계를 회복시켜 우리를 자유롭게 합니다

죄를 범한 죄인은 하나님과 결코 바른 관계를 맺을 수 없습니다. 불가능합니다. 하나님과 바른 관계를 맺을 수 있는 유일한 길이 있는데, 그것은 예수 그리스도의 십자가에서의 죽음을 통해서입니다. 자신의 순종 때문에 하나님과 바른 관계를 맺을 수 있다는 어리석은 생각은 버려야 합니다. 우리 가운데 아무도 하나님께 순종하여 절대적으로 완전할 수가 없습니다.

'만일에'라는 단서가 도덕법에 붙게 되는 때 우리는 그것의 권능을 깨닫게 됩니다. 하나님은 결코 우리를 강제하지 않습니다. 우리는 때에 따라서 하나님이 우리가 어떤 일을 행할 수 있게 해주시기를 바라기도 하고, 우리를 그냥 내버려 두기를 원하기도 합니다. 하나님의 뜻을 따르는 것이 더 낫다고 생각되는 때에는 일체 강박감이 없게 됩니다. 우리가 기쁨으로 하나님께 순종하는 편을 택하면 하나님께서는 우리를 힘껏 도우실 것입니다.

12월 2일

그리스도인의 온전함

내가 이미 붙잡았다거나 이미 온전해졌다는 것이 아닙니다 (빌 3:12).

그리스도인의 온전함은 거룩의 표본이 되는 것이 아닙니다

우리가 흔히 빠지기 쉬운 덫은 하나님께서 우리를 온전한 표본으로 삼기를 원하신다고 생각하는 것입니다. 성결 운동이 강조하는 바에 의하면, 하나님께서는 우리를 성결의 표본으로 만들어 그의 박물관에 진열하기를 원하신다고 합니다. 이 같은 개인의 성결 개념에 의하면, 당신의 삶은 하나님을 위하기보다는 당신 스스로 하나님을 과시해 보이려고 필사적으로 노력하는 것이 됩니다.

그래서 당신은 말하기를 "내가 병들어 아프게 되는 것은 결코 하나님의 뜻일 리가 없다."고 합니다. 만일 하나님께서 자기 아들을 고통당하게 하신 것이 그의 뜻이었다고 하면, 어찌 하나님이 당신을 고통당하지 않게 하실 수 있습니까? 하나님께 중요한 것은 예수 그리스도에 대한 당신의 참되고 살아있는 관계와 당신이 건강하든 병들든 하나님께 당신 자신을 내어놓는 것입니다.

그리스도인의 온전함은 하나님에 대한 관계의 온전함입니다

그리스도인의 온전함이란 사람 자체가 온전해지는 것이 아닙니다. 그것은 인간적인 삶의 부적절하고 불편한 상황 가운데서도 유지하는 하나님께 대한 관계의 온전함입니다.

당신이 예수 그리스도의 부르심에 순종하는 때, 맨 먼저 당신을 당혹게 만드는 것은 당신이 해야 하는 일들이 부적절하고 불편해 보이는 점입니다. 그다음은 세속적인 사람들이 온전히 편안한 삶을 사는 것처럼 보이는 점입니다. 그러한 삶들은 하나님이 필요 없다는 생각을 당신이 갖게 하기 쉽습니다.

내가 그리스도 예수님의 부르심을 받은 것은 하나님에 대한 온전한 관계 속에서 살도록 하기 위함입니다. 이로써 나의 삶을 통해서 다른 사람들의 삶 속에서 나에 대한 칭송이 아니라, 하나님에 대한 갈망이 일어나게 하는 것입니다.

나 자신을 생각하게 되면 나는 하나님께 쓸모가 없게 됩니다. 하나님은 나를 하나님의 진열장의 표본으로 만드는 것을 원하지 않으십니다. 하나님께서 나를 사용하실 수 있는 곳으로 인도하고 계실 뿐이므로, 하나님이 원하시는 대로 행하게 하십시오.

힘으로도 권력으로도 안 됩니다

12월 3일

나의 말과 나의 선포는 지혜의 설득력 있는 말로 한 것이 아니라,
성령과 능력의 나타남으로 한 것입니다 (고전 2:4).

복음을 선포할 때 당신의 해박한 지식을 의지하지 마십시오
만일 당신이 복음을 선포할 때 복음의 능력을 신뢰하는 대신에 구원의 길에 대한 당신의 해박한 지식을 자랑한다면, 당신은 사람들의 실재이신 하나님께 다가가는 것을 방해하게 됩니다. 당신이 잘 알고 있는 구원에 대한 길을 선포할 때 당신 자신이 하나님을 믿는 믿음에 깊이 뿌리를 내리고 기반을 잘 잡고 있는가를 유의해야 합니다.

결코, 당신의 선포의 해박한 지식을 신뢰하지 말고, 당신이 선포할 때 성령님을 의지하고 있는가를 유의하십시오. 하나님의 구속의 능력의 확실성을 의지하십시오. 그리하면 하나님께서 그 자신의 생명을 사람들의 영혼 속에 창조하실 것입니다.

복음을 선포할 때 당신의 체험에 근거하지 마십시오
당신이 실재이신 하나님께 뿌리를 일단 내리고 있으면, 아무것도 당신을 흔들 수가 없습니다. 그러나 만일 당신이 체험을 믿는다고 하면, 당신에게 일어나는 일마다 그러한 당신의 믿음을 쉽게 흔들어 버릴 것입니다. 그러나 아무것도 전능하신 구속주 하나님을 절대로 흔들 수 없습니다. 그러므로 당신의 믿음 기초를 구속주 하나님께 두십시오. 그러면 하나님처럼 당신도 영원히 흔들리지 않을 것입니다.

당신이 일단 예수 그리스도와 인격적으로 관계를 맺게 되면, 당신은 절대로 다시는 흔들리지 않게 됩니다. 그것이 바로 성화가 의미하는 바입니다. 하나님께서는 우리가 성화를 인간의 하나의 체험으로 보는 그러한 성화의 개념을 인정하지 않으십니다.

그 이유는 성화 자체이신 예수 그리스도(참고, 고전 1:30)마저도 성화 되어야 한다(참고, 요 17:19)는 것을 우리가 잊고서 성화를 인간의 경험으로만 보고 성화의 개념을 주장하기 때문입니다. 우리는 우리의 성화된 삶을 마음을 다해 하나님께 드려 하나님을 섬겨야 합니다. 그렇게 함으로써 하나님이 우리를 그의 손과 발로 사용하실 수 있게 되는 것입니다.

12월 4일

적대의 법

이기는 자, 그에게는 … (계 2:7).

싸워서 이겨야 합니다
자연의 세계이든 은혜의 영적 세계이든 싸움이 없는 삶은 세상 어디에도 없습니다. 육체적, 정신적, 도덕적, 그리고 영적 삶에는 기본적으로 적대하는 싸움의 법이 있습니다(역자 주: 하나님의 법 대 죄의 법, 롬 7:23, 25; 생명의 성령의 법 대 죄와 사망의 법 간에 있는 적대하는 싸움, 롬 8:2). 이 같은 적대하는 싸움은 삶의 엄연한 사실입니다.

육체적, 정신적 삶의 경우
육체적 건강은 신체적 삶과 외적 자연환경 간의 균형입니다. 내면적인 충분한 생명력(예: 면역력)이 외적 환경적 요인들(예: 병균)을 이겨냄으로써 건강이 유지되는 것입니다. 내 신체적 삶의 외부에 있는 모든 것들은 나를 죽음으로 몰아넣도록 설계되어 있습니다. 내가 살아있을 때는 나를 지켜 주던 것들이 내가 죽는 때에는 나를 썩게 만듭니다. 내게 싸울 힘이 충분히 있을 때 건강이 균형 있게 유지됩니다.

정신적 삶의 경우도 마찬가지입니다. 생기 있는 정신적 삶을 유지하고 싶다면 싸워서 이겨야 합니다. 그같이 할 때 생각이라고 하는 정신적 균형이 가능하게 됩니다. 외부 환경을 극복하고서 생각을 할 힘이 있어야 건강한 것입니다.

도덕적 삶의 경우
도덕적인 경우도 마찬가지입니다. 덕의 본성을 결여한 것은 무엇이나 내 안에 있는 덕을 거스리는 원수입니다. 내가 덕을 세우느냐 아니면 못 세우느냐 하는 것은 내가 가지고 있는 도덕적 역량에 달려 있습니다. 내가 싸워 이기는 즉시 덕을 세우게 됩니다. 아무도 싸우지 않고서는 덕스럽게 될 수가 없습니다. 덕은 싸워서 얻습니다.

영적 삶의 경우
영적인 경우도 마찬가지입니다. 예수님께서 말씀하시기를 "당신들이 세상에서 환난을 당하나"(요 16:33)라고 했습니다. 영적이지 않은 것은 무엇이나 나를 해칩니다. 그러나 예수님은 계속해서 "용기를 내십시오. 내가 세상을 이겼습니다"(요 16:33)라고 말씀하셨습니다. 우리는 우리를 대적하는 것들을 물리치는 법을 배워야 합니다. 그렇게 할 때 균형 잡힌 거룩이 가능하게 됩니다. 그렇게 되면 환난을 만나도 기쁨이 되는 것입니다. 거룩은 예수 그리스도 안에서 표현된 하나님의 법과 나의 성품 사이에 있는 균형입니다.

성령의 전

12월 5일

나는 다만 왕좌만 너보다 높을 뿐이다 (창 41:40).

내게는 구원을 힘써 이루어야 할 책임이 있습니다

나는 하나님의 다스림을 받아 내 몸을 다루는 방식에 대해 하나님께 책임을 져야 합니다. 바울은 말하기를 "나는 하나님의 은혜를 헛되게 하지 않습니다"(갈 2:21)라고 했습니다. 하나님의 은혜는 절대적이고, 예수님이 이루신 구원은 온전하며 영원합니다. 나는 구원을 받는 것이 아니라 구원을 단번에 받았습니다. 구원은 하나님의 보좌처럼 영원합니다.

내가 구원과 관련해서 해야 하는 일은 하나님께서 성취해 놓으신 것을 힘써 이루어 나가는 것입니다. "더욱 두려움과 떨림으로 자신의 구원을 힘써서 이루어 나가십시오"(빌 2:12). 내게 구원을 힘써서 이루어 나갈 책임이 있습니다. 다시 말하자면, 주 예수님의 생명을 신비적으로가 아니라, 실제로 뚜렷하게 내 몸에서 나타내야 합니다.

내 자신에 대하여 더 엄격해야 할 책임이 있습니다

"내가 내 몸을 쳐서 복종시키는 것은"(고전 9:27). 모든 성도는 하나님을 위해 자기의 몸을 전적으로 다스릴 수 있어야 합니다. 하나님께서는 우리가 성령의 전을 전체적으로 관리하게 하셨습니다. 우리의 생각이나 감정까지도 다스리게 하셨습니다. 이 모든 것들에 대해 우리는 책임을 져야 합니다. 그래서 우리는 비정상적인 감정에 결코 굴복해서는 안 됩니다.

우리 대부분은 우리 자신에 대해서보다는 다른 사람들에 대해서 훨씬 더 엄격합니다. 우리는 우리가 본성적으로 좋게 생각하지 않는 일들을 다른 사람들에게서 발견하게 되면, 그들을 정죄하면서도 우리 안에서 발견되는 허물들에 대해서는 변명하기를 좋아합니다.

바울은 말합니다. "내가 여러분에게 권하니, 여러분의 몸을 하나님께서 기뻐하시는 산 제물로 드리십시오"(롬 12:1). 바울이 말하고자 하는 요점은 이것입니다. '내 몸을 주님의 전이 되게 하는 데 내 주님께 동의합니까?' 그렇다면, 내 몸에 관한 법은 한 마디, 곧 내 몸이 성령의 전이라는 이 계시의 말씀으로 요약됩니다.

12월 6일

구름 속 무지개

내가 내 무지개를 구름 속에 두었으니,
그것이 나와 땅 사이에 언약의 징표가 될 것이다 (창 9:13).

언약적 관계를 맺는 것은 하나님의 뜻입니다

하나님의 뜻은 사람들이 그와 도덕적 관계를 맺는 것입니다. 그래서 하나님의 언약들은 이 목적, 곧 하나님과의 도덕적 관계를 위한 것입니다. "왜 하나님이 나를 구원하지 않으실까?"라고 묻지 마십시오. 하나님께서는 이미 나를 구원하셨습니다. 그러나 내가 하나님과의 관계 속으로 아직 들어가지 아니한 것입니다.

"왜 하나님께서 이것저것을 하지 않으실까?" 라고 의심을 하지 마십시오. 하나님은 이미 다 행하셨습니다. 문제는 내가 하나님과의 언약적 관계를 맺고자 하느냐입니다. 하나님의 모든 복은 이미 온전하게 마련되어 있습니다. 그러나 그 복들이 내 것이 되려면 하나님의 언약에 근거해서 하나님과 관계를 맺어야 합니다.

언약에 관해서는 기다려서는 안 됩니다

언약과 관련해서 하나님을 기다리는 것은 육신적인 불신앙입니다. 하나님을 믿는 믿음이 없다는 것을 의미합니다. 하나님이 내 안에서 무엇인가 행하시는 것을 기다렸다가 그것을 보고 믿겠다고 하는 것은 불신앙입니다. 하나님은 그렇게 하지 않으실 것입니다. 왜냐하면, 그것은 하나님과 사람 간 관계의 기초가 될 수 없기 때문입니다.

하나님께서 사람과의 언약을 맺음에 있어서 스스로 나아오셔야 하는 것처럼, 사람도 하나님의 언약을 맺음에 있어서 스스로 나아가야 합니다. 그것은 하나님을 믿는 믿음의 문제인 바, 가장 귀한 일입니다. 그런데 우리는 우리의 느낌만을 믿는 믿음을 가지고 있습니다. 우리는 하나님께서 우리 손에 무엇인가를 쥐어 줄 때까지는 하나님을 믿지 않다가, 손에 있는 것을 보고서야 "이제 나는 믿습니다."라고 말하는데, 그렇게 되면 전혀 믿음이 없는 것입니다. "내게로 돌아와 구원을 얻으라"(사 45:22)고 하나님은 말씀하십니다.

내가 참으로 하나님의 언약에 근거하여 하나님과 관계를 맺고 모든 것을 내려놓게 되면, 나의 공로 의식이나 인간적인 요소들은 전혀 없게 됩니다. 하나님과의 연합으로 깊이 들어간 것을 감격스럽게 느끼게 되어 모든 것이 평강과 기쁨으로 변하는 것입니다.

회개

12월 7일

하나님의 뜻대로 하는 근심은 구원에 이르는 회개를 가져오기 때문에 (고후 7:10).

죄에 대한 책망과 죄 용서와 거룩은 분리되지 않습니다

죄에 대한 책망은 다음의 글에 가장 잘 묘사되어 있습니다. "내 죄들이, 내 죄들이, 나의 구주여, 그 죄들이 당신을 덮치니 얼마나 슬픈지요." 죄에 대한 책망은 사람에게 충격을 주는 아주 귀중한 일 가운데 하나입니다. 그것은 하나님을 이해하는 문턱이기도 합니다.

예수 그리스도께서 말씀하신 바에 의하면, 성령이 오시게 되는 때에는 그가 죄에 대하여 책망하십니다. 그리고 성령께서 사람에게 양심의 가책을 느끼게 하여 하나님 앞으로 그를 인도하게 되면, 그 사람은 사람들과 그가 맺고 있는 관계가 아니라, 그가 하나님과 맺고 있는 관계 때문에 마음이 괴롭게 됩니다. "내가 주께, 주께만 죄를 지었으며 주님 보시기에 악을 행하였습니다."(시 51:4) 라고 슬퍼합니다.

죄에 대한 책망과 죄 용서의 은혜와 거룩함은 서로 밀접하게 관련되어 있어서 죄를 용서받은 사람만이 거룩한 사람이 됩니다. 그는 하나님의 은혜로 그가 거룩해짐으로써 자기가 죄 용서받는 것을 입증합니다. 회개는 "내가 죄를 지었습니다."라고 고백하는 자리로 항상 인도합니다. 하나님께서 회개케 하고 있다는 확실한 증거는 그 사람이 죄를 지은 사실을 있는 그대로 말하는 것입니다. 이에 미치지 못하는 것은 실수를 범했다는 후회요, 자신에 대한 혐오감에서 나온 반사 행동에 지나지 않습니다.

회개는 하나님의 선물입니다

하나님 나라에 들어가려면 자신이 선하다는 생각이 여지없이 깨어지는 회개의 뼈아픈 고통을 겪어야 합니다. 회개하는 때에 이 고통을 안겨준 성령께서 하나님의 아들 형상을 빚어주기 시작하십니다. 그래서 새로운 생명이 의식적인 회개와 무의식적인 거룩으로 나타나게 됩니다. 무의식적인 회개와 의식적인 거룩은 결코 있을 수 없습니다. 기독교의 바탕은 회개입니다. 엄격하게 말하자면, 사람은 자기가 좋아서 회개하는 것이 결코 아닙니다. 회개는 하나님이 주시는 선물입니다.

옛날 청교도들은 '눈물의 선물'을 구하는 기도를 들이는 습관이 있었습니다. 만일 당신이 회개를 제대로 알지 못하고 있다면, 당신은 어두움 가운데 있는 것입니다. 당신은 하나님의 뜻대로 근심하는 방법, 곧 회개를 잊고 있지나 않은지 스스로 점검해 보십시오.

12월 8일

하나님의 공정한 능력

그분은 한 번 자기를 희생 제물로 드림으로써
거룩하게 된 자들을 영원히 온전하게 하셨습니다 (히 10:14).

죄 용서받는 유일한 이유

우리가 우리의 죄를 슬퍼한 까닭에 죄 용서를 받았다고 생각한다면 그것은 우리 발로 하나님 아들의 피를 짓밟는 것이 됩니다. 하나님께서 죄를 용서하시고 영원토록 기억하시지 않는 측량할 수 없는 은혜에 대한 유일한 이유는 예수 그리스도의 죽음입니다.

우리가 하는 회개는 예수님이 우리를 위하여 이루신바 속죄를 개인적으로 깨달음으로써 오는 결과에 불과합니다. "그리스도 예수님은 … 우리에게 지혜와 의와 거룩함과 구속이 되셨습니다"(고전 1:30). 그리스도께서 우리에게 이 모든 것이 된 것을 우리가 깨닫게 되는 때, 하나님의 한량없는 기쁨이 시작됩니다. 하나님이 주시는 기쁨이 있지 않은 곳마다, 사형선고가 내려집니다.

구원을 위한 유일한 문

우리가 누구이든 어떤 사람이든 그것은 중요하지 않습니다. 오직 예수 그리스도의 죽음을 통해서만 우리가 하나님께로 되돌아갈 수 있게 됩니다. 이는 예수 그리스도가 간청하신 것 때문이 아니고, 그가 죽으셨기 때문입니다. 우리의 구원은 우리의 공로로 획득하는 것이 아니고, 믿음으로 받습니다. 그리스도의 십자가를 의도적으로 인정하지 않는 기도들은 아무 소용이 없습니다. 그것은 예수님께서 열어놓으신 문이 아닌 다른 문을 두드리는 것과도 같습니다.

"나는 그 길로 가고 싶지 않습니다. 너무 창피해서 죄인 취급 받는 것을 견딜 수가 없습니다"라고 서운해할지도 모르겠으나, 구원을 위해 하나님께서 "다른 이름을 우리에게 주신 일이 결코 없습니다"(행 4:12).

하나님께서 예수 그리스도의 이름으로 구원의 문을 하나만 열어놓으신 것은 하나님의 무정하심이 아니라 그의 진실한 마음을 표현한 것입니다. 하나님의 구원 길에는 무한한 문이 열려 있습니다. "우리는 그분의 피로 말미암아 구속, 곧 죄 용서를 받았습니다"(엡 1:7). 예수 그리스도의 죽음과 함께 연합한다는 것은 그와 함께 연합하여 그분과 관련 없는 모든 것을 죽음에 이르게 한다는 것을 의미합니다.

하나님께서 악한 자들을 구원하시는 일이 정당화되려면 그들을 선하게 변화시켜야만 합니다. 우리 주님께서는 우리가 잘못되어 있을 때 옳다고 하시지 않습니다. 속죄란 하나님께서 예수님의 죽음을 통해서 불결한 사람을 거룩하게 만들어 줌으로써 하나님이 기쁘시게 받으시는 화해입니다.

육체적 본성의 거침돌

12월 9일

그리스도 예수께 속한 자들은 육신적 감정과 정욕과
함께 육체를 십자가에 못 박았습니다 (갈 5:24).

차선은 최선을 싫어합니다

본성을 따르는 삶이라고 해서 죄악 된 것은 아닙니다. 우리는 죄를 멀리해야 하고 어떤 모양이라도 죄를 버려야 합니다(살전 5:22). 죄는 지옥과 마귀에게 속한 것입니다. 하나님의 자녀는 하늘과 하나님께 속한 자입니다. 우리에게 중요한 것은 죄를 포기하는 것이라기보다는, 나에 대한 권리와 본성적 자립성과 자기주장을 버리는 것, 곧 자기를 부인하는 일입니다. 이것이야말로 우리가 전쟁해야 할 것들입니다. 본성적 관점에서 볼 때 옳고 고상하고 선한 것들이 하나님의 최선의 것들을 누리지 못하게 방해합니다. 본성적 차선(조금 선한 것)이 하나님의 최선(최고로 선한 것)의 원수인 것입니다.

본성적 덕들 때문에 하나님께 우리가 복종하는 것이 방해된다는 것을 알게 되면 우리 영혼이 가장 치열한 전투의 한복판에 서게 됩니다. 대부분의 사람은 추잡하고 악한 것들과는 거의 논쟁하지 않고, 선한 것들 때문에 논쟁합니다. 차선(즉, 본성적으로 볼 때 선한 것)은 최선(즉, 영적으로 볼 때 최고로 선한 것)을 싫어합니다. 본성적 덕을 당신이 높이 쌓으면 쌓을수록, 더욱 강렬하게 예수 그리스도를 대적하게 됩니다.

본성적 삶은 희생을 통해서 영적이게 됩니다

"그리스도 예수께 속한 자들은 육체를 십자가에 못 박았습니다." 이 말씀이 뜻하는 바는, 당신 안에 있는 본성적인 것은 모두 하나도 빼놓지 말고 희생시켜야 한다는 것입니다. 예수님은 말씀하셨습니다. "누구든지 내 제자가 되고자 하거든 자기를 부인하십시오"(참고, 마 16:24). 즉, 자신에 대한 권리를 부인해야 합니다. 그리고 자기를 부인하려면 예수 그리스도가 누구이신가를 알아야 합니다. 하나님으로부터 스스로 자립하려는 자아를 장사지내는 것을 잊지 않도록 해야 합니다.

본성적 삶은 영적이지 않습니다. 그것은 희생을 통해서만 영적인 것이 될 수 있습니다. 만일 우리가 본성적인 것을 단호하게 희생시키지 않는다면, 초자연적 삶이 우리 안에서 결코 자연스럽게 될 수가 없습니다. 거기에는 왕도가 없습니다. 우리 각자의 손에 완전히 달려 있습니다. 그것은 기도해서 될 일이 아니고, 실천해야 할 일입니다.

12월 10일

본성적인 것을 희생 제물로 바치라

아브라함에게 두 아들이 있었는데, 하나는 여종에게서 났고, 하나는 자유를 가진 여자에게서 났다고 기록되어 있습니다 (갈 4:22).

본성적인 것을 희생시켜야 하는 이유

바울은 갈라디아서에 있는 이 본문에서 죄를 다루고 있지 않고, 영적인 것(성령에 속한 것)과 본성적 육체적인 것과의 관계를 대조시키고 있습니다. 본성적(육체적)인 것은 희생을 통해 영적인 것으로 변화되어야 합니다. 하나님께서는 정말 본성적인 것을 희생시키도록 작정하셨을까요?

본성적인 것을 희생시키는 것은 하나님의 본래 작정하신 것이 아닙니다. 그것은 하나님의 작정이 아니고, 허용적 의지에 의한 것입니다. 하나님의 작정은 본성적인 것이 순종으로 말미암아 영적인 것으로 변화되는 것이었습니다. 죄 때문에 본성적인 것이 희생되어야 할 필요가 있게 된 것입니다.

영적 희생 제물을 드리는 유일한 방법

아브라함은 이삭을 희생 제물로 드리기 전에 이스마엘을 먼저 드려야 했습니다. 우리 가운데 어떤 사람들은 본성적인 것을 희생시키기 전에 영적 희생 제물을 하나님께 먼저 드리려고 애를 씁니다. 우리가 하나님께 영적 희생 제물을 드릴 수 있는 유일한 방법은 우리의 몸을 산 희생 제물로 드리는 것입니다(롬 12:1). 성화는 하나님께서 구원해 주신바 나 자신을 어떠한 대가를 치르더라도 상관없이 기쁘게 하나님께 내맡기는 것을 의미하는 것입니다.

만일 우리가 본성적인 것을 희생시켜 영적인 것으로 변화시키지 못하면, 본성적인 생명이 우리 안에 있는 하나님의 아들의 생명을 조롱하며, 계속해서 불안하게 할 것입니다. 신체적으로, 도덕적으로, 또는 정신적으로 우리 자신을 훈련하는 것을 완고하게 거절하기 때문에 우리가 잘못 사는 것입니다.

'내가 어렸을 때 훈련받지 못했기 때문입니다.'라고 변명하지 말고, 지금 자신을 훈련해야 합니다. 그렇게 하지 않으면, 당신의 모든 삶을 망칠 것입니다. 당신은 하나님을 위해 살 수 없게 됩니다.

우리가 우리의 본성적인 삶을 즐기면 하나님은 거기에 함께 하시지 않습니다. 우리가 본성적인 삶을 광야로 내보내 단호하게 억제하는 때에라야 하나님께서 우리의 본성적인 삶을 축복하시어 샘과 오아시스처럼 되게 하시고, 본성적인 것을 위한 하나님의 모든 약속을 성취하실 것입니다.

개성

12월 11일

누구든지 나를 따라오려거든 자기를 부인하고 … (마 16:24).

개성의 역할

개성은 인격적 생명(행위의 주체인 인성)을 보호하는 껍질입니다. 개성은 팔꿈치로 모든 것을 밀어내듯 함으로써 스스로 분리하고 고립됩니다. 그것은 어린아이의 특성과도 정확하게 같습니다. 만일 우리가 개성을 그것의 알맹이인 인격적 생명으로 혼동하게 되면, 우리는 고립되어 살 것입니다. 개성의 껍질은 인격적 생명의 보호를 위해서 하나님이 창조하신 본성적인 덮개입니다.

그러나 인격적 생명이 뚫고 나와 하나님과 교제 속으로 들어오기 위해서는 개성이 제거되어야 합니다. 정욕이 사랑으로 가장하듯이 개성은 인성으로 가장합니다. 하나님께서는 하나님 자신을 위해 인간의 본성을 설계하셨습니다. 그런데 개성이 그 자체를 위해 인간의 본성을 손상합니다.

개성의 특성

개성의 특성은 자립성(하나님 없이 스스로 독립하려는 기질)과 자기를 주장하는 성질(자기를 내세우기를 좋아하는 기질)입니다. 개성을 계속 주장하게 되면 그 무엇보다도 우리의 영적 생명을 해칩니다. 만일 당신이 말하기를 "나는 믿을 수 없어요."라고 한다면, 그것은 개성이 결코 믿을 수 없기 때문입니다. 인성은 믿지 않을 수가 없습니다. 성령께서 역사하실 때 자신을 살펴보십시오.

성령님은 당신을 몰아붙여 당신의 개성이 한계점에 이르게 하십니다. 그때 당신은 "안돼요."라고 하며 버티든지, 아니면 성령님께 복종하고 개성의 껍질을 벗기고 인격적 생명이 드러나게 하든지 해야 합니다.

성령님께서는 매번 우리의 인격적 생명이 한 가지 일에 집중하게 하십니다(참고, 마 5:23-24). 당신의 형제와 화목하지 못하게 하는 것은 당신 안에 있는 당신의 개성입니다. 하나님은 당신이 하나님과 연합되기를 원하십니다. 그러나 당신이 당신 자신에 대한 당신의 권리를 포기하기를 원하지 않는다면, 하나님은 당신과 연합되실 수가 없습니다. "자기를 부인하라."는 말씀은 자신의 자립권을 부인하라는 것입니다. 그렇게 되는 때 참 생명이 자라날 기회를 얻게 됩니다.

12월 12일

인성

이는 우리가 하나인 것같이 그들도 하나가 되게 하려는 것입니다 (요 17:22).

인성은 하나님만이 깊이 아십니다

인성은 특이하고 헤아리기 어려운 것으로, 우리가 다른 사람으로부터 우리 자신을 구별하여 말할 때 사용하는 용어입니다. 우리의 인성은 항상 너무나 크고 깊어서 우리로서는 헤아릴 수가 없습니다. 바다 가운데 있는 섬이나 큰 산의 봉우리나 빙산의 한 조각과도 같습니다.

우리는 큰 바다 가운데 떠 있는 섬 아래 숨어있는 깊이에 대해 아무것도 알 수 없는 것처럼, 우리 자신을 헤아릴 수가 없습니다. 우리가 헤아릴 수 있을 것처럼 생각하지만, 결국은 우리를 이해하시는 유일한 분은 우리의 창조주밖에 없다는 것을 깨닫게 됩니다.

인성은 영적 인간의 특성입니다

개성이 본성적 인간의 특성인 것처럼 인성은 영적 인간의 특성입니다. 우리 주님은 개성과 자립성과 관련해서는 결코 알 수 없고, "나와 내 아버지는 하나다"(요 10:30)라고 말씀하신 대로, 오직 그의 인성과 관련해서만 이해될 수 있습니다. 인성은 융합됩니다. 그래서 당신은 당신이 다른 사람과 융합되는 바로 그때라야 당신의 참된 정체성을 알게 되는 것입니다.

사람은 사랑 또는 하나님의 성령에 의해 충격을 받을 때 변화가 되고, 자기의 분리된 개성을 더 이상 주장하지 않습니다. 우리 주님은 개성이나, 사람의 '팔꿈치'나 그의 고립된 위치와 관련해서 절대 말씀하지 않으셨습니다. "우리가 하나인 것같이 그들도 하나가 되게 하려는 것입니다."라고 말씀하신 대로, 오직 인성과 관련해서 말씀하셨습니다.

만일 당신이 당신 자신에 대한 권리를 하나님께 내어드리게 되면, 당신의 인성의 참된 본성이 하나님께 곧바로 응답할 것입니다. 예수 그리스도께서 인성을 자유롭게 하시고, 개성은 변화가 됩니다. 개성을 변화시키는 요소는 사랑이요, 예수님께 대한 인격적 헌신입니다. 사랑이란 한 인성이 다른 인성과 교제하는 가운데 자신을 다 쏟아붓는 것입니다.

무엇을 위해 기도할 것인가?

12월 13일

사람들은 항상 기도하고 낙심하지 말아야 합니다 (눅 18:1).

중보기도는 하나님의 입장에서 해야 합니다

당신이 구속의 실체를 믿지 않는다면 중보기도할 수 없습니다. 구속의 실체를 믿지 않고 기도하게 되면 중보기도가 사람들에 대한 허망한 동정심으로 바뀌게 되고, 이로 말미암아 그들이 스스로 적당하게 만족하여 하나님과 오히려 멀어지게 되고 맙니다. 중보기도란 당신이 누구를 위해서 기도하는 그 사람이나 그 환경에 대한 하나님의 태도를 알고서 감동할 때까지 당신이 마음에 둔 그 사람이나 그 환경을 하나님 앞에 내놓고 아뢰는 것입니다.

그러기에 중보기도는 "그리스도의 남은 고난을"(골 1:24) 당신의 몸에 채우는 것입니다. 그래서 중보기도 하는 자들이 매우 적습니다. 중보기도를 '그 사람의 입장에' 서서 하는 것으로 오해하는데, 절대로 그렇지 않습니다. 하나님의 입장에 서도록 하십시오.

하나님의 사역자는 하나님과 보조를 맞추고서 주의해서 하나님과 교통해야 합니다. 그렇지 않으면 당신이 망가지게 됩니다. 하나님께서 당신이 알도록 하신 것보다 더 많이 지나치게 알면, 사람들의 처한 상황이 너무나 난감해져 문제의 핵심을 당신이 제대로 알 수 없게 되기 때문에, 당신은 기도할 수가 없습니다.

하나님과 친밀한 관계 속에서 중보기도하십시오

하나님을 위하는 우리의 사역은 모든 일에서 하나님과 깊은 접촉으로 들어가는 데 있습니다. 그런 까닭에 너무 활동이 많은 사역자가 될수록 하나님과의 접촉이 자지러집니다. 그렇게 되면, 일정대로 할 수 있는 일은 하지만, 중보기도는 하지 않습니다. 중보기도에는 아무런 함정이 없습니다. 그 이유는 하나님과 우리의 관계를 완전히 드러내 놓게 하기 때문입니다.

중보기도할 때 주의할 것은 대상자의 이름만 끼여 넣고서 마음에도 없이 스쳐 지나가듯 해서는 안 됩니다. 그 대상자가 하나님의 생명과 깊이 접촉할 수 있도록 해주어야 합니다. 하나님께서 우리에게 보내주셨지만 중보기도할 때 빠뜨린 사람들의 수를 생각해 보십시오. 우리가 그리스도께서 성취하신 구속에 근거하여 기도할 때, 중보기도를 통하지 않고서 다른 방법으로는 할 수 없는 어떤 일을 하나님은 행하십니다.

12월 14일

위대한 삶

내가 당신들에게 평안을 남겨주니, 내 평안을 당신들에게 줍니다 … 당신들은 마음에 근심하지도 말고 두려워하지도 마십시오 (요 14:27).

삶이 고달프고 힘든 이유

개인적인 삶에서 어떤 일이 고달프고 힘들게 되면 그때마다 하나님을 비난하려는 위험에 빠집니다. 그러나 잘못은 우리에게 있고, 하나님께 있지 않습니다. 우리 마음속 깊은 곳 어디엔가 우리가 놓치고 싶지 않은 어떤 사악한 죄성이 있는 것입니다. 우리가 그 사악한 죄성을 놓아 버리는 순간 즉시 모든 것이 대낮처럼 분명해집니다. 우리가 우리 자신과 하나님을 동시에 두 주인으로 섬기려고 하는 한, 혼란이 생깁니다.

그러기 때문에 우리는 하나님만을 온전히 의지하는 태도를 보여야 합니다. 우리가 일단 그러한 태도를 보이는 데 이르게 되면, 성도다운 삶을 사는 것보다 더 쉬운 일은 없습니다. 그러나 우리 자신의 목적들을 위하여 성령의 권위를 우리가 찬탈하고자 하면 어려움이 찾아옵니다.

평안을 누리는 삶

당신이 하나님께 순종하는 때마다, 하나님께서 언제나 평안을 보증해주십니다. 측량할 수 없는 평안을 약속해주십니다. 그 평안은 세상이 줄 수 없는바, 예수님이 주시는 평안입니다. 평안함이 임하지 않는다면, 임할 때까지 기다리든지, 아니면 임하지 않는 이유를 찾아내십시오. 만일 당신이 충동적으로 행동하거나, 영웅심에서 행동하면 예수님이 주시는 평안함이 있지 않게 됩니다.

당신에게는 아무런 진실함이나 하나님께 대한 신뢰가 전혀 없습니다. 그 이유는 진실한 마음은 당신의 결단이 아니라, 성령으로 말미암아 생기는 것이기 때문입니다. 성령으로 말미암아 결단하게 되면 진실함을 보이게 됩니다.

내가 순종하기를 멈추는 때마다 내게 문제들이 생깁니다. 내가 하나님께 순종하였을 때에는, 나와 하나님 사이에 문제가 절대 생기지 않습니다. 문제들이 생기는 이유는 우리의 마음을 일깨우고 하나님의 계시를 보고 놀라게 하기 위함입니다. 나 자신과 하나님 사이에 생기는 문제는 어느 것이나 불순종으로 말미암아 생겨납니다. 내가 하나님께 순종하고 있는데도 생겨나는 문제는 그 수가 많을지라도 나의 황홀한 기쁨을 증가시킬 뿐입니다. 왜냐하면, 내 아버지께서 그 문제를 알고 계신다는 것을 내가 알고 있고, 하나님께서 이 문제를 어떻게 풀어가실 것인가를 기대하고 지켜보게 되기 때문입니다.

인정된 자로 자신을 하나님께 드리라

12월 15일

너는 진리의 말씀을 옳게 분별하며, 하나님께 부끄러울 것이 없는 일꾼으로 인정받아 자신을 하나님께 드리도록 힘써라 (딤후 2:15).

진리의 말씀을 자신에게 먼저 설명해 보십시오

만일 어떤 주제에 관해서 분명하게 표현할 수 없다고 하면, 할 수 있을 때까지 힘써 노력하십시오. 당신이 노력하지 아니하면, 누군가는 그의 전 생애 동안 영적으로 더욱 궁핍해질 것입니다. 하나님의 진리 말씀을 당신 자신에게 먼저 거듭 힘써 표현해 보도록 하십시오. 그러면 하나님께서 그같이 명확해진 표현을 다른 사람에게 사용해 주실 것입니다. 포도알을 으깨는 하나님의 포도즙 틀을 통과하십시오.

당신은 당신의 표현이 체험을 통해서 나오도록 노력해야 합니다. 그렇게 되면 그 표현이 다른 사람에게 힘을 실어 주는 좋은 포도주가 되는 날이 올 것입니다. 그러나 만일 당신이 게으름을 부려 "나는 이 말씀을 독자적으로 표현하려고 힘을 쓰지 않고, 남들이 한 것을 빌려서 말하겠어."라고 한다면, 빌려오는 표현은 당신에게도 아무런 유익이 없을 뿐만 아니라, 다른 사람에게도 아무런 유익이 없게 될 것입니다.

진리의 말씀이 전달되는 통로가 되십시오

당신에게 하나님의 진리로 분명하게 느껴지는 것을 당신 자신에게 진술하려고 노력해 보십시오. 그러면 하나님께서 언젠가는 당신을 통로로 삼아 그 진리를 다른 사람에게 잘 전달하실 것입니다. 게으르지 말고 당신 자신의 마음을 자극하는 훈련을 통해 당신이 마음으로 쉽게 이해하고 받아들일 수 있는 것을 생각해내십시오.

말씀 전달자로서 우리의 위치는 고난을 통해서 우리의 것으로 만들기까지는 우리의 것이 아닙니다. 진리의 말씀을 알기 쉽고도 정확하게 표현하려고 힘써 노력하지 않는 자는 전달자의 자리에 있을 자격이 없습니다. 당신에게 유익을 주는 저술가는 당신이 전에 알지 못한 어떤 지식을 당신에게 말해주는 자가 아니고, 당신이 어떻게 말해야 할지 몰라 애먹었던 그 진리를 쉽게 표현해주는 자입니다.

12월 16일

하나님 앞에서 하는 씨름

그러므로 하나님의 전신갑주를 취하십시오.
… 모든 기도와 간구로 항상 성령으로 기도하고 … 깨어 있으십시오 (엡 6:13, 18).

하나님과 씨름하는 대신 하나님 앞에서 씨름하십시오

당신이 하나님께 나아가는 것을 가로막는 것들을 대적하여 씨름해야 합니다. 그리고 다른 사람들의 영혼들을 위해서도 기도로 씨름해야 합니다. 그러나 기도로 하나님과 씨름하겠다는 말은 절대 하지 마십시오. 당신은 평생 절름발이로 살게 될 것입니다. 야곱이 하나님을 붙잡고 씨름한 것처럼 당신도 하나님을 붙잡는다면, 하나님께서는 당신의 환도 뼈를 어쩔 수 없이 부러뜨리실 것입니다.

하나님 앞에서 어떤 문제들을 가지고 씨름하는 자가 되십시오. 그리하여 하나님을 통해서 넉넉하게 이기는 자가 되십시오. 하나님 앞에서 씨름하는 것은 하나님 나라에서는 효과가 있습니다.

만일 당신이 내게 당신을 위해 기도해 달라고 부탁하는 데 내가 그리스도 안에서 온전하지 않다고 하면, 내가 기도한다고 할지라도 아무 소용이 없습니다. 그러나 만일 내가 그리스도 안에서 온전하다고 하면, 내 기도는 항상 역사하는 힘이 있을 것입니다. "그러므로 하나님의 전신갑주를 취하십시오."

하나님의 작정과 허용적 의지는 구별되어야 합니다

항상 하나님의 작정과 그의 허용적 의지를 구별해야 합니다. 허용적 의지란 우리를 향한 하나님의 섭리적인 의지를 가리킵니다. 하나님의 작정은 불변합니다. 그러나 하나님의 허용적 의지의 경우는 하나님 앞에서 우리가 그것을 붙잡고 씨름해야 합니다. 우리가 하나님의 허용적 의지에 대하여 반응함으로써 하나님의 작정을 알게 됩니다. 하나님을 사랑하는 자들, 곧 하나님의 작정과 그리스도 예수 안에서 하나님의 부르심에 충실한 자들에게는 "모든 것이 합력하여 선을 이룬다는 것을 우리는 압니다"(롬 8:28).

하나님의 허용적 의지는 하나님의 자녀들이 자녀들로 드러나게 되는 수단입니다. 우리는 줏대 없이 "그것은 하나님의 뜻입니다."라고 체념하듯 말해서는 안 됩니다. 우리가 하나님과 씨름해서는 안 되지만, 하나님 앞에서 어떤 문제들을 붙잡고서하는 씨름은 해야 합니다. 당신이 하나님의 능력으로 싸움을 벌이는 대신에 하나님 앞에서 게으르게 웅크리고 앉아 있지 않도록 하십시오.

구속은 필요를 만든다

12월 17일

육에 속한 사람은 하나님의 영에 속한 것들을 받아들이지 않습니다. 그것들이 그에게는 어리석은 것이기 … 때문입니다 (고전 2:14).

구속은 새 생명을 창조하고 그것의 필요를 채워 줍니다
하나님의 복음은 복음이 필요하다는 것을 느끼는 감각을 사람 안에 창조합니다. 바울이 말한 대로, "만일 우리의 복음이 가려져 있다면" 불량배들에게 가려진 것일까요? 아닙니다. "멸망 당하는 자들에게 가려진 것입니다. 그들 가운데서 이 세상의 신이 믿지 않는 자들의 마음을 어둡게 하여 … 복음의 광채를 보지 못하게 하였습니다"(고후 4:3-4). 대다수 사람은 도덕성을 잘 지니고 있고 나름대로 도덕을 잘 지킨다고 여기는 까닭에, 복음이 필요하다는 것을 전혀 느끼지 못합니다. 하나님께서 자신을 계시해 주시기까지는 아무도 의식하지 않을 필요를 하나님이 창조하십니다. 예수님이 말씀하신 대로, "구하십시오. 그러면 당신들에게 주어질 것입니다"(눅 11:9).

그러나 사람이 구하지 않으면 하나님은 주실 리가 없습니다. 하나님께서 보류하시는 것이 아니고, 그것은 구속에 근거하여 하나님이 일들을 정하신 방식입니다. 우리가 하나님께 구함으로써, 하나님은 일을 진행해 우리가 구하기 전까지는 없었던 것을 창조하십니다.

구속의 내면적 실체는 항상 창조됩니다. 구속이 우리 안에서 하나님의 생명을 창조하듯이, 그 생명에 속하는 것들을 창조합니다. 필요를 창조한 구속 외에는 어떤 것도 그 필요를 충족시킬 수가 없습니다. 이것이 바로 구속의 의미입니다. 구속만이 생명의 필요를 창조하고 생명의 필요를 충족시킵니다.

성령이 아니고서는 구속의 필요성을 느끼지 못합니다
"내가 땅에서 들리면, 모든 이들을 내게로 이끌 것입니다"(요 12:32).

우리가 우리 자신의 경험을 간증하면 사람들이 관심을 둡니다. 그러나 구속의 필요성을 일깨우지 못합니다. 예수 그리스도께서 부활 승천하시게 되면, 성령께서 그리스도에 대한 필요를 느끼는 의식을 창조하십니다. 복음이 선포되는 때, 그 이면에서는 하나님의 구속이 사람들의 영혼 속에서 창조하는 일을 하십니다. 개인의 간증이 결코 사람들을 구원하는 것이 아닙니다. "내가 당신들에게 한 말들은 영이고 생명입니다"(요 6:63). 예수님의 말씀대로 복음의 진리 말씀이 구원합니다.

12월 18일

충성의 시금석

하나님을 사랑하는 자, 곧 그분의 뜻대로 부르심을 받은 자들에게는 모든 것이 합력하여 선을 이룬다는 것을 우리는 압니다 (롬 8:28).

하나님은 어떤 환경에서도 합력하여 선을 이루십니다

충성스러운 영혼을 가진 사람만이 하나님께서 환경들을 조작하신다는 것을 믿습니다. 하나님께서 환경들을 조작하고 계시기 때문에, 우리가 처한 환경들에서 마음껏 자유를 누리는 것입니다. 그런데, 우리는 말로는 하나님께서 조작하신다는 것을 믿는다고 하지만, 실제로는 믿지 않습니다. 사람들에 의해 환경들이 조작되고 있는 것처럼 살고 있습니다. 모든 환경에서 충실하다고 하면 오직 우리 주님에게만 충성해야 합니다.

하나님께서는 갑작스럽게 일련의 특정한 환경들을 파괴하시는 때가 있습니다. 그때 우리는 하나님께서 환경들을 주관하고 계신 것을 염두에 두지 않고 살므로써 하나님께 불충성했다는 것을 뒤늦게 후회합니다. 우리는 하나님께서 무엇을 추구하고 계셨는가를 전혀 몰랐습니다. 지나간 일은 우리가 사는 날 동안에 절대 반복되지 않을 것입니다. 충성의 시금석은 항상 바로 거기에 있습니다. 우리를 시험하는 힘든 환경 속에서 우리가 하나님을 경배할 줄 안다면, 하나님은 자기가 원하시는 때에 순식간에 그 환경들을 바꾸실 것입니다.

예수 그리스도를 향한 충성심이 더 절실하게 요구됩니다

예수 그리스도를 향한 충성은 우리에게 오늘날 더욱 '절실합니다.' 우리는 사역이나 예배나 기타 다른 일에는 충성하겠지만, 예수 그리스도에게 충성하는 일에는 관심이 없습니다. 많은 그리스도인이 예수님을 향한 충성에 대해 말하면 몹시 짜증 냅니다. 심지어 세상 사람들보다 그리스도인 사역자들에 의해 우리 주님의 왕권이 심하게 부정되고 있습니다. 하나님은 단지 사람들에게 복을 베푸는 복덕 방망이로 취급되고, 예수 그리스도는 사역자 중의 사역자로 여겨지고 있습니다.

우리가 하나님을 위해 일한다고 생각하지 말고, 우리가 하나님께 더욱 충성함으로써 하나님께서 우리를 통해서 자기 일을 행하실 수 있게 해야 합니다. 그러면 "나는 극진한 섬김을 인하여 너를 고맙게 생각한다. 너를 생각하면 전혀 불평할 것이 없고, 더 할 말도 없다."라고 하나님이 우리를 칭찬하실 것입니다. 하나님은 자기 아들을 사용하신 것처럼 우리를 사용하시길 원하십니다.

집중해 보아야 할 마음의 뿌리

12월 19일

*내가 땅 위에 평화를 주려고 온 줄로 생각하지 마십시오.
평화가 아니라 검을 주려고 왔습니다 (마 10:34).*

복음을 대항하고 싫어하는 마음의 뿌리

하나님이 엄하고 무정하다고 생각하는 사람에 대해서는 절대 동정하지 마십시오. 하나님은 본래 온유하시고 부드러우십니다. 하나님께서는 때때로 그가 온유하신 분이신 것을 우리가 알게 하려고 우리를 비참한 자가 되게 하십니다. 어떤 사람이 난관을 뚫고서 하나님께 나아갈 수 없다고 하면, 그 이유는 그가 포기하고 싶지 않은 어떤 비밀스러운 것이 있기 때문입니다. 그래서 그러한 사람은 말합니다.

"내가 잘못한 것을 인정합니다. 그러나 그것만큼은 결코 포기하고 싶지 않습니다." 그러한 사람의 마음속 깊은 곳에 있는바 복음의 메시지를 대항하고 싫어하는 마음의 뿌리를 집중해서 볼 수 있어야 합니다. 사람들은 골수까지 찌르는 복음 메시지를 마음 깊이 받아들이려 하지는 않습니다.

하나님 없이도 행복하다고 착각하는 마음의 뿌리

만일 당신이 하나님의 일하시는 방식을 제대로 파악했다고 하면, 하나님의 종 된 사역자로서 당신의 메시지는 사람의 마음의 뿌리까지 찌르는 냉정하고 집요한 것이어야 합니다. 그렇지 않으면 아무런 변화나 치유가 있을 수 없습니다. 따라서 복음 메시지를 선포할 때에는 듣는 사람이 그 메시지를 자신에게 적용하지 않고는 배길 수 없게 몰아세워야 합니다. 그들에게 무엇이 부족한가를 깨닫게 하고, 그들의 삶을 위한 예수 그리스도의 표준을 제시해야 합니다.

그들은 응하기를 "우리는 결코 그러한 표준에 도달할 수 없어요."라고 할 것입니다. 그렇게 되면 더욱 밀어붙여야 합니다. "예수 그리스도께서는 당신이 그러한 사람이 되어야 한다고 말씀하십니다." "그러나 우리가 어떻게 그렇게 될 수 있습니까?" "당신은 할 수 없으나, 성령을 받으시면 할 수 있습니다." 당신의 메시지가 효과가 있으려면 복음의 필요성을 깨닫게 해야 합니다.

이 세상에 많은 사람은 "예수님이 없어도 행복하고 도덕적으로 흠 잡힐 데 없는데, 왜 예수님이 오셨습니까?" 이렇게 시큰둥합니다. 그러나 이러한 행복과 평안은 거짓된 것입니다. 예수 그리스도께서는 거짓된 평안을 부수기 위해 칼을 보내러 이 세상에 오셨습니다.

복음적인 사역 방향

내가 땅에서 들리면, 모든 이들을 내게로 이끌 것입니다 (요 12:32).

영적 외과 수술을 해야 합니다

우리 대부분은 예수 그리스도께서 왜 죽으셨는지 그 이유를 잘 모르고 있습니다. 만일 동정이 사람들이 필요로 하는 모든 것이라고 하면, 그리스도의 십자가는 어리석은 희극에 지나지 않고, 사람들이 하등에 필요로 하지 않습니다. 세상이 필요로 하는 것은 '눈곱만한 사랑'이 아니고, 외과 수술입니다.

영적으로 어려움을 겪고 있는 사람을 당신이 대면하게 되면, 십자가상의 예수 그리스도를 기억하십시오. 만일 그 사람이 다른 방법으로 하나님께 나아갈 수 있다고 하면, 예수 그리스도의 십자가는 필요하지 않습니다. 만일 당신이 당신의 동정심을 가지고 다른 사람들을 도울 수 있다고 생각한다면, 당신은 예수 그리스도의 반역자입니다. 인간적인 생각으로 사람들을 돕지 않도록 하십시오. 가장 위험한 것은 동정에서 나온 위장된 신앙심입니다.

영적 외과 의사 노릇을 하십시오

우리가 꼭 해야 하는 한 가지는 십자가에 못 박히신 예수 그리스도를 보여주고, 항상 그를 높이 들어 올리는 것입니다. 복음의 사역자가 예수 그리스도를 믿고 구속의 실체인 십자가 위에 그의 믿음을 기초하고 있다면, 그에게서 복음의 메시지를 듣는 사람들은 그리스도의 십자가에 관심을 틀림없이 두게 될 것입니다. 사역자가 힘써야 할 일은 예수 그리스도와의 순전한 관계입니다. 그 관계에 따라 그는 하나님께 쓸모가 있게 됩니다.

신약 사역자의 소명은 죄를 드러내고 예수 그리스도를 구주로 알리는 것입니다. 그러기에 엄격한 외과 의사가 되어야 마땅합니다. 우리가 하나님께 부르심을 받은 것은 예수 그리스도를 높여 드리기 위해서이고, 미사여구를 사용하여 좋은 말로 설교하기 위한 것이 아닙니다. 하나님께서 우리를 속속들이 살피신 것처럼 우리도 사람들을 속속들이 살펴야 합니다. 그래야만 복음의 진리를 제대로 전하고 두려움 없이 적용할 수 있게 되는 것입니다.

경험보다 계시

12월 21일

> 우리는 세상의 영을 받지 않고 하나님에게서 온 영을 받았으니, 이는 우리로 하여금 하나님께서 우리에게 은혜로 주신 것들을 알게 하려는 것입니다 (고전 2:12).

예수 그리스도와 상관없는 경험은 쓸모가 없습니다

실체는 구속이지, 구속에 대한 나의 경험이 아닙니다. (역자 주: 구속은 실체로서 원인이자 근거이고, 구속에 대한 나의 경험은 구속이 베풀어지므로 얻는 결과임) 그러나 구속이 나의 의식 세계의 언어로 표현되지 않으면 나에게 아무런 의미가 없습니다. 내가 거듭나는 때에, 하나님의 성령께서 나를 나 자신과 나의 경험으로부터 끌어내어 예수 그리스도와 나를 하나 되게 하십니다.

만일 내가 나의 경험에 붙잡혀 있다면, 그 경험은 구속과 관계가 없는 것이었습니다. 나의 경험이 구속 때문에 얻어진 것이라는 증거는 언제나 나 자신에게서 벗어나는 것입니다. 다시 말해서, 구속을 경험하게 되면 이기주의에 빠져 있을 수가 없습니다. 나의 경험을 실체의 근거로 더 이상 여기지 않게 됩니다. 경험을 얻게 해주신 실체, 곧 예수 그리스도에게만 오직 주목하게 됩니다. 나의 경험이 원천인 예수 그리스도에게 초점을 두지 않으면 아무런 가치가 없습니다.

예수 그리스도께서 당신의 경험의 주가 되게 하십시오

만일 당신이 성령을 당신 안에 댐을 쌓듯이 가두어 주관적인 경험을 얻어내고자 한다면, 성령께서는 모든 둑을 터뜨려 당신을 역사 속에서 일하시는 예수 그리스도에게로 다시 돌아가게 하실 것입니다. 하나님을 원천으로 하지 않은 경험을 절대로 좋아하지 마십시오. 하나님을 믿는 믿음은 결코 경험의 결과가 아닙니다.

만일 당신이 경험을 앞세운다면, 당신이 어떤 이상을 가지고 있었다 할지라도 당신의 경험은 반기독교적입니다. 예수 그리스도께서 당신에게 경험을 얻게 하신 주님입니까? 아니면 당신이 예수 그리스도 위에 주인 노릇 하려 하고 있습니까? 예수 그리스도께서 당신 위에 계시는 주님이셔야 합니다. 예수님이 주님이 아니신 어떤 경험도 당신은 중요하게 여겨서는 안 됩니다. 하나님께서는 때가 되면 당신이 당신 자신의 경험을 하찮게 여기게 하실 것입니다. "내가 경험한 것에는 관심이 없습니다. 나는 오직 하나님만을 확신합니다."

당신이 얻은 경험을 자랑하지 않도록 자신을 엄하게 다루십시오. 믿음 자체를 확신하는 믿음은 믿음이 아닙니다. 하나님을 확신하는 믿음이 유일한 참된 믿음입니다.

12월 22일

아버지께서 이끌어 주신다

나를 보내신 아버지께서 이끌지 않으시면 아무도 내게로 올 수 없으며 … (요 6:44).

믿음은 도덕적 행위입니다

하나님께서 나를 이끄실 때, 당장 문제가 되는 것은 나의 의지입니다. 하나님께서 주신 계시에 내가 의지적으로 반응을 보여야 하는가? 내가 하나님께 나아가야 하겠는가? 하나님께서 말씀하시는 때 누구와도 절대로 논의하지 마십시오. 믿음은 지적인 행위가 아니고, 나 자신을 의도적으로 맡기는 도덕적 행위입니다. 하나님만을 전적으로 신뢰하고서 하나님께서 말씀하시는 대로 행하겠습니까? 그렇게 하겠다면, 하나님의 보좌만큼 확실한 실재 위에 내가 근거하고 있다는 것을 발견하게 될 것입니다.

믿음은 의지의 항복입니다

복음을 선포할 때, 항상 의지의 문제를 강조하십시오. 믿음은 믿으려는 의지임이 틀림없습니다. 믿음에는 의지의 항복이 있어야 합니다. 하나님과 하나님께서 말씀하시는 것에 의도적으로 자신을 맡기는 것입니다. 내가 행한 것을 더 신뢰하지 않고 하나님만을 신뢰하게 되는 것입니다.

단지 지적으로만 이해하고, 의지적으로는 하나님을 신뢰하지 않는 것이 믿음에 방해물입니다. 의지적으로 믿는다는 것은 과거의 사고방식을 각고의 노력을 기울여 과감하게 버리고 나 자신을 전적으로 하나님께 맡기는 것을 의미합니다.

나를 이끄시는 분은 하나님이십니다

사람마다 자기 인식의 한계를 넘어서도록 창조되어 있습니다. 그 한계 너머로 나를 이끄시는 분은 하나님이십니다. 우선 하나님과 나의 관계는 지성적인 것이 아니라, 인격적인 것입니다. 내가 하나님과의 관계 속으로 들어가게 되는 것은 하나님의 이적인 역사와 믿으려는 나 자신의 의지로 말미암습니다. 그리고서 내가 어떻게 기적적으로 하나님의 말씀에 따라 순종하여 행하게 되었는지를 지적으로도 이해하기 시작하는 것입니다.

속죄에 개인적으로 참여하는 방법

12월 23일

내게는 우리 주 예수 그리스도의 십자가 외에는 결코 자랑할 것이 없습니다 (갈 5:14).

제자 된 자의 가장 큰 특권은 죄에 대해 죽는 것입니다
예수 그리스도의 복음은 항상 의지의 문제를 제기합니다.
그리스도의 십자가에서 죄에 대하여 내린 하나님의 판결을 받아들이는가?
예컨대, 예수님의 죽음에 조금이라도 관심이 있는가?
예수님의 죽으심과 하나 되기를 원하는가?
죄와 세속적인 것과 자아에 대한 모든 관심을 철저하게 끊기를 원하는가?
예수님 외에 다른 모든 것을 다 잃어도 좋을 만큼 예수님과 하나가 되고 싶은가?
제자 된 자의 가장 큰 특권은 예수님의 십자가 아래서 죽기로 서명할 수 있는 것, 곧 죄에 대해 죽는 것입니다. 예수님께 홀로 조용히 나아가서 당신 안에서 죄가 죽는 것을 원치 않는다고 말하든지, 아니면 어떤 희생을 치르더라도 예수님의 죽음과 하나 되기를 원한다고 말하든지 하나를 택하십시오.
당신이 우리 주님께서 십자가상에서 행하신 것을 확실하게 믿고서 행하면 즉시로 그의 죽으심과 초자연적으로 하나 되는 일이 일어날 것입니다. 그리하여 당신의 '옛사람'이 그리스도와 함께 십자가에 못 박히게 된 것을 분명하게 알게 될 것입니다. 당신의 '옛사람'이 그리스도와 함께 십자가에 못 박혔다고 하는 증거는 당신 안에 있는 하나님의 생명이 당신이 예수 그리스도의 음성에 놀라울 정도로 쉽게 순종할 수 있게 하는 데 있습니다.

기독교의 바탕은 주 예수님께 대한 열정적인 인격적 헌신입니다
때때로 우리 주님께서는 주님이 없다고 하면 우리가 어떤 사람이 되었을지를 생각게 하십니다. 그래서 예수님이 말씀하신바 "나를 떠나서는 당신들이 아무것도 할 수 없습니다"(요 15:5)라고 하신 것은 옳습니다. 그러한 이유로, 기독교의 바탕은 주 예수님께 대한 열정적인 인격적 헌신입니다. 우리는 하나님 나라에 처음 들어갔을 때 느낀 황홀함을 우리를 그 나라에 들어가게 하신 하나님의 목적으로 오해하고 있습니다. 우리를 그 나라에 들어가게 하신 하나님의 목적은 예수 그리스도와 하나 된다는 것이 무엇을 의미하는지를 깨닫게 하는 데 있습니다.

12월 24일

감추어진 생명

여러분의 생명이 그리스도와 함께 하나님 안에 감추어져 있기 때문입니다 (골 3:3).

거룩한 삶이 가장 안전합니다

하나님의 성령께서는 그리스도와 함께 하나님 안에 감추어져 있는 생명이 얼마나 순전하고 능력이 있으며 안전한가를 증거해 줍니다. 이같은 사실은 신약성경의 서신서들에 계속해서 밝혀져 있습니다. 우리 생각에는 거룩해진 삶을 사는 것이 가장 위태롭고 불확실한 것처럼 보일 수도 있습니다. 그러나 그 삶이 가장 안전한 삶입니다. 왜냐하면, 그 삶은 전능하신 하나님이 안팎에 계시기 때문입니다.

사실 가장 위태롭고 불확실한 것은 하나님 없이 애쓰며 사는 것입니다. 우리가 성령으로 거듭나게 되면, 하나님과 바른 관계에서 사는 것이 가장 쉬운 일입니다. 그러나 우리가 오로지 하나님의 경고 말씀들에 유의하고 빛 가운데서 행하려 할 것 같으면, 죄를 범하고 잘못 사는 것이 가장 어려운 일입니다.

우리가 죄에서 건짐을 받고 성령으로 충만하고, 빛 가운데 행하는 삶에 대해 생각할 때, 아주 높고 경이로운 큰 산봉우리를 연상합니다. 그리고 탄식합니다. "오! 나는 그 높은 곳에 올라가 절대로 살 수 없어요." 그러나 하나님의 은혜로 그곳에 도달하게 되면, 그곳이 협소한 산봉우리가 아니라, 살기에 공간이 넉넉한 초원이라는 것을 발견하게 됩니다. "주께서 나의 발걸음을 넓게 하시며, 내 발이 실족하지 않게 하셨습니다"(시 18:36).

그리스도와 함께 하나님 안에 감추어져 있는 생명

당신이 진짜로 예수님을 만나보고 있다고 하면, 나는 당신에게 예수님을 의심해 보라고 한번 놀려대고 싶습니다. "너희은 마음에 근심하지 말라"(요 14:1)고 예수님이 말씀하시는 때에, 만일 당신이 진짜로 예수님을 믿고 있다면, 당신에게 마음에 근심해보라고 놀려대고 싶습니다. 예수님이 당신과 함께 진짜로 계신다고 하면, 의심하는 것은 불가능합니다.

당신이 예수님을 인격적으로 깊이 만나게 되면, 그때마다 하시는 말씀들이 사실이기 때문입니다. "나의 평안을 너희에게 주겠다"(요 14:27). 그분이 주시는 평안은 머리에서 발 끝까지 온몸에 넘치는 평안이고, 억제할 수 없는 확신을 주는 평안입니다. "여러분의 생명이 그리스도와 함께 하나님 안에 감추어져 있습니다." 예수 그리스도의 흔들리지 않는 평안이 당신에게 주어집니다.

예수님의 탄생과 우리의 거듭남

12월 25일

보아라, 처녀가 잉태하여 아들을 낳을 것이며 그의 이름을 임마누엘이라 부를 것이다.
이를 번역하면 하나님께서 우리와 함께 계신다이다 (사 7:14, (R.V.).

역사에서 예수님의 탄생
"그러므로 태어날 거룩한 아기는 하나님의 아들이라고 불릴 것이다"(눅 1:35). 예수 그리스도는 세상으로부터 태어나신 것이 아니고, 태어나서서 세상 속으로 오셨습니다. 그는 역사로부터 생겨나신 것이 아니고, 외부로부터 역사 속으로 들어오신 것입니다. 예수 그리스도는 최고의 사람이 아닙니다. 그는 누구도 결코 설명할 수 없는 존재이십니다.

그는 하나님이 되신 사람이 아니고, 성육신하신 하나님, 인간의 육체 속으로 들어오신 하나님, 곧 외부(하늘)로부터 육체 속으로 들어오신 하나님이십니다. 그의 생명은 지극히 높으시고 지극히 거룩하시되, 가장 낮고 천한 문을 통해 육체 속으로 들어오셨습니다. 우리 주님의 탄생은 위에서 내려오신 '강림'이었습니다.

내 안에서 예수님의 탄생
"나는 그리스도의 형상이 여러분 안에 이루어지기까지 다시 해산하는 고통을 겪고 있습니다"(갈 4:19). 우리 주님께서 외부로부터 인간의 역사 속으로 오신 것처럼, 그는 외부로부터 내 속으로 들어오셔야 합니다. 나는 하나님의 아들을 위해 내 개인의 인간적인 생명을 '베들레헴'이 되도록 내준 적이 있습니까? 육체적인 출생과는 전혀 질적으로 다른 출생에 의해 위로부터 나지 않고서는 결코 하나님 나라에 들어갈 수가 없습니다.

"당신은 거듭나야 합니다"(요 3:7). 이 말씀은 명령이 아니고, 기본적인 사실이요 진리입니다. 새로운 출생, 곧 거듭남의 특징은 나 자신을 하나님께 온전히 드림으로써 그리스도의 형상이 내 안에서 이루어지는 것입니다. 그리스도의 형상이 내 안에서 이루어지는 즉시, 그의 본성이 나를 통해 역사하기 시작합니다.

육체 가운데 나타나신 하나님
하나님께서 육체 가운데 나타나시는 것은 구속으로 말미암아 당신과 나를 위해 신비스럽게 가능해집니다. 하나님이 구속으로 말미암아 우리 육체 안에 계시게 되는 것입니다.

12월 26일

빛 가운데 거하면

하나님께서 빛 가운데 계신 것 같이 우리가 빛 가운데서 행하면,
… 그분의 아들 예수님의 피가 우리를 모든 죄에서 깨끗하게 하십니다 (요일 1:7).

죄에서 구원받은 증거

양심상 죄에서 자유케 되는 것을 속죄로 말미암아 죄에서 구원받는 것으로 오해하는 것은 큰 잘못입니다. 어떤 사람도 거듭나기 전에는 죄가 무엇인지를 알지 못합니다. 죄란 예수 그리스도께서 갈보리 언덕 십자가상에서 짊어지셨던 것입니다. 내가 죄에서 자유게 된 증거는 내 안에 있는 죄의 진짜 본성을 아는 데 있습니다. 사람이 죄가 무엇인지 그것의 본성을 알게 되려면 예수 그리스도의 속죄 은혜를 온전히 누려야 합니다.

성령께서는 그리스도가 십자가상에서 성취하신 속죄를 우리의 의식 세계뿐만 아니라 무의식 세계까지 적용하십니다. 그러기에 우리 안에 있는 성령의 절대적 능력을 이해하게 될 때만 요한일서 1:7의 "예수의 피가 우리를 모든 죄에서 깨끗하게 하십니다."라는 말씀의 의미를 이해하게 됩니다. 이 말씀은 우리가 알고 범한 죄만을 가리키지 않고, 우리 안에 계시는 성령께서 깨닫게 하시는바 우리가 알지 못하고 범한 죄도 놀랍게 알게 하는 것까지 가리킵니다.

빛 가운데 거하면

하나님께서 빛 가운데 계시는 것처럼 내가 빛 가운데 행하면, 다시 말해서, 내 양심의 빛이 아니고 하나님의 빛 가운데 행하면, 아무것도 감추어진 것이 없이 온전하게 놀라운 계시가 임합니다. 예수 그리스도의 피가 나를 모든 죄에서 깨끗하게 씻어주심으로 말미암아 전능하신 하나님께서 내 안에 책망할 만한 아무것도 보실 수가 없다는 놀라운 계시를 내가 깨닫게 되는 것입니다. 이 계시의 말씀은 내 의식 세계에서 죄가 무엇인지에 대해 예리하고 뼈아픈 통찰력을 갖게 하십니다.

이로써 내 안에서 하나님의 사랑이 역사하여 하나님의 거룩하심과 어울리지 않는 모든 죄를 성령이 주시는 증오심을 가지고 내가 철저하게 미워하게 합니다. 빛 가운데 행한다는 것은 어두움에 속한 모든 것 때문에 오히려 내가 빛의 한가운데로 더 가까이 나아가게 되는 것을 의미합니다.

전쟁의 승패가 갈리는 곳

12월 27일

이스라엘아, 만일 네가 돌아오려거든 내게로 돌아오너라. 여호와의 말이다 (렘 4:1).

하나님 앞에서 벌이는 의지의 전쟁

전쟁에서 승패가 갈리는 곳은 하나님 앞에서 의지의 은밀한 곳입니다. 전쟁은 외부 세계에서 결코 먼저 승패가 갈리지 않습니다. 하나님의 영에 내가 사로잡히게 되면 하나님과 함께 하는 가운데 하나님 앞에서 전쟁을 치르지 않을 수 없게 됩니다. 이같이 싸우지 않으면 늘 패배합니다.

전쟁은 순식간에 끝날 수도 있고 일 년이 걸릴 수도 있는데, 그것은 전적으로 내게 달려 있습니다. 하나님께 달려 있지 않습니다. 그러나 하나님 앞에서 나 홀로 씨름하지 않으면 안 됩니다. 나는 하나님 앞에서 자포자기하는 마음으로 단호하게 치러야 합니다. 하나님 앞에서 전쟁해서 이긴 사람을 누를 힘을 가진 것은 아무것도 없습니다.

하나님과 동행하는 가운데 하나님 앞에서 먼저 싸우십시오

만일에 "전쟁을 해야 할 상황에 처할 때까지 기다리다가 그때 가서 하나님을 시험해 봐야겠다."라고 한다면, 싸울 수도 없게 되고 말 것입니다. 아무것도 중간에 개입할 수 없는 내 영혼의 은밀한 곳에서 나 자신과 하나님 사이에서 문제를 해결해야 합니다. 그렇게 되는 때 전쟁에서 이길 수 있다는 확신을 하고 싸움에 나설 수 있습니다.

전쟁에 패배하면, 불행과 재난과 낭패가 하나님의 작정만큼 확실하게 됩니다. 우리가 전쟁에서 승리하지 못하게 되는 이유는 외부 환경과 먼저 싸워 이기려 하기 때문입니다. 우리는 먼저 하나님과 홀로 동행하고, 하나님 앞에서 싸움을 싸우며, 그리고 단번에 문제를 해결해야 합니다.

다른 사람들을 대할 때는, 의지의 문제를 그들이 고민하게 만들어야 합니다. 그렇게 되면 자기를 내려놓기 시작하게 됩니다. 때때로, 가끔, 하나님께서는 우리의 삶이 최고의 절정에 이르게 합니다. 그것은 우리 인생에 분기점입니다. 그것을 기점으로 하여 우리 그리스도인의 삶이 점점 더 너저분하고 쓸모없는 것으로 전락하기도 하고, 하나님의 영광을 위하여 더욱더 타올라 "지극히 높으신 하나님께 나의 최선을" 드리는 데까지 나아가기도 합니다.

12월 28일

지속적인 회심

당신들이 돌이켜 어린아이들과 같이 되지 않으면
결코 하늘나라에 들어가지 못할 것입니다 (마 18:3).

어린아이들처럼 지속해서 하나님께 회심해야 합니다

주님의 이 말씀들은 회심의 초기에 해당하는 것이지만, 우리는 우리의 모든 생애에 걸쳐 지속해서 회개해야 하고, 어린아이들처럼 하나님께로 지속해서 돌이켜야 합니다. 만일 하나님 대신 우리의 지혜를 더 신뢰할 것 같으면, 하나님께서 우리에게 책임을 추궁하실 결과들이 초래됩니다. 하나님의 섭리 때문에 우리 몸이 새로운 환경에 처하게 되면 즉시, 하나님의 영의 명령들에 우리의 본성적인 생명이 순종하는지 유의해야 합니다.

우리가 한 번 순종했다고 해서 거듭 순종하게 되리라는 보장이 없기 때문입니다. 영적인 것에 대한 육신적인 것의 관계는 지속적인 회심의 관계입니다. 그것은 우리가 목표로 삼아야 할 한 가지입니다. 우리가 처하게 되는 모든 상황에서, 하나님의 영뿐만 아니라 그가 베푸시는 구원도 전혀 변화되거나 변경되는 것이 없습니다. 그러나 우리는 "새 사람을 입고서" 새로워져야 합니다(엡 4:23, 24).

우리가 회심하는 것을 거부하면 그때마다 하나님께서 우리에게 책임을 묻습니다. 이는 거부하는 이유가 우리의 의지가 완고하기 때문입니다. 우리의 본성적 생명이 우리를 다스려서는 안 되고, 하나님께서 우리 안에서 다스려야 합니다.

우리의 영적 삶에 장애물

우리의 영적 삶에 있어서 장애물은 지속해서 회심하는 것을 거부하려 하는 우리의 의지입니다. 우리의 교만과 완고함이 하나님의 보좌를 향하여 침을 뱉으며 "나는 않겠다"고 말합니다. 우리는 우리의 자립성과 완고함을 신성화시켜 그릇된 이름으로 높이려 합니다. 하나님께서 완고한 약점으로 간주하는 것을 우리는 장점으로 내세웁니다.

우리의 삶의 발자취를 되돌아보면 아직껏 하나님께 복종하지 않은 부분들이 많이 있습니다. 이것들은 지속적인 회심을 통해서만 될 수 있습니다. 우리는 천천히 그러나 확실하게 우리의 삶 속에 하나님의 영의 영역을 전반적으로 넓혀갈 수 있습니다.

도망자인가 아니면 제자인가?

12월 29일

> 그때로부터 그분의 제자들 중 여럿이 떠나가 버리고
> 더 이상 그분과 함께 다니지 아니하였다 (요 6:66).

비전의 빛 가운데서 행하십시오

하나님께서 자신의 말씀들을 통해서 성령으로 말미암아 자기가 원하시는 것에 대한 비전을 주시는 때, 그 비전을 인하여 당신의 마음과 영혼은 감격하여 흥분합니다. 그런데 그 비전의 빛 가운데서 당신이 행하지 않으면, 당신은 주님께서 전혀 원하지 않으신 관점에 사로잡히게 될 것입니다.

하늘의 비전에 당신이 마음으로 불순종하게 되면 예수 그리스도와 전혀 관계가 없는 관점에 사로잡히게 됩니다. 당신은 다른 사람의 경우를 보며, "글쎄. 그 사람이 그 같은 관점을 가지고서도 형통할 수 있다면, 왜 나라고 할 수 없는가?" 이렇게 말하지 마십시오. 당신은 당신에게 주어진 비전의 빛 가운데서 행하고, 다른 사람과 비교하거나 판단해서는 안 됩니다. 그것은 그들과 하나님 사이의 문제입니다.

하늘의 비전과 충돌하는 가치관을 버리십시오

만일 당신이 기뻐하였던 관점이 하늘의 비전과 충돌하는 것을 발견하고서 하나님과 다툰다면, 재물에 대한 욕심과 개인적인 권리에 대한 감각과 같은 것들이 당신 안에서 싹트기 시작할 것입니다. 이러한 것들은 예수 그리스도께서 무가치하게 여긴 것들입니다.

예수 그리스도께서는 이러한 것들을 모든 악의 뿌리가 되는 것으로 간주하여 항상 반대하셨습니다. 그래서 말씀하시기를, "사람의 생명이 그가 가진 소유의 풍성함에 달려 있지 않습니다"(눅 12:15)라고 하셨던 것입니다. 만일 당신이 이 말씀을 알지 못하고 있다면, 그것은 우리 주님의 가르침의 저변에 있는 진리를 무시하고 있기 때문입니다.

우리는 우리가 과거에 얻었던 놀라운 경험을 기억하고서 안주하기 쉽습니다. 신약성경에 하나님의 빛에 의해 계시된 하나의 기준이 있는데 당신이 그 기준에 이르지 못하고 있음을 알고서도 여전히 그 기준을 향해 나아가고자 하는 마음이 없다고 하면, 그것은 퇴보의 시작입니다. 그것은 당신의 양심이 진리에 응답하지 않는다는 것을 의미하기 때문입니다. 진리를 알고 난 후에는 당신은 결코 이전과 같을 수가 없습니다. 그 순간을 기점으로써 예수 그리스도의 더욱 참된 제자로 나아가든지, 아니면 도망자가 되어 뒤로 물러나든지 하게 됩니다.

12월 30일

우리에게 있는 모든 덕

나의 모든 기쁨의 원천이 주님께 있습니다 (시 87:7, P.B.V.; NASB).

예수님의 부활 생명의 저수지에서 생명을 길으십시오

우리 주님은 우리에게 본성적으로 있는 덕을 절대 뜯어고치지 않습니다. "새 사람을 입혀 주십니다"(엡 4:24). 당신의 본성적 인간적 생명이 새 생명과 어울리는 옷을 입고 있는지 유의하십시오. 하나님이 우리 안에 심어주신 생명은 그 자체의 덕을 발전시킵니다. 그 덕은 예수 그리스도의 덕입니다.

당신이 예수님의 부활 생명의 저수지로부터 당신의 생명을 길어내는 것을 배우게 될 때까지, 성화 이후 본성적 덕이나 당신에게 있는 어떤 능력에 대한 당신의 과거 경험이 점점 잊혀 가고 있다면 하나님께 감사하십시오.

우리에게 있는 본성적 덕에 집착하지 마십시오

하나님께서 우리 안에서 역사하고 계신다는 증거는 본성적인 덕에 대한 우리의 신뢰를 하나님이 허무시는 것입니다. 이는 본성적인 덕들이 우리의 미래에 대한 약속들이 아니고, 하나님이 본래 창조하신 우리의 잔재들이기 때문입니다. 우리는 우리의 본성적인 덕에 집착하려고 합니다. 그러나 하나님께서는 본성적인 덕에 의해서는 결코 표현될 수 없는 예수 그리스도의 생명에 우리가 깊이 접촉되게 하려고 항상 힘쓰고 계십니다.

사람들이 하나님의 은혜와는 전혀 관계없는 것에 의존하는가 하면, 선천적 유전형질을 통해 소유하고 있는 본성적인 덕에 의존하여 하나님을 섬기는 것은 가장 슬픈 일입니다. 왜냐하면, 우리의 본성적 덕이 예수 그리스도께서 원하시는 수준에 결코 이를 수 없기 때문입니다.

본성적인 사랑이나, 본성적인 인내나, 본성적인 순결은 어느 것도 예수 그리스도의 요구를 결코 충족시킬 수가 없습니다. 그러나 우리가 우리의 신체적 생명의 각 부분이 하나님이 우리 안에 심어주신 새 생명과 조화를 이루게 하면, 주 예수님만이 가지고 계시는 덕을 하나님께서는 우리 안에서 드러내실 것입니다.

"우리에게 있는 모든 덕은 오직 예수님의 것입니다."

어제, 내일 그리고 오늘

12월 31일

이제는 여호와께서 너희 앞서 나아가시며,
이스라엘의 하나님께서 너희 뒤를 보호하시니 (사 52:12).

어제로부터의 안전

"하나님께서는 지나간 것을 다시 찾으신다"(전 3:15). 한 해의 끝 날에는 하나님께서 미래를 위해 계획하신 모든 것을 알고 싶어서 합니다. 그렇지만 어제의 죄와 허물들에 대한 기억으로 말미암아 하나님의 은혜를 오늘 즐기는 것이 방해받기 쉽습니다. 하나님은 우리의 과거들을 아십니다.

그래서 하나님은 우리가 과거를 기억케 하시어 그 과거를 미래를 위한 영적 밑거름으로 삼게 하십니다. 하나님께서 우리에게 과거를 회상하게 하시는 것은 현재의 얄팍한 안전에 안심하지 않도록 하기 위함입니다.

내일을 위한 안전

"여호와께서 너희 앞서 나아가시며." 이 말씀은 참으로 은혜로운 계시로써, 우리가 과거에 실패했던 곳에서 친히 우리를 호위하시겠다는 것입니다. 하나님께서는 우리가 다시 넘어져 실패하지 않도록 모든 것들을 지켜보실 것입니다. 하나님이 우리 뒤를 보호하지 않으시면 넘어질 것입니다.

오늘을 위한 안전

"너희는 급하게 나오지 말라"(사 52:12). 우리가 새해를 맞이하면서, 충동적인 기쁨으로 조급하지 말고, 무턱대고 날뛰지 말고, 이스라엘의 하나님이 우리 앞서 나아가신다는 것을 알고서 참을성 있게 맞이하십시오. 우리의 과거 잃어버린 기회들은 결코, 돌아오지 않습니다.

그러나 하나님께서는 이 같은 과거의 파괴적인 염려를 바꾸어 미래를 위한 건설적인 생각이 되게 하실 수 있습니다. 과거를 그리스도의 품에서 잠들게 하십시오. 이제 썰물처럼 물러가 버린 과거는 주님의 손에 맡기고, 밀물처럼 거침 없이 다가오는 미래 속으로 주님과 함께 발걸음을 내딛으십시오. "보아라, 내가 새 일을 행할 것이니, 이제 그것이 나타날 것이다"(사 43:19).

My Utmost for His Highest
Written by Oswald J. Chambers
Translated by Yong Wha Na
All rights reserved.
Korean Edition Copyright ⓒ 2011, 2023 by Christian Literature Center, Seoul, Korea

주님은 나의 최고봉

2014년 12월 10일 초판 발행
2023년 3월 30일 개정판 발행
2024년 12월 31일 개정판 2쇄 발행

| 지은이 | 오스왈드 J. 챔버스 |
| 옮긴이 | 나용화 |

펴낸곳	(사)기독교문서선교회
등록	제16-25호(1980.1.18)
주소	서울특별시 동대문구 천호대로71길 39
전화	02-586-8761~3(본사) 031-942-8761(영업부)
팩스	02-523-0131(본사) 031-942-8763(영업부)
이메일	clckor@gmail.com
홈페이지	www.clcbook.com
송금계좌	기업은행 073-000308-04-020 (사)기독교문서선교회

ISBN 978-89-341-2530-3 (03230)

이 책의 출판권은 (사)기독교문서선교회가 소유합니다. 신저작권법에 의하여 한국 내에서 보호를 받는 저작물이므로 무단 전재와 무단 복제를 금합니다..